제너의
시대
살아가기

재난의 시대 21세기

알렉스 캘리니코스 지음 | 이수현 옮김

책갈피

재난의 시대 21세기

지은이 알렉스 캘리니코스
옮긴이 이수현

펴낸이 김태훈 | 편집 차승일 | 표지 디자인 김준효
펴낸곳 도서출판 책갈피 | 등록 1992년 2월 14일(제2014-000019호)
주소 서울 성동구 무학봉15길 12 2층 | 전화 02) 2265-6354
팩스 02) 2265-6395 | 이메일 bookmarx@naver.com
홈페이지 chaekgalpi.com | 페이스북 facebook.com/chaekgalpi
인스타그램 instagram.com/chaekgalpi_books

첫 번째 찍은 날 2024년 1월 26일

값 22,000원
978-89-7966-268-9 (03300)
잘못된 책은 바꿔 드립니다.

차례

머리말과 감사의 말   7

들어가며   11

1장 현재를 준비하는 단계   37

2장 자연 파괴   63

3장 경기 침체   119

4장 미국 패권의 쇠퇴와 지정학적 적대 관계   165

5장 반란과 반동   225

6장 비상 브레이크   281

후주   338

엄선된 참고 문헌   397

찾아보기   402

일러두기

1. 인명과 지명 등의 외래어는 최대한 외래어 표기법에 맞춰 표기했다.

2. 《 》부호는 책과 잡지를 나타내고, 〈 〉부호는 신문, 주간지, 노래, 영화, 텔레비전 프로그램을 나타낸다. 논문은 " "로 나타냈다.

3. 본문에서 [ ]는 옮긴이나 편집자가 독자의 이해를 돕거나 문맥을 매끄럽게 하려고 덧붙인 것이다. 인용문에서 지은이가 덧붙인 것은 [— 캘리니코스]로 표기했다.

4. 본문의 각주는 옮긴이나 편집자가 넣은 것이다.

5. 원문에서 이탤릭체로 강조한 부분은 고딕체로 나타냈다.

머리말과 감사의 말

루이 알튀세르의 자서전 제목은 "미래는 오래 지속된다"였다. 그러나 (지금 우리 모두 살고 있는) 이 미래에 충격이 잇따라 들이닥쳤다. 즉, 급증하는 산불, 홍수, 폭염, 코로나바이러스 감염증-19[이하 코로나19로 줄임], 미국 극우파의 국회의사당 습격, 다시 시작된 핵 전쟁 위협, 생계비 위기 등등. 이제 우리의 삶은 돌이킬 수 없게 바뀌었다. 지금 독자들이 읽고 있는 이 책은 이런 미래를 이해하고 최악의 사태를 피할 수 있는 길을 찾으려는 노력의 일환이다.

루이즈 나이트는 나에게 이 책을 쓰라고 제안했고 내가 딴전 피우지 않도록 확실히 단속했다. 나는 폴리티 출판사로 돌아와 기뻤고, 이네스 복스먼과 마누엘라 테쿠산의 도움을 매우 고맙게 생각한다.

지금 이 책에서 완전히 발전시킨 주장들 가운데 일부는《인터내셔널 소셜리즘》2021년 봄 호에 실린 "신자유주의적 자본주의가 내파하다: 세계적 재난과 오늘날 극우파"라는 글에서 처음 제시했다. 그 글을 이용할 수 있도록 허락해 준《인터내셔널 소셜리즘》편집자 조셉 추나라에게 감사한다. 또 그 글의 원고를 읽고 귀중한 논평을 해 준 추나라, 리처드 도널리, 개러스 젱킨스, 실라 맥그리거, 존 로즈, 마크 토머스에게도 감사한다. 나는 2022년 3월 킹스칼리지런던에서 고별 강연을 했는데, 그 강연을 준비한 것이 이 책의 전반적 논지를 다듬는 데 도움이 됐다. 이 즐거운 행사를 조직한 라몬 파체코 파르도와 행사에 참석한 모든 사람들에게 감사한다.

여러 버전의 초고를 읽고 논평해 준 익명의 검토자 2명과 다리우시 모아벤 두스트, 마틴 엠프슨, 루이즈 나이트의 피드백은 이 책을 완성하는 과정에서 대단히 유익했다. 그러나 늘 그렇듯이 나를 가장 엄격하게 비판한 사람은 루치아 프라델라였다. 이 책이 이제는 그녀의 높은 지적·정치적 기준에 더 부합하기를 바라지만, 여전히 미치지 못할까 봐 두렵다. 그들의 모든 도움에 감사한다.

트위터[지금의 X]는 악의를 표현하고 자기만족을 드러내는 공간으로 악명 높지만, 사실 나는 이 책을 쓰는 동안 트위터가 분석·정보·인용의 원천으로 매우 가치가 있음을 발견했다. 내가 오랫동안 구독한 신문 〈파이낸셜 타임스〉도 유익했다. 헤겔은 "조간신문을 읽는 것은 현실주의자의 아침 기도"라고 썼다. 그렇다면 지난 50년 동안 나는 〈파이낸셜 타임스〉에 기도해 온 셈이다.

팬데믹 기간에 너무 많은 사람이 죽었다(모두 코로나19로 죽은 것은 아니다). 그러나 우리는 그들의 죽음을 제대로 슬퍼하지도 못했다. 여기서 나는 믹 브룩스, 마리우 두아예르, 제인 엘터턴, 스티브 햄밀, 리오 패니치, 에드 룩스비, 하니 로젠버그, 데이비드 샌더스, 닐 윌리엄스를 추모하고 싶다. 그리고 이 책의 원고를 교정하고 있을 때는 마이크 데이비스가 죽었다는 소식을 들었다. 그는 아주 독창적이고 흔히 매우 비교조적인 마르크스주의 저술가인 동시에 스스로 말했듯이 구식 노동계급 사회주의자였다. 이 책의 곳곳에 그의 영향이 배어 있고, 나는 그의 죽음을 애통해한다.

그러나 이 책을 헌정할 때 내가 주로 보는 것은 과거가 아니라 미래다. 사랑스러운 내 딸 줄리아는 이 책이 끝나 갈 무렵 5살이 됐는데, 줄리아 덕분에 내 삶이 아주 즐거워졌다. 며칠 전에 줄리아가 인간도 공룡처럼 멸종하게 되느냐고 물었다. 그 물음에 '아니!'라고 대답하는 우리가 옳다는 것을 입증해 줄 투쟁에 기여하는 의미로 이 책을 줄리아에게 바친다.

들어가며

우리가 사는 세계에는 재난의 그림자가 드리워져 있다. 코로나19 팬데믹은 자본주의의 위기를 거론하는 것조차 지금의 곤경이 얼마나 심각한지를 파악하는 데 충분하지 않다는 사실을 분명히 보여 줬다. 우리는 문명의 위기에 직면해 있다. 즉, 19세기 초에 산업자본주의의 발전으로 가능해졌고 20세기에 점점 더 널리 퍼진 생활 방식은 이제 더는 지속 가능하지 않고 사실상 우리를 사회적 붕괴로 몰아가고 있다. 이 과정을 촉진하는 가장 중요한 장기적 요인은 물론 기후변화다. 기후변화의 영향은 지난 몇 년 동안 홍수·산불·폭풍으로 매우 뚜렷해졌다. 더욱이, 팬데믹은 자본주의적 세계화가 가속시킨 자연의 식민지화로 말미암아 바이러스가 생물 종을 뛰어넘어 인간으로 전이될 가능성이 얼마나 커졌는지에 관심을 쏟게 만들었다.

그러나 우리를 위협하는 것이 '자연' 재난만은 아니다. 2022년 2월 27일 러시아 연방 대통령 블라디미르 푸틴은 서방이 러시아의 우크라이나 침공을 응징하려고 금융 제재를 부과한 것에 대응해 러시아 핵무기 운용 부대에 특별 경계 태세 돌입을 명령한다고 발표했다. 핵전쟁까지 나아가지는 않았지만 러시아가 우크라이나를 상대로 벌이는 전쟁은 그 전의 시리아 전쟁이나 예멘 전쟁과 마찬가지로 수많은 사람을 외국으로 피신하게 만들었고 더 많은 사람을 국내 실향민으로 만들었으며 민간인을 침략군의 맹폭과 (너무 많은) 살해 위협에 시달리게 만들었다.

예외가 정상이 되고 있다

사실 재난은 이제 예외가 아니라 정상이 되고 있다. 그래서 사회 주류의 정책 수립으로 침투하고 있다. 2020년 12월 브루킹스연구소 웹사이트에 실린 글은 이듬해 초에 출범할 조 바이든 정부가 과거의 케네디 암살 사건 조사위원회나 9·11 공격 조사위원회와 비슷한 코로나19 조사위원회를 설립해야 한다고 주장했다. 그 글의 지은이 일레인 케이마크는 코로나19 조사위원회가 발생 확률은 낮지만 강도는 센 사건들에 어떻게 대비해야 하는가 하는 문제를 다뤄야 한다고 말했다. 흔히 '검은 백조'(블랙 스완)라고 부르는 이런 사건들은 (정상적 패턴의 범위 밖에 있어서) 매우 드물고 예측할 수 없지만 일단 일어나면 엄청나게 파괴적인 영향을 미친다. 그런 사건들이 "21세기에는 갈수록 일반적인 듯하다." 예컨대, "기후변화로 말미암아 자연 재난은 더 빈번하고 더 파괴적이 될 것이다."[1]

감염병이 인류 역사에서 어떤 구실을 했는지를 연구한 선구적 저서의 지은이 윌리엄 하디 맥닐은 재난, 즉 "일상생활을 방해하고, 많은 사람을 죽이거나 고통에 빠뜨리는 일련의 사건들"이 인간의 조건에 고유한 것이라고 주장했다. "문명이 발생해서, 우리가 과거에 사람들이 무엇을 경험했는지를 이해할 수 있게 해 주는 판독 가능한 기록이 생긴 이래로 재난은 빈번하게 닥쳤고 거의 끊이지 않았다."[2] 재난을 계산한 흥미로운 저서의 지은이 고든 우는 재난 개념을 인류 역사 너머로 확대해서 화산 폭발, 지진, 쓰나미, 그 밖의 물리 현상도 재난에 포함시켰다. 우는 자신이 연구한 매우 광범한 사건들에 공통된 경향이 있다고 말한다. 그것은 바로 초기 조건의 작은 변화 때문에, 불안정해질 수 있고 비선형非線形으로 변화하는 복잡계가 동요하면서 검은 백조들이 나타나는 경향이다.[3]

마르크스주의자들은 이런 연구들이 다루는 것보다는 역사적으로 더 특수하고 정치적으로 더 제한된 주제를 선호한다. 그래서 자본주의 생산양식과 그것이 정점에 달한 제국주의에 내재하는 재난을 논의해 왔다. 로자 룩셈부르크는 1916년에 제1차세계대전을 반대하는 《유니우스 소책자》를 써서 마르크스주의자들의 견해를 고전적으로 표현했다.

프리드리히 엥겔스가 한 세대도 더 전에 예언했듯이, 오늘날 우리는 제국주의가 승리하고 모든 문화가 파괴되느냐 아니면 사회주의가 승리하느냐 하는 선택의 기로에 서 있다. 즉, 고대 로마에서 그랬듯이 인구 감소, 황폐화, 퇴보, 거대한 묘지를 선택할지 아니면, 제국주의와 그 방책인 전쟁에 대항하는 국제 프롤레타리아의 의식적 투쟁을 선택할지에 직면해 있는 것이다.[4]

다시 말해, 인류는 사회주의냐 야만이냐의 갈림길에 서 있다.[5] 실제로 에릭 홉스봄은 1914~1945년의 시기를 "재난의 시대"라고[*] 불렀다. 즉, 당시는 두 차례의 세계대전, 대공황, 무솔리니의 파시즘과 [히틀러의] 국가사회주의의 승리, 스탈린의 공포정치, 홀로코스트의 시대였다.[6] 이 잇따른 재난의 심각성을 거의 본능적으로 감지한 룩셈부르크는 1919년 1월에 원조 파시스트 무장 집단에게 맞아 죽은, 그 재난의 초기 희생자였다. 극우파에게 희생된 또 다른 마르크스주의자 발터 벤야민은 (빅토르 세르주의 표현을 빌리면) "[20]세기의 한밤중"에(즉, 제2차세계대전이 발발한 직후였고 히틀러와 스탈린이 대성공을 거둔 것처럼 보이던 때) 쓴 글에서 당시를 요약하는 유명한 말을 남겼다. "우리가 살고 있는 이 '비상사태'는 예외가 아니라 규칙이다."[7]

1945년 이후 선진 자본주의는 미국의 보호 아래 서유럽과 일본에서 재건됐고, 세계경제는 사상 최대의 호황을 경험했다. 사반세기 동안 서방 노동계급은 완전고용과 복지국가의 확대를 경험했다. 당시 선진 자본주의 국가들에서는 재난이 퇴조했다(비록 한반도에서

---

[*] 국역본에는 "파국의 시대"로 돼 있다.

는 1950년대 초에, 인도네시아에서는 1960년대 중반에, 인도차이나에서는 1970년대 말까지 현실이 끔찍했고, 기근에 시달린 남반구의 저개발국들도 사정은 마찬가지였지만 말이다).

전후 호황은 1960년대 말과 1970년대 초에 노동자 반란이 벌어지는 가운데 붕괴했다. 신자유주의는 이 반란에 대한 반격이었고, 데이비드 하비가 말한 "경제적 엘리트층"의 "계급 권력 복원"을 보여 주는 전조였다.[8] 그것은 조직 노동계급에게 심각한 패배를 안겨 줬고, 생산을 구조조정하고 그래서 일부 남반구 저개발국의 산업화를 가능하게 했고(그러나 이 과정은 훨씬 더 일찍 시작됐고 탈식민지화로 촉진됐다), 삶의 모든 영역을 가차 없이 상품화했다. 미국이 냉전에서 승리하고, 소비와 투자를 활성화시킨 금융 거품의 발전으로 경제성장이 재개되자, 프랜시스 후쿠야마의 주장, 즉 스탈린주의 정권들의 몰락과 함께 역사는 자유주의적 자본주의의 승리로 끝났다는 말이 어느 정도 그럴듯하게 들렸다.[9] 생활의 디지털화 증대로 소비가 용이해지고 급증했다(특히 북반구와 경제적으로 성공한 일부 남반구 국가의 중상류층과 팽창하는 부유층·슈퍼리치의 소비가 급증했다). 자유민주주의가 전후 핵심 지역인 북아메리카·서유럽·일본을 넘어서 적어도 형식적으로나마 전 세계로 확산됐다.

이 기분 좋은 시대(적어도 서방의 관점에서 볼 때는 그렇다)를 갑자기 끝낸 것은 처음에는 뉴욕과 워싱턴에 대한 9·11 공격과 미국의 끔찍한 아프가니스탄·이라크 전쟁이었고, 그다음에는 2007~2008년의 세계 금융 위기였다. 지금은 그 시대가 끝났다는 것이 분명하다. 1945년 이후 수십 년 동안 재난은 지평선 위에 희미하게 그림자를 드리우고 있었다. 제임스 그레이엄 밸러드는 이 시대의 재난을 다룬 대시인이었는데, 그의 장단편 소설들은 모종의 이해하기 힘든 대재난이 남긴 폐허 한복판의 상황을 묘사했다. 냉전 시대에 끊임없는 위협이었고 이제 다시 임박한 위협이 된 핵전쟁이라는 최악의 재난을 제외하면 지금 주된 위험은 맹목적 자본축적 과정이 자연 세계(인간은 자연의 일부이고 자연에 의존한다)를 파괴하는 방식에서 비롯한다는 것이 오래전에 분명해졌다.

이런 파괴 형태 가운데 주된 것은 기후변화다(코로나19가 가르쳐 줬듯이, 유일한 것은 아니다). 전문가들과 활동가들이 지구온난화가 초래할 결과라고 오래전부터 경고한 혼란이 지금 여기에 있다. 2019년 3월 동아프리카의 넓은 지역에서 홍수를 일으키고 수많은 사람을 죽게 한 사이클론 이다이를 보자. 나는 1950~1960년대에 짐바브웨(그때는 남로디지아)에서 자랐다. 내 가족은 이웃 나라 모잠비크에 있는 나른한 항구 도시 베이라의 해변에서 휴가를 보내곤 했다. 이다이는 그 베이라를 물에 6미터나 잠기게 했고* 도시의 10분의 9를 파괴했고 1000명의 목숨을 앗아 갔다. 그리고 이 사건은 훨씬 더 큰 그림의 일부일 뿐이다. 유엔에 따르면, 2020년에 동아프리카에서는 홍수 피해자가 600만 명이나 됐는데, 4년 전보다 5배나 많은 수치였다.[10]

---

* 베이라의 많은 지역이 해수면보다 낮다.

이런 재난들은 [예외가 아니라] 정상이 되고 있다. 2019년 아마존 우림 대화재를 보며 많은 사람이 경악했다. 그 뒤에도 호주에서 산불과 홍수가 일어났고, 북아메리카 서해안에서 산불이 되풀이됐고 (그래서 2020년 9월에는 [연기 때문에] 샌프란시스코가 한낮에도 컴컴할 정도였다), 그리스에서 산불이 일어났다. 물론 미국이나 호주처럼 부유한 나라들은 이런 재난에 더 잘 대처할 수 있다. 그러나 팬데믹이 보여 주듯이, 수십 년간 시행된 민영화와 긴축정책 때문에 국가의 역량이 줄어들어서 정부가 재난에 효과적으로 대처하기가 더 힘들어졌다(정부가 그럴 의지가 있다고 하더라도 대처하기 힘들 텐데, 도널드 트럼프와 보리스 존슨은 아예 그럴 의지조차 없었다).

팬데믹은 또 계급사회만큼 오래된 전염병과 기근의 특징도 극적으로 보여 줬다. 즉, 가난한 사람들은 위험에서 벗어날 수 있는 자원이 부족하기 때문에 재난에 훨씬 더 취약하다는 것이다. 그래서 장 폴 사르트르는 다음과 같이 썼다. "[흑사병의 위치·범위·피해자는 이미 제도에 의해 결정돼 있었다. 영주들은 자기네 성 안으로 피신했고, 흑사병이라는 악이 번져 간 이상적 장소는 농민 대중이 모여 사는 곳이었다.] 흑사병은 오로지 계급 관계를 **부풀리는** 요인으로 작용해서, 가난한 사람들을 공격하고 부자들을 비켜 가는 **선택**을 한 것이다."[11] 코로나19 사망자 수는 '인종'과 계급에 따라 뚜렷한 차이가 난다. 상황의 이면은, 예컨대 호화 요트 수요가 증가한 사실을 보면 알 수 있다. 부자들은 감염 중심지를 피해 호화 요트에서 지내며 온라인으로 계속 사업을 하고 더 많은 부를 축적할 수 있다. 이와 대조적으로 많은 노동자는 팬데믹 기간에도 날마다 목숨을 걸고 일하라는 가차 없는 압력을 받았다. 이런 차이를 보면서 우리는 아르헨티나의 마르크스주의 철학자 나탈리아 로메가 말한 "야만의 정상화"가 사회 구석구석까지 침투해 있음을 알 수 있다.[12]

재난을 가장 체계적으로 다룬 마르크스주의 사상가는 테오도어 아도르노다. 독일계 유대인인 그는 나치 집권 후 유럽을 탈출할 수 있었다. 그러나 그의 친구이자 멘토인 벤야민은 [나치의 괴뢰 정권인] 프랑스 비시 정부를 피해 달아나는 것이 좌절되자 1940년 9월에 자살했다. 아도르노는 1950년에 망명지 미국에서 독일로 돌아왔지만 그 일을 결코 잊지 않았다. 그는 철학 걸작 《부정 변증법》에서 다음과 같이 썼다. "세계정신은 정의할 만한 대상이기도 한데, 그것은 상시적 재난이라고˙ 정의해야 할 것이다."[13] 아도르노는 자신이 말하는 "세계정신"이란 자본주의를 반어적으로 가리키는 것임을 분명히 한다.

아도르노가 생각한 재난의 핵심은 나치즘과 홀로코스트였다. 그는 망명지에서 쓴 탁월한 글에서 독일의 무인 비행폭탄 V-1을˙˙ 언급하며, 헤겔이 예나 전투에서 승리한 나폴레옹이 말을 타고 지나가는 것을 보고 "말을 탄 세계정신"(역사가 이성과 현실을 일치시키는

---

*   국역본에는 "영속적 파국"으로 돼 있다.

**   V-1은 '보복 무기 1호'라는 뜻이고, 오늘날 순항미사일의 효시라 할 수 있는 무기였다.

데 사용하는 도구)을 봤다고 말한 유명한 이야기를 다음과 같이 뒤집었다.

파시즘 자체와 마찬가지로, 그 무인 비행폭탄들은 [인간이라는] 주체 없이도 잘 작동한다. 또 파시즘과 마찬가지로 최고도의 기술적 완벽성과 철저한 맹목성을 결합시킨다. 또 파시즘과 마찬가지로 치명적 공포를 불러일으킬 뿐 아무 쓸모도 없다. "나는 세계정신을 봤다"면서도 그것이 말을 탄 세계정신이 아니라 머리 없이 날아가는 것이라고 말한다면, 이것은 헤겔의 역사철학을 논박하는 말이기도 하다.[14]

너무 오래 머물러서 환영받지 못하는 손님 같은 자본주의는 이제 "상시적 재난"이 됐다. 오늘날 이 끔찍한 상태는 경제사학자 애덤 투즈가 "다중 위기"라고 부른,[15] 자본주의의 다차원적 위기에 그 근원이 있다.

- **생물학적** 위기: 앞서 말했듯이, 자본주의가 점점 더 자연을 파괴한 결과다. 그 때문에 우리는 (많은 사람이 읽은 충격적 논문에서 젬 벤델이' 말한) "기후 비극"뿐 아니라[16] 전염병에도 맞닥뜨리게 됐고, 코로나19는 그 시작에 불과할 수 있다.
- **경제적** 위기: 팬데믹과 러시아·우크라이나 전쟁의 충격은 세계 금

---

* 벤델은 영국 컴브리아대학교의 '지속 가능성과 리더십 연구소' 교수다.

융 위기와 그 여파([마르크스주의 경제학자] 마이클 로버츠가 "장기 불황"이라고 부른 것[17])를 더 악화시켰다.

- **지정학적** 위기: 제2차세계대전 후에 미국이 건설하고 소련 붕괴 후에 전 세계로 확산된 자유주의 국제 질서는 위기에 빠졌다고 널리 인정된다. 지정학은 이미 변화하고 있었다. 미국이 대중동에서* 패배하고, 중국과 러시아가 점점 더 미국의 패권에 거세게 도전했기 때문이다. 어떤 기준에 따르면, 중국 경제는 [미국을 제치고] 이미 세계 최대이고,** 러시아는 유럽, 중동, 사하라 사막 이남 아프리카에서 서방 열강에 군사적으로 도전하는 가공할 세력이다. 자유주의 관점에서 코로나19 팬데믹을 연구한 두 학술 저작(콜린 칼과 토머스 라이트의 《애프터쇼크》와*** 투즈의 《셧다운》****)은 모두 미국과 중국의 경쟁 때문에 바이러스에 대처하려는 국제 협력이 붕괴했다고 본다.[18] 2022년 2월 러시아의 우크라이나 침공 후 서방과 러시아의 대결은 지정학적 불안정이 제기하는 극단적 위험을 절감하게 만들었다.

- **정치적** 위기: 1930년대 이후 처음으로 극우파가 세계 무대에서 만

---

* 대중동(Greater Middle East) 2000년대 초에 미국 부시 정부가 중동 지역에 더해서 이란·아프가니스탄·파키스탄과 북아프리카의 무슬림 세계 나라들까지 포함시켜 부른 말이다.

** 각국의 물가수준을 감안해서 실제 구매력을 나타내는 국내총생산(GDP), 즉 구매력 평가 지수(PPP)를 기반으로 계산한 GDP 순위를 보면 그렇다.

*** 국역: 《애프터쇼크: 팬데믹 이후의 세계》, 프리뷰, 2022.

**** 국역: 《셧다운: 코로나19는 어떻게 세계 경제를 뒤흔들었나》, 아카넷, 2022.

만찮은 정치 행위자로 등장했다. 타리크 알리가 말한 "극단적 중도파"(1970년대 말에 신자유주의가 출현한 이후 신자유주의 경제정책 레짐을* 관리해 온 중도 우파와 중도 좌파 정당들)가 세계 금융 위기 이후 선거에서 참패하자 극우파가 비집고 들어올 틈이 생겼다.[19] 이것은 지정학적 경쟁 격화에도 기여했는데, 예컨대 많은 극우파 정치인이 푸틴을 지지하고 나서면서 그랬다. 극우파의 전진이 낳은 재앙적 결과는 미국에서 트럼프, 브라질에서 보우소나루, 인도에서 모디가 팬데믹을 잘못 관리한 데서 드러났다. 미국 대통령 선거에서 트럼프가 재선에 실패하고 그의 추종자들이 2021년 1월 6일 워싱턴에서 국회의사당을 점거하려다가 실패한 것은 극우파의 위협이 사라졌음을 의미하지 않는다. 이 점은 트럼프의 정치 노선이 우세한 공화당의 비타협적 태도가 심해지는 것에서 드러난다. [극]우파가 계속 전진하고 있다는 사실을 분명히 보여 주는 것은, 미국에서 임신 중단을 헌법상의 권리로 인정한 로 대 웨이드 판결을 공식 폐기한다는 대법원의 매우 당파적인 결정이다.

적어도 서방 지배계급의 일부는 이 복합적 위기의 심각성을 이해한다. 재닛 옐런은 2021년 1월 조 바이든 정부의 재무부 장관으로 취임한 뒤 직원들에게 보낸 메일에서, 자신이 확인한 "네 가지 역

---

* 정책 레짐(policy regime) 개별적 단위 정책들을 포괄해 정책 과정 전반을 제약하는 제도적 틀을 가리킨다.

사적 위기"를 다음과 같이 말했다. "코로나19가 한 가지 위기입니다. [그러나 팬데믹 외에도] 우리나라는 기후 위기, 체계적 인종차별 위기, 50년간 쌓여 온 경제 위기에도 직면해 있습니다."[20] 그러나 내 논의는 이렇게 다중 위기를 묘사하고 기술하는 데 그치지 않는다. 다음과 같이 말할 수도 있겠다. 지난 20여 년간 국제 체제는 일련의 충격을 받았다. 즉, 9·11 공격, 아프가니스탄·이라크 전쟁, 세계 금융 위기, 팬데믹, 그리고 지금의 우크라이나 전쟁. 그러나 주류 경제학에서 '충격shock'이라는 말은 외부적 사건이 체제를 교란하는 것을 의미하므로 오해의 소지가 있다. 위의 사건들은 비록 파괴적이고 (적어도 세부 사항들은) 예측할 수 없는 것이었을 수 있지만 체제에 내재하는, 즉 체제의 내적 논리에서 비롯한 것이었다. 그 사건들은 체제가 실패로 돌아갔음을 보여 준다.

이 책

따라서 이 책의 일관된 주제는 이 새로운 세계적 위기 국면을 서로 구분되면서도 연관된 차원들 속에서 분석하는 것이다. 나는 지난 50년간 늘 그랬듯이 마르크스주의의 정치경제학 비판에 의지했다. 오늘날의 자유주의 학문과 비교하면 이런 사고방식은 어떤 점이 독특할까? 자유주의 학문의 전형적이고 두드러진 사례는 애덤 투즈의 작업인데, 그는 아주 최근의 과거사와 지금 벌어지고 있는 일을 주도면밀하게 다룬다(《붕괴》에서 금융 위기를, 《셧다운》에서 팬데믹을 다룬다).[21] 투즈는 경제적 과정과 지정학적 과정의 긴장된 상호작용을, 그리고 이 과정들을 관리하려는 자유주의 엘리트층의 노력을 면밀하게 연구해서 매우 짜임새 있는 이야기(서사)를 들려준다. 나는 이 책의 몇 군데에서 투즈의 작업을 간단히 다뤘다.[22]

그러나 투즈의 이야기에는 빠진 것이 있는데, 프레드릭 제임슨이라면 그것을 "전체화라는 방법론적 의무"라고 불렀을 것이다. 다시 말해, 우리가 처한 상황의 다양한 측면을 하나의 구조적 전체로 통합하고자 하는 포부다. 죄르지 루카치와 장폴 사르트르한테 영감을 받은 제임슨은 그런 포부가 마르크스주의의 특징이라고 주장한다. 그것이 완결된 전체가 아니라 전체화인 이유는 이 포부의 실현은 항상 불완전하고, 하나의 과정이기 때문이다.[23] 그리고 그것이 드러내 보여 주는 것은 자본주의 생산양식의 윤곽이다. 우리의 시야를 규정하고 우리가 직면한 복합적 위기의 다양한 차원들을 통합하는 것이 바로 이 체제다. 《자본론》에서 마르크스는 상호 연관된 두 적대 관계로 이뤄진 생산관계들의 경제체제로 자본주의를 개념화한다. 하나는 자본이 임금노동을 착취하는 적대 관계이고, 다른 하나는 (기업 자본이든 국가 자본이든) 자본들끼리 서로 경쟁하는 적대 관계다.[24] 뒤에서 내가 보여 주겠지만, 이 적대 관계들은 환경 파괴, 장기 불황, 지정학적 경쟁 격화를 불러일으키는 동시에 맹목적이고 끝없는 경쟁적 축적 과정을 낳는다. 마르크스주의와 달리, 주류 학문은 아무리 뛰어난 학문조차 전체를 파편화하는 경향이 있다. 그래서, 예컨대 경제적 세계화와 기후변화를 서로 밀접하게 연관된 현상이 아니라 별개의 과정들로 취급한다.

사르트르가 말한 "발전하는 전체(화)"로 자본주의를 이해하는 이런 개념의 영향을 받은 이 책은 [자본주의라는] 전체의 여러 수준을 분석하는 구조로 돼 있다.[25] 그렇게 함으로써 우리는 마르크스가 1859년에 쓴 《정치경제학 비판을 위하여》 "서문"에서 다음과 같이 표현한 사회적 전체의 구조에서 복합적 위기의 다양한 차원을 발견할 수 있다.

인간은 자신의 생활을 사회적으로 생산하는 과정에서 자기 의지와 무관하게 일정한 관계를 맺는다. 그것은 물질적 생산력의 발전 단계와 상응하는 생산관계다. 이 생산관계 전체가 사회의 경제구조를 이룬다. 이 경제구조야말로 [사회의] 진정한 토대이고, 그 위에 법률적·정치적 상부구조가 세워진다. 사회적 의식의 일정한 형태도 그 토대에 상응한다.[26]

그래서 이 책은 앞부분에서 경제적 토대를 다루고 뒷부분에서 이데올로기적·정치적 상부구조를 다룬다(도표 1 참조). 여기서 나는 안토니오 그람시한테 영감을 받았다. 1859년 "서문"의 영향을 크게 받은 그람시의 작업을 나는 마르크스의 정치경제학 비판 작업의 연속으로 여긴다.[27]

도표 1. 위기의 차원들

생물학적	생산력 = 노동과정 = 노동과 자연의 물질대사
경제적	생산관계 = 착취 + 경쟁적 축적
지정학적	제국주의 = 경제적 경쟁과 지정학적 경쟁의 교차점
정치적	극단적 중도파의 위기와 극우파의 부상
이데올로기적	논쟁 지형으로서 '인종'과 젠더

서곡에 해당하는 1장은 현재의 재난을 이해하기 위한 기준점으로서 과거의 "재난 시대"를 다룬다. 그러는 이유는 역사가 되풀이되기 때문이 아니라, 지금은 [과거와] 무엇이 다른지 또 무엇이 같거나 같을 수 있는지를 확인하는 데 도움이 되기 때문이라는 점을 강조해야겠다. 2장은 노동과 자연의 관계를 탐구하면서 논의를 시작한다. 노동과 자연의 관계는 모든 사회구성체의 기반이고, 그 관계의 변화는 인류의 생산력 발전으로 나타난다. 오늘날 상시적 재난의 가장 유력한 특징은 20세기 중반 이후 자연 파괴의 속도가 빨라졌다는 것과 그 결과가 점점 더 위험해진다는 것, 즉 기후 혼돈의 시작과 지금의 코로나19(이것이 무엇의 전조이든 간에)다. 이 2장에서 나는 지난 수십 년 동안 마르크스주의 학자들이 거둔 주요 성과에 의지한다. 다시 말해, 자본주의의 자연 파괴를 비판한 마르크스의 주장을 더욱 빌진시키려는 노력, 특히 존 벨라미 포스터와 마이크 데이비스의 노력에 의지한다. 나는 또 국가들이 (본질적으로 강압과 기술적 해법을 결합시켜) 팬데믹에 대처하는 방식과 이것이 미셸

푸코가 말한 "통치성"의 형태들에 관해 시사하는 바도 살펴본다. 사회 엘리트층은 이를 통해 미래의 재난들에 대처하려 할 것이기 때문이다.

3장에서는 2007~2008년 이후 세계 자본주의를 지배하게 된 현상, 즉 일부 주류 경제학자들이 "장기 침체"라고 부른 현상과 극심한 경제적 불안정이 맞물린 근저에도 노동과 자본의 적대 관계 및 서로 경쟁하는 자본들 사이의 적대 관계로 이뤄진 자본주의 생산관계가 놓여 있다는 점을 집중적으로 살펴본다. 이것은 당연히 1970년대에 칠레·미국·영국에서 개척된 신자유주의 경제정책 레짐이 사라지고 있는가 하는 뜨거운 쟁점으로 이어진다(내 대답을 미리 간단히 말하자면, 그렇기도 하고 아니기도 하다는 것이다). 4장에서는 방향을 돌려 제국주의를 살펴본다. 여기서 말하는 제국주의는 자본주의에서 발전하는 경제적 경쟁과 지정학적 경쟁의 교차점에서 생겨나는 것으로 이해된다. 오늘날 이 경쟁은 국경을 가로지른 경제 통합과 맞물린 지정학적 경쟁의 심화라는 형태를 취한다. 즉, 세계 수준에서는 미국을 비롯한 서방과 중국·러시아의 대결로, 지역 수준에서는 예컨대 미국이 이라크에서 패배한 뒤 부분적으로 철수하며 생겨난 공백을 메우려는 다양한 중동 국가들의 싸움으로 나타난다(이런 싸움은 이제 사하라 사막 이남 아프리카와 중앙아시아로 확산되고 있다). 이런 다툼의 파괴력은 우크라이나에서 벌어진 전쟁으로 분명히 드러났다.

5장에서는 방향을 돌려 마르크스가 말한 "법률적·정치적 상부

구조"와 "사람들이 그것을 보고 [사회의 경제적 토대에서 일어나는 ― 캘리니코스] 이 충돌을 알게 되고 끝까지 싸우게 되는 법률적·정치적·종교적·예술적·철학적(요컨대, 이데올로기적) 형식들"을 살펴본다.[28] 극우파의 부상과 지정학적 불안정의 상호작용이 5장의 주요 주제이므로, 오늘날 포퓰리즘적 인종차별주의와 노골적 파시즘의 스펙트럼, 그것들이 확산하게 된 요인들을 분석한다. 이런 경향들은 자본주의 체제의 한가운데에 있는 미국에서 가장 위험하게 표출되고 있다. 미국의 낡은 헌법은 (갈수록 극우파가 선두에 서고 있는) 공화당과 (여전히 빌 클린턴과 버락 오바마의 신자유주의적 제국주의를 고수하는) 민주당 기득권층의 싸움에 짓눌려 무너지고 있다.

낡은 것(유대인 혐오)이든 새로운 것(이슬람 혐오)이든 인종차별주의와 '젠더 반대' 이데올로기가 극우파에게 중요하다는 점을 감안하면, 6장에서 내가 젠더와 '인종'이라는 투쟁 지형으로 탐구를 전환하는 것은 자연스럽다.(물론 젠더와 '인종'은 단지 이데올로기적·정치적 논쟁과만 관련된 문제는 아니다. 젠더와 '인종'은 무엇보다도 자본주의의 사회적 재생산에서 하는 구실이 있다.)[29] 따라서 이 논의는 재난의 정치에 대한 탐구를 마무리하는 데, 또 6장을 끝내는 데도 좋은 출발점이 된다. 지금의 인류 문명은 이제 지속 가능하지 않다는 것을 두고 논란이 없다는 점은 분명하다. 지속 가능성을 확보하기 위한 필수 전제 조건은 이 세계에서 자본주의 생산양식을 제거하는 것이라는 주장은 약간 더 논란의 여지가 있지만, 그것이 바로 내가 주장하는 바다.

여기서도 투즈와 나 사이에는 견해 차이가 있다. 투즈는 다음과 같이 쓴다.

[환경·경제·정치·지정학 면에서 세계는 다양한 방향과 크기로 변화하고 있다는 사실은 다음을 시사한다.] 2020년은 변화의 절정이 아니라, 변화가 더 빨라지는 과정의 한순간일 뿐이다. … 예전 같았으면 이런 종류의 진단은 혁명의 예측과 결부됐을 것이다. 오늘날 비현실적인 것이 있다면, 그런 예측은 분명히 비현실적이다. [사실, 급진적 개혁은 어려운 일이다. 2020년은 좌파에게 승리의 순간이 아니었다.] 그러므로 정치·경제·생태 영역에서 세계적으로 고조되는 긴장을 상쇄할 주된 힘은 점점 더 대규모로 이뤄지고, 위기가 촉발하는, 임시방편식 위기 관리다.[30]

반자본주의 혁명이 지금 당장 의제로 올라 있지 않다는 투즈의 말은 옳다. 그러나 혁명이 지금 무의미한 범주는 아니다. 중동은 여전히 2011년의 봉기들로 촉발된 격변이 반향을 불러일으키며 알제리와 수단에서 봉기가 계속되고 있다. 더욱이, 혁명의 가능성을 한사코 인정하지 않는 것은 자본주의가 자연 질서처럼 보이게 하는 효과를 낸다. 그러면 남는 것이라고는 기존 권력 구조의 복잡하고 폐쇄적인 미로 속에서 자유주의적 위기 관리자가 지나가려고 애쓰는 좁은 길을 잠자코 따라가는 것뿐이다(바이든 정부의 곤경이 보여 주듯이 그 길은 사실 계속 좁아지고 있는 듯하다).[31]

그러므로 자본주의를 발전하는 전체로 개념화하는 것은 이 세계가 현재 있는 그대로일 필요가 없다고, 다른 세계들이 가능하고 그 중 일부는 현재 세계보다 더 나을 것이라고 주장하는 것과 밀접하게 연결된다. 아도르노는 그 점을 다음과 같이 매우 잘 표현했다.

절망에 직면한 철학이 책임지고 실천할 수 있는 일은 오직 모든 것을 구원의 관점에서 심사숙고하려고 노력하는 것뿐이다. 지식에는 구원이 세계를 밝히는 빛 외에 어떤 빛도 없다. 다른 모든 것은 재구성에 불과한 한낱 기술(테크닉)일 뿐이다. 언젠가 메시아의 빛 속에서 드러날 세계가 궁핍하고 왜곡된 모습일 수밖에 없다면, [그런 메시아의 관점처럼] 틈과 균열이 있는 이 세계의 모습을 그대로 드러내고 이 세계를 대체하고 멀리하는 관점이 만들어져야 한다. [어떤 자의나 폭력도 없이, 오직 전적으로 대상과의 교감에서만 나오는 그런 관점을 획득하는 것, 이것이 사상의 유일한 임무다.] … 사상에 부과된 그런 요청과 비교하면, 구원의 현실성이 있는가 없는가 하는 문제는 별로 중요하지 않다.[32]

아도르노가 이해한 구원이 벤야민의 글 "역사의 개념에 대하여" (1939~1940년)에 나오는 구원과 같다는 점은 의심할 여지가 없다. 그 글에서 벤야민은 구원을 (혁명으로 환원하지 않으면서도) 혁명과 동일시하는데, 벤야민이 생각하는 혁명은 진보의 필연적 결과가 아니라 저항하는 메시아가 자본수의석 성상 상태의 "동질적이고 공허한 시간"에 침입하는 것이다.[33] 내가 보기에 이것은 이 재난 시대에 혁명을 생각하는 유일한 방법인 듯하다(벤야민을 존경하는 다른 마르크스주의자들, 예컨대 미카엘 뢰비와 고故 다니엘 벤사이드도 그렇게 생각한다).[34] 나는 혁명적 구원의 현실성에 대해 아도르노보다 훨씬 더 낙관적이다. 그러나 아도르노의 말처럼 지금 이것은 중요하지 않다. 우리가 직면한 다차원적 위기를 측정하려면, 그 위기의 근원을 자본주의에서 찾아야만 할 듯하다. 마르크스가 이해한 자본주의, 즉 역사적으로 우연적이고 일시적인 생산양식에서 찾아야 하는 것이다. 물론 이런 식으로 전체화하는 데는 위험이 따른다. 다시 말해, 독단적 추론에 빠질 위험이 있는 것이다. 그러나 나는 그것이 필연적이라고 생각하지 않는다.

그래도 전체화를 어떻게 시작하는지에 따라 차이는 나기 마련이다. 1960년대 프랑스 마르크스주의에서 사르트르의 대단한 적수였던 루이 알튀세르는, 예컨대 자본주의를 "표현적 전체"로 봐서는 안 된다고 경고했다. 즉, 본질이 전체의 다양한 모든 측면을 통해 발현된다고 생각해서는 안 된다는 것이었다. 이와 달리 알튀세르가 《자본론》에서 발견한 것은, 각각의 결정 요인들이 자체적으로 인과적 구실을 하면서도 모두 복합적 통일성 속에서 접합돼 있는 구조다. 벤야민과 마찬가지로 알튀세르도 "역사적 시간을 연속적이고 동질적이며 동시적인 것으로 개념화하는" 사고를 거부하면서, 다양한 수준들은 저마다 자체 시간이 있다고 주장한다.

마르크스가 《자본론》에서 자본주의 생산양식을 논할 때 상이한 시간들의 결합 유형이라고 부른 것(여기서 마르크스는 경제적 수준만을 언급한다), 즉 구조의 상이한 수준들에 의해 생산된 상이한 시간성의 '거리'와 왜곡의 유형, 그것의 복합적 결합이 과정의 발전에 고유한 시간을 구성한다.[35]

계속해서 알튀세르는 "전체의 복합적 구조의 독자적 통일성"은 "현실의 역사적 현존, 즉 상황의 현존 [구조]"에 있다고 말한다.[36] 다른 곳에서 알튀세르는 1917년 러시아 2월 혁명을 다룬 레닌의 저작들이 혁명적 상황, 즉 "엄청나게 축적된 '모순들'이 **동일한 경기장에서** 경합하는 상황, 그 모순들 중에 일부는 근본적으로 이질적이지만(그 기원과 방향이 모두 다르고, 적용의 **수준과 장소**도 다 다르다) 그래도 파열하는 통일성 속으로 '융합되는' 상황"을 분석했다고 이해한다.[37] 알튀세르가 말한 "중층 결정"에 대한 이런 논의의 가치 있는 특징은 중요한 역사적 사건들을 생산력과 생산관계의 추상적 변증법에서 추론하지 않고 다양한 결정들의 우연한 결합에서 발생하는 것으로 본다는 점이다. 알튀세르는 혁명에 관해 이야기하고 있었지만(어쨌든 그때는 1960년대였다), 내가 보기에 이런 역사적 방법은 현재 상황처럼 결코 혁명적이지 않은 순간에도 적용할 수 있다.[38]

역사적 방법이라는 말은 단지 미사여구가 아니다. 제임슨은 "항상 역사화하라!"라는 유명한 말을 했다.[39] 이 책은 두 가지 방법으로 역사화한다. 첫째는 복합적 위기의 뿌리를 추적하는 더 일반적 방법인데, 이것은 역사적 작업일 수밖에 없다. 둘째는 현재의 역사적 순간과 1차 재난 시대(1914~1945년)를 체계적·역사적으로 비교하는 것이다. 제국주의 전쟁과 혁명의 시대였던 1차 재난 시대에 고전적 파시즘이 발전해서 세계 지배를 시도했다가 재앙을 낳았다.

1차 재난 시대와 지금 시대를 연결하는 일관된 주제는 혁명과 반혁명의 상호작용이다. 여기서 나는 아르노 메이어의 역사 연구에 빚지고 있는데, 메이어 역사 연구의 절정은 《격분》이라는 책이다. 나는 또 전 세계의 극우파를 연구한 선구적 저서의 지은이 월든 벨로의 뒤를 따르는데, 벨로의 저서도 극우파의 부상을 반혁명으로 표현한다.[40] 제1차세계대전은 확고한 사회구조처럼 보이던 것을 산산조각 냈고, 강력한 혁명적 에너지를 해방시켰다. 파시즘은 다른 반동적 정치 형태들과 나란히, 이 혁명적 에너지를 밀쳐 내거나 흐트러뜨리려 했다. 1970년대 말 이후 자본주의의 신자유주의적 변종이 낳은 해악은 지난 20여 년 동안 남반구의 저개발국들에서 특히 강력한 대중적 저항 운동의 발전을 자극했다. 오늘날 극우파의 성장은 어느 정도 이에 대한 반작용으로 이해해야 한다.

두 재난 시대의 근저에 있는 패턴을 찾으려면 마르크스주의적 제국주의 이론의 도움을 받아야 하는데, 그 이론은 무엇보다도 마르크스의 《자본론》 자체에서 발견된다.[41] 여기서 나는 마르크스뿐 아니라, 20세기 초에 마르크스주의적 제국주의 이론을 더 발전시킨 위대한 인물들, 즉 루돌프 힐퍼딩, 로자 룩셈부르크, 블라디미르 일리치 레닌, 니콜라이 부하린, 헨리크 그로스만의 성과와 업적도 활용한다.[42] 그러나 나는 자본주의적 제국주의를 경제적 경쟁과 지정학적 경쟁이 교차하는 지점에서 형성되는 것으로 개념화하고 그것이 나타나는 다양한 역사적 형태를 분석해서 나 자신의 제국주의 이론도 발전시키고 명확히 하려고 노력했다.[43] 나는 오늘날 우세한 경제 위기 경향과 매우 위험한 지정학적 경쟁, 특히 미국·중국·러시아의 경쟁 심화 사이의 상호 관계를 이해하는 데 마르크스주의적 제국주의 이론이 필수적이라고 생각한다. 이 모든 것에 관해 이 책 1장과 4장에서 아주 많은 이야기를 할 것이다.

막스 호르크하이머는 1930년대 말에 쓴 글에서 "자본주의에 대해 말하기를 꺼리는 사람은 누구든지 파시즘에 대해서도 침묵해야 한다"는 유명한 말을 했는데, 그의 주장인즉 파시즘은 자본주의 생산양식에 내재한 경향들을 극단적 형태로 실현했다는 것이다.[44] 30년 뒤에 니코스 풀란차스는 다음과 같이 논평했다. "엄밀히 말해서, 이것은 맞지 않는 말이다. 파시즘이라는 주제에 대해 침묵을 지켜야 하는 사람은 바로 **제국주의**를 논하고 싶지 않은 사람이다."[45] 제국주의는 자본주의에서 자라난 것이므로 둘을 대립시키는 것은 잘못이지만, 자유주의 역사가 리처드 오버리가 이른바 "1931~1945년의 제국주의 대전쟁"을 연구한 최근 저작에서 강조하듯이 [이탈리아의] 파시즘 정권과 [독일의] 국가사회주의 정권이 전쟁에 뛰어들게 된 이유는 전 세계를 집어삼킨 유럽[제국주의]의 후발 주자인 두 나라는 영국과 프랑스처럼 더 많은 식민지를 지배하는 열강한테서 자신들의 정당한 몫을 강제로 빼앗아 와야 한다는 생각 때문이었다는 것은 사실이다.[46]

그러나 제국주의와 파시즘의 연결이 분명히 보여 주는 것은 인종차별주의를 이야기할 필요도 있다는 것이다. 19세기 말과 20세기 초 식민지 지배 단계의 제국주의는 인류에게 인종의 서열이 있다고 생각했다. 즉, 사회진화론적 생존 투쟁에서 승리한 인종이 지배층이 돼 나머지 인종을 지배할 권리를 갖게 된다는 것이었다. 이런 이데올로기를 끝까지 밀고 나간 히틀러 정권은 유대인을 절멸시키고 유라시아 대륙을 지배하는 제국을 건설하려 했다. 물론 인종차별주의는 나치 정권이 몰락한 뒤에도 살아남았다. 사실 코로나19 1차 유행 기간인 2020년 여름에 전 세계에서 대규모로 분출한 '흑인 목숨도 소중하다BLM' 시위는 어떻게 인종 대립이 현 사회의 모든 갈등과 부정의를 집중적 형태로 표현하게 됐는지를 극적으로 보여 줬다. 팬데믹의 이 차원이 자유주의적 관점에서 팬데믹을 연구한 칼·라이트의 저작과 투즈의 저작에서 무시되고 있다는 사실은 결코 놀라운 일이 아니다(칼과 라이트는 서방 강대국들과 크게 작게 충돌하는 '권위주의적' 정권들이 벌이는 억압에 오히려 더 초점을 맞춘다). 이와 대조적으로 나는 이 책 6장에서 인종 대립을 광범하게 다룬다. 나는 아프리카계 미국인 마르크스주의자 두 사람이 쓴 고전, 즉 윌리엄 에드워드 버가트 듀보이스의 《미국 남북전쟁 후 흑인 재건 시대》와 앤절라 이본 데이비스의 《여성, 인종, 계급》에서 영감을 받았음을 인정한다.

　제국주의, 인종차별주의, 파시즘을 삼각형처럼 서로 연결시켜 연구하는 방법은 예전에도 있었다. 특히 에메 세제르가 [《식민주의에 대한 담론》에서](1장 참조), 또 한나 아렌트가 《전체주의의 기원》에서 그렇게 연구했다. 나는 아렌트의 이 대작을 다시 읽으며 처음에는 감명을 받았고 다음에는 우울해졌고 마지막에는 실망했다. 《전체주의의 기원》이 정말 탁월한 저서라는 점과 아렌트가 로자 룩셈부르크, 벤야민, 존 앳킨슨 홉슨 같은 사람들의 급진적 비판을 이용해 자신만의 종합을 이룩하는 방법에 감명 받았지만, 아프리카의 식민주의를 (대단히 부정확하게) 설명하면서 흑인에 대한 인종차별주의에 굴복하는 것을 보고 우울해졌으며, 국가사회주의의 특수성에 대한 심층적이고 통찰력 있는 연구가 마지막 장들에서 길을 잃고 헤매는 것을 보고, 그래서 '전체주의' 비판이 냉전에 적합한 것으로 구체화되고 나치즘과 스탈린주의가 서구 자유주의의 '타자'로 뭉뚱그려지는 것을 보고 실망했다.[47] 이 모든 것은 엄격하면서도 개입주의적인 학문 활동의 중요성, 그리고 청년 마르크스가 이해한 구원, 즉 "인간이 천대받고 구속받고 버림받고 경멸당하는 존재로 돼 있는 **모든 관계를 전복하라는 정언명령**"의 이행으로 구원을 이해하는 관점에서 글을 쓰는 것의 중요성을 분명히 보여 준다.[48] 내가 이 일을 얼마나 잘 해냈는지 판단하는 것은 다른 사람들의 몫이다.

1장
현재를 준비하는 단계

궁지에 몰린 제국주의

지난번에 재난이 인류 전체를 덮친 때는 20세기 전반기였다. 그것은 아르노 메이어의 표현을 빌리면 "20세기의 총체적 위기와 30년 전쟁" 시기, 즉 제1·2차세계대전, 대공황, 파시즘, 스탈린의 공포정치, 홀로코스트의 시대였다.[1] 산업화한 전쟁 기술과 그 덕분에 가능해진 거대한 군대는 그때까지 상상도 할 수 없는 규모의 학살과 파괴, 끔찍한 만행으로 이어졌고, 조립라인 기법과 관료주의적 합리성은 이를 더욱 증폭시켰다.[2] 그 시대 특유의 인물인 혁명적 보수주의 작가 에른스트 윙거는 나치라는 괴물을 불러내는 데 일조했지만 전시에 쓴 일기에서는 자신이 나치와 얼마나 멀어졌는지를 꼼꼼히 기록하기도 했는데, 1943년 3월 동부전선을 방문하고 나서 다음과 같이 썼다. "동부[전선]의 전쟁은 결코 클라우제비츠도 상상할 수 없었을 만한 규모에 이르렀다. … 그것은 국가들·국민들·시민들·종교들의 전쟁이고, 갈수록 잔혹해지고 있다."[3]

매우 다른 부류의 작가인 에메 세제르는 제2차세계대전 기간에 유럽을 덮친 참사들은 유럽의 식민지에서 개발된 몰살 기술이 귀환한 것이라고 지적했다.

그렇다. 히틀러가 취한 조치들과 히틀러주의를 자세히 냉철하게 연구해서, 대단히 성공하고 대단히 인본주의적이고 대단히 신실한 20세기 부르주아 그리스도교도들에게 다음과 같은 사실을 알려 주는 것은 가치 있는 일이다. 즉, 그들이 의식하지 못하더라도 그들의 내면에는 히틀러가 있다는 것, 히틀러가 그들과 동거하고 있다는 것, 히틀러는 그들의 악령이라는 것, 따라서 그들이 히틀러를 비난하더라도 그것은 일관성이 없다는 것 말이다. 사실 그들이 히틀러를 용서할 수 없는 것은 [히틀러의] 범죄 자체, 인간에 대한 범죄 때문이 아니다. 인간 전체를 모욕했기 때문이 아니다. 히틀러가 백인에게 저지른 범죄 때문이고, 백인을 모욕했기 때문이다. 그때까지는 알제리의 아랍인들, 인도의 '쿨리들', 아프리카의 '깜둥이들'만의 운명이던 식민주의 방법을 히틀러가 유럽에도 적용했기 때문이다.[4]

이 1차 재난 시대를 이해하려면 제국주의 이론이 필요하다. 현대의 자본주의적 제국주의는 19세기 말 자본축적 과정에서 경제력과 군사력이 점점 더 집중된 선진 자본주의 국가들의 산업 생산과 금

---

* 쿨리 아시아계 미숙련 저임금 노동자를 경멸조로 일컫는 말이다.

융 순환 리듬에 따라 세계경제가 통합됐을 때 생겨난 것이다. 그 결과로, 계급사회가 출현한 이후 어떤 형태로든 계속 반복된 국가 간 지정학적 경쟁이 자본의 논리 아래 포섭됐다. 이것은 데이비드 하비와 내가 주장하듯이 경제적 경쟁과 지정학적 경쟁이 교차하는 형태를 취한다.[5] 개별 자본들은 점점 더 세계 무대에서 활동하게 되고, 그래서 자신들의 이익을 추구하려면 자국 국가의 지원이 필요하다. 또 윌리엄 하디 맥닐이 말한 "전쟁의 산업화" 때문에 국가들은 전력 투사에[*] 필요한 현대적 무기 체계와 교통·통신 수단을 확보하려면 자본주의의 발전을 촉진해야만 한다.[6]

그에 따른 경제적 경쟁과 지정학적 경쟁의 융합이 20세기의 전반기를 완전히 파괴했다. 경제적 경쟁과 지정학적 경쟁의 융합은 유럽 제국들의 식민지로 통합되고 있던 전 세계뿐 아니라 1914년 여름에 제1차세계대전이 발발한 남동부 유럽에서도 강대국 간 영토 경쟁을 부추겼다. 이런 충돌에 영향을 미친 것은 당시의 패권적 자본주의 강대국이던 영국과 [후발 주자인] 미국·독일 사이의 구조적 긴장이었다. 미국과 독일은 산업 발전에서 영국을 앞질렀고, 그들이 건설하고 있던 해군은 영국이 세계에 전력을 투사하는 주요 수단을 위협했다. 독일은 영국 근처에서 도전하고 있었기 때문에 영국 전략의 표적이 됐고, 이것은 동맹 구축과 군비 경쟁이 (두 번이나) 전면전

---

[*]　전력 투사(power projection) 군사력을 준비·전개하여 군사작전을 수행하는 것을 의미한다.

으로 귀결되는 데 한몫했다.

이 시기(대략 1914년부터 1945년까지)를 규정하는 특징은 세 가지였다.

(1) **제국주의 간 전쟁의 시대**: 물론 두 차례 세계대전(1914~1918년, 1939~1945년)이 이 시대를 지배했다. 그 전쟁들은 기존의 경제·정치·사회 구조를 불안정하게 만들고 그 정당성을 약화시켜서 극좌파(공산주의인터내셔널)와 극우파(권위주의적 보수주의자들과 파시스트들)로 갈라지는 양극화를 유발했다. 제1차세계대전이 근본적 적대 관계를 해소하지 못했기 때문에 훨씬 더 끔찍한 두 번째 세계대전이 일어날 가능성이 크게 높아졌다.

(2) **자본주의 역사상 가장 극심한 경제 불황**: 1930년대의 대공황은 두 차례 세계대전으로 폭발한 제국주의 간 경쟁과 유기적으로 연결돼 있었다. 안토니오 그람시는 제국주의가 확장된 근본 원인을 마르크스가 주장한 이윤율 저하 경향의 법칙에서 찾았다. "자원이 풍부하고, 이윤율 저하 경향이 드러나기 시작하는 시점에 도달한 자본주의 유럽은 수익성 있는 투자를 확대할 지역을 넓힐 필요가 있었다. 그래서 1890년 이후 거대한 식민 제국들이 생겨났다."[7] 제1차세계대전이 불러일으킨 금융 불안정을 영국이 관리하지 못하자, 자본주의 생산양식이 그때까지 경험한 최악의 경제 위기가 닥쳤다. 이 경제 위기는 제국주의 간 경쟁을 격화시켰고, 1930년대 말에 강대국들이 전시 생산 체제로 전환하면서부터 비로소 극복되기 시작했다.

(3) **혁명과 반혁명**: 제1차세계대전이 낳은 파괴와 궁핍으로, 1917년 10월 러시아에서 일어난 최초의 사회주의 혁명과 그 혁명에 고무된 혁명적 격변의 물결이 생겨날 상황이 조성됐고, 이 물결은 가장 강력한 유럽 국가인 독일을 휩쓸고 1925~1927년에는 멀리 중국에까지 이르렀다. 그러자 곧바로 우파의 강력한 반동이 뒤따랐다. 처음에는 러시아에서 내전이 벌어졌고, 나중에는 독일에서 반혁명 폭력으로 로자 룩셈부르크와 카를 리프크네히트가 살해됐다. 제1차세계대전으로 말미암아 폭력에 익숙해지고 사회적 혼란에 빠진 청년이 대거 생겨났고, 그중에 많은 사람이 아일랜드의 흑갈부대부터* 독일과 그 접경지대의 자유군단까지 여러 반동적 무장 조직으로 동원됐다. 초기 파시스트 조직들은 주로 그들 사이에서 충원됐다.

이런 혁명과 반혁명의 변증법이 세계적이었다는 점을 이해하는 것이 중요하다. 따라서 그 시기를 "유럽의 내전"으로 묘사하는 것은 너무 협소하다. (특히) [이탈리아 출신의 역사학자] 엔초 트라베르소가 도발적 해석을 제시한 책에서 그렇게 주장하지만 말이다.[8] 혁명적 격변기의 시작은 1910년 멕시코에서였지만, 제1차세계대전의 끝을 장식한 것은 여러 식민지에서 일어난 봉기 물결이었다. 제국의 지배

---

* 흑갈부대 1920년 아일랜드 독립 전쟁 중에 영국 전쟁부 장관 처칠이 아일랜드 공화국군에 맞서 싸우기 위해 모집한 전투경찰 부대다. 영국 군복의 갈색과 경찰복의 흑색이 섞인 제복을 입어서 흑갈부대로 불렸는데, 아일랜드 민간인들도 닥치는 대로 공격한 것으로 악명 높았다.

는 새로운 혁명운동들의 도전을 받았는데, 이 운동들은 흔히 코민테른[공산주의인터내셔널의 약칭]과 연결돼 있었다(인도·중국·동남아시아에서 그랬다).[9] 중국은 유럽 바깥에서 가장 중요한 전쟁터였다(민족주의 정당인 국민당, 공산당, 1931년 이후에는 일본 제국주의, 이 셋이 치열하게 3파전을 벌였다). 1925~1927년의 중국 혁명은 군벌과 제국주의 열강에 대항하는 국민당과 공산당의 동맹[국공합작]이 유혈 낭자하게 와해되는 사태로 끝나고 말았다(그 결과를 묘사한 앙드레 말로의 소설이 《인간의 조건》이다).[10] 반공주의는 1931년부터 1945년까지 일본 군부가 중국을 정복하려던 재앙적 시도를 이데올로기적으로 정당화한 중요한 근원이었다.

유럽 대륙에서 지배계급 정치의 가장 중요한 특징이 된 것은 반혁명이었다. 특히 대공황의 시작으로 기존 구조들이 더 불안정해졌을 때 권위주의적 우파 정권으로 나아가는 경향이 있었고, 그런 우파 정권들은 정도 차이는 있었지만 주요 자유주의적 자본주의 국가들인 영국과 프랑스에서 작동하던 의회 형태를 버리고 군대와 경찰이 강요하는 억압에 의존했다. [영국의 역사학자] 마크 마조워는 다음과 같이 썼다.

1930년대 중반이 되면, 유럽의 (북부 변두리를 제외한) 대부분 지역에서 자유주의는 지친 듯했고, 조직된 좌파는 분쇄됐으며, 이데올로기와 통치권을 둘러싼 투쟁은 우파 내에서만(즉, 권위주의자들, 전통적 보수주의자들, 기술 관료들, 급진적 극우파들 사이에서만) 벌어지고 있었다. 오직 프랑스에서만 좌파와 우파 사이의 내전이 1930년대 내내 계속되다가 비시 정권의 등장과 함께 종식됐다. 그러나 내전은 이미 오스트리아에서(1934년에) 짧게 분출했고, 스페인에서는 더 오래 지속되다가 결국 우파가 승리했다. 이탈리아, 중부 유럽, 발칸반도에서는 우파가 지배하게 됐는데, 우파 정권의 형태는 다양했다. 루마니아는 국왕 카롤 [2세]의 왕정 독재였고, 스페인·그리스·헝가리는 군인들이 지배했으며, 독일과 이탈리아는 일당독재 국가였다.[11]

따라서 반동의 스펙트럼에는 니코스 풀란차스가 말한 "예외적 자본주의 국가"의 다양한 형태가 있었다(예컨대, 파시즘, 군부독재, 보나파르티즘).[12] 그람시와 함께 이 시기의 유럽 정치를 관찰한 위대한 마르크스주의자 레온 트로츠키는 (슬프게도, 트로츠키와 그람시는 각각 스탈린과 무솔리니에게 희생되는 바람에 당시의 사건들에 영향을 미칠 수 없었다) 비슷한 것을 염두에 두고 보나파르티즘을 다음과 같이 묘사했다.

보나파르티즘은 군대·경찰 독재 체제다. 두 사회계층(가진 자와 못 가진 자, 착취자와 피착취자)의 투쟁이 최고의 긴장 상태에 도달하는 순간, 관료·경찰·군대의 지배가 들어설 조건이 확립된다. 정부는 사회에서 '독립'하게 된다. … 포크 두 개를 양쪽에서 코르크 마개에 찔러 넣으면 그 코르크 마개는 심지어 아주 가느다란 핀의 꼭대기에서도 떨어지지 않을 수 있다. 바로 이것이 보나파르티즘의 뼈대다.[13]

트로츠키는 독일 바이마르공화국의 마지막 정부들을 생각하고 있었다. 1930년부터 1933년까지 잇따라 총리를 지낸 하인리히 브뤼닝, 프란츠 폰 파펜, 쿠르트 폰 슐라이허 장군은 은행들을 달래려고 주로 긴축정책을 실행해서 경제 위기를 관리하려 했다. 이를 위해 그들은 제국의회를 거치지 않고 대통령 파울 폰 힌덴부르크의 긴급명령권을 이용해 포고령으로 통치했다.[14] 의회 정치는 허울뿐이었고, 그 이면에서는 관료들과 군 장성들이 대은행가·지주와 결탁해서 상황을 통제했다. 이것은 **위로부터 반혁명**이나 마찬가지였다. 즉, 억압적 국가기구의 도움을 받아서 자본주의적 경제 위기 해법을 대중(노동자·농민·소상공인)에게 강요한 것이었다.

권위주의적 우파 정권들의 득세는 메이어가 말한 다음과 같은 사실을 반영한 것이었다. "1914년까지도[사실 중부 유럽에서는 그 뒤로도 25년 동안 — 캘리니코스] 서로 뒤섞인 지주 귀족과 봉사 귀족이* 유럽 전역의 지배계급 사이에서 계속 우세했다."(비록 유럽 대륙 전체의 금융을 지배한 것은 영국과 프랑스의 자유주의적 선진 자본주의였지만 말이다.)[15] 그러므로 반혁명은 당시 존재하던 정치·사회 질서의 연장선에서 일어난 것이었다.

---

* 봉사 귀족(service nobility) 신분에 의한 귀족과 달리, 고위 관료나 군 장교로서 왕권에 봉사한 대가로 귀족이 된 사람들을 가리키는 말이다.

탈출구

이와 대조적으로 파시즘은 **아래로부터** 반혁명이었다. 파시즘이 순수한 형태로 등장한 경우는 극히 드물었다(예컨대, 스페인에서 파시스트 세력인 팔랑헤당은 프랑코의 군부독재에 종속됐다). 순수한 형태의 파시즘은 권위주의적 보수파를 효과적으로 제압한 무솔리니 치하 이탈리아와 히틀러 치하 독일에서 등장했다. 자유주의적 프랑스를 제외하면(프랑스에서는 1940년의 군사적 패배 후 비시 정권이 강요되기 전까지 파시즘을 그럭저럭 막아 냈다), 독일과 이탈리아가 유럽 대륙에서 가장 산업화한 나라였다는 사실은 결코 우연이 아니다. 그러나 두 나라 모두 세계 자본주의의 불균등·결합 발전으로 형성된 사회였다. 이를 두고 [독일의 마르크스주의자] 에른스트 블로흐는 1930년대 중반에 "비동시성의 동시성"을 이야기했다. 즉, 서로 다른 역사적 시대를 나타내는 사회 형태들이 공존한다는 것이었다. 그래서 루르의 철강 공장이나 토리노의 자동차 공장이 동프로이센 융커[지주 귀족]의 대토지나 이탈리아 남부의 대농장과 나란히 존재했다.[16]

[미국의 정치학자이자 역사가인] 로버트 팩스턴은 파시즘을 설명한 매우 훌륭한 책에서 다음과 같이 파시즘을 정의한다. "공동체의 쇠퇴와 굴욕, 피해에 대한 강박적 두려움과 이를 상쇄하는 일체감·에너지·순수성의 숭배가 두드러진 특징인 정치 행동의 한 형태이자, 대중적 기반을 가진 열성적 민족주의 투사들의 정당이 전통적 엘리

트층과 불편하지만 효과적인 협력 관계를 맺고 민주적 자유를 포기하고 윤리적·법률적 제약 없이 '구원하는 폭력'을 휘두르며 내부 정화와 외부 팽창이라는 목표를 추구하는 정치 행동의 한 형태다."[17]

이 정의는 고전적 마르크스주의의 파시즘 설명, 무엇보다도 트로츠키의 설명과 일치한다.[18] 파시즘의 동역학, 특히 [독일 나치의] 국가사회주의라는 순수한 형태는 다음과 같은 특징이 있었다.

(1) 현재와 혁명적으로 단절하겠다고 약속하는 정치 스타일.

(2) 인종으로 규정된 "민족 공동체"와 이를 파괴하려는 외부인들(결정적으로 "범세계주의적 유대인 금융자본")을 대립시키는 이데올로기. 그 특징은 지독한 반反마르크스주의다.

(3) 특히 프티부르주아지(소상인, 더 일반적으로는 소생산자, 양차 세계대전 사이에 비교적 특권을 누린 화이트칼라 "봉급생활자", 전문직) 사이에서 충원되는 무장 조직을 거느린 대중운동 건설.

(4) 급진화 경향. 이 경향의 가장 완전한 표현은 제국주의적 정복 추구와 전시에 유럽의 유대인을 말살하려던 시도였다.

당시 블로흐는 이상화된 과거라는 미명 아래 현대성을 거부하며 혁명적인 체하는 나치 이데올로기의 낭만적 반자본주의가 대중에게 매력적으로 보인다는 것을 알고 다음과 같이 썼다.

공포에 휩싸인 독일에서 시도 때도 없이 쏟아지는 온갖 말에서는 비열함, 형언할 수 없는 조야함, 어리석음, 겁에 질려 쉽게 속는 분위기가 분명히 드러난다. 그러나 자본주의를 반대하는 더 오래된 낭만적 정서도 드러나는데, 이것은 현재 생활에 존재하지 않는 것을 그리워하며 뭔가 막연히 다른 것을 갈망하는 정서다. … 이런 반대가 시대와 불화한다는 점 때문에 "혁명"과 반동을 동시에 내세우는 기만과 열정이 가능해진다.[19]

분명히 팩스턴이 말한 "전통적 엘리트층", 즉 자본가, 지주, 군 장성, 관료는 이런 종류의 정당이 집권하는 것을 가볍게 여기지 않을 것이다. 그들은 노동계급과 정면으로 대결하는 극단적 상황에서만 그런 정당을 지지하는 위험을 무릅쓰려 했다. 당시 노동계급은 패배(1918~1923년 독일 혁명의 실패와 1920년 9월 이탈리아 공장점거 운동의 실패)를 겪고 약해졌지만 여전히 조직과 투쟁성은 많이 남아 있었다. 그래서 트로츠키가 말한 보나파르티즘적 "군대·경찰 독재 체제"로는(44~45쪽 참조) 노동계급을 확실히 굴복시킬 수 없었다.

반동적 유토피아 이데올로기로 결합되고 촉진된 파시스트 대중운동은 조직 노동계급을 분쇄하고 원자화하는 데 필요한 극단적 폭력을 자극하고 가능하게 했다. [영국의 이탈리아 사학자] 존 풋은 1920~1922년에 이탈리아의 좌파와 노동조합원을 겨냥해 파시스트 행동대(검은셔츠단)가 벌인 폭력 난동 속에서 "새롭고 매우 효과적인 정치 활동 형태가 처음으로 실험되고 있었다. 그것은 바로 **민병대**

정당이었다" 하고 썼다.[20] 그러나 여기서 강조하고 싶은 점은 이탈리아 파시스트들과 독일 나치는 모두 지배계급의 지지 덕분에 집권할 수 있었다는 것이다(비록 그것이 아무리 내키지 않는 지지 또는 자기기만적 지지였다 해도 말이다). 무솔리니든 히틀러든 자유 선거에서 승리하지 못했지만, 헌법의 틀 안에서 정권을 잡았다. 물론 집권한 뒤에는 좌파를 분쇄하고 자신의 수중에 권력을 집중시켰다. 따라서 집권한 파시즘은 위로부터 반혁명과 아래로부터 반혁명을 결합한다.

당시 독일 상황을 다룬 트로츠키의 저작은 다양한 부르주아 반동 중에서 파시즘의 특수성과 노동자 운동에 대한 치명적 위협을 이해했다는 점이 탁월하다. 그러나 파시즘의 동역학에 대한 트로츠키의 통찰은 권력 장악에서 멈췄는데, 그 이유 하나는 트로츠키가 파시스트 정당과 지배계급의 갈등을 예리하게 이해했을 뿐 아니라 그 갈등이 지배계급에게 유리하게 해결될 것이라고 생각했기 때문이다. "이탈리아와 마찬가지로 독일의 파시즘도 프티부르주아지를 이용해 집권했다. 이제 프티부르주아지는 노동계급과 민주주의 기관들을 파괴하는 쇠망치로 바뀌었다. 그러나 집권한 파시즘은 결코 프티부르주아지의 지배가 아니다. 오히려 그것은 독점자본의 가장 무자비한 독재다."[21]

트로츠키는 "이탈리아 사례가 보여 주듯이, 파시즘은 결국 보나파르티즘 형태의 군부·관료 독재로 귀결된다"고 생각했다.[22] 실제로는 내가 몇 년 전에 지적했듯이 "나치 정권은 결코 군부독재로 끝나지 않고 1944년 7월 히틀러 암살 음모 후 군 장성들을 대대적으로 처형했다." 내가 주장했듯이 나치와 독일 자본의 관계는 "서로 갈등하는 동반자 관계라는 말로 가장 잘 묘사할 수 있다. 그 관계는 나치와 일부 독일 자본(특히 중공업 관련 자본)의 이해관계가 어느 정도 수렴된다는 데 바탕을 두고 있었다. 그들은 특히 조직 노동계급을 분쇄하고 동유럽으로 제국주의적 팽창을 도모한다는 공통의 목표가 있었다."[23] 애덤 투즈도 나치의 경제를 연구한 중요한 저서에서 그 관계를 "동반자들: [나치] 정권과 독일 기업"이라는 똑같은 용어로 묘사한다.[24] 투즈는 조직 노동계급의 분쇄, 기업 경영진의 권리 재천명, 재무장 호황 덕분에 나치의 지배는 독일 자본에 다음과 같은 이득을 가져다줬다고 지적한다.

1933년 이후 이윤이 급증하고 있었고, 이로써 독일의 기업 경영에 매력적인 미래 전망이 열렸다. 처음에 그 이윤은 대공황으로 입은 손해를 보상하는 데 쓰였지만 1930년대 말부터는 독일 산업 역사상 전례 없는 엄청난 투자 호황의 재원이 됐다. 히틀러 정권은 독일 기업이 재앙적 경기후퇴에서 회복되고 자본을 축적할 수 있게 했고, 특정한 핵심 기술들을 개발하는 사업에 참여하도록 강요했는데, 그 기술들은 자급자족(아우타르키)의 증대와 재무장이라는 정권의 쌍둥이 목표를 달성하는 데 필요한 것이었다.[25]

집권한 나치가 급진화한 데는 다음과 같은 고려 사항들이 작용했다. 즉, [프랑스의 아나키스트 저술가] 다니엘 게랭이 "'반자본주의적' 자본주의"라고 말한 이데올로기,[26] 제국의 확장을 위해 전쟁을 벌여야 한다는 히틀러의 목적, 정권 내 다양한 부분의 경쟁, 세계시장의 파편화가 특징인 세계 대공황 와중에 경제를 관리해야만 하는 처지 등. 그러나 이런 급진화의 한 측면은 국가자본주의 부문을 상당하게 건설하는 것이었는데, 이는 사적 자본을 지원하는 동시에 제약했다. 더욱이, 유럽의 유대인을 말살하는 것은 독일 자본의 필요나 두 전선에서 벌이는 전쟁의 우선순위와 전혀 맞지 않았는데도 이를 가차 없이 추구했다는 것은 나치 정권의 정치적 자율성을 분명히 보여 준다. 이런 자율성은 특히, 이데올로기적 동기가 중요한 경찰·군대 관료 기구인 친위대의 힘이 갈수록 커지는 것으로 표현됐다.[27]

　나치를 제2차세계대전으로 몰아간 이면의 동역학은 히틀러의 특이한 개성이 아니었다. 추축국의 핵심을 이룬 세 '민족 제국', 즉 독일과 이탈리아와 일본(일본에서는 군대의 팽창주의파가 다른 두 나라에서 우세한 파시스트 운동을 대체했다)은 모두 "민족 자율성을 추구했는데, 이것이 사실상 의미하는 바는 민족의 발전이 기존 국제 질서(어떤 일본 소책자의 표현을 빌리면 '강대국의 간섭과 억압')의 틀에 갇히거나 제한되는 상황에서 해방되는 것이었다."[28] 세 국가는 모두 제1차세계대전 후에 열린 파리강화회의에서 속았다고 믿었다(독일은 승전국들에게 가혹한 처벌을 받았기 때문이고, 이탈리아와 일본은 자신들 몫의 전리품이라고 여긴 것을 받지 못했기 때문이다). 한편, 승전국인 유럽의 두 자유주의 제국, 즉 영국과 프랑스

는 최대로 영토를 늘렸다. 특히, 오스만제국을 해체하고 그 아랍 속
국들을 나눠 가진 덕분이었다.[29]

1929~1931년의 금융시장 붕괴와 (경제학의 정설에 따르면 금본
위제 유지를 위해 필요한) 긴축정책은 파리에서 수립된 자유주의
국제 질서의 신뢰성과 유효성을 약화시켰다. 그러므로 영토 확장은,
예컨대 일부 독일 자본에 더 매력적으로 보였다.[30] 오버리의 말을 다
시 인용하면

> 제국 건설은 인구 압력과 토지 부족에 대처할 '생활 공간'을 추가로 획
> 득하고, 원료와 식량 자원에 접근할 기회를 확보하고, 사업 공동체가
> 아니라 제국 중앙이 무역과 투자를 통제할 경제블록을 구축해서, 기존
> 의 세계 경제·영토 구조가 부과한 한계를 극복하기 위한 것이었다. 세
> 국가는 모두 점점 더 국가 계획에 몰두했고, 서구의 자유주의적 자본
> 주의 발전 모델과 그것을 지탱하는 서구의 가치들에 적대적 태도를 취
> 하게 됐다.[31]

나치 정권의 경우, 영토 확장은 더 직접적인 경제적 우선순위와
맞물려 있었다. 1936~1937년에 나치의 재무장 호황이 고질적인 외
환·원료 부족으로 위협받게 됐을 때 히틀러는 오직 영토 합병과 정
복으로만 그 한계를 극복할 수 있다고 믿었다.[32] 제국의 확장을 전제
로 한 이 경제적 자급자족 드라이브를 더 강화시킨 것은, 제1차세계
대전 때 연합국이 독일과 그 동맹국에 강요한 것과 같은 봉쇄를 다

시 당하지 않을까 하는 두려움이었다.[33] 그리고 독일과 일본은 제2차세계대전 초기에 뜻밖의 군사적 성공을 거둔 덕분에, 점령지에서 꽤 큰 (그러나 다행히 단명한) 제국을 건설할 수 있었다.[34]

세 아웃사이더 국가의 영토 야심을 처리하는 문제를 엄청나게 복잡하게 만든 것은 러시아 혁명이었다. 왜냐하면 전통적 열강 중 하나가 이제는 기존의 경제·정치 체제에 적대적이었고, 따라서 다른 주요 국가들이 그 강대국을 기피하고 있었기 때문이다. 1930년대 후반기에 국제적 위기가 고조되고 있을 때, 영국과 프랑스의 정책 입안자들은 소련과 동맹하는 문제를 진지하게 고려할 수 없었다. [영국의 역사학자] 조너선 해슬럼은 다음과 같이 썼다. "1917년 이후 강대국들 사이의 경쟁은 사상투쟁의 강렬한 영향을 받았는데, 그 투쟁은 1815년부터 1914년까지 유럽 국가 체계에 익숙한 외교관들의 뇌리를 사로잡은 통념을 완전히 뛰어넘는 수준이었다. 이런 의미에서, 20세기는 유럽 협조 체제의* 19세기보다는 근세의 종교전쟁 시기나 프랑스 혁명 시기와 훨씬 더 비슷하다."[35]

따라서 히틀러는 유럽의 반동 연합을 동원해서 가장 신나는 침략 행위, 즉 1941년 6월 22일의 소련 침공을 시작할 수 있었다. 메이어가 썼듯이 "나치는 소비에트 러시아를 상대로 벌인 전쟁이 '유

---

* 유럽 협조 체제(Concert of Europe) 나폴레옹 전쟁(1803~1815년) 후 유럽 열강이 프랑스 혁명 전의 구체제 복귀를 추구하며 수립한 보수 반동 체제로, 빈체제라고도 한다.

대인의 볼셰비즘'을 겨냥한 글라우벤스크리크[신념 전쟁 — 캘리니코스]이라고 큰 소리로 선언했고, 그래서 전쟁 초기에 유럽 대륙 전역의 보수주의자, 반동 세력, 파시스트 사이에서 상당한 공감과 지지를 받았다."[36] 이 반공주의 십자군 전쟁은 나치가 유대인·로마인('집시')·신트인을* 말살하고 다른 '열등 인종들'도 같은 운명에 처하게 만들 기회를 붙잡으면서 유럽을 야만의 구렁텅이에 빠뜨렸다. 그러나 물론 세 '민족 제국'은 전에 유럽의 정책 입안자들이 기피하던 동맹, 즉 아직 무너지 않고 남아 있던 마지막 자유주의 강대국들(미국·영국)과 소련 스탈린 정권의 동맹에 의해 결국 패배했다.

1943년 7월에 연합군이 이탈리아를 침공하자 무솔리니의 측근들이 국왕 비토리오 에마누엘레 3세로 대표되는 구체제와 동맹해서 무솔리니를 제거했다(비록 나치가 무솔리니를 구출해서 1945년 4월까지 [괴뢰정권의 우두머리로 버틸 수 있게] 뒤를 봐줬지만 말이다). 한편 나치는 연합군의 독일 침공과 분할, 독일 군대와 많은 사회 기반 시설의 물리적 파괴, 주요 지도자들의 죽음과 함께 소멸됐다. 팩스턴이 간단명료하게 말했듯이 "이탈리아와 독일의 파시즘 정권은 점점 더 화끈한 성공을 추구하다가 스스로 벼랑 끝에서 떨어진 꼴이었다."[37]

그람시는 제1차세계대전 때 폭발한 자본주의 생산양식의 "유기적 위기"가 러시아 혁명과 이를 모방하려는 각국의 혁명운동뿐 아니라,

---

* 신트인 주로 독일과 중부 유럽에서 유랑 생활을 하는 로마인을 일컫는 말이다.

자본주의가 살아남을 수 있도록 체제를 재건하려는 자본의 노력도 촉발했다고 주장한다. 그람시는 자본의 이런 대응을 이해하려고 수동 혁명 개념을 사용한다. 수동 혁명의 특징은 "기존의 세력 구성을 점진적으로 변화시키는, 그래서 새로운 변화의 모태가 되는 미세한 변화들"이다. 그 과정에서, 자본주의 생산양식을 방어하고 그것의 전복을 막기 위해 생산력의 사회화 압력도 어느 정도 수용하려는 노력이 이뤄진다. 이 모든 것은 "'정립'[자본주의 — 캘리니코스]이 (변증법적 대립 속에서 스스로 '지양'되지 않기 위해서는) '반정립'[사회주의 혁명 — 캘리니코스]의 일부조차 흡수하는 데 성공할 정도로 완전히 발전할 필요성"을 반영한다.[38]

두 차례 세계대전 사이의 반혁명과 세계적 불황의 시대에 수동 혁명은 주로 두 가지 형태를 띠었다. 하나는 경제 개입의 요소들과 노동자 운동에 대한 체계적 탄압을 결합한 파시즘이었고, 다른 하나는 그람시가 "미국주의와 포드주의"라고 부른 복합체였다. 후자는 프랭클린 루스벨트의 뉴딜에서 절정에 달한 것으로, 유럽에서 실패한 자유주의적 자본주의를 대량생산 기반 위에서 재조직하고 대량생산 리듬에 맞게 프롤레타리아의 주체성을 변화시키려는 것이었다.[39] 1970년대에 루이 알튀세르는 과거를 돌아보면서 약간 비슷한 의견을 제시했다. 오늘날 좌파 지식인인 폴 메이슨은 1930년대 중반에 각국 공산당이 추구한 민중전선 전략, 즉 조직 노동계급과 자유주의 부르주아지의 동맹을 구축하는 전략으로 돌아가야 한다고 주장했다. 이런 지지에 비춰 보면 흥미롭게도, 알튀세르는 민중전선 전략의 결과로 프랑스와 스페인에 들어선 정부가 (대공황과 더 광범한 제국주의의 위기를 극복하는 데 필요한) 자본주의의 재조직에 기여했다고 본다.

그러나 이 모든 무의식적 과정에서 가장 놀라운 점은 제국주의가 자체 위기를 극복하는 데 성공한 방식이다. … 그것은 매우 정밀한 경제적 착취 정책이었다. 즉, 독점적 집중, 국가와 독점기업들의 긴밀한 동맹, 독점기업에 유리한 중앙집권적 경제(생산과 유통) 관리 등이었다. 파시스트 국가들의 경제에서 벌어진 이런 일은 … 민중 민주주의 국가들에서도, 그러나 **대립적 정치형태의 지배하에서** 일어났다. … 따라서 민중전선은 루스벨트의 뉴딜과 (중요한 차이들에도 불구하고) 매우 비슷했고, 역사상 가장 거대한 집중적 독점 과정의 수단 구실을 했다(물론 의도한 것은 아니었다).[40]

더욱이, 그람시의 분석에는 중요한 단서를 하나 달아야 한다. 그가 글을 쓰고 있던 1933년에는 대공황과 이런 정치적 대응들이 아직 초기 단계였으므로 그람시는 파시즘도 뉴딜도 경제 위기를 극복하지 못할 것임을 알 수 없었다. 경제적 곤경에서 빠져나오려고 악전고투한 것은 독일만이 아니었다. 미국의 경기회복은 1937~1938년의 급격한 경기후퇴로 사라져 버렸다. 제2차세계대선이 일어나서, 미국형 자유주의적 제국주의가 파시스트 제국주의를 쳐부수자 위기는 겨우 해결될 수 있었다. [캐나다 태생의 미국 경제학자이자 외교관]

존 케네스 갤브레이스가 간결하지만 함축적으로 표현했듯이 "1930년대의 대공황은 결코 끝나지 않았다. 그것은 단지 1940년대의 전시 대동원 속으로 사라졌을 뿐이다."[41] 파시즘은 자본주의 최대의 위기에 대한 대응이었을 수 있지만 그 위기의 해결책은 아니었다.

제국주의의 존속

따라서 제2차세계대전은 서로 경쟁하는 두 제국주의 프로젝트 사이에서 벌어진 세계적 투쟁이었고, 그 투쟁에서 미국의 "기업 자유주의"([네덜란드 정치학자] 케이스 판 데르 페일의 표현이다)가 승리했다.[42] 그 주요 결과 하나는 식민지를 거느린 유럽 제국들이 약해졌다는 것이다. 하나만 빼고 모든 제국이 1945년 이후 20년 사이에 무너졌다(유일한 예외인 포르투갈의 아프리카 식민지들은 1974년 4월 25일 '카네이션 혁명' 때까지 살아남았다). 오버리가 보기에 추축국의 패배와 이후의 탈식민지화는 '20세기의 30년 전쟁'과 그 전쟁을 촉발한 제국주의가 모두 끝났음을 의미했다. "[1945년에 일어난 변화는] … 토착민의 직접적 예속과 주권 상실을 수반한 영토 제국들[을 끝장냈다]. … 두 초강대국[미국과 소련]이 누린 패권적 지위는 이런 영토 제국 형태에 바탕을 두지 않았고, 1945년 이후 영토 제국은 부활하지 않았다."[43]

따라서 오버리는 제국주의를 정복과 합병에 바탕을 둔 공식적 영토 제국과 동일시한다. 그러나 이런 견해는 [영국의 역사학자들인] 존 갤러거와 로널드 로빈슨의 유명한 표현인 "자유무역 제국주의"를 무시하는 것이다. 영국은 19세기 중반에 그 힘이 절정에 달했을 때 자국의 경쟁력 있는 제조업과 (특히 해군력으로 뒷받침되는) 런던 시티의 금융 패권을 이용해서, 공식적으로는 대영제국의 일부가 아닌 지역들, 예컨대 중국 남부와 미국 남부, 라틴아메리카의 많은 지역을 지배했다.⁴⁴ 20세기와 21세기에 미국의 문호 개방 제국주의는 많은 점에서 이런 유형의 자유주의적 비공식 제국이 일반화한 것이다. 개방적 세계시장은 미국 자본과 상품의 자유로운 이동을 허용해서 미국 기업들이 우월한 조직과 높은 노동생산성을 바탕으로 세계시장을 지배할 수 있게 해 줬고, 1945년 이후 국제 금융 시스템을 관리하는 미국의 중심적 구실과 미국 국방부의 군사력, 전 세계의 미군 기지 네트워크는 미국 기업의 지배력을 강화시켜 줬다.⁴⁵

따라서 제국주의는 (자본주의 자체와 마찬가지로 역사적으로 진화하는 체제로) 1945년에 끝난 것이 아니라 두 번째 단계, 즉 초강대국 제국주의 단계(1945~1991년)로 진입한 것이다. 유럽과 (상당한 정도로) 전 세계는 두 라이벌 초강대국 진영으로 분할됐고, 두 진영에는 모두 동맹국·종속국이 있었다. 소련은 군사적 정복을 바탕으로 중동부 유럽에 '비공식 제국'을 건설했고, 소련의 위성국들은 대체로 공산당의 독점적 지배 체제를 채택할 수밖에 없었다. 냉전 시대에 미국은 제도화한 자유주의적 자본주의 국제 질서로 선진 자본주의 국가들을 결속시킬 수 있었다. 미국이 세계 수준에서 소련과 경쟁할 필요 때문에 군비 지출 수준을 높게 유지한 것이 1948년부터 1973년까지 자본주의 역사상 최장기 호황이 가능했던 요인이었다.[46]

더욱이, 냉전은 유럽 대륙과 일본에서 미국이 후원하는 자본주의의 재건을 부추겼다. 이것은 왜 추축국 정권들의 사회경제적 기반이 기업 자유주의의 시대에도 대체로 살아남았고 실제로 번영을 누리게 됐는지를 설명하는 데 도움이 된다. 예컨대, 서독에서는 히틀러의 전시경제를 먹여 살리고 유대인 재산의 아리안화와 노예노동 착취에서 막대한 이익을 얻은 기업 왕국들이 전후 비르트샤프츠분더(경제 기적) 시대에도 독일연방공화국[서독]의 기둥으로 다시 등장했다.[47]

1870~1945년의 고전적 제국주의와 [초강대국 제국주의의] 가장 중요한 차이는 소련을 비롯한 스탈린주의 국가들이 국가자본주의 사회였다는 점이다.[48] 1917년 러시아 혁명을 일으킨 노동계급이 해체되고 사기 저하한 덕분에 새로운 당 관료 집단이 형성돼 국가권력을 찬탈하고 이 국가권력을 이용해 생산수단을 통제했다. 외부 세계와의 지정학적 경쟁을 통해 자본축적의 동역학이 [소련에] 강요됐다. 즉, 서방 경쟁자들에 대항하려면 군사력을 뒷받침할 중공업에 투자를 집중해야 했고 이를 위해서는 소비를 제한해야 했다. 소련에서 1930년대 후반에 벌어진 대숙청은 (농민에 대한 수탈과 엄청난 착취율 상승을 동반한) 급속한 강제 공업화 압력이 반영된 것이었다. 급속한 공업화 과정에서 1917년의 혁명적 세대는 더 고분고분한

관리자 엘리트층으로 대체됐다.

세계시장을 서방 자본주의가 지배했기 때문에, 스탈린주의 정권들은 세계시장에 부분적으로만 통합된, 대체로 폐쇄적인 국민경제를 관리했다. 한편 1940년대 말부터 1960년대 초까지 탈식민지화 투쟁의 승리로(이것은 중국·베트남·케냐·알제리 등 다양한 나라에서 엄청나게 값비싼 대가를 치르고 얻은 승리였다) 초강대국 간 경쟁의 주요 지형이 만들어졌고, 이것은 결국 한반도(1950~1953년)와 아프가니스탄(1979~1989년)에서 미국과 소련의 대리전으로 이어졌다. [미국의 급진적 사회학자] 찰스 라이트 밀스는 그에 따른 국제 체제의 양극화를 약간 과장된, 그러나 생생한 용어로 다음과 같이 표현했다.

두 초강대국에서 역사를 창조하는 권력 수단이 이제 조직됐다. 그들의 폭력 기구는 절대적이고, 경제체제는 점점 더 자급자족적이 되고, 정치적으로는 점점 더 폐쇄적 세계가 되고 있으며, 이 모든 분야에서 그들의 관료 기구는 전 세계적이다. 우리 시대의 이 두 대륙 베헤못은 "민족주의를 초월해서" 옛 주권국가 진영의 중심이 됐다. 두 초강대국은 유럽의 흩어져 있는 민족들을 부차적 중요성만 있는 존재로 전락시켰고 전 세계 저개발국 민중의 산업 발전 속도를, 흔히 그 가능성도 규제한다. 요컨대, 국제적 권력은 이제 중앙집권화했다.[49]

---

* 베헤못 그리스도교 성서 욥기에 나오는, 크고 강력한 야수의 이름이다.

그렇지만 알튀세르의 상이한 시간성 개념을 실증하는 혁명과 반혁명의 변증법은 20세기 상반기에 우세하던 것만큼이나 장기 호황기와 그 이후에도 여전히 작용하고 있었다. 그러나 그 변증법은 냉전의 정치에 의해 중층 결정됐다. 1956년 헝가리에서 소련 군대는 결국 청년과 노동자들이 주도한 민중 혁명을 분쇄했다. 1958~1959년의 쿠바 혁명은 미국의 반半식민지를 관장하던 독재정권을 전복했지만, 미국이 조직한 봉쇄와 반혁명 기도에서 살아남기 위해 쿠바 혁명 지도자들은 군사적 보호와 경제적 지원을 소련에 의존했다. 1965년 가을에 인도네시아에서는 좌파의 쿠데타가 무산되자 군대와 우파 민병대가 공산당 투사 50만 명을 학살했다. 이 행위는 (다른 미국 정부 기관들과 함께 그 탄압을 후원하고 조직한) 중앙정보국CIA조차 "20세기 최악의 대량 학살 중 하나"라고 묘사할 정도였다.[50] 중앙정보국은 1973년 9월에 브라질 군사정권과 손잡고 칠레의 좌파 연립정부인 민중연합을 전복한 군사 쿠데타에도 연루됐다. 1976년 하반기에는 태국의 농민·학생 운동이 군대와 우파 불법 무장 단체에 의해 분쇄됐다.[51] 이 시기의 유럽 최대 노동자 운동, 즉 1980~1981년 폴란드의 솔리다르노시치[연대노조]는 또 다른 군사 쿠데타로 분쇄됐는데, 이번에는 소련이 후원한 쿠데타였다.[52] 반대로, 베트남에서 미국의 패배는 반反식민지 운동의 절정이었고, 곧이어 미국의 패권에 심각한 타격을 가한 또 다른 사건, 즉 1978~1979년의 이란 혁명이 일어났다.[53]

1960년대 말과 1970년대 초에 선진 자본주의 국가들에서는 청년들이 급진화했다. 이 급진화는 대중 파업들로 번졌는데, 그 대중 파업을 감행한 노동계급은 한 세대의 완전고용 덕분에 강력해진 상태였다. 그러나 1970년대 중반 남유럽에서 이런 급진화의 절정을 봉쇄한 것은 인도네시아와 칠레의 사례 같은 강압적 개입이 아니라, 주로 다양한 종류의 개혁주의였다.[54] 스태그플레이션 도중의 호황 붕괴, 노동자 반란, 베트남 전쟁으로 말미암아 1970년대 말에 신자유주의로 전환이 일어났다(3장 참조). 그래서 탈식민지 국가들은 시장 규율을 받아들일 수밖에 없었고, 정치적·경제적으로 미국이 지배하는 자유주의 국제 질서를 순순히 따라야 했다(남반구의 좌파 정권들을 겨냥한 미국의 반혁명 책동은 이 과정을 촉진했다).[55] 이 자유주의 국제 질서는 1989~1991년에 소련과 그 위성국들의 '현실 사회주의'가 붕괴한 후 진짜로 세계적인 것이 됐다. 그러나 후쿠야마에게는 미안한 말이지만, 역사는 계속됐을 뿐 아니라 우리를 새로운 재난들로 몰아갔다.

2장

자연 파괴

이미 찾아온 미래

지난번 재난 시대에 인류의 폭력 능력은 최고조에 이르렀다(현재까지는 그렇다). 어떤 연구 결과를 보면, 1899년부터 1978년까지 "사망률이 높은 전쟁" 45건에서 "8600만 명이 사망했(고 그중에서 제2차세계대전 사망자가 약 5000만 명이었)다."[1] 또 다른 계산을 보면, 기원전 3000년 이후 전쟁 관련 사망자 1억 5000만여 명 가운데 73퍼센트가 20세기의 사망자였다.[2] 21세기에도 이미 많은 조직적 폭력이 있었다. 특히 미국이 대중동에서 벌인 전쟁들과 주로 아프리카의 다양한 지역에서 맹렬히 계속된 전쟁들, 지금 우크라이나에서 벌어지고 있는 전쟁을 보라. 그러나 오늘날 재난의 주된 요인은 화석 자본주의에 의한 끊임없는 자연 파괴다.

앞서 봤듯이, 자유주의적 제국수의가 파시즘 세국수의와 싸워 승리한 것은 냉전 상황에서 자본주의 역사상 가장 크고 가장 오래 지속된(1948~1973년) 호황을 촉발하는 데 일조했다. 그러나 20세기 중반은 지구 시스템 과학자들이 급가속이라고 부르는 과정이 시작된 역사적 순간이기도 했다.[3] 유명한 하키스틱 그래프를* 보면, 이산화탄소, 성층권 오존, 해양 어류 포획, 열대우림 손실, 메탄, 해양 산성화, 아산화질소, 지표면 온도, 새우 양식, 산림 파괴, 연안 질소,** 지구 생물권 훼손의 수준이 모두 1950년경부터 급속히 높아지기 시작했다. 이런 수치들을 근거로, 지금 인간의 활동이 자연을 얼마나 변화시키고 있는지를 나타내려면 인류세라는 새로운 지질시대를 인정해야 한다는 주장까지 나왔다.

[캐나다의 생태 사회주의자] 이언 앵거스에 따르면 "자본주의의 가장 나쁜 불황과 가장 파괴적인 전쟁으로 토대가 마련된 경제적·사회적 변화들이 지구 시스템을 새롭고 위험한 시대로 몰아갔다."[4] 제2차세계대전에서 격돌한 거대한 군사 기구들은 석유를 원료로 삼았다. 일본의 진주만 공격을 촉발한 것은 1941년 여름에 미국 대통령 프랭클린 루스벨트가 자국 석유의 일본 수출을 금지한 결정이었다.*** 1942~1943년에 독일이 스탈린그라드를 포위 공격한 재앙적 전투의 동기도 캅카스의 유전 지대를 점령하려던 히틀러의 집착이었다. 미

---

* 지난 1000년간 지구 북반구 기온이 대체로 일정하게 유지되다가 산업화 이후 갑자기 치솟았음을 보여 주는 그래프인데, 하키스틱을 뉘어 놓은 듯한 모양이어서 하키스틱 그래프라고 부른다.

** 인간이 배출한 인위적 질소가 강 유역을 통해 바다로 유입되면 해양의 부영양화(富營養化)를 초래해 무산소층이 형성되는 등 해양 생태계가 파괴된다.

*** 당시 일본이 수입하던 석유의 80퍼센트 이상이 미국산이었다.

국이 사상 최대의 군사 강국으로 떠오른 것도 막대한 석유 매장량을 통제하는 데 달려 있었다. 전쟁이 끝났을 때 미국은 그 통제력을 확대해서, 중동의 지배적 제국주의 국가로서 영국을 대체할 수 있었다(1970년대 초까지는 중동에서 질서를 유지하기 위해 영국의 쇠퇴하는 군사력에 의지해야 했지만 말이다).[5]

전후 유럽의 경제 재건을 위한 미국의 계획, 이른바 마셜플랜은 장기 호황 동안 유럽의 연료를 대부분 미국 기업들이 공급할 수 있게 했고 유럽이 미국처럼 석유 기반 에너지 소비로 전환하도록 부추겼다. [영국의 정치학자] 헬렌 톰프슨은 "아마 마셜 원조 [자금]의 약 20퍼센트는 이런저런 방식으로 석유 대금을 치르는 데 쓰였을 것"이라고 주장했다.[6] 앵거스가 말했듯이 "값싼 석유가 없었다면 급가속은 불가능했을 것이다. 석유는 그 자체로 하나의 상품이고, 플라스틱을 비롯한 여러 석유화학 제품의 원료이고, 고에너지 제조 공정을 가능하게 한 요인이고, 무엇보다도 셀 수 없이 많은 승용차·트럭·선박·비행기의 연료다."[7] 따라서 지난번 재난 시대의 절정은 현재의 재난 시대를 준비하는 단계였다고 할 수 있다.

40년 후 바로 그 급가속의 위험한 결과가, 무엇보다도 이산화탄소 배출 증대가 지구 기온에 미친 영향이 너무 뚜렷해졌다. 그래서 1988년에 유엔은 기후변화에 관한 정부 간 협의체IPCC를 설립했다. 그 뒤 1992년 브라질 리우데자네이루에서 열린 지구 정상 회의는 유엔 기후변화 협약UNFCCC에 합의했다. [지구 정상 회의는 전 세계 185개국 정부 대표단과 114개국의 정상과 정부 수반이 참가한 국제 회의로 정식

명칭은 '환경과 개발에 관한 유엔 회의'다.] 이렇게 해서 길고 복잡한 협상 과정이 시작됐는데, 그 협상은 최근 2022년 11월 이집트 샤름엘셰이크에서 열린 유엔 기후변화 협약 당사국 총회COP27까지도 계속됐다. 이 30년 동안 분명해진 사실은 그 협상 과정이 완전히 실패했다는 것이다.[8] 1990년 이후 이산화탄소 배출은 60퍼센트 증가했다. [스웨덴의 마르크스주의 생태학자] 안드레아스 말름은 다음과 같이 썼다. "[이산화탄소 배출 증가의] 끔찍한 결과에 대한 지식이 더 늘어날수록 더 많은 화석연료가 불타고 있다."[9] 기후변화의 물리적 증거를 다룬 최근 IPCC 보고서(2021년 8월에 공개됐다)는 다음과 같이 엄혹한 경고를 하고 있다. "다가오는 수십 년 사이에 이산화탄소를 비롯한 온실가스 배출이 급격하게 줄어들지 않으면 21세기 동안 지구 기온은 [산업화 이전에 견줘] 1.5℃나 2℃* 이상 오를 것이다."[10] 심지어 그 보고서는 지구 기온 상승이 1.5℃ 이내로 유지되는 가장 낙관적인 시나리오에서조차 폭염·폭풍·가뭄 같은 기상이변이 더 많이 일어날 것이라고 예측한다.

〈파이낸셜 타임스〉가 인용한 [미국의 과학 학술 잡지] 《사이언스》 2021년 9월 호에 실린 연구 논문을 보면, "2020년에 태어난 사람들은 [조부모 세대에 해당하는] 1960년에 태어난 사람들보다 평생 2~7배나 많은 기상이변, 특히 폭염을 경험할 것"이라고 한다.[11] 이런 연구 결과가 발표됐을 때, 미국 북서부 태평양 연안 지역과 그리스에서

---

* 2℃는 2015년 파리협정에서 채택된 목표치다.

는 산불이 맹렬하게 타오르고 있었다. 사실 2021년은 미국에서 역대 네 번째 더운 해로 기록됐고 "미국 해양대기청에 따르면, 20건의 심각한 자연 재해로 1450억 달러 넘는 피해가 발생했다."[12] 그 뒤에 (블라디미르 푸틴이 러시아 핵무기 운용 부대에 특별 경계 태세 돌입을 명령한 바로 그날) 발표된, 기후변화의 영향을 다룬 IPCC 보고서는 "기후변화에 매우 취약한 상황"에서 살고 있는 사람이 33억~36억 명에 이른다고 추산했다. 이런 취약성은 빈곤, 거버넌스* 문제, 기본 서비스와 자원을 이용할 기회의 제한 [등이 있는] 지역에서 더 높게" 나타난다. 그리고 "젠더·민족·저소득, 또는 이런 요소들의 복합적 작용에서 비롯한" 불평등은 그 취약성을 더 악화시킨다.[13]

영국 학자 젬 벤델은 수많은 사람이 다운로드한 논문에서** 기후 재난이 목전에 닥쳤음을 생생하게 표현했다. 그는 "지금 살아 있는 사람들의 생전에 지구적 환경 재난을 피하기에는 너무 늦었다는 것의 의미를 숙고하자"고 제안하면서, 그래야 하는 이유를 다음과 같이 설명한다.

---

* IPCC 보고서에서 말하는 거버넌스(governance)는 민간과 공공 부문의 행위자가 사회적 목표 달성을 위해 상호작용하는 구조·과정·행동을 의미한다. 거버넌스에는 공식·비공식 제도가 모두 포함되고, 세계적 차원에서 지역적 차원까지 정책과 수단을 결정·관리·이행·모니터링하기 위해 수반되는 규범·규칙·법률·절차가 포함된다.

** 2018년 7월에 발표한 논문이 2020년까지 100만 회 이상 다운로드됐다고 한다.

불행히도 [2014년 — 캘리니코스] 이후 수집된 자료는 흔히 우리 환경에 일어나는 변화들이 비선형적임을 보여 준다. 비선형 변화는 기후변화를 이해하는 데 결정적으로 중요하다. 왜냐하면 그 영향이 (직)선형 예상에 바탕을 둔 예측보다 훨씬 더 빠르고 심각할 것이며, 기후변화가 더는 인위적 탄소 배출량과 연동하지 않게 될 것임을 시사하기 때문이다. 다시 말해, "폭주하는 기후변화"를 시사한다.[14]

비선형 과정은 복잡계의 특징이다. 복잡계에서는 변화가 항상 점진적 증가 형태를 띠는 것이 아니라, 자체 증강 경향이 있어서 가속될 수 있다.[15] 북극의 온난화가 한 사례다. 북극 온난화는 기온 상승의 결과이지만, 햇빛을 반사하는 빙상의 크기를 줄여서 지구온난화를 가속하고, 그러면 빙상의 크기는 더 줄어들게 된다. 극지방의 온난화는 지금 육지나 바다 속 영구 동토층에 갇혀 있는 메탄이 방출되게 만들 수도 있다(메탄은 이산화탄소보다 훨씬 더 강력한 온실가스다). 벤델이 예를 든 가장 심각한 경우는 다음과 같이 경고하는 2010년의 연구 결과다. "북극의 온난화로 메탄이 더 빨리 더 많이 방출되면 겨우 몇 년 만에 대기 온도가 5℃ 이상 올라서 지구상의 생명체에 재앙이 닥칠 수 있다."[16]

그렇지만 이런저런 개별적 연구가 아니라, 다양한 자료에서 나오고 다양한 분야를 아우르는 증거의 축적(예컨대, 생물 다양성 파괴나 기온·해수면 상승이 농업에 미치는 효과 등)을 보며 벤델은 다음과 같은 결론을 내리게 됐다.

우리 앞에 놓인 증거는 우리가 직면한 파괴적이고 통제할 수 없는 수준의 기후변화 때문에 기아·파괴·이주·질병·전쟁이 닥칠 것임을 시사한다. … 앞에 한 말은 (적어도 무의식적으로는) 텔레비전이나 온라인에서 보는 장면들 같은 안타까운 상황을 묘사하는 것처럼 들릴 수 있다. 그러나 내가 기아·파괴·이주·질병·전쟁을 말할 때는 여러분 자신의 삶을 이야기하는 것이다. 즉, 전기가 나가고 곧 수도꼭지에서 물이 나오지 않을 것이다. 음식을 구하고 약간의 난방을 하기 위해서라도 이웃에 의존해야만 할 것이다. 영양실조에 걸리게 될 것이다. 지금 사는 곳에서 계속 살아야 할지 아니면 이주해야 할지 알 수 없을 것이다. 굶어 죽기 전에 난폭하게 살해당하지 않을까 두려움에 떨게 될 것이다.[17]

미국 육군의 연구도 매우 비슷한 결론에 도달해서, 기후변화가 비교적 단기간(21세기 중반)에 미국 자체에 심각한 위험이 될 것이라고 지적한다. 그러면서 "미국 국토안보부가 매우 중요한 사회 기반시설이라고 확인한 것들의 대다수는" 갈수록 빈발하는 기상이변을 "견뎌 낼 만하게 건설되지 않았다"고 경고한다. 노후해지는 미국 에너지망은 특히 취약하다.

만약 전력망 기반 시설이 붕괴하면, 미국은 다음과 같은 큰 손실을 입게 될 것이다.

- 신선 식품과 의약품의 손실

- 상하수도 시스템의 손실

- 냉난방과 전기 조명 시스템의 손실

- 컴퓨터·전화·통신 시스템(항공편, 인공위성망, GPS 서비스 등)의 손실

- 대중교통 시스템의 손실

- 연료 분배 시스템과 연료 수송관의 손실

- 예비 전력이 없는 모든 전기 시스템의 손실[18]

화석 자본주의와 나락을 향한 돌진

그렇게 되면, 20세기와 21세기 초까지 발전해 온 현대 생활의 조건들이 붕괴하는 것이나 마찬가지다. 따라서 십중팔구 대규모 사망자가 발생할 것이다.

그렇다면 왜 우리는 이 지경에 이르게 됐을까? 기후변화를 연구하는 일군의 학자들은 최근에 다음과 같은 결론을 내렸다. "겉모습은 다양하고 정도 차이도 있지만, 권력의 집중과 그에 따른 특권들의 결합은 특정한 세계관을 중심으로 이뤄졌다. 지난 30년간 이 세계관의 중심 사상은 더 광범한 세계적 시대정신으로 진화해서, 발전과 진보를 경제성장으로 환원하고 협소한 재무 지표와 금융 지수로 정의한다."[19]

그러나 이 시대정신의 근원은 더 정확히 식별할 수 있다. 안드레

아스 말름은 《화석 자본》이라는 중요한 연구서에서[*] 영국의 제조업이 19세기 초에 수력에서 (석탄을 태우는) 증기력으로 전환한 것은 1820년대 중반 이후 영국이 겪은 산업자본주의의 구조적 위기라는 맥락 속에서 일어난 일이라고 주장한다. 이 위기는 숙련 노동자들의 집단적 힘을 약화시킨 기술 변화(예컨대, 자동 뮬 정방기)를 통해 해결됐다. 수력은 증기력보다 값이 더 쌌지만, 이동이 불가능했다. 증기력을 이용해 새 기계를 가동하게 되자 자본의 유연성은 훨씬 더 커졌다(특히, 협상력이 약한 실업자가 많이 몰려 있는 도시에서 생산할 수 있게 된 덕분이다). "증기력이 승리한 이유는 일부 사람들의 힘을 다른 사람들보다 증대시켰기 때문이다."[20] 또 증기력을 사용하자 자본가들끼리 협력할 필요도 크게 줄어들었다. 그래서 대규모 [댐과 저수지를 건설하는] 수력 사업에 [경쟁 자본가와] 함께 참여해서 협력해야 하는 골치 아픈 문제를 피할 수 있었다.

[동력원을] 증기력으로 전환한 것은 탄소 경제가 뿌리내리는 순간이었고, 인류는 "겨우 **지난 200년** 사이에 화석 경제를 발전시켰다." 심지어 20세기에 석유가 주요 에너지원으로 석탄을 앞질렀을 때조차 석탄은 지난 세대에 중국의 산업화에서 중요한 구실을 했다. 더 일반적으로 말름은 다음과 같이 주장한다.

자본이 가는 곳마다 [이산화탄소] 배출이 즉시 뒤따를 것이다. … 전

---

[*] 국역: 《화석 자본: 증기력의 발흥과 지구온난화의 기원》, 두번째테제, 2023.

세계의 자본이 더 강해질수록, 이산화탄소 배출도 걷잡을 수 없이 증대했다. 사실, 20세기의 오랜 노동자·자본가 사이의 투쟁에서 자본의 결정적 승리가 완성된 것은 2000년 이후 재앙적 지구온난화를 향해 돌진하면서였다고 주장할 수 있을 것이다. 1870년부터 2014년까지 이산화탄소 누적 배출량을 계산해 보면, 지난 15년간 배출량이 전체의 4분의 1을 차지한다.[21]

따라서 이산화탄소 배출이 끊임없이 증가하는 문제의 근원은 화석 자본주의에 있다.[22] 내가 이미 말했듯이, 마르크스는 자본주의 생산양식이 두 적대 관계로 이뤄져 있다고 주장한다. 하나는 자본이 임금노동을 착취하는 관계이고, 다른 하나는 개별 자본들 사이의 경쟁 [관계]이다. [미국의 마르크스주의 경제학자] 로버트 브레너는 전자를 "자본가와 노동자 사이의 '수직적'(시장과 사회정치적 [권력]) 관계", 후자를 "자본주의 체제의 경제적 어미태엽을 구성하는, 기업 간 '수평적' 경쟁"이라고 불렀다.[23] 말름은 첫째 적대 관계를 강조하지만, 둘째 관계도 매우 중요하다.

자본주의는 경쟁적 축적 체제다. 자본주의의 개별 단위들은(기업이 전형적이지만, 때로는 국가도) 경쟁자들보다 생산 비용을 낮출 수 있는 기술혁신을 도입해서 수익성을 유지하(고 가능하다면 높이)려 한다. 이것은 자본의 집적과 집중 과정으로 이어지고, 그 결과는 소수의 대기업들이 경제를 지배하게 된다는 것이다. 그것은 또 자본주의가 주기적·파괴적 경제 위기에 빠지는 고질적 경향의 근본

원인이기도 하다(3장 참조). 그러나 비용 최소화 압력은 기업들로 하여금 뭐가 됐든 수익성을 높일 방법에 치중하고 (경제학자들의 전문 용어를 빌리면) 투자의 "부정적 외부 효과"(투자가 노동자와 소비자에게, 더 나아가 광범한 사회적·물리적 환경에 끼칠 수 있는 손해)를 무시하거나 은폐하도록 부추기기도 한다. 자본의 성공 여부를 판단하는 최종 기준인 이윤율은 기계와 원료 등을 구입하고 노동자를 고용하는 데 투입한 자본으로 수익을 얼마나 올렸는지를 측정한 것이다. 투자가 끼칠 수 있는 손해는 이 금전적 계산에서 중요하지 않다.

기후변화는 인류 역사상 최대의 부정적 외부 효과임이 틀림없다. 그러나 환경 파괴 과정은 자본주의가 자연을 상품화하는 경향, 즉 지구 자체와 지구의 소산인 자원을 시장성 있는 자산으로 변화시키는 경향 때문에 더 격렬해진다. 마르크스가 진단한 이 과정은 당대의 (식민지를 포함한) 자본주의적 농업에서 진행되고 있었다.[24] 그 경향은 신자유주의 시대에 크게 강화됐다. 전 세계에서 자본의 힘이 미치는 범위가 엄청나게 확대됐고, 그와 동시에 규제 완화로 특히 남반구의 저개발국에서 [기업의] 환경 오염 행위에 대한 제약이 풀려 버렸다. 가격 계산 영역을 확대하고 환경 악화 비용을 계량화하기 위해 시행된 방안들(예컨대, 탄소 배출권 거래제, '자연 자본' 개념) 자체가 자연의 상품화를 더 촉진하고, 인류 문명을 붕괴시킬 위험한 과정에 비용 편익 분석을 적용하는 것의 불합리성을 보여준다.[25]

그 위험의 심각성이 점점 더 인식되더라도 자본 간 국가 간 '수평적' 모순은 그 위험을 다루는 데 엄청난 장애물로 작용한다. 기후학자들이 보기에 온실가스 배출 감소 노력은 "주로 국가 주권과 경쟁에 기초한 국제 정치경제 체제"를 통해 중재된다.[26] 주요 강대국들이 그 문제를 다룰 때 중시하는 것은 자국의 지정학적 위치나 자국 영토에 본사가 있는 주요 기업들의 이익이다.

가장 강력한 화석연료 기업들(석유·가스·자동차·화학 같은 부문의 기업들)은 주로 미국·유럽·동아시아에 본사가 있다. 그러나 국가들이 에너지를 얻는 방식은 매우 다양하다. 미국은 에너지를 자급자족하는데, 수압 파쇄법으로 석유와 가스를 암반에서 추출하는 셰일 산업이 출현한 덕분이다(그러나 수압 파쇄법은 생태학의 관점에서 보면 심각하게 부정적인 발전이다). 유럽은 러시아에서 수입하는 가스에 아주 많이 의존한다. 중국과 인도의 성장 모델에는 꽤 큰 석탄 산업이 중요한 요소인 반면, 다른 최대 에너지 공급국인 러시아와 사우디아라비아는 당연히 탈탄소화에서 잃을 것이 많고 자기네 지역에서 군사 강국이다. 더 근본적으로는, 모든 국가가 탄소 중립 경제로 전환하는 비용을 다른 국가들에 떠넘기는 데 이해관계가 있다. 마지막으로, 기후 협상에서 국가 간 형식적 평등은 엄청난 힘의 불평등, 특히 북반구와 남반구 사이의 불평등 때문에 효과가 없어진다.

이 점은 2021년 11월 글래스고에서 열린 제26차 유엔 기후변화협약 당사국 총회COP26의 마지막 회의에서 극적으로 드러났다. 당시

〈파이낸셜 타임스〉는 다음과 같이 설명했다.

정상회담의 마지막 순간에 COP26 합의문을 승인하려던 계획은 어그러지고 말았다. 인도와 중국이 모든 화석연료 보조금은 말할 것도 없고 이산화탄소를 포집하지 않는 발전소와 관련해서 상쇄되지 않는 석탄 발전의 "단계적 중단"이라는 문구를 집어넣는 것에 반대했기 때문이다.

미국·유럽연합·중국의 비밀회의 뒤에 석탄 발전의 단계적 "중단"이 아니라 단계적 "감축"을 약속한다는 데 합의가 이뤄졌다.

그러나 [기후변화에] 취약한 많은 섬나라 약소국들은 이렇게 더 완화된 표현을 반대하면서, 그것이 이산화탄소 배출을 늘리고 지구온난화를 가속해서 자신들의 미래를 위태롭게 할 것이라고 말했다.[27]

이런 이유로 당사국 총회 때마다 희망과 실망의 드라마가 끊임없이 되풀이됐다. 그렇지만 기후변화에 자본주의적으로 적응하는 과정은 이미 진행 중이다. 한편으로, 화석연료 기업들은 여전히 현대 자본주의가 제대로 돌아가는 데서 가장 중요하다. 그래서 미국의 주요 은행들(십중팔구 지구상의 자본주의 이익집단 중에서 가장 중요한 단일 집단일 것이다)은 화석연료 투자에 재원을 조달하는 데 깊숙이 연루돼 있다. 열대우림행동네트워크가 이끄는 비정부기구들의 연합체가 2019년에 발표한 보고서를 보면, 2015년 12월 [제21차 유엔 기후변화 협약 당사국 총회에서] 채택된 파리협정에 따라 21세기에 지구온난화로 인한 기온 상승이 산업화 이전 수준보다 2℃를 넘지 못하도록 이산화탄소 배출을 충분히 줄이기로 한 뒤에도 은행들이 화석연료 산업에 투자한 액수는 2016년 6120억 달러, 2017년 6460억 달러, 2018년 6540억 달러로 꾸준히 증가했다. 그중에서도 "최악의 은행들"은 미국의 4대 은행인 제이피모건체이스, 웰스파고, 시티은행, 뱅크오브아메리카였다. 6위를 차지한 바클리스는 유럽 은행들 가운데 으뜸이었다. 제이피모건체이스는 화석연료 추출을 확대하려는 사업에 주도적으로 투자하고 있다. 즉, 오일샌드, 북극과 극심해의 석유와 가스, 액화천연가스LNG 사업에 가장 많은 돈을 투자한 은행이고, 수압 파쇄법을 이용한 셰일가스 시추 사업에는 웰스파고 다음으로 많은 돈을 투자한 은행이다.[28]

가장 큰 투자은행들의 활동은 빙산의 일각일 뿐이다. [네덜란드의 에너지연구센터에서 일하는] 카롤 올손과 프랑크 렌즈만은 화석연료 공급 사슬이 철저하게 금융화했다고 주장한다. 즉, 그림자 금융 부문(전통적 은행들보다 규제를 훨씬 덜 받는 헤지 펀드, 사모 펀드, 다양한 종류의 투자 펀드 등)은 석유·가스·석탄·우라늄을 추출하고 유통시키는 과정의 여러 단계에서 투기적 거래에 적극 관여하고, 석유·가스 회사들은 독자적으로 설립한 "금융·투자 자회사나 상품 거래 자회사"를 발전시키고 있다는 것이다.[29] 이와 같이 자본주의는 계속해서 화석연료 산업에 막대한 투자를 하고 있고, 화석연료 기업들은 이익을 지키려고 매우 효과적으로 로비를 벌인다. 기후학자들은 화석연료 기업이 사업의 실제 내용을 근본적으로 바꾸지 않고도 전략을 변경하는 방법을 다음과 같이 이야기한다.

탈탄소화를 반대하는 기업들은 기후변화를 노골적으로 부정하는 태도를 점차 버리고 사업을 다각화해서 위험을 완화하고 [천연]가스를 전환 연료로* 끊임없이 홍보하는 것 같은 위험 회피 전략을 추구하고 있다. … 그런 계획들은 늘 그렇듯이 석유와 특히 가스를 많이, 또 지속적으로 사용하면서도(물론 재생에너지, 바이오 연료, 핵에너지, 수소도 사용) 높은 수준의 [이산화탄소] 배출은 미래의 탄소 포집·사용·저장·상쇄 기술(숲 가꾸기AF도 포함)과 그 밖에 개발이 확실하지 않은 흡수 기술들NETs로 상쇄될 것이라고 본다.[30]

이 모든 것이 순전히 이기적 책략과 관련 있다는 사실은 2022년 5월 다음과 같이 폭로한 〈가디언〉 기사가 분명히 보여 준다. 석유·가스 기업들의 단기 확장 계획에는 2020년대 내내 "195개의 탄소 폭탄"에 투자하는 것도 포함돼 있는데, "탄소 폭탄이란 사업이 끝날 때까지 이산화탄소를 10억 톤 이상 배출하는 초거대 석유·가스 채굴 사업을 일컫는다. 이 195개의 탄소 폭탄으로 배출될 이산화탄소 총량은 현재 전 세계 배출량의 18년 치에 해당할 것"이다.[31] 더욱이, 녹색 전환은 석유·가스 산업에 잠겨 있는 막대한 양의 자본을 날

---

* 전환 연료 석탄이나 석유 같은 고탄소 에너지원에서 풍력·태양광 등 무탄소 에너지원으로 전환하는 중간 단계의 연료라는 뜻이다.

려 버릴 것이다. 최근의 한 연구 결과를 보면, 지구온난화로 인한 기온 상승이 산업화 이전 수준보다 2℃를 넘지 못하도록(그래도 매우 파괴적인 기후변화가 일어날 것이다) 하는 데 필요한 정책들로 발이 묶이게 될 좌초 자산의 가치가 1조 4000억 달러에 이를 것으로 추산된다. 이것은 단지 화석연료 산업뿐 아니라 (연금 기금 등을 통해) 전체 금융 시스템에도 영향을 미칠 것이다.[32]

다른 한편으로, 기업들은 순 탄소 중립 경제로 느리게 나아가는 공식적 노력에 새로운 이윤 창출 기회 탐색으로 대응하고 있다. 이것은 기존의 에너지 복합체에 대한 투자가 많지 않은, 비교적 새로운 기업들에 더 쉬운 일이다. 이 상황은 미국의 정보통신기술IT 대기업들(머리글자를 따서 FAANG이라고 부르는 페이스북·아마존·애플·넷플릭스·구글)과, 버락 오바마가 추진했고 바이든 정부에서 재개된 정책, 즉 기후변화를 인정하고 관리하려는 정책이 서로 잘 맞는 이유를 설명하는 데 도움이 된다(비록 IT 기업은 서버 뱅크들을* 통해 이산화탄소를 많이 배출하는 사업자이고, 그 점은 많은 배달 차량을 거느린 아마존도 마찬가지지만 말이다). 이런 적응 드라이브는 일부 화석연료 기업들에도 영향을 미친다. 자동차 산업은 여전히 이산화탄소 배출 증가의 주요 원천이다. 그러나 구조조정 압력을 엄청나게 받고 있기도 하다. 부분적으로는 중국 시장의 급속한 성장 때문이지만, 더 근본적으로는 유럽 디젤차의 배출 가스 조작 스캔들,

---

* 서버 뱅크(server bank) 수많은 서버 컴퓨터가 밀집된 데이터 센터를 말하는 듯하다.

즉 폭스바겐이 디젤차에 배출 가스량을 속이는 소프트웨어를 설치해 검사를 통과했지만 실제로는 주행 중에 훨씬 더 많은 질소산화물을 내뿜는다는 사실이 폭로된 사건 때문이다. [전기차와 자율 주행 자동차 개발이라는] 이 엄청난 기술 변화는 오랫동안 한 줌의 초국적 거대 기업들이 지배해 온 산업에 새로운 기업들이(예컨대, 테슬라와 구글, 이제는 애플도) 진입할 수 있는 기회를 제공한다.

자본주의기 기후변화에 적응하는 것은 엄청난 지정학적 함의도 있다. 북극의 기온 상승은 단지 인류를 비롯한 많은 생물 종의 미래를 위협하는 것만은 아니다. 북극해에서 상업 교통과 자원 추출이 가능해지고, 북극해를 둘러싼 자본주의 국가 간 군사적 경쟁이 격화할 수도 있다.[33] 더 일반적으로, [전략] 정보 웹사이트인 스트랫포는 재생 가능 에너지로 전환하는 과정에서 패배자들이 생겨나겠지만(사우디아라비아와 러시아 같은 산유국들) 승리하는 국가들도 있을 것이라고(예컨대, 미국과 독일뿐 아니라 중국도) 주장한다.

지난 10년간 중국은 전 세계 청정에너지 제품 생산에서 독보적 선두 주자로 치고 나갔다(예컨대, 중국이 생산하는 태양전지가 전 세계 공급량의 절반 이상을 차지한다). 중국은 또 세계 최대의 희토류 채굴·공급 국가이고, 재생 가능 에너지 발전 용량의 최대 활용국이고, 세계 최대 전기차 시장이기도 하다. 중국은 재생 가능 에너지로 나아가는 네 힘이 될 리튬·코발트 광산을 해외에서 상당히 확보했고, 유럽·아프리카·남아메리카를 포함한 전 세계의 전기 사업에도 투자하고 있다.[34]

트럼프가 시작했지만 바이든이 계속하고 있는 미국과 중국의 지리경제적 투쟁으로 가장 잘 묘사할 수 있는 갈등의 핵심 측면은 중국이 저임금 노동력을 이용한 최종 조립 제조업에서 첨단 기술 산업으로 업그레이드하려는 계획을 미국이 봉쇄하고자 한다는 것이다. 여기에는 자본주의가 기후변화에 적응하는 데 결정적으로 중요한 신제품들이 포함된다(이 책 4장도 참조).[35] 기후변화는 자본주의의 추진력인 경쟁적 축적이 일상적으로 이뤄지는 과정에 통합되면서 [예외가 아니라] 정상이 되고 있다. 이것은 벤델이 예시한 재난을 피할 수 있다는 의미일까? 결코 그렇지 않다. 첫째로, (마르크스의 표현을 빌리면) "다수 자본들" 사이의 맹목적 경쟁을 중심으로 조직된 경제체제가 무질서한 기후변화를 막기 위해 경제적 우선순위의 과감한 변화를 충분히 빠르고 철저하게 실행할 가능성은 매우 낮다. 본질적으로 단기적 전망과 계획에 맞도록 구성된 [경제]체제에는 그런 변화를 위한 비용이 너무 커 보인다. 또 그런 비용을 떠맡는 국가에 본사가 있는 자본들은 다른 국가에 본사가 있는 경쟁자들보다 불리해질 것이라는 두려움도 느낀다.

그리고 앞서 봤듯이, 화석연료 이익집단들은 여전히 자본주의 체제의 핵심부에 아주 확고하게 자리 잡고 있다. 주목할 만한 점은 세계경제가 혼란에 빠지면 즉시 가장 더러운 화석연료에 더 많이 의존하는 상황으로 돌아갈 듯하다는 것이다. 중국 정부는 2021년에 천연가스 가격이 급등하고 에너지 공급망이 교란되자 석탄의 채굴과 연소를 늘리는 것으로 대응했다. 우크라이나 전쟁이 터지자 조

바이든은 유가 상승을 억제하려고 사우디아라비아를 비롯한 페르시아만 산유국들에 석유 생산량을 늘리도록 권장하고 미국 셰일 산업에 석유 채굴을 늘리라고 요구했다. 독일은 석탄 화력 발전소를 재가동해서 러시아산 가스 공급 감소분을 메우려 했다.

둘째로, 산업자본주의의 산물인 이산화탄소 배출이 촉발한 자연적 과정은 이미 인간의 어떤 개입으로도 막을 수 없을 만큼 멀리 나갔는지도 모른다. 바로 여기서, 앞서 말한 되먹임(피드백) 고리가 대단히 중요해진다. 왜냐하면 그런 되먹임 고리는 기후변화를 극단적 수준까지 몰고 가서, 지난 수백 년간 이어져 온 인류의 생활이 더는 지속 가능하지 않게 만들 수 있기 때문이다. 자연 세계 자체가 그 결과를 좌우할 수 있다(인간 사회는 자연 세계의 일부이지만 아주 작은 일부일 뿐이다).

전염병의 시대

코로나19 팬데믹은 인간이 자연에 얼마나 의존하는지를 생생하게 보여 주는 사례다. 이 의존은 《먼슬리 리뷰》 잡지를 중심으로 활동하는 존 벨라미 포스터를 비롯한 여러 마르크스주의자들이 재발견한 정치경제학 비판의 중요한 주제이고,[36] 생태 사회주의 페미니스트들도 이 주제를 발전시켰다.[37] 마르크스 자신은 모든 사회구성체의 바탕에 있는 노동과정이 "인간의 욕구를 충족하기 위해 자연에 존재하는 것을 사용하는 과정이고, 인간과 자연 사이의 물질대사를 위한 보편적 조건이며, 인간 생활의 영원한 자연적 조건이다" 하고 말했다.[38] 그는 위대한 화학자 유스투스 폰 리비히의 연구를 원용해서, 자본주의 농업은 점점 더 자연을 파괴하는 효과를 낸다고 주장했다. 이것은 자본의 자기 증식에 따라 작동하는 자본주의 생산과정이 노동자와 지구에서 각각 노동과 자원을 박탈한다는 사실을 반영한다. "그러므로 자본주의 생산은 모든 부의 원천인 토지와 노동자를 동시에 파괴해서만 사회적 생산과정의 결합도와 기술을 발전시킨다."[39] 대규모 토지 소유는

> 토지의 자연법칙에 의해 정해져 있는 사회적·자연적 물질대사 체계에 회복할 수 없는 균열[einen unheilbaren Riß — 캘리니코스]을 불러일으키는 조건을 만들어 낸다. 그 결과로 지력은 낭비되고, **이런 낭비는 무역을 통해 다른 나라로도 옮겨 가게 된다**(리비히).[40]

따라서 마르크스(와 물리학의 최신 연구를 자신의 미완성 저작 《자연 변증법》에 통합하려고 노력한 엥겔스)는 인간이 자연에 뿌리를 둔 존재이며 노동을 통해 자연과 상호작용한다고 봤다. 그러나 마이크 데이비스는 그들이 이 관계에서 오로지 인간만을 능동적 요인으로 보는 경향이 있다고 비판한다. "마르크스와 엥겔스는 지난 2000~3000년 동안 생산의 자연적 조건이 특정한 방향으로 진화하거나 장기적 변동에 영향을 받았을 가능성, 또는 기후가 독자적 역

사를 지닌 채 주기적으로 일련의 다양한 사회구성체들을 가로지르고 중층 결정할 가능성을 깊이 생각하지 않았다."[41]

이것은 유익한 교정이다. 데이비스가 자본주의에 내재하는 재난들을 연구해서 보여 줬듯이, 자본주의는 비선형 변화를 겪는 복잡한 물리 체계와 상호작용하기 때문이다.[42] 여기서 역사는 두 역동적 과정이, 즉 인간 사회구성체의 변증법과 물리 체계의 변동이 교차하는 지점에서 일어난다.[43] 전염병이 좋은 사례다. 왜냐하면 전염병은 바이러스와 세균의 돌연변이뿐 아니라, 인간과 동물의 정착지 패턴에서 일어나는 변화와도 관련되기 때문이다(두 변화가 맞물려서 팬데믹을 불러일으킨다). 윌리엄 맥닐은 "인류가 감염병과 접촉한 역사"를 연구한 선구적 저서에서 다음과 같이 말한다. "대다수 인간의 생명은 눈에 보이지 않는 작은 병원체의 미시 기생과 대형 포식 동물(대표적인 예는 다른 인간들이다)의 거시 기생 사이에서 불안정한 균형을 이루고 있다고 말할 수 있을 것이다." 그의 경고, 즉 "지금까지 알려지지 않은 어떤 기생 생물이 늘 지내던 생태적 적소를 벗어나서 지구 도처에 있는 인구 밀집 지역에 나타나면 엄청나게 많은 사람이 죽는 사태가 벌어질 수 있다"는 경고는 2019년 12월 중국 우한에서 사스-코로나바이러스-2의 확산이 감지되기 시작한 이후 충분히 확인됐다.[44]

코로나19 때문에 우리는 과거의 대규모 팬데믹을 더 잘 알게 됐다. 예컨대, 6세기와 14세기에 발병한 가래톳페스트(흑사병으로 알려진 14세기의 페스트는 당시 유럽 인구의 65퍼센트인 5200만 명을 죽였다),[45] 16세기에 아메리카 대륙을 침략한 스페인 정복자들이 옮긴 유럽의 풍토병[천연두]에 걸려 원주민이 몰살되다시피 한 "인구 통계학적 대재앙",[46] 1918~1919년에 5000만~1억 명을 죽게 만든 것으로 추산되는 이른바 스페인 독감.[47]

고대사 학자 카일 하퍼는 현재의 팬데믹 전에도 "기후변화와 신종 감염병은 언제나 인간 역사의 필수적 일부였다"고 주장한다. 그는 《로마의 운명》*에서 4세기와 7세기 사이에 로마의 힘이 쇠퇴한 것은 내부 모순 때문도 아니고 제국의 국경 너머 '야만인들'이 가한 외부 압력 때문도 아니고, 자연환경의 변화, 특히 기후 패턴이 불리하게 변하고 일련의 전염병이 유행한 것(그중에서도 가장 치명적이었던 것은 유럽에서 처음 나타난 예르시니아 페스티스, 즉 [동로마의] 유스티니아누스 황제 집권기인 540년대에 유행한 가래톳페스트의 병원균) 때문이었다고 주장한다.

로마인들은 홀로세로 알려진 역사적 기후 시대의 특정 순간에 지중해 지역에 대제국을 건설했다. 당시는 엄청난 자연적 기후변화가 지연되고 있던 시기였다. 훨씬 더 중요한 사실은, 로마인들이 이미 알려져 있는 세계를 가로질러 열대 지방의 가장자리까지 덩굴처럼 뻗어 나가 도시화한 제국을 건설했다는 것이다. 로마인들은 뜻하지 않게 자연과 공모해서, 병원체 진화의 잠재력을 해방시킨 질병 생태계를 만들어 냈다.[48]

---

* 국역:《로마의 운명》, 더봄, 2021.

나는 팬데믹 기간에 하퍼의 책을 읽으면서 그 설득력 있는 주장이 남 이야기 같지 않다는 생각을 떨쳐 버리기 힘들었다. 여기에는 4세기 말에 [중앙아시아의] 유목민인 훈족이 가뭄에 시달리다가 "말을 타고 무장한 기후 난민"이 돼 서쪽으로 이동하면서 다른 "야만인들"을 로마 제국 영내로 몰아넣은 사건을 묘사하는 하퍼의 뛰어난 문장력도 한몫했다.[49] 그러나 하퍼의 주장을 철저하게 조사하고 검증한 역사가들은 그의 서술 방식과 인용한 문헌 자료나 고고학적 증거 해석에 심각한 약점이 있음을 확인했다. 그들은 또 하퍼의 이론적 접근법도 비판하면서, 그가(과거에 맥닐도) 사회구조나 인간의 행위를 고려하지 못하는 "환경결정론적 관점으로 치우치는 경향이 강하다"고 질책했다.[50]

자연환경이 인간의 사회구성체에 미치는 영향은 항상 그 사회구성체에서 지배적인 경제적·정치적·이데올로기적 구조들에 의해 매개된다. 노동과 자연의 물질대사라는 마르크스의 사상은 쌍방향적이다. 하퍼는 로마 사회의 도시적 성격으로 말미암아 질병에 특히 취약한 인구 밀집 지역이 형성됐음을 강조한다. 고대 후기를 연구한 위대한 역사가 피터 브라운은 로마 제국을 "도시들의 세계"로 묘사했다.[51] 1346~1353년에 흑사병이 창궐했을 때는 13세기 말쯤 발전한 봉건제 생산양식의 장기적 위기라는 맥락이 있었다. 지배계급인 영주가 농민한테서 강압적으로 지대를 추출하는 것에 바탕을 둔 경제체제는 서기 1000년 무렵부터 탄탄한 성장 가도를 달리다가 이제 더는 기존의 인구를 부양할 만한 생산 수준을 유지할 수 없었다. 이것은 생태계 붕괴와 기근으로 이어졌고, 사태를 더 악화시킨 것은 영주들끼리 서로 토지를 빼앗아서 자신의 소득을 유지하려고 아귀다툼을 벌인 것이었다(영국과 프랑스의 백년전쟁이 정확히 그런 사례였다).[52] 이 위기로 인구가 감소하던 차에 흑사병이 퍼지면서 끔찍하게 많은 사람이 죽은 것이다.

현대 사회는 훨씬 더 스스로 운명을 결정한다. 이 점은 현재의 기후변화에서 가장 분명히 드러난다. 현재의 기후변화는 인간이 만들어 낸 인위적인 것이기 때문이다(더 정확히 말하면, 앞서 봤듯이 화석 자본주의의 지배가 기후변화를 촉진하고 있다). 그러나 코로나19 팬데믹도 마찬가지인데, 이것은 공업화한 농업 덕분에 병원체가 전통적 숙주로 삼던 동물에서 인간으로 건너뛰기 쉬워져서 발생할 수 있는 여러 전염병의 첫 사례일 수 있다. 현대의 기업적 영농이 인간과 나머지 자연 모두에 미치는 재앙적 영향은 특히 반다나 시바 같은 생태 페미니스트들이 이미 진단했다.[53]

마르크스는 이미 1860년대 중반에 쓴 노트에서 당시 영국에서 발전하고 있던 집약적 공장식 축산 농업 형태를 "역겹다!"고 했다.

이런 감옥[공장식 축사]에서 태어난 가축들은 그 감옥에서 살다가 도축된다. 과거(1848년 이전)에 가축들은 최대한 자유롭게 돌아다니며 살았다. 그러나 지금은 가축을 그저 고기와 지방 덩어리로 만들어 버리기 위해 뼈가 자라지 못하게 하는 비정상적 방법으로 가축을 기른다. 문제는 이런 사육 방식과 연결된 감옥 시스템이 결국은 생명력을

심각하게 약화시키지 않겠는가 하는 것이다.[54]

지금 우리는 그 대답을 아주 잘 알고 있다. 농업의 자본주의적 변화는 마르크스주의 전염병학자 롭 월리스의 연구 배경이기도 한데, 그는 이른바 축산 혁명(공업적 조건에서 닭고기나 돼지고기 따위를 대량생산하기 위해 동물을 밀집 사육해서 유전적 변이를 축소시키고, 그렇게 해서 질병의 확산을 막는 유전적 장벽과 운송 장벽을 낮추는 것)과 야생종의 서식지(미지의 병원체가 득시글거릴 수 있는 곳) 파괴가 맞물려서, 새로운 팬데믹이 발전할 수 있는 조건이 만들어졌고, 2002~2004년에 사스-코로나바이러스-1이 갑자기 출현한 것은 그 전조였다고 주장한다.[55]

더욱이, 다양한 형태의 자연 파괴는 서로 영향을 주고받는다. 새로운 연구 결과를 보면, 기후변화는 지금까지 고립돼 살던 종들이 서식지를 바꿔서 인구밀도가 높은 지역에 모여 살게 만들고, 그렇게 해서 사스-코로나바이러스가 박쥐에서 사향고양이를 거쳐 인간에게 전파되도록 한 것과 같은 종류의 "동물 원성 감염증의 확산" 가능성을 극적으로 증대시키고 있다.[56]

월리스의 분석에서 매우 흥미로운 특징 하나는, 내가 앞서 말한 역동적 과정들의 상호작용 — 이 경우에는 공업형 농업(북아메리카에서 시작됐지만, 이제는 사스와 코로나19가 모두 출현한 중국 남부에서도 잘 확립됐다)의 세계화와 특히 변화무쌍한 인플루엔자 바이러스의 진화 — 을 포함한다는 것이다.

공업형 축산 모델에서 병원균의 유입과 확산을 방지하기 위한 차단 방역과 봉쇄 조치를 위반하는 일이 일상적으로 벌어지는 상황은 무시하더라도, 인플루엔자를 포함한 많은 미생물이 번성하는 조건을 제거하려고 애써 봤자 새롭고 때로는 낯선 변종들이 파고들 틈새가 만들어질 뿐이라는 사실을 우리는 분명히 이해해야 한다. 부유한 선진국의 꼼꼼하게 소독된 병원들조차 일상적으로 항생제 내성이 있는 병원체의 공격을 받는다면, 약탈적 대형 농업 회사들이 해외에서 운영하는 비좁고 더러운 가축 사육장들은 아예 가망이 없을 것이다.

사실 가축 병원체라는 문제는 이미 처음부터 니체식 삼단논법에 갇혀 있었다. 많은 병원체를 죽일수록 살아남은 병원체는 더 강해진다. 돌연변이를 일으킨 소수의 바이러스나 세균이 출현해서 새로운 위협을 극복하고 살아남는다. 심지어 원인과 결과가 사실상 뒤집어져서 인과관계 개념 자체도 위태로워 보인다.* 우리가 어떤 예방책을 생각해 내더라도 1주일만 지나면 그 예방책을 돌파할 수 있도록 진화하는 인플루엔자 등의 병원체에 맞서 우리는 어떻게 자신을 보호할 것인가?

놀라운 돌연변이율(부위당, 감염 주기당 2×10^6)로 만들어지는 인플루엔자의 표현형 변이를 살펴보면, 바이러스가 (의인화해서 말하자면) 아직 맞닥뜨리지 않은 문제들도 포함해서 자신이 직면한 문제의 해결책을 자연스럽게 선택할 수 있다는 것을 알게 된다. 분자의 선택적 진

---

* 돌연변이 덕분에 살아남은 것인지 아니면 살아남은 덕분에 돌연변이를 일으킨 것인지 구분하기 힘들어진다는 말인 듯하다.

화와 함께 돌연변이 덕분에 [바이러스는] 전에 항원을 붙잡고 싸운 경험이 있는 [면역 세포인] T세포와 B세포의 면역반응을 피해 갈 수 있게 된다.

유전자 재조합을 통해 돌연변이는 더 광범한 게놈 수준에서 증폭된다. 인플루엔자는 금요일 밤에 카드놀이를 하는 사람처럼 자신의 게놈 조각들을 주고받을 수 있다. H5N1과 … H1N1은* 모두 많은 혈청형에서 다양한 재조합을 통해 나타났다.[57]

물론 지금 우리에게 닥친 것은 모종의 인플루엔자가 아니고 사스-코로나바이러스-2다. 그러나 둘 다 "외가닥 아르엔에이RNA 바이러스"이고, 코로나19 바이러스는 악명 높은 스파이크 단백질 덕분에 "자신의 RNA를 감염된 세포에 주입하고 숙주세포 조직을 이용해 자신의 게놈을 복제한다. 그러면 새롭게 합성된 바이러스 입자들이 배출돼서 다른 숙주세포들을 감염시킨다."[58]

더욱이, 코로나바이러스는 "인플루엔자바이러스 A형 같은 오르토믹소바이러스들보다 훨씬 더 변신에 능하다." 왜냐하면 "서로 다른 코로나바이러스에서, (변이 단백질[예컨대, 스파이크 단백질] 생산을 담당하는) 서로 다른 유전자"를 이어 붙이는 재능이 있기 때문이다.[59]

팬데믹의 가장 두드러진 특징 하나는 바이러스와 백신 사이에서

---

* H5N1은 조류독감을 일으키는 인플루엔자바이러스 A형의 아종이고, H1N1도 인플루엔자바이러스 A형의 아종인데 스페인독감과 신종플루의 병원체다.

전개된 무기 경쟁이었다. 2020년을 지나면서 백신이 개발되고 생산되기 시작했는데, 가장 성공적인 백신은 RNA 기반 백신이었다. 사스-코로나바이러스-2는 수많은 인간을 활용하며 자연선택 과정을 거쳤다. 즉, 감염 능력과 전파 능력과 면역 회피 능력이 향상된 새로운 변이들이 나타난 것이다. 이 글을 쓰는 지금 최신 변이인 오미크론의 하위 변이들이 빠르게 확산되고 있지만, 새로운 변이들을 기다리는 그리스 알파벳 문자가 아직도 많다. 2021년 11월 남아프리카에서 발견된 오미크론이 특히 충격적인 이유는 이 변이가 그 전에 유행하던 베타 변이와 델타 변이 같은 유형들보다 너무 많은 돌연변이를 보여 줬기 때문이다. 한 가지 설명은 면역 체계가 너무 약해서 코로나바이러스에 처음 감염됐다가 완전히 회복되지 못한 사람의 몸속에서 오미크론 변이가 배양됐다는 것이다. 〈파이낸셜 타임스〉는 다음과 같이 지적한다. "인체면역결핍바이러스/후천성면역결핍증HIV/AIDS 감염 대책을 위해 활동하는 유엔 산하 기관인 유엔 에이즈합동계획에 따르면, 전 세계의 HIV 감염인 3770만 명 가운데 절반 이상이 아프리카 동부와 남부에 있다. 발견되지 않고 치료받지 않거나 제대로 통제되지 않는 HIV 감염인이 남아공에만 약 190만 명이나 있다."[60] 그러므로 이 지역은 전 세계에서 면역 체계가 약한 개인들이 대규모로 집중돼 있는 곳이다.

그렇다면 이제 우리는 인간과 자연의 상호작용에서 다른 요소로 돌아가게 된다. 즉, 자본주의 생산양식의 착취 구조와 경쟁 구조다. 지난 세대에 아프리카 남부에서 HIV의 급속한 확산을 다루는 데 실패한 것은 세계적 보건 의료 불평등의 가장 냉혹한 사례 중 하나였다. 앞서 말한 오미크론의 출현에 대한 설명이 맞다면, 전 세계는 지금 그 대가를 치르고 있는 셈이다. 그러나 사실 부정의는 켜켜이 쌓여 있다. 겨우 320일 만에 코로나19 백신을 신속하게 개발한 것은 현대 과학의 큰 업적이다. 그러나 엄청나게 불평등한 백신 분배, 즉 북반구의 부유한 국가들에 압도적으로 유리하고 남반구의 가난한 국가들에 불리한 분배는 인간과 나머지 자연의 관계가 어떻게 지배적 사회관계의 영향을 받는지를 냉혹하게 일깨워 준다. 오미크론 변이가 출현했을 때 고소득 국가들에서 백신 추가 접종(부스터샷)을 받은 사람은 저소득 국가들에서 2차 접종을 받은 사람보다 거의 갑절이나 많았다. 아프리카에서는 2차 접종을 받은 사람이 인구의 6퍼센트뿐이지만 서방 선진 7개국G7에서는 그 비율이 60퍼센트였다(도표 2 참조). 수많은 전문가가 지적했듯이, 모든 사람에게 백신 주사를 맞히는 데 실패하면 새로운 변이가 출현할 여지가 생긴다.

가장 성공적인 백신은 화이자가 만들어서 시장에 내놓은 것인데, 그 덕분에 화이자의 2021년도 수익은 800억 달러까지 치솟은 것으로 추산된다(이를 두고 어떤 투자은행 간부는 "일생에 한 번뿐인 돈벼락"이라고 평가했다).[61]

거대 제약 회사가 백신 시장에서 매점매석으로 엄청난 이득을 취하는 일을 용이하게 해 준 사람은 빌 게이츠였다. 그가 제안하고 설립을 주도한 '코로나19 대응 장비에 대한 접근성 가속화 기구ACT-A'

도표 2. 백신 불평등(2021)

부유한 나라의 4개월간 부스터샷 접종 횟수가 가난한 나라의 1년간 전체 접종 횟수보다 훨씬 더 많았다(위). 그 결과 백신 보급의 극명한 불평등이 악화했다(아래).

코로나19 백신 접종 횟수 비교

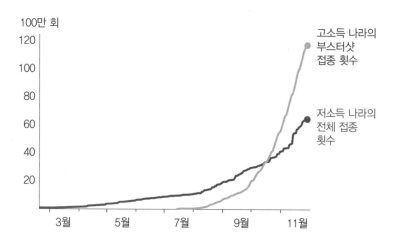

국민소득 수준에 따른 12세 이상 인구 백신 접종 상태

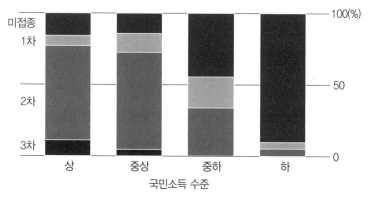

* 출처: Hannah Kuchler, Donato Paolo Mancini, and David Pilling, "The Inside Story of the Pfizer Vaccine: 'A Once-in-an-Epoch Windfall'", *Financial Times*, 30 November 2021. 허락을 받고 수록함.

는˙ 세계보건기구who가 코백스를˙˙ 통해 백신을 분배하려는 노력을 지배해 왔다. [미국의 프리랜서 언론인] 알렉산더 자이칙의 표현을 빌리면 ACT-A는 "제약 회사들이 의학과 의료 제품 시장을 독점적으로 지배할 권리를 일관되게 지지하는 게이츠의 헌신적 노력"을 실행에 옮겼다. 그래서 "옥스퍼드대학교 제너연구소장이 자신들이 개발한 코로나19 백신에 대한 권리를 코백스에 넘겨 공유화하려는 기발한 생각을 했을 때 게이츠가 개입하고 나섰다. 〈카이저 헬스 뉴스〉가 보도했듯이 '몇 주 뒤에 옥스퍼드대학교는 (빌앤멀린다재단의 강력한 권고를 받고) 태도를 바꿔서 아스트라제네카와 독점적 백신 계약을 체결했다. 그래서 그 거대 제약 회사는 독점권을 얻었고, 결국 낮은 가격에 백신이 공급될 가능성은 사라졌다.'"[62]

그러나 문제는 코로나19가 거대 제약 회사에 훨씬 더 많은 이윤을 긁어모을 기회를 제공했다는 것만이 아니다. 콜린 칼과 토머스 라이트는 2007~2009년 세계 금융 위기에 대처할 때 북반구든 남반구든 지도적 국가들이 높은 수준의 국제 협력을 보여 준 것과 이번에 팬데믹에 대응하는 것을 대조하면서 다음과 같이 한탄했다.

강대국 간의 경쟁 때문에 팬데믹은 발생하기는 더 쉬워지고 극복하기

---

* ACT-A 코로나19 백신과 치료제, 진단 기기의 신속한 개발과 공평한 배분, 대량 조달을 지원하기 위한 국제기구다.

** 코백스 퍼실리티 세계보건기구·감염병혁신연합·유니세프가 주도하는 코로나19 백신의 세계 공동 분배 프로젝트다.

는 더 어려워졌다. 중국 정부는 국내에서는 정권의 생존에 집착하고 해외에서는 팬데믹을 영향력 확대에 이용하는 데 여념이 없었다. 한편, 트럼프 정부는 코로나 정책의 국제적 차원을 거의 오로지 지정학적 경쟁이라는 틀 속에서만 생각했다. 그래서 다자주의적 대응 가능성은 사라져 버렸다. 그사이에 다른 모든 나라는 주로 자국 방어망 구축에 급급한 채 초강대국의 힘겨루기를 무력하게 지켜봐야만 했다.[63]

이 충돌을 트럼프의 특이한 성격 탓으로만 돌릴 수 없다(물론 그것이 큰 요인이라는 점은 분명하다). 사실 2020년 미국과 중국의 격렬한 경쟁은 많은 점에서 이전[2007~2009년] 세계 금융 위기의 결과였다. 즉, 세계 금융 위기로 말미암아 미국에서 중국으로 세계 경제력의 재분배 추세가 빨라졌기 때문이다. 그래서 쇠퇴하는 패권국과 떠오르는 경쟁자 사이의 협력은 더 어려워졌고, 이 점은 두 국가의 우두머리가 누구였든 마찬가지였을 것이다. 미국과 중국의 경쟁은 이 책 4장에서 다시 살펴볼 것이다. 여기서 강조하고 싶은 점은 세계 자본가계급이 서로 경쟁하는 기업들과 국가들로 분열해 있는 상태가 팬데믹에 대응하기 위한 합리적·협응적 대책을 방해했다는 사실이다. 지난 수십 년 동안 기후변화 대책에서 그랬듯이 말이다.

바로 이것이, 인류가 간절히 기다리고 또 끊임없이 발표되는 팬데믹의 종식이 실제로는 달성하기 매우 힘든 목표임이 드러난 한 가지 이유다. 사스-코로나바이러스-2처럼 변덕스러운 병원체에 대처할 때 '집단면역'(백신이나 감염 경험을 통해 충분히 많은 사람이 면역력을 갖게 해서 질병의 추가 확산을 제한하는 것)은 어쨌든 움직이는 표적이다(보리스 존슨의 영국 정부는 감염률을 높여서 최대한 빨리 집단면역을 달성하려는 정책 때문에 2020년 3월 팬데믹 초기에 이동 제한을 지체해서 재앙을 초래했다). 그러나 전 세계 모든 사람에게 백신 주사를 맞히는 일에 자원을 집중하는 데 계속 실패하는 것이 의미하는 바는 팬데믹이 한동안 지속되고 그 대가로 사람들이 훨씬 더 많은 고통을 겪을 공산이 크다는 것이다. [영국의 수학자이자] 전염병학자인 애덤 쿠차르스키는 백신 접종과 감염 덕분에 면역력이 증강되면 결국 재생산 지수(감염자가 얼마나 많은 사람에게 질병을 전파하는지를 측정한 수치)가 1 이하로 떨어져서 감염이 급격히 감소하는 '밀월' 기간이 한동안 이어지겠지만 면역력이 차츰 약해지고 새로운 변이들이 나타나서 재생산 지수가 다시 높아질 것이라고 경고한다.[64]

더욱이, 옥스퍼드대학교·아스트라제네카 백신의 개발자 중 한 명인 세라 길버트는 2021년 12월에 다음과 같이 예측했다. "바이러스가 우리의 생명과 우리의 생계를 위협하는 사태는 이번이 마지막이 아닐 것입니다. … 진실은 다음번이 더 나쁠 수 있다는 것입니다. 다음번에는 바이러스의 전염성이 더 강하거나 아니면 더 치명적이거나 또는 둘 다일 수 있습니다."[65] 이 말은 코로나19의 장기적 중요성을 이런저런 이유로 묵살하는 것이 얼마나 근시안적인지를 매우 분명히 보여 준다. 예컨대, 영국과 유럽연합의 관계에 대한 영국 엘리트층의 집착을 반영하는 경제학자 조너선 포티스의 다음과 같은

'명언'을 보라. "코로나19는 [2021년] 크리스마스까지지만, 브렉시트는 죽을 때까지다."[66] 코로나19와 함께 사는 법을 배우라는 정치인들의 끊임없는 명령은 그들이 생각하는 것보다 더 불편한 방식으로 실행될 수 있다.

상시적 비상사태

코로나19 팬데믹 덕분에 우리는 앞으로 재난이 어떻게 관리될지를 훨씬 더 분명히 알게 됐다. 우리는 특히 미국의 질병 통제 예방 센터CDC와 영국의 비상사태를 위한 과학 자문단SAGE 같은 전문가 기구들이 하는 구실과 그들이 역학적 모형을 이용해서 봉쇄나 개방 조치를 지도하는 것을 봤다. 다른 많은 사람과 마찬가지로 나도 국가들이 팬데믹을 관리하는 방식을 보고 미셸 푸코의 생명 [관리] 정치에 관한 강의가 생각났다.[67] 푸코가 말한 생명 정치는 "인구를 구성하는 살아 있는 사람들 전체에 고유한 현상들, 즉 건강, 위생, 출생률, 기대 수명, 인종 등의 현상들을 통해 통치 실천에 제기된 문제들을 합리화하려는 시도로서, 18세기에 시작됐다"(바로 그런 현상들을 배경으로 프랑스의 구체제 말기에 중농주의자들이 처음으로 발전시킨 자유주의 정치경제학이 구성됐다.)[68]

마르크스주의와 껄끄러운 관계였던 탓에 푸코가 비록 분명히 표현하지는 않았지만, 생명 정치는 자본주의 경제구조의 발전으로 전통적 사회관계가 불안정해지고 (흔히 반항적인) 도시 인구가 팽창하는 상황에서 출현했다. 이런 분석을 정식화하던 초기 단계에서 푸코는 "자본주의의 발흥에 상응하는 **하층계급이나 민중의 불법 행동**"이 존재했다고 주장한다.[69] 이에 대한 대응 가운데 하나가 규율의 출현이었다. 즉, 감옥 같은 제도들을 통해 "고분고분한 주체"를 형성하려는 실천이 나타난 것이다.[70] 그러나 한편으로는 통치성도 발전했는데, 통치성이란 "인구를 목표로 하고, 정치경제학을 지식의 주요 형태로 삼고, 안전 장치를 필수적인 기술적 도구로 이용하는, 매우 특수하면서도 매우 복잡한 권력을 행사할 수 있게 해 주는 제도·절차·분석·고찰·계산·전술의 총체"를 말한다. 안전[장치]의 목표는 이제 더는 개인 주체의 형성이 아니었다. "[인구가 목표로서 적합하고] 개인들, 개인들의 계열은 더는 목표로서 적합하지 않고, 인구 수준에 있는 뭔가를 얻기 위한 수단·중개물·조건일 뿐입니다." 안전 장치가 다루려고 한, 인구에 악영향을 미치는 문제들, 예컨대 식량난과 전염병은 특별히 도시적인 문제다. "[영토를 지배하는 봉건제의 토대 위에서 발전한 영토 권력 체제에서 도시는 항상 예외였습니다. 따라서] 도시라는 실재와 권력의 정당성을 화해시켜야 했습니다."[71]

특별히 흥미로운 한 구절에서 푸코는 안전 추구가 인구의 '정상화'를 추구한다고 주장한다.

규율 체계는 규범에서 출발했고, 그 규범에 따라 실행된 훈육과 비교하고 나서야 비로소 정상과 비정상이 구별될 수 있었습니다. 이와 달리, 안전 장치에서는 정상과 비정상의 포착, 서로 다른 정상 곡선의 포착이 이뤄집니다. 그리고 이 서로 다른 정상성의 분포가 상호작용하도록 만들고, 가장 부적합한 정상성을 가장 적합한 정상성에 근접시키는 식으로 정상화가 가동됩니다. 따라서 여기서는 정상에서 출발하고, 다른 것들보다 뭔가 더 정상적이라고 여겨지거나 어쨌든 다른 것들보다 더 적합하다고 여겨지는 특정 분포가 사용됩니다. 이런 분포가 규범 구실을 하게 될 것입니다. 규범이란 서로 다른 정상성의 상호작용인 것입니다. [이제는 규범화가 아니라 엄밀한 의미의 정상화만이 문제입니다.][72]

통치성이 어떻게 인구 내 분포에 영향을 미치는지 묘사하는 이 구절은 지금 국가들이 코로나19에 대응해서, 전문가 자문단이 구성한 역학적 모형을 근거로 지역을 봉쇄하고 사회적 거리 두기를 요구(하거나 그 정책에서 후퇴)하는 결정을 정당화하는 방식을 떠올리게 만든다. 역학적 모형 만들기는 널리 퍼진 과학적 관행인데, 지난 100여 년 동안 질병이 어떻게 퍼지고 줄어드는지를 더 잘 이해하는 데 성공적으로 사용됐다. 역학적 모형을 만드는 사람들이 선택하는 변수들은 다음 두 가지에 바탕을 둔 가정을 반영한다. (1) 특정 바이러스나 세균에 대한 지식, 감염된 사람들의 특징과 행동에 대한 지식 (2) 통계적 방법을 통해 다양한 궤적을 그리는 데 사용하는 경험적 자료.[73]

[미국의] 과학철학자 낸시 카트라이트는 "모형이란 허구적 작품"이

라고 했다.[74] 다시 말해, 모형을 만드는 사람들은 자신들의 예측 임무를 실현 가능한 것으로 만들기 위해 [변수들을] 선택하고 단순화한다. 롭 월리스는 더 심각한 문제를 지적한다. "비상사태를 위한 모형 만들기가 아무리 필수적이더라도 그것은 비상사태가 언제, 어디서 시작하는지를 놓치게 된다. 구조적 원인도 비상사태의 일부다. 구조적 원인을 고려하는 것은, 경제적 피해를 어떻게 줄이고 언제 경제활동을 재개할지를 넘어서 최선의 대응책을 알아내는 데도 도움이 된다." 월리스는 수학 역학자 로드릭 월리스의 다음과 같은 말을 인용한다. "감염병 대유행에서도 맥락이 중요하다. 다국적 농업 회사들이 이윤을 사유화하면서도 비용을 외부와 사회에 떠넘길 수 있게 해 주는 현재의 정치 구조를 '법 집행'의 대상으로 만들어서 그 회사들이 스스로 비용을 치르게 해야 한다. 가까운 미래에 대규모 사망을 초래할 수 있는 질병의 대유행을 피하려면 말이다."[75]

다르게 표현하면, 인과적 설명이란 단지 여러 변수들을 모으고 모형을 이용해 그 변수들이 어떻게 상호작용하는지를 검사하는 문제가 아니라, 먼저 이런 상호작용을 만들어 낼 수 있는 더 심층적인 "발생 기제들"(로이 바스카의 용어다)을 확인하는 문제다.[76] 그러나 코로나19 팬데믹 같은 사례들에서 이것은 **비판** 작업일 수밖에 없다. 다시 말해, 이 기제들의 매우 특정한 조합(역사적으로 우연적인 현대 자본주의의 경제·정치 구조들)이 코로나19 발병의 조건을 만들어 내는 데서 어떤 구실을 했는지도 보여 줘야 한다. 롭 월리스가 말했듯이 "코로나19를 비롯한 그런 병원체들의 원인은 어떤 한 감염원이나 그 임상 과정에서만 발견되는 것이 아니라, 자본을 비롯한 구조적 원인들이 자신들의 이익에 맞게 결박해 놓은 생태계 분야에서도 발견된다."[77] 그러므로 이런 원인들을 다루려면, 인간과 자연 사이의 새로운 관계와 사회정치적 변혁이 필요하다.

이와 달리, 역학적 모형은 아무리 좋은 의도로 만들었다고 해도 비판과 변혁을 위한 것이 아니라, 인구를 관리하기 위한 것이고, 여기서 인구는 국가 정책의 한낱 대상으로 취급된다. 푸코의 생명 정치 연구에는 (그가 분석한 프랑스의 상황보다 약간 먼저) 17세기 말 영국에서 존 그랜트와 윌리엄 페티의* 저작들에 나타난 '정치산술'(현대 통계학과 인구학의 원조)이 포함되지 않는다(페티 자신이 중요한 초기 정치경제학자였다). 그랜트와 페티는 영국 국가가 정복, 강탈, 강제 노동을 통해 아일랜드부터 아메리카 대륙까지 대서양 식민지의 확장이라는 맥락 속에서 점점 더 인종화하는 인구를 관리하는 정책에 기여하고자 했다.[78] 더 일반적으로, 역학적 모형은 통계학적 지식을 이용해 인구를 관리하는 훨씬 더 광범한 현대적 실천의 한 사례다.[79] 그런 모형을 만드는 데 사용되는 것과 똑같은 종류의 확률적 추론은 오늘날 구글과 페이스북 같은 기업들이 자사 플랫폼이 생성하는 방대한 양의 데이터에서 이윤을 뽑아내는 데 이용하는 알고리듬에 영향을 미치고 있다.[80]

---

* 그랜트는 영국의 상인이자 사회통계학자로 정치산술의 창시자였고, 페티는 영국의 경제학자로 노동가치설을 처음으로 주장했다.

팬데믹 관리는 이탈리아 철학자 조르조 아감벤의 분노에 찬 반응을 불러일으켰다. 아감벤은 그동안 포스트구조주의 철학, 특히 푸코의 영향을 받았는데 이제는 더 전통적인 휴머니즘으로 돌아가서, [2020년 3월] 이탈리아의 봉쇄 조치(중국 밖에서는 처음이었다)가 인간을 "벌거벗은 생명"으로, 즉 정신적·사회적 차원의 생존은 모두 박탈당한 채 물리적 생존에 급급한 존재로 전락시킨다고 비난했다. 그러면서 다음과 같이 말했다.

지금 강요되고 있는 '거대한 전환'은 … 예외 상태, 즉 헌법에 보장된 권리들이 정지된 상태다. 여기에는 1933년 독일에서 일어난 일과 접점이 있다. 당시 신임 총리 아돌프 히틀러가 바이마르 헌법을 공식적으로 폐지하지 않은 채 선언한 예외 상태가 12년 동안 지속됐다. … 나치 독일은 노골적 전체주의 이데올로기를 전개하려고 예외 상태가 필요했던 반면에, 지금 우리가 목격하고 있는 전환은 그 양상이 다르다. 그야말로 보건 공포 상황에서 의료가 일종의 종교처럼 되고 있다.[81]

예외 상태라는 개념은 — [독일의] 혁명적 보수주의 법학자 카를 슈미트가 발전시킨 주권 이론("주권자란 예외 상태를 결정하는 사람이다")에서 유래한 것이다 — 아감벤의 철학적 사색에서 핵심 주제 중 하나다.[82] 봉쇄 조치, 사회적 거리 두기, 백신 접종을 반대하는 데 지적 자본을 지출한 아감벤은 코로나바이러스 감염증을 부정하고 백신 접종을 거부한 극우파들의 영웅이 됐다. 2021~2022년에 1820만 명의 생명을 앗아 간 것으로 추산되는 바이러스의 실재를 인정하지 않고, 생명을 보호하기 위해 취해진 조치들을 파시즘에 비유하는 논개을 존중하기는 힘들다.[83]

그렇다고 해서, 각국 정부가 팬데믹을 관리할 비상 통치권을 갖게 됐고 이 권한을 이용해 개인의 행동을 규제하는 많은 조치를 강요했다는 사실이 달라지지는 않는다. 예외 상태가 만연했다. 그 중요성을 제대로 평가하려면 두 가지 사태 전개를 고려해야 한다. 첫째는 (내가 아는 한 푸코가 논하지 않은 것인데) 20세기에 복지국가의 발전과 함께 통치성이 겪은 변화다. 이것은 경제적 안정 확대를 요구하는 노동자 운동의 압력을 수용하는 동시에 노동력 재생산이 선진 산업자본주의에 적합하도록 만들려는 것이었다. 이런 목표를 달성하기 위해 복지 수혜자를 관리 대상으로 취급하는 관료주의적 틀 안에서 실업 구제, 의료, 교육 같은 요구를 충족하는 집단적 형태들이 조직됐다.[84] 복지 제공은 신자유주의 시대에 구조조정되고 부분적으로 민영화됐지만, 공공 의료에 대한 국가의 책임은 지속됐고 코로나19에 대응하기 위한 틀을 제공했다.

사실, 백신 개발의 전모를 알려면 정부들이 어떤 구실을 했는지 살펴봐야 한다. 팬데믹 첫해인 2020년에 도널드 트럼프의 대응은 최악이었는데, 그나마 유일한 한줄기 빛은 백신을 개발하기 위해 미국 정부와 거대 제약 회사들 사이의 협력 관계를 급조한 이른바 초고속 작전ows의 성공이었다. 미군도 참여한 그 작전에 따라 미국 연방 정부는 수십억 달러를 제약 회사들에 쏟아부었다. 이와 대조적으로, 보건 의료 분야에서 경험이나 능력이 없던 유럽연합은 백신 조달 문제를 서투르게 다뤘고, 아스트라제네카에 책임을 전가하려다가 오히려 백신 접종 거부 정서를 부추기기만 했다. 글락소스미스클라인의 [백신 부서 담당] 이사 출신으로 트럼프가 초고속 작전 책임자로 임명한 몽세프 슬라우이는 "유럽연합이 마치 쇼핑객처럼 백신을 구매한 반면에, 미국은 근본적으로 제약 회사들과 함께 사업을 시작했다"고 말했다.[85] 이런 점에서 세계 금융 위기와 마찬가지로 팬데믹도 (국가들의 카르텔을 관료주의적으로 관리하는 유럽연합과 비교할 때) 미국의 강점, 즉 비상사태에 신속하게 대응하고 재정적 위험을 감수하는 매우 강력한 국가로서 능력을 발휘하는 것을 분명히 보여 줬다.[86]

한편 팬데믹 기간에 북반구 국가들이 대규모 고용 유지 제도들, 예컨대 기존의 단시간 노동 지원을 확대하는 조치나 임금 보조금 제도 등을 도입함에 따라 현재의 복지 체제가 상당히 확장됐다. 경제협력개발기구OECD는 2020년 5월까지 이런 "제도들이 OECD 회원국 전체에서 약 5000만 명의 일자리를 지원했다"고 추산했는데, "이 수치는 2008~2009년의 세계 금융 위기 때보다 약 10배나 많은 것이다. 고용 유지 제도들은 노동비용을 줄여서 실업의 급증을 막았을 뿐 아니라, 금융의 어려움을 완화했고 노동시간이 줄어든 노동자들의 소득을 지원해서 총수요를 지탱하기도 했다."[87] 이것은 국가의 경제적 책임이 크게 확대된 것이었고, 실업률은 시장에 의해 결정된다는 신자유주의 원칙과 모순되는 것이었다. 여기서 제기된 쟁점들은 다음 3장에서 다시 살펴보겠다.

우리가 고려해야 하는 또 다른 사태 전개도 팬데믹에 선행하는 것인데, 그것은 [프랑스 릴대학교의 강사이자 반사본주의신당NPA 당원인] 위고 팔레타가 자유민주주의의 "권위주의적 강경화"라고 부른 것이다. 즉,

지배계급 자체가 자유민주주의의 어떤 근본적 측면들을 잇따라 포기하고 있다. 그들은 의회라는 무대를 점점 더 주변화시키고 건너뛰고 있다. 그래서 입법권을 행정부가 독점하고, 통치 방식은 점점 더 권위주의적으로 바뀌고 있다(시행령이나 조례에 의한 통치 등). 그러나 자유민주주의에서 파시즘으로 옮겨 가는 이 과도기의 특징은 무엇보다도 결사·집회·표현의 자유와 파업권을 제한하는 조치들이 증가할 뿐 아니라, 국가의 자의적 조치와 경찰의 만행이 늘어난다는 것이다.[88]

팔레타가 특히 염두에 두고 있는 것은 프랑스 대통령 에마뉘엘 마크롱의 행적이다. 2017년에 집권한 마크롱은 좌파와 우파를 모두 반대하는 자유주의의 대변자를 자처했다. 어떤 익명의 비평가가 말했듯이

헌법을 따르는 자유주의자들은 … 머지않아 마크롱 정부가 (2015년 파리 테러 공격 후 도입된) 프랑스의 '국가비상사태'를 상시화하는 법률 제정을 추진하기로 한 결정을 비난했다. 마크롱의 취임을 환영했던

시민적 자유 옹호자들은 노란 조끼 시위대를 탄압하는 [경찰의] 전술을 보고 경악했다. 경찰은 시위대와 행인을 가리지 않고 마구 폭행했고, 최루가스를 무차별 살포했으며, 고무 총탄으로 사람들에게 상해를 입혔다. 노란 조끼 시위 참가자 25명이 경찰의 무기에 실명하거나 손을 못 쓰게 됐다. 마르세유에서는 시위 장소 근처에 사는 할머니 한 명이 경찰의 최루탄을 맞은 뒤에 사망했다. 유엔과 유럽 평의회가 이 악랄한 탄압을 비난하자 마크롱은 경찰 폭력이 실제로 있었다는 것을 거듭거듭 부인했다. 시위를 취재하던 기자들도 경찰에게 무자비하게 폭행당했고, 심지어 시위 현장에서 체포되기도 했다.[89]

마크롱이 경찰 폭력을 허용한 것은 부분적으로 다음과 같은 사실에 비춰 이해해야 한다(물론 정당하다는 말은 결코 아니다). 즉, 마크롱은 2022년 대통령 선거 때 자신의 적수들이 주로 우파 쪽에서 나온다고 봤다(실제로 극우파에서 나왔다). 바로 이런 배경에서 마크롱 정부는 이슬람 혐오적인 '[이슬람] 분리주의 방지'법을 추진했고* [좌파에게] '이슬람 좌파주의'라는 터무니없는 합성어** 딱지를 붙여 비난한 것이다. 그러나 이런 종류의 반동은 더 일반적 추세에 속한다. 보리스 존슨의 영국 보수당 정부가 2022년에 도입한 '경찰, 범

---

* 그러나 거센 반발에 밀려 '공화국 가치 강화법'으로 이름을 바꼈다.
** 프랑스 우파들이 이슬람 극단주의와 좌파 성향 지식인·활동가를 연관시켜 비난할 때 사용하는 말이다.

죄, 형의 선고와 법원에 관한 법률'도, 예컨대 시위대의 행동을 규제하는 등 시민적 자유를 심각하게 침해한다. 특히 내무부 장관 프리티 파텔의 눈에 띈 것은 2020년 6월 브리스틀에서 [17세기의] 노예무역상 에드워드 콜스턴의 동상을 끌어내려 강물에 던져 버린 사건에서 절정에 달한 '흑인 목숨도 소중하다' 시위와, 멸종 반란이나 '영국을 단열하라'* 같은 기후 활동가들이 시작한 시민 불복종 운동이었다. 미국에서는 2020년 여름에 '흑인 목숨도 소중하다' 운동이 분출하자 주 의회들이 집회의 자유를 제한하고 차량 운전자가, 예컨대 차로 시위대를 치거나 심지어 죽여도 책임을 면제해 주는 법안을 제출(하고 많은 경우 가결)했다.[90]

그런 추세는 장기적인 것이다. [미국 정치학자] 폴 패서번트는 미국 경찰의 집회·시위 관리 방식을 연구한 중요한 저서에서 1960년대 말의 도심 지역 봉기에 대응하는 과정에서 도입된 "협상 관리" 모델이 1990년대 말에 바뀌었다고 주장한다. 패서번트가 "독특한 국가 구성"이라고 묘사한 **"신자유주의적 권위주의"**의 한 사례인 경찰의 집회·시위 관리는 이제 과도한 폭력의 사용을 수반한다는 것이다. 표면적으로는 '법질서'를 수호한다는 자들이 폭력을 노골적으로 과시하고 칭송한다. 이것은 금융화한 자본주의가 작동하는 장소라고 스

---

* 영국 정부에 2025년까지 모든 공공 주택의 단열을 개선하고 2030년까지 모든 주택을 개선된 단열재로 복구할 것을 요구하며 2021년 9월에 고속도로 등을 차단한 채 시위를 벌인 단체.

스로 광고하는 도시들에서 무질서를 진압하려는 더 광범한 노력의 일환이다. 그것은, 예컨대 디지털 기술과 통계 모형을 이용한 잠재적 범법자 추적과 신원 확인(흔히 그들은 인종 프로파일링의* 피해자다), 또 군사적 하드웨어와 전술의 사용 증대를 수반한다.[91] 경찰의 집회·시위 관리 방식 변화를 단적으로 보여 주는 것은 트럼프의 국방부 장관이던 마크 에스퍼가 2020년 '흑인 목숨도 소중하다' 시위 당시 주지사들과 화상 회의를 하면서 다음과 같이 말한 것이다. "여러분이 더 빨리 [주방위군을] 집합시켜 전투 공간을 장악할수록, 더 빨리 시위대는 소멸되고 우리는 올바른 정상으로 복귀할 수 있을 것입니다."[92]

비록 이런 추세들이 코로나19보다 먼저 나타났지만 '흑인 목숨도 소중하다' 시위의 세계적 분출은 최초 봉쇄가 끝난 뒤에 찾아왔고 인종차별적 경찰 폭력으로 촉발되기는 했어도 팬데믹 기간에 고조된 긴장이 표출된 것이었다(예컨대, 가난한 유색인들이 바이러스의 피해자가 될 가능성이 더 크다는 사실이 중요한 요인으로 작용했다). 이후의 법률 제정은 정부가 시위대에게 약간 양보하겠다는 단서만 달았을 뿐 거의 똑같이 대응하려는 결의를 보여 준다. 한편, 팬데믹 관리 덕분에 국가의 감시 능력이 향상됐다. 특히 감염을 추적

---

* 프로파일링은 원래 자료나 정보를 수집하는 것을 의미하지만, 인종 프로파일링은 단지 피부색이나 인종을 근거로 용의자를 특정하는 인종차별적 수사 행태를 일컫는 말이다.

하고 백신 접종을 확인하기 위해 개인의 스마트폰으로 제공된 정보를 이용해서 사람들을 감시할 수 있게 됐다. 백신 접종을 반대하는 아감벤과 그 동맹 세력들의 편집증을 공유하지 않더라도, 경찰과 보안·정보 기관들이 용의자로 여기는 사람들을 계속 추적하고 파악하기 위해 그런 능력을 이용할 기회를 포기하지 않으리라는 것은 얼마든지 인정할 수 있다.

미래의 재난 대응은 국가의 억압적 권력을 강화하려는 또 다른 시도로 이어질 가능성이 높다. 산불이나 홍수로 피해를 본 주민들은 그런 위협에 대처하는 적절한 지식을 갖춘 주체가 아니라 한낱 조작 대상으로 취급될 것이다. 2021년 여름 그리스 산불 당시 보수 정부가 에비아섬 주민들에게 강제 대피를 명령한 것이 한 가지 좋은 사례다. 어떻게든 이 명령을 따르지 않은 사람들은 자기 집과 사업체를 구할 수 있었지만, 대피한 사람들은 흔히 모든 것을 잃어버렸다.[93] 마크 에스퍼가 말한 "올바른 정상"에 지장이 클수록, 식량이나 피신처가 없는 피해자가 많을수록, 당국은 강압에 의지해서 훨씬 더 억압적인 법률을 제정하고 비상 통치권에 호소할 가능성이 더 높다.

이 점은 중국에서 매우 분명히 볼 수 있다. 코로나19 팬데믹이 시작된 중국에서는 초기의 혼란 뒤에 국가 주석 시진핑이 이끄는 중앙정부가 국경 폐쇄, 도시 전면 봉쇄, 엄격한 이동 통제, 대규모 진단 검사, 접촉자 추적 조사를 강요하는 조치로 대응했다. 그 뒤로 줄곧 중국 정부는 지역 봉쇄에 따른 경제적 비용을 감수한 채 이

'제로 코로나' 정책을 유지했다. 2022년 봄에 처음에는 선전을 그다음에는 상하이를 봉쇄하면서 '제로 코로나' 정책은 새로운 정점에 이르렀다. 〈파이낸셜 타임스〉는 다음과 같이 보도했다. "공중 보건 전문가들은 중국 보건 의료 체계의 현실 때문에 그런 방법이 필수적이라고 경고한다. 즉, 중국산 백신의 효능이 비교적 낮을 뿐 아니라, 자원이 빈약한 병원들조차 드문드문 있고 위중증 환자가 될 위험이 높은 고령 인구도 엄청나게 많기 때문이다." 그러나 "중국에서 봉쇄를 더 오래 지속하는 것은 시진핑이 중국 사회를 구조조정하려는 노력에도 도움이 된다. 중국 공산당은 광범한 경제적·문화적 개혁을 추진하고 있는데, 그 목적 가운데 하나는 중국의 기업과 문화에 대한 통제를 확대하는 것이다."[94]

중국에서 활동하는 마르크스주의 단체 '촹闖'은 팬데믹에 대한 초기 대응을 조명한 글에서 더 미묘한 차이가 있는 전망을 제시한다.

그렇지만 더 심층적 수준에서 국가의 대응과 관련해 가장 흥미로워 보이는 것은 국가의 대응이 실행되는 방식이다. 즉, 국내의 반란 진압을 위한 총동원 작전이 미디어를 통해 일종의 멜로드라마 최종 리허설처럼 실행된다는 것이다. 이를 통해 우리는 중국 국가의 억압 능력 실상을 들여다볼 수 있었지만, 국가의 더 심각한 무능도 분명히 알 수 있었다. 즉, 미디어의 모든 측면에 배치한 총력 신진 수단과 (명령을 따를 실질적 의무가 전혀 없는) 지역 주민들의 선의에 의한 동원을 결합하려는 노력에 크게 의존해야 했다는 사실에서 그런 무능이 드러났다.

중국과 서방의 선전은 모두 격리의 현실적 억압 능력을 강조했다. 중국은 정부가 비상사태에 효과적으로 개입한 사례라고 떠들어 댄 반면에, 서방은 디스토피아 중국 국가의 전체주의적 과잉 대응을 보여 주는 또 다른 사례일 뿐이라고 깎아내렸다. 그러나 아무도 말하지 않은 진실은 바로 그런 공격적 단속 자체가 (여전히 건설 중인) 중국 국가의 더 심각한 무능을 보여 준다는 것이다.[95]

창의 말이 옳았기를 바라자. 확실히 2022년 봄의 어설프고 잔혹한 상하이 봉쇄는 주민들 사이에서 많은 불만을 자아냈다. 그들은 집 밖으로 나가지 못하고 갇힌 상태에서 보급품도 받지 못했기 때문이다. 경제적 혼란이 널리 퍼진 것은 말할 나위도 없다. 그러나 중요한 점은 이런 상황을 그저 억압으로 환원해 봐서는 안 된다는 것이다. 푸코는 권력을 억압과 동일시하는 관점을 비판하는 유명한 말을 하면서, 권력은 생산적이라고 주장했다.[96] 또 다음과 같이 흥미로운 말도 했다. "법은 금지하고, 규율은 명령합니다. 안전 장치의 본질적 기능은 금지하거나 명령하는 것이 아니라, 사실상 몇몇 금지와 명령의 도구를 이용해 현실에 대응하는 것입니다. 이런 대응을 통해 자신이 대응하고 있는 현실 자체를 무효화하는, 아니 제한하고 억제하거나 조절하는 것입니다. [저는 이렇게 현실의 요소 안에서 이뤄지는 조절이야말로 안전 장치에서 근본적인 것이라고 생각합니다.]"[97] 바로 이것이 팬데믹 기간에 역학적 모형이 작동하는 방식이었다. 행동과학자들이 동원돼서, 규제의 도입이나 완화에 개인들이 어떻게 반응할지를 예상하는 데 도움을 주고, 개인들을 '살살 몰아서' 올바른 방향으로 가도록 만드는 방법이 무엇인지를 조언했다(어느 방향이 올바르다고 생각하든 상관없이 말이다). 이런 종류의 실천과 더 노골적인 억압의 공통점은, 주민들이 자율적 주도력을 (특히 집단적으로) 발휘할 수 있는 시민이 아니라 한낱 관리 대상이라고 보고 그렇게 취급한다는 것이다. 계획성이 부족한 다른 상황들도 있었는데, 이것들도 대개는 이전의 추세가 확대된 것이었다. 예컨대, 더 부유한 가정들은 봉쇄 때문에 직접 얻지 못하는 재화와 서비스, 식사 등을 배달시킬 수 있는 '플랫폼 자본주의'(즉, 광범한 디지털 네트워크를 발전시킨 아마존이나 위버 같은 기업들)에 의지할 수 있었다. 그 결과는 사회적 관계의 상당한 구조조정이지만, 그 구조조정은 대다수 사람들이 의식하지 못하는 사이에 진행되고 있다.[98]

[독일 사회학자] 울리히 베크는 1980년대에 처음 출판돼 널리 주목받은 책에서 '새로운' 또는 '후기' 모더니티의 도래를 선언했다. 즉, 인간이 자연에 개입해서 생겨나는 위협들을 관리해야 하는 필수적 의무가 '위험 사회'를 지배하고 있다는 것이다. 위험 사회가 지금 여기에 있다는 것은 확실하다. 그렇지만 베크는 이 후기 모더니티가 의미하는 바는 자신이 '산업사회'라고 부른 것(그가 말한 산업사회의 실제 의미는 자본주의와 자본주의의 계급 분열이다)과의 단절이라고 생각했다.[99] 그러나 자본주의와 자본주의를 구성하는 계급 적대 관계는 여전히 우리 곁에 달라붙어 있다. 이 점은 팬데믹 기간에 아주 뚜렷이 드러났다. 최근 미국의 코로나19 치사율 결정에서 '인

종'과 계급이 어떤 구실을 했는지를 연구한 주요 논문은 이 점을 다음과 같이 설명한다.

노동계급 성인들의 압도 다수는 작업 현장을 떠나지 못하고 오랫동안 다른 사람들과 밀접 접촉을 해야 하는 블루칼라, 서비스, 또는 소매업 직종에 고용돼 있다. 게다가, 노동조건은 사회 계급뿐 아니라 젠더·인종·민족에 따라서도 다르다. 신체적으로 가장 위험한 직업들은 젠더에 따라 고도로 분리돼 있고 주로 남성들이 담당한다(예컨대, 육류 가공). … 더욱이, 높은 감염 위험은 노동계급 성인들의 다양한 사회 환경에 따라 증폭된다. 왜냐하면 그들은 환기가 되지 않는 집에 살면서, 콩나물시루 같은 통근 버스로 출퇴근하고, 환기가 안 되고 사람들이 북적대는 작업장에서 일해야 하기 때문이다.[100]

교육 수준을 사회 계급의 대용물로 이용한 그 연구에서 드러난 사실은 25~64세의 노동계급 사람들이 코로나19로 사망할 가능성은 대학 졸업자들보다 5배나 높았다는 것이다. 팬데믹 첫해의 25~64세 사망자 가운데 백인 대졸자는 겨우 5퍼센트에 불과했다. 그들이 "연구 대상의 25퍼센트를 넘었는데도 말이다. … 이와 대조적으로, 히스패닉계와 흑인 노동계급 남성은 25~64세 인구의 8퍼센트에 불과했지만, 코로나19로 일찍 죽은 사람의 29퍼센트를 차지했다."[101]

미국에서 팬데믹 초기 몇 달 동안 코로나19 감염과 사망이 육류 가공 공장에 집중된 것은 이런 취약성의 극명한 사례다. 육류 가공 공장에서 저임금을 받고 일하는 사람들은 흔히 이주 노동자였다. 그들은 위험한 병원체를 배양하는 데 도움이 되는 조건에서 일하고 있었으므로 바이러스에 고스란히 노출될 수밖에 없었다. 그것도 대개는 보건 의료 서비스가 이미 해체되다시피 한 농촌 지역에서 그랬다.[102] 두드러지게 비슷한 상황은 이른바 라인란트 자본주의의 심상부, 즉 규제가 잘 되고 사회적으로 포용적이라는 독일의 도축장에서도 찾아볼 수 있다. 독일의 도축장은 초착취당하는 이주 노동자들을 공급하는 하청업체들에 크게 의존하고 있기 때문이다.[103]

더 일반적으로, 노동자들을 흔히 위험에 빠뜨린 것은 기업들과 보수 정치인들이 '경제'를 위해 봉쇄를 끝내고 규제를 완화하도록 로비하고 운동을 벌인 결과였다. 주류 경제학자들이 보건 의료와 경제는 서로 충돌한다는 생각을 거부한 것은 칭찬할 만하다. 그러나 실제로는 그런 견해가 일련의 성급한 경제활동 재개를 정당화하는 데 한몫했다(흔히 새로운 변이가 나타나 사람들 사이를 휩쓸고 다니면서 경제활동 재개는 금세 뒤집어졌지만 말이다). 이렇게 해서 팬데믹 기간에 생명과 이윤 사이에 잔혹한 투쟁이 벌어졌다. 따라서 산업자본주의의 세계화라는 맥락 속에서 나타난 바이러스로 죽을 위험은 지배적 계급 구조의 영향을 크게 받는다. 자본주의는 이 방정식의 양변에서 중요한 구성 요소다. 인류는 사회적 적대 관계에 의해 균열된 자연 앞에 서 있다. 그리고 엄청나게 불평등한 백신 할당에서 봤듯이, 이 점은 개별 사회 내에서보다 세계 규모에서 훨씬 더 진실이다.

[미국 워싱턴대학교의 연구팀이] 2020~2021년의 코로나19 사망자 수를 분석해서 [의학 학술지] 《랜싯》에 발표한 논문을 보면, "가장 높은 초과 사망률을 기록한 곳은 라틴아메리카의 안데스 산맥 지역, 동유럽, 중부 유럽, 사하라 사막 이남의 남부 아프리카, 중앙아메리카였다.* 그리고 이 지역 밖의 몇몇 나라, 특히 레바논·아르메니아·튀니지·리비아, 또 이탈리아의 일부 지역과 미국 남부의 몇몇 주에서도 비슷하게 높은 초과 사망률을 기록했다." 다시 말해 사망자는 주로 체제의 부유한 '핵심부' 밖에서 집중적으로 나왔다. 주된 예외는 미국인데, 미국에서는 공화당이 지배하는 남부 주들의 주민이 큰 대가를 치러야 했다. 초과 사망자 수가 가장 많은 나라는 인도(407만 명), 미국(113만 명), 러시아(107만 명), 멕시코(79만 8000명), 브라질(79만 2000명), 인도네시아(73만 6000명), 파키스탄(66만 4000명) 순이었다.[104]

2022년 중반에 발표된 유엔 보고서를 보면, 극단적 빈곤 속에서 사는 사람들의 수가 2019년 이후 7700만 명 증가했고, 노동자 5명 중에 3명(주로 남반구의 노동자들)은 같은 기간에 실질소득이 감소했다.[105] 한편, 부자들과 세계 최고 갑부들의 재산은 훨씬 더 빠르게 증

---

* 초과 사망은 모든 원인에 의한 기록된 사망자 수와 과거 추이에 따른 예상 사망자 수의 차이다. 코로나19의 초과 사망률은 전 세계적으로 인구 10만 명당 120명이었지만, 안데스 지역은 512명, 동유럽은 345명, 중부 유럽은 316명, 사하라 사막 이남 아프리카는 309명 등이었다.

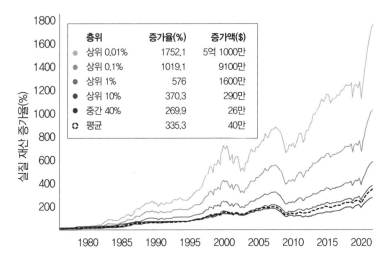

도표 3. 1976~2021년 미국 성인들의 실질 재산 증가

층위	증가율(%)	증가액($)
상위 0.01%	1752.1	5억 1000만
상위 0.1%	1019.1	9100만
상위 1%	576	1600만
상위 10%	370.3	290만
중간 40%	269.9	26만
평균	335.3	40만

* 출처: Thomas Blanchet, Emmanuel Saez, and Gabriel Zucman, "Who Benefits from Income and Wealth Growth in the United States?", Realtime Inequality, 1 August 2022. https://realtimeinequality.org.

가했는데, 홍수처럼 쏟아져 나온 중앙은행의 돈이 금융자산의 가격을 끌어올리는 데 일조한 덕분이었다. 그래서 도표 3이 보여 주듯이, 2020~2021년에 가장 부유한 사람들의 개인 재산은 수직 상승했다.

따라서 코로나19 팬데믹은 앞으로 닥칠 재난에서 우리가 무엇을 예상할 수 있는지에 관해 세 가지 중요한 점을 알려 준다. 첫째, 지금까지 봤듯이 고통의 정도는 지배적인 경제력 분포를 반영할 것이다. 즉, 부자들은 고통에서 보호받을 것이고 빈민들은 고통에 시달릴 것이다. 둘째, 재난 관리는 통치성의 또 다른 발전을 수반할 것이다. 이것이 의미하는 바는 잘해야 국민들 자신의 이익을 위해 다양한 형태의 감시·조작·강압을 국민들에게 적용하고 최악의 경우에는 억압이 더욱 강화되리라는 것이다. 셋째, 지배계급들은 재난을 완화하려고 기술적 해결책에 의존할 것이다. 백신은 기술적 해결책의 한 형태다(백신은 감염과 증상을 억제하려 한다). 백신은 비교적 인자한 해결책이고, 코로나19에 대응해서 백신이 개발된 속도는 현대 과학 연구의 능력을 입증한다. 그렇지만 백신으로는 반다나 시바와 롭 월리스 같은 비판적 학자들이 확인한 근본적 문제, 즉 세계적 축산 혁명의 재앙적 결과를 다루지 못한다. 사실 백신 접종 프로그램은 자연과 인간의 관계를 바꾸고 더 나은 운송과 의료에 투자할 필요에서 우리의 주의를 딴 데로 돌리게 한다. 그렇게 해서, 역설이게도 극우파의 백신 반대 운동을 부채질한다.[106]

마찬가지로, 기후 재난이 늘어날수록 기득권층은 우리가 검증되지 않은 탄소 흡수 기술이나 훨씬 더 불확실한 지구공학에 희망을 걸도록 부추기는 방식으로 대응할 가능성이 농후하다. 그런 기술혁신들이 초래할 환경적 비용과 바람직하지 않을 수도 있는 결과를 충분히 고려하지 않은 채 말이다. 이것은 다시 한 번 진정한 해결책, 즉 화석 자본주의를 제거하는 과제를 회피하는 길이다. 자연 파괴가 현재의 재난 시대를 규정하는 특징이지만, 거기에는 다른 차원들도 있다. 특히 두 가지는 과거의 재난 시대, 즉 1914~1945년의 시기도 지배한 것들이었다. 그것은 바로 경제 위기와 지정학적 경쟁의 격화다. 이것들이 다음 3장과 4장의 주제다.

3장

경기 침체

장기 불황

21세기에는 고故 크리스 하먼이 말한 "자본의 새로운 한계", 즉 "다른 모든 인간 사회 형태와 마찬가지로 자본주의 체제도 의존하는 인간과 자연의 상호작용 과정[노동과 자연의 물질대사 — 캘리니코스] 자체를 이 체제가 파괴하는 경향"이 드러나고 있다.[1] 그러나 근래에는 세계경제도 하강해서 새로운 저성장 단계로 들어선 가운데 (특히 북반구에서) 극도로 불안정한 순간들이 간간이 나타나고 있다(2007~2009년의 세계 금융 위기가 두드러진 사례지만, 2020년 3월에 시작된 코로나19 팬데믹과 2022년 2월 러시아의 우크라이나 침공도 그런 사례다). 주류 경제학자들이 '쇼크'라고 부르기를 좋아하는 이런 충격적 사건들의 급증은 상전벽해 같은 엄청난 변화, 즉 (마이클 로버츠의 표현을 빌리면) "장기 불황"의 시작을 암시한다. 이런 충격적 사건들은 경제정책의 분명한 전환을 강요했다. 그래서 신자유주의 정설이 ([암스테르담대학교의 정치경제학 교수] 옌스 판트 클로스테르의 표현을 빌리면) "기술 관료적 케인스주의"로 바뀌었다. 고전적 케인스주의 시대(1945~1975년)에는 총수요 관리가 정부의 특권이었지만, 기술 관료적 케인스주의에서는 근본적으로 중앙은행이 총수요 관리 책임을 맡는다고 한다. 이런 추세가 뒤집힐 것 같지는 않다(2020~2022년의 물가 급등에 대응해서 중앙은행들이 고금리 정책으로 후퇴하기는 했지만 말이다).

경제적 불안정과 경기 침체의 이런 결합은 자본의 내적 한계라는 맥락 속에서 봐야 한다. 역시 마르크스가 확인한 바 있는 그 한계는 이윤율 저하 경향으로 나타나는데, 바로 이것이 호황과 불황의 순환을 낳는다. 두 한계를 합치면, 1948~1973년의 장기 호황과 북반구 복지국가의 성장은 경제 위기, 빈곤화, 환경 파괴 과정이라는 장기 자본주의의 역사를 배경으로 하고 있음을 알 수 있다.[2]

마르크스의 경제 위기 이론은 그가 이윤율의 경향적 저하 법칙이라고 부른 것에 바탕을 두고 있다. 이 법칙은 앞서 2장에서 살펴본 자연 파괴에서 작용하는 바로 그 논리를 따른다. 즉, "다수 자본들"(체제의 개별 단위인 기업들과 국가들)의 경쟁이 전체적으로 보면 부정적 결과를 낳는다는 것이다. 개별 자본은 생산성을 향상시키는 혁신을 통해 경쟁 자본들보다 비용을 줄여서 수익성을 높이려고 애를 쓴다. 그러나 전체로 보면 그 결과는 마르크스가 말한 자본의 유기적 구성(생산수단에 투하된 자본[불변자본] 대 노동자들의 임금을 지급하는 데 들어간 자본[가변자본]의 비율)이 높아진다는 것이다. 이윤율(총투자에 대한 수익의 비율)은 자본의 유기적 구성과 잉여

가치율(노동자들을 얼마나 착취하는지를 나타내는 비율)의 함수다. 새로운 가치의 원천은 노동이기 때문에, 자본의 유기적 구성이 상승하는 결과로 평균이윤율은 저하하는 경향이 있다. 이 '저하'는 '경향적' 저하일 뿐이다. 노동자들한테 잉여가치를 더 많이 쥐어짜내서 이윤의 양을 늘리든지 아니면 자본의 양을 줄이든지(두 경우 모두 이윤율은 높아진다) 하는 상쇄 효과가 있기 때문이다. 이 논리는 경제 위기 때 작용한다. 즉, 경제 위기 때는 수익성 없는 자본들이 파괴되고 그에 따른 실업 증가로 노동자들의 협상력이 약해져서 노동자들은 더 낮은 임금과 노동강도 강화, 더 일반적인 노동조건 악화를 받아들일 수밖에 없기 때문이다. "경제 위기는 항상 기존 모순들의 일시적·폭력적 해결일 뿐이고, 교란된 균형을 잠시 회복시키는 강력한 폭발에 불과하다."[3]

비록 주류 신고전학파 경제학자들뿐 아니라 비주류인 포스트케인스주의자들도 마르크스의 법칙을 간단히 일축하지만, 제2차세계대전 이후의 시기를 보면 마르크스의 법칙이 실증적으로 잘 입증된다는 것을 알 수 있다. 미국 매사추세츠대학교 애머스트 캠퍼스를 중심으로 활동하는 일군의 마르크스주의 경제학자들은 최근 연구에서 다음과 같이 결론지었다. "지난 60년 동안 세계의 이윤율은 절대적으로 낮아졌다." 이윤율 저하를 "촉진한 것은 산출-자본 비율[자본의 유기적 구성 대신 사용된 수치 — 캘리니코스]의 저하였다. 반면에 이윤 몫[잉여가치율 대신 사용된 수치 — 캘리니코스]은 증가했다." 1960년과 1980년 사이에 "조절 자본주의"가 널리 퍼졌을 때 "이윤율은

도표 4. 1960년대 말 이후의 이윤율 저하

G20의 이윤율(%)

황금기

신자유주의 시기

장기불황

10.3

수익성 위기

6.6

7.8

7.4

6.4

6.8

Michael Roberts, "A World Rate of Profit: Important New Evidence" (22 January 2022), thenextrecession.wordpress.com. Data from Penn World Tables 10.0. 허락을 받고 수록함.

급격히 저하했다. 이윤율 저하를 촉진한 것은 산출-자본 비율의 저하였다." 반면에 "신자유주의 시기"(1981~2019년)에는 "세계의 이윤율이 수십 년 동안 회복됐다가 다시 저하했다."[4]

도표 4를 보면 알 수 있듯이, 1960년대 중후반에 이윤율의 전환점이 찾아왔다. 제2차세계대전 후 수십 년 동안 서방 자본주의는 전례 없이 높은 수준의 평화 시 군비 지출(냉전에 필요한 것이었다)에서 득을 봤다. 이 상시 군비 경제는 단지 유효수요를 높은 수준으로 유지하는 데만 도움이 된 것은 아니었다. 무기 체계 생산에 막대한 돈을 쏟아붓는 것은 그 생산물이 임금재나 자본재로 추가 생산에 다시 투입되지 않는, 일종의 낭비적 생산이다. 따라서 전반적 축적률과 자본의 유기적 구성 상승을 둔화시키는 효과도 낸다. 그러

나 1960년대 말쯤 두 초강대국 사이의 긴장 완화, 이른바 데탕트 덕분에 냉전의 얼음이 녹았다. 그동안 서방에서 군비경쟁의 부담을 대부분 떠맡던 미국의 정책 입안자들은 군비 지출을 줄이고 자원을 민간투자로 돌려서 자국 기업의 경쟁력을 강화하려 했다. 미국 기업들은 점점 더 서독과 일본 같은 다른 서방 경제의 기업들이 가하는 경쟁 압력에 시달리고 있었다(서독이나 일본의 자본은 제2차세계대전 때 파괴된 산업들을 재건하고 확장하는 일에 집중했다). 그 결과는 1970년대 중후반에 정치적·사회적 격변으로 고조된 분위기에서 경제 위기 경향이 다시 효력을 발휘했다는 것이다.[5]

그 대응으로 나타난 것이 신자유주의 경제정책 레짐이었다. 이런 사태 전개는 이 3장의 마지막 절에서 더 자세히 살펴볼 것이다. 여기서는 주로 그것이 수익성 위기에 미친 영향에 집중하겠다. 도표 4를 보면 알 수 있듯이, 1980년대 초까지 매우 낮은 수준으로 떨어지던 이윤율이 신자유주의로 전환하면서 회복됐다. 이런 성과를 거둘 수 있었던 결정적 요인은 조직 노동자들을 공격해서 착취율[잉여가치율]을 끌어올린 것이었다. 여기에는 대규모 기간산업 폐쇄와 그에 따른 대량 실업 재발이 크게 한몫했다. 제조업 생산 시설이 아시아와 멕시코, 중부 유럽으로 옮겨 가는 것 같은 생산의 세계화도 노동비용을 쥐어짜 줄이는 데 도움이 됐다.[6]

로버트 브레너는 미국에 관해 다음과 같이 썼다.

[1973년부터 1996년까지] 수익성이 유지되고 1990년대에 어느 정도 회

복된 것은 지난 세기[20세기] 동안, 어쩌면 남북전쟁 이후로 전례없이 임금이 억제된 덕분이었다. 민간경제의 생산직과 비관리직 노동자들의 시간당 실질임금은 정점을 찍은 1973년부터 1990년까지 연평균 0.7 퍼센트 비율로 감소해서 전체적으로 12퍼센트 **하락했고**, 1997년까지 1990년대 동안에도 **전혀** 상승하지 못했다.[7]

1990년대 말은 수익성이 1980년대 초의 저점에서 "어느 정도 회복"됐다고 브레너가 말한 시기가 끝나고 사실상 다시 하락하기 시작한 순간이다. 이런 상황에서 2000~2001년에 미국과 유럽이 불황에 빠졌고, 2007~2008년에 세계 금융 위기가 닥친 것이다. 다시 한번 미국에서 시작된 이 금융 위기는 1930년대 이후 세계 최대의 불황으로 이어졌다.[8] 두 경제 위기 모두 금융 거품이 터지면서 시작됐다(1990년대 말에는 미국 주식시장의 닷컴 호황이 붕괴했고 2000년대 중반에는 미국의 주택 거품이 붕괴했다). 이것은 신자유주의 시대에 경제성장의 동역학이 어떻게 발전했는지를 반영한다. 유럽과 북아메리카에서 모두 이 시기의 뚜렷한 특징 하나는 금융시장 규제가 완화됐다는 것이다. 그것은 더 광범한 금융화 과정을 촉진했다. 그래서 은행들은 (특히 '영어권 국가들'에서) 저축하는 사람들과 (점점 더 단기 금융시장에서 직접 자금을 조달하는) 상공업 기업들을 중개하는 구실을 그만두고, 흔히 수익성 있는 투기적 모험 사업 기회를 적극 찾아 나섰다.[9]

각국의 중앙은행, 특히 미국 연방준비제도이사회(연준)는 특정 자산들(1980년대 말에는 주식, 1990년대 말에도 주식, 2000년대 중반에는 부동산)의 가격을 밀어 올리는 금융 거품 팽창에 점점 더 관대해졌다. 이윤율이 탄탄하게 회복되지 않은 상황에서 이런 거품들은 유효수요를 자극하는 메커니즘 구실을 했다. [이탈리아 베르가모 대학교 정치경제학 교수] 리카르도 벨로피오레는 이런 전략을 "자산 거품이 주도하는 민영화된 케인스주의"라고 부른다.[10] '자산 효과'(다시 말해, 더 부유한 가정들이 금전적 가치가 더 높은 자산을 담보로 돈을 빌려서 더 많이 소비하는 능력) 덕분에 총유효수요가 비교적 높은 수준으로 유지됐다. 개별 가정이 돈을 빌려서 소비하기로 결정한 것은 대체로 존 메이너드 케인스가 국가의 중앙집권적 지출이 경제성장과 고용을 지탱하는 효과를 낼 것이라고 주장한 것과 같은 효과를 냈다. 그러나 2000년대에 거품이 걷잡을 수 없이 부풀어 오르면서 서방의 금융 시스템 전체를 빨아들이자 붕괴의 조건이 만들어졌고, 2007~2008년에 드디어 거품이 터지면서 전 세계 경제를 무너뜨렸다.

거품을 키운 것은 신자유주의 시대의 세계적 신용팽창이었다. [미국의 대형 투자회사 살로먼브라더스를 비롯한 금융시장에서 오랫동안 일한] 마이클 J 하월은 마르크스가 쓴 《자본론》의 첫 문장을 조롱하면서 다음과 같이 말했다. "현대 자본주의 사회의 부_富는 엄청나게 많은 주식과 채권, 단기 유동 증권 더미로 나타난다." 이런 자산은 그 소유자에게 유동성, 즉 채무 변제 수단을 이용할 수 있는 기회를 제공한다. 그래서 오늘날 세계 GDP보다 더 큰 세계 유동성은 "민간 부문이 저축과 신용을 통해 현금을 이용할 수 있는 능력을 나타낸다."
신용은 지금 상당히 더 큰 유동성의 원천이고, 유동성을 이용할 기
회를 얻는 주요 수단은 도매 금융시장이다. 이를 두고 하월은 "세계
유동성의 '기관실'"이라고 부른다.[11] 이런 금융시장, 즉 은행들과 그
림자 금융기관들이 서로, 또 상공업 기업들과 핵심 화폐인 달러로
자금을 조달하려고 경쟁하는 시장이 신자유주의 시대의 거품을 키
운 연료를 제공했다.

애덤 투즈는 2007~2009년의 세계 금융 위기가 이 "대서양 양안
역외 달러 시스템"의 위기였다고 주장한다. 미국과 유럽은 1970년대
초에 브레턴우즈 체제가 붕괴한 이후, 특히 신자유주의 시대 동안
"금융 순환 체계"로 긴밀하게 묶여 있었다. 미국과 유럽의 은행들은
모두 미국에서 또는 1950년대 이후 런던의 시티에서 발전한 역외
달러 시장을 통해 달러를 빌려서 주로 수익성 좋은 미국 시장에서
대출했다. 사실 "21세기 초의 국제 금융 구조 전체가 대서양 양안에
구축된 것이었다. 새로운 월스트리트는 지리적으로 맨해튼 남쪽 끝
에 국한된 것이 아니었다. 그것은 북대서양 체제였다. 뉴욕과 [지리
적으로] 떨어져 있지만 떼려야 뗄 수 없이 연결된 또 다른 중심축이
바로 런던의 시티였다." 시티는 월스트리트보다 규제가 엄격하지 않
다는 장점을 누렸다.[12]

그러나 1986년 [영국의] 금융 빅뱅으로 규제가 대폭 완화된 뒤 런
던의 시티를 주로 지배하게 된 스위스·독일·프랑스·네덜란드의 대
형 투자은행들은 독일의 주립 은행들 같은 더 작고 지방에서 사업

하는 금융기관들과 함께, 2000년대 중반의 미국 부동산 거품 시기에 이윤을 한없이 제공할 것처럼 보이던 주택 담보 대출을 무더기로 매입하려고 돈을 빌리는 일에 점점 더 깊이 연루됐다. "그 과정에서 유럽의 금융 시스템은, 연준 분석가의 말을 빌리면 단기로 자금을 빌려와 장기로 빌려주는 '글로벌 헤지펀드' 구실을 하게 됐다"고 투즈는 썼다.[13] 유럽 은행들은 이 똑같은 모델을 이용해, 1999년 유로화 출범 후 내륙 진체에서 부동산 거품을 만들어 낸 신용 호황을 키웠다.

이런 관점에서 볼 때, 2005~2006년 미국 자체의 부동산 거품 붕괴에서 위험한 것은 상환 능력이 없는 가정들에 판매된 비우량 주택 담보 대출, 즉 악명 높은 서브 프라임 모기지가 부실화하자 은행들이 (이런 모기지 같은 자산을 담보로) 자산 담보부 기업 어음을 발행해서 서로 돈을 빌려주던 시장이 2007년 8월에 폐쇄된 것이었다. 그러자 대서양 양안의 "금융 순환 체계"를 키운 달러의 흐름이 멈춰 버렸다. 이제는 은행들만 위험한 것이 아니라, 달러 시장에서 자주 자금을 조달하던 상공업 기업들도 위험해졌다. 2008년 9월 15일 월스트리트의 투자은행 리먼 브라더스의 파산은 이 과정을 가속한 것일 뿐, 결코 시작한 것이 아니었다. 그러나 그 여파로 자금 시장은 완전히 얼어붙었다. [금융시장의] 붕괴를 중단시키고 역전시킨 결정적 조치는 서방 정부들이 시작한 은행 구제금융이라기보다는 달러의 흐름이 재개되도록 조직한 미국 중앙은행의 단호한 노력이었다.

미국 연준은 정말로 극적인 혁신을 이뤄냈다. 연준은 세계 금융 시스템에 대한 최후의 유동성 공급자로 확실히 자처하고 나섰다. 그래서 뉴욕에 있는 모든 은행에 국적을 따지지 않고 달러를 제공했다. 이른바 유동성 스와프 협정을 통해 연준은 엄선된 핵심국 중앙은행들이 필요한 만큼 달러를 빌려 갈 수 있도록 허가해 줬다. 대서양 건너편에서는 유럽중앙은행이 주도적으로 엄청난 구제 활동을 펼치는 등 그들은 유럽 금융 시스템에 수조 달러를 쏟아부었다.[14]

그러므로 유로존·일본·영국·캐나다·스위스의 중앙은행들과 연준을 연결시킨 이 스와프 협정이 2013년 10월에 상시적이 된 것은 매우 의미심장하다. 투즈가 지적하듯이 "[금융] 위기 전에 대서양 양안의 역외 달러 시스템에는 지도력의 분명한 중심이 없었다. 사실 그 역외 달러 시스템은 국가의 규제와 통제를 피하기 위해 발전한 '역외'였다. 2008년 이후에는 미국 연준과 연준의 유동성 공급을 중심으로 역외 달러 시스템이 공공연히 조직됐다."[15] 이것은 2007~2009년에 미국 패권의 종말이 시작됐다는 주장에 적어도 유보적 단서를 다는 이야기다. 이 점에서 투즈의 분석은 리오 패니치와 샘 긴딘의 주장, 즉 미국 패권의 결정적 차원은 연준과 미국 재무부가 지도적 자본주의 국가들의 위기 관리를 조직하는 구실을 한다는 것이라는 주장을 뒷받침한다.[16]

그러나 문제는 위기 관리가 상시적이 됐다는 것이다. 2007~2008년의 붕괴 후 주요국 중앙은행들은 금리를 최저 수준(이나 어떤 경우에는 마이너스)으로 유지했고, 미국 연준을 필두로 영국은행과 일본은행, (마지막으로, 그러나 마찬가지로 중요한) 유럽중앙은행은 잇따라 양적 완화 정책을 채택했다. 다시 말해, 그들은 정부와 기업의 채권을 사들이는 방식으로 새로운 통화를 창출해서 금융권에 쏟아부은 것이다. 그러면 은행이 돈을 빌려줄 수 있을 것이고, 그렇게 해서 투자와 생산을 증대시킬 수 있을 것이라는 발상이었다.

양적 완화를 정당화한 논리는 신고전학파 경제학의 핵심 정설 중 하나인 화폐수량설이다. 화폐수량설에 따르면 화폐의 수량, 즉 통화량이 물가 수준을 결정한다. 이 이론은 통화량이 증가하면 그 통화가 모두 사용될 것이라고 전제한다. 그러나 마르크스는 통화량이 상품유통의 필요에 따라, 그러므로 더 광범한 축적 과정의 필요에 따라 변동한다고, 그래서 경제주체들은 자신이 가진 화폐를 사용하지 않고 차라리 비축하기로 결정할 수 있다고 주장했다. 케인스와 그 추종자들도 이와 비슷하게 화폐수량설을 비판한 적 있다.[17] 서방 은행들은 [지급]준비금을 보강하려고 양적 완화로 풀린 돈을 그냥 계속 보관하거나 아니면 붕괴 직후 호황을 누리고 있던 '신흥 시장' 경제들의 정부와 기업에 돈을 빌려주면서, 자국 기업들은 투자하기를 꺼려서 대출받으려고 은행 문을 두드리지 않는다고 항변했다. 장기적으로, 양적 완화는 자산 가격 상승에 일조해서 부자들과 세계 최고 갑부들의 재산이 터무니없게 증가하는 한 원인이 됐다(2장의 도표 3 참조).

그래도 여러 국가의 공동 행동은(단지 중앙은행들의 조치뿐 아니

라 2007~2008년 붕괴에 대응해서 광범하게 도입된 경기 부양책도)
세계 금융 위기가 1930년대만큼 심각한 경제 불황으로 악화하는
사태를 막았다. 경제사학자 배리 아이켄그린이 말했듯이 "세계 GDP
는 정점을 찍은 1929년과 저점을 찍은 1932년 사이에 15퍼센트나
처참하게 감소했다. 이와 대조적으로, 2008년과 2009년에는 겨우 1
퍼센트 감소했고 2010년에 이미 성장이 다시 시작됐다. 심지어 가
장 큰 타격을 받은 선진국들의 GDP도 2009년에 3.5퍼센트 감소했
지만 이듬해에 다시 플러스 성장으로 돌아섰다."[18]

그러나 로런스 서머스와 폴 크루그먼 같은 주류 경제학자들조
차 미국과 유럽연합의 경기회복 특징은 급격한 생산 증대가 아니라,
'정상적' 호황·불황 경기순환의 특징, 즉 경제 위기 전의 성장률이
재빨리 다시 시작된 것일 뿐이라는 점을 인정했다. 그래서 '장기 침
체' 논쟁이 벌어졌다. 서머스에 따르면, 오래된 선진 자본주의 '핵심
부'의 느린 성장은 일시적 일탈이 아니라 구조적 변화를 의미한다.[19]
같은 생각을 더 급진적으로 표현한 사람은 포스트케인스주의 경제
학자(이자 2015년 그리스의 시리자 정부에서 재무부 장관으로 잠시
일한 야니스 바루파키스의 조언자) 제임스 갤브레이스였다. 갤브레
이스는 20세기 중반 이후 미국의 세계 패권 구축에서 토대 구실을
한 경제 모델 전체가 경제적·지정학적·생태적 이유 때문에 수명이
다했다고 주장한다.[20]

2000년대 말 이후 그저 그런 성장이 오래 지속되는 이유 하나는
이윤율이 세계 금융 위기 후의 새로운 저점에서 크게 회복되지 못

했기 때문이다. 오히려 2019년 무렵 이윤율은 다시 떨어지고 있었다(도표 4 참조). 따라서 코로나19 팬데믹의 시작은 이미 취약한 상태이던 세계경제를 강타한 망치였다. 그 결과는 십중팔구 미국 역사상 가장 급격한 경기 위축이었다. 연준의 어떤 경제학자는 다음과 같이 썼다. "2020년의 처음 두 사분기 동안 경제활동의 누적 감소는 [1930년대] 대공황기의 처음 두 사분기 동안 국민총생산GNP이 감소한 것보다 약간 더 컸다. 더욱이, 2020년 2사분기의 실질 GDP 감소는 대공황기에 실질 GNP가 가장 크게 감소한 한 사분기보다 더 컸다." 2020년 2월과 4월 사이에 산업 생산은 "1919년에 [산업생산]지수가 작성되기 시작한 이래로 사상 최대의 2개월 연속 감소치"를 기록했다. "실업률은 2020년 경기후퇴 때 급격히 상승해서, 2월 3.5퍼센트에서 4월에 거의 15퍼센트까지 치솟았다가 6월에 11.1퍼센트로 다시 떨어졌다."[21]

2020년의 상황은 세계적으로 똑같았다. 전 세계 생산량은 3.1퍼센트 감소했는데, 훨씬 더 급감한 나라들도 있다. 예컨대, 인도(-7.3퍼센트), 멕시코(-8.3퍼센트), 남아공(-6.3퍼센트) 등이 그랬다.[22] 2020년에 영국의 생산량은 9.9퍼센트 감소했다(1709년 최악의 한파 사태 이후 가장 급격한 감소였다).[23] 투즈가 말했듯이 "현대 자본주의 역사에서 2020년 상반기처럼 전 세계 국가의 거의 95퍼센트에서 1인당 GDP가 동시에 감소한 순간은 단 한 번도 없었다."[24]

이 경기후퇴는 어느 정도는 (다음 절에서 살펴볼) 대책들 때문에 오래가지 않았다. 그러나 노동시장과 공급 사슬의 교란은 초기의 봉쇄 조치로 인한 붕괴에서 경제가 회복되기 시작한 뒤에도 지속됐고, 이것은 물가 급등을 촉발하는 한 원인이 됐다. [영국 경제학자] 제임스 미드웨이는 자본의 외적 한계와 내적 한계의 교차로 말미암아 장차 경제적 불안정이 더 심해질 조짐이 보인다고 주장한다. 특히, 인간과 나머지 자연 사이의 "물질대사 균열"(마르크스)이 커졌기 때문에 자본주의는 그 물리적 환경에 대한 통제력을 점점 더 빼앗기고 있다. 안드레아스 말름이 《화석 자본》에서 보여 주듯이, 지난 200여 년 동안 화석연료에 의존한 덕분에 자본주의가 얻게 된 그 통제력을 이제 잃어버리고 있는 것이다. 이 점은 2021~2022년의 식량 위기와 에너지 위기로 확인된다. 그 위기의 이면에는 점점 더 직접적인 기후변화의 영향이 있었다. 예컨대 중국과 유럽을 모두 휩쓴 가뭄은 기후변화의 영향을 여실히 보여 줬다.

잇따른 환경 재난으로 뒤흔들린 자본주의는 산업화 전의 초기 자본주의 형태를 닮아 가기 시작한다. 즉, 정기적·체계적으로 생산하지는 못한 채 항상 통제 불능이던 힘에 갑자기 종속된 체제 말이다. 이제 노동이라는 문제 — 관리당하는 것을 귀찮게 여길 수 있는 사람들을 관리하는 귀찮은 문제 — 와 환경을 관리하는 문제가 결합될 것이(고 실제로 점점 더 결합되고 있)다.[25]

기술 관료적 케인스주의의 발흥

　코로나19 팬데믹의 시작은 2008년 가을에 금융시장을 강타한 공황보다 더 극심한 공황으로 얼룩졌다. 단기 금융시장은 얼어붙었고, 투자자들은 현금을 손에 넣으려고 필사적으로 자산을 팔아 치웠다. 이것은 세계경제의 취약성, 즉 세계 금융 위기 이후의 경제 회복이 엄청난 부채 확대(이번에는 주로 기업 부채)에 바탕을 두고 있었다는 사실을 반영했다. 2020년 말쯤 기업 부채는 전 세계 GDP의 98퍼센트인 83조 달러에 이르렀다. 10여 년간의 초저금리 신용 대출 덕분에 '좀비' 기업과 국제결제은행이 '타락한 천사'라고 부른 기업의 수가 급증했다. '좀비' 기업은 벌어들이는 이윤으로 이자도 못 갚는 기업이고, '타락한 천사'는 초저금리 상황에서 채권을 발행해 조달한 자금으로 인수·합병 같은 모험 사업에 뛰어든[그래서 흔히 투자 적격 등급을 상실한] 기업이다. 부채에 중독된 이런 기업은 구제금융과 양적 완화가 경제 불황의 역사적 기능(수익성 없는 자본의 청산)을 방해한 것을 반영했다.[26]

　이번에는 미국 재무부 채권조차 타격을 받았다. 재무부 채권은 미국 국가가 돈을 빌리는 주요 경로이고, 세계 통화제도가 더는 금에 고정되지 않고 패권 국가의 자금 조달 능력에 의존하는 상황에서 가치 척도와 지급 수단의 구실을 한다.[27] 대개 공황 상태에서는 재무부 채권의 가격이 오르기 마련이다. 구할 수 있는 가장 안전한 자산이기 때문이다. [그러나] 2020년 3월에는 오히려 하락했는데, 필사적으로 달러를 찾는 펀드매니저들이 재무부 채권을 팔아 치웠기 때문이다. 공황 상태가 겨우 진정된 것은 연준이 다른 주요국 중앙은행들과 조율해서(다시 한 번 광범한 스와프 기능의 도움을 받았다) 특히 회사채를 대규모로 매입해 시장의 정상적 기능을 회복시킨 덕분이었다. 이런 조치는 2008~2009년보다 훨씬 더 멀리 나아간 것이었다.

중앙은행들의 조치는 정부의 재정정책과 연결됐다. 2020년 3월 25일 연준의 가장 결정적인 개입 이틀 뒤에 미국 의회는 '코로나 바이러스 지원, 구제, 경제 안전CARES 법'을 통과시켰다. 이 법에 따라 미국 GDP의 10퍼센트에 해당하는 2조 2000억 달러가 추가 [재정] 지출, 세금 감면 등에 할당됐다. 남반구의 '신흥 시장' 경제들을 포함한 다른 많은 나라 정부도 미국의 선례를 따랐다. 그래서 국제통화기금IMF은 2021년 1월까지 경기부양책 총액이 14조 달러에 이르는 것으로 추산했다.[28] 국가의 이 대규모 자금 지원은 (예컨대, 단축근무제와 기타 일자리 보조금을 통해) 봉쇄 기간에 경제의 대부분이 폐쇄돼 소득과 소비가 감소할 수밖에 없는 상황에 대처하는 데 도움이 됐다.

그런 조치를 실행하는 데 필요한 자금은 차입을 통해 조달했다. 그래서 2020년에 미국과 일본, 유럽 각국의 정부들은 18조 달러어치의 신규 채권을 발행했다.[29] 이 채권들은 주로 중앙은행이 매입했는데, 보통은 간접 매입이었지만 때로는 더 가시적인 경우도 있었다. 2021년 초에 〈파이낸셜 타임스〉가 보도한 어떤 조사 보고서의 결론은 다음과 같았다. "투자자들은 [영국은행의 ─ 캘리니코스] 양적 완화 계획이 정부의 차입 비용을 낮게 유지해서 적자재정 자금을 조달하려는 얄팍한 시도라고 생각한다. … 투자자들은 영국은행이 정부의 채무 변제 비용을 최저 수준으로 유지해서 막대한 차입 계획을 용이하게 하려고 코로나19 위기 동안 4500억 파운드의 길트[영국 국채 ─ 캘리니코스]를 추가 매입했다고 확신한다."[30]

영국은행은 공공연히 감행하고 다른 나라 중앙은행들은 더 조심스럽게 실행한 일은 재정의 화폐화monetary financing, 즉 판트 클로스테르가 말했듯이 "민간 부문에서 돈을 빌려 자금을 조달할 수 있는 수준을 넘어선 정부 지출의 재원을 마련하고자 화폐를 발행하는 것"이었다.[31] 역사적으로 드문 일은 아니지만, 신자유주의 시대에는 이런 일을 금기로 여겼다. 당시에는 그것이 통화량을 늘려서 인플레이션을 유발한다고 비난받았기 때문이다. 제도화한 신자유주의의 최고 수준을 나타내는 유럽경제통화동맹EMU을 설립한 1992년의 마스트리히트 조약에서도 그런 일은 금지됐다.[32] 그 조약은 유럽 단일 통화 발행의 책임을 (정치적으로 책임지지 않는 기관인) 유럽중앙은행에 부여했고, 유럽중앙은행은 유럽연합 회원국과 기타 산하 기관에서 채권을 매입하는 것이 금지됐다. 그러나 세계 금융 위기를 재앙적으로 서투르게, 또 교조적으로 다루다가 결국 2010~2015년의 유로존 위기로 발전하게 만든 일 때문에 2012년에 마리오 드라기가 유럽중앙은행 총재가 된 뒤에는 암묵적 전환이 있었다(특히 2015년에 양적 완화 정책을 채택한 것은 이를 잘 보여 준다). 판트 클로스테르가 지적하듯이 "팬데믹 긴급 매입 계획PEPP의 도입과 함께 유럽중앙은행은 재정의 화폐화라는 목표와 관련해 훨씬 더 분명해졌다. 2020년 3월에는 7500억 유로의 자산 매입 계획을 발표했지만, 그 규모는 점점 늘어나서 2020년 12월에는 1조 8500억 유로까지 증가했다."[33]

투즈는 "대규모 경기 부양 지출의 화폐화는 실은 이미 오래전에 일어났어야 할 급진적 케인스주의의 승리가 뒤늦게 찾아온 것, 제2차세계대전 때 처음 거론된 이른바 기능적 금융 논리로 돌아간 것" 아니겠느냐고 묻는다.[34] 그는 오늘날의 현대화폐론 학파와 관련된 사상을 자세히 설명하는데, 그들의 주장인즉 정부는 스스로 선택한 지출 수준을 매우 광범한 한계 내에서 아주 자유롭게 정하고 이를 달성하는 데 필요한 돈을 자유롭게 찍어 낼 수 있다는 것이다. "국가의 재정은 가계의 재정처럼 제한되지 않는다. 통화 주권국 입장에서 '자금을 어떻게 조달할 것인가?' 하는 물음은 기술적 문제일 뿐 아니라 그것 자체가 정치적 선택이다. 존 메이너드 케인스가 제2차 세계대전이 한창일 때 독자들에게 상기시켰듯이 '우리는 실제로 할 수 있는 일이라면 무엇이든 할 수 있다.'"[35]

제2차세계대전 이후에 케인스주의의 전성기가 찾아온 배경에는 총력전을 위한 동원(상시 군비 경제 시대에 더 제한된 형태로 지속됐다)과 1945년 이후 완전고용과 복지국가의 확립 덕분에 서방 자본주의에서 자유민주주의가 공고해진 상황이 있었다.[36] 현재의 경제 정책 전환은 맥락이 사뭇 다른데, 이 문제는 다음 절에서 더 자세히 살펴보겠다. 판트 클로스테르는 우리가 "기술 관료적 케인스주의라는 새로운 체제"의 등장을 목격하고 있다고 주장한다. 이 체제는 "중앙은행과 독립적 규제 기관의 기술 관료들에 의해 운영되고 그들에게 더 많은 권력을 부여한다. 그 화폐 기술 관료들은 민간 부문과 공공 부문 사이에서 하는 구실 덕분에, 전통적 자유주의 입헌정치 체제의 제약에서 상당한 자유를 누리게 된다."[37]

[미국 정지학자] 파디마트 무스타크도 야간 비슷한 맥락에서 다음과 같이 주장한다. "중앙은행의 대차대조표를 이용해 금융시장을 조성하고 안정시키는 조치로 이해되는, 중앙은행의 비전통적 정책들이 점점 더 전통적인 것이 되고 있다." 무스타크는 이런 일이 근래 수십 년간 잇따른 경제 위기에 대응하는 과정에서 발전해 왔다고 암시한다. 그래서 1997~1998년 아시아 금융 위기 후 신흥 시장 국가들의 중앙은행은 자신의 대차대조표를 이용해 외환 보유고를 관리해서 자국 기업들이 필요한 달러를 이용할 수 있게 하려 했다(무스타크의 논문에는 인도은행의 사례 연구가 나온다). 이런 종류의 개입은 2008년과 2020년에도 연준과 그 밖의 '핵심국' 중앙은행들이 시장의 신뢰가 무너진 순간에 금융 시스템을 뒷받침하는 최종 대부자라는 전통적 기능을 넘어서 비유동 금융자산을 매입해 시장 **창조자**가 된 것과 비슷하다. 이 "새로운 정상[뉴 노멀]"은 "경제 위기에 빠지는 경향이 있어서, 위험을 흡수하는 중앙은행에 의존해서만 작동할 수 있는 [자본주의] 체제"의 정상이다. 이와 같이 "중앙은행의 활동은 민간 금융 부문의 축적을 위해 공적 자원을 동원해서, 점점

더 유동성 충격에 취약한 금융 시스템을 안정시킨다."[38] 여기서 다시 발터 벤야민의 말이 떠오른다. "'비상사태'는 예외가 아니라 규칙이다."[39]

이런 분석들은 코로나19 팬데믹이 촉발한 경제 위기의 가장 두드러진 특징 하나, 즉 팬데믹 관리를 전부 중앙은행이 손질했다는 것을 분명히 보여 준다. 2020년 3월 단기 금융시장이 얼어붙었을 때 각국 중앙은행은 무스타크가 묘사한 방법들을 사용해서 시장을 진정시켰다. 더 나아가서, 봉쇄로 인한 경기후퇴에 대응하려고 정부가 재정을 지출하는 데 필요한 돈을 추가로 만들어 내서 그 돈을 직접 또는 간접으로 정부에 빌려줬다. 그러나 판트 클로스테르가 강조하듯이 중앙은행의 이 극적인 활약은 "**전략적 모호성의 결정적 구실**"에 의해 가려졌다. "법률적 허용 가능성과 정치적 실현 가능성을 모두 확보하기 위해 정책 입안자들은 전략적으로 낡은 자유 시장 패러다임의 용어들로 자신의 정책을 정당화하는 동시에 새로운 정상화 사유들도 제시한다. … 화폐 기술 관료들은 연속성을 암시하는 동시에 새로운 문제들을 성공적으로 처리해서, 입법부의 개입을 최소화하고 정치 쟁점화를 피한다."[40]

[영국 경제학자] 다니엘라 가보르는 "세계 금융 위기 이후 중앙은행들은 **재정의 화폐화** 체제를 **은밀**하고 조용하게 구축했다"고 주장한다. 가보르는 이런 전환이 재정적 기능, 즉 정부 지출에 재원을 조달하는 기능을 하는 것이 아니라고 암시한다(그녀는 이 기능을 "정책 목표가 아니라 부수 효과"로 여긴다). 그것은 단기 금융시장을 지원하

는 것만큼이나 앞서 3장 1절에서 봤듯이 오늘날 세계 자본주의가 작동하는 데서 핵심적이라는 것이다. 단기 대출을 전문으로 하는 방대한 환매 시장은 대출자들이 제공하는 담보물에 의존한다. 전형적 형태는 주권국가의 정부 채권(보통은 미국 재무부 채권과 독일 연방 정부 채권)이다. 가보르에 따르면, "중앙은행의 [국채] 매입은 증권, 파생 금융 상품, 도매 금융시장을 중심으로 조직된 이 담보물 집약적 금융 시스템에서 정부 채권이 하는 새로운 거시 금융 구실을 반영한다. 유로존의 거시 금융 구조를 설계한 주요 인물인 알베르토 조반니가 말했듯이 국가는 현대 금융 시스템을 위한 담보물 공장이 됐다."[41] 비상시에 중앙은행의 국채 매입은 대부분 이 담보물의 가격을 안정적으로 유지하는 데 도움이 된다.

판트 클로스테르는 중앙은행 총재들이 재정의 화폐화에 관여하는 것을 부인하는 데서 비롯한 왜곡을 지적할 뿐 아니라, 중앙은행들이 은행의 신용 할당을 지도하는 신자유주의 전의 관행으로 돌아간 것을 정당화하는 방식도 지적한다. 유럽중앙은행에서 이런 관행은 점점 더 "금융 시스템을 환경 친화적으로 만든다"는 목표로 정당화된다. 이 목표는 "금융 안정을 잠재적으로 위협하는 환경과 기후 관련 위험"에 의해 정당화된다.[42] 따라서 미래의 재무 건전성 평가에는 기상이변의 영향도 포함될 것이다. 중앙은행들은 이제 시장의 내부 기능장애뿐 아니라, 그들이 돈을 댄 투자의 외부 효과에서도 시장을 지키는 것으로까지 보호·포용 기능을 확대하고 있다.

신자유주의의 종말?

"우리는 시장에 맞설 수 없다"고 한 마거릿 대처의 말은 유명하다. 그러나 2008년에는, 또 2020년에도 시장은 너무 걷잡을 수 없이 흔들렸기 때문에 국가가 개입해서 시장을 진정시켜야 했다.(엄밀히 말하면, 유럽중앙은행은 어떤 국가의 일부도 아니고 헌법상으로 여전히 주로 국가들의 연합체인 유럽연합의 한 기관이다. 그러나 궁극적으로 유럽중앙은행은 가장 강력한 회원국들의 능력과 정치적 의지에 의존한다.) 그렇다면 대처가 주요 창조자 중 한 명인 신자유주의는 이제 어찌 됐는가? 신자유주의가 죽었다는 이야기가 지난 몇 년 동안 많이 들렸다. 주로 다양한 학계에서 '포스트신자유주의' 형태의 광범한 논의가 있었다.[43] 재난 시대가 시작된 가운데 기술 관료적 케인스주의의 출현은 신자유주의의 종말로 나아가는 중요한 단계를 의미하는가?

신자유주의가 복잡한 현상이므로 그 대답도 복잡할 수밖에 없다. 우리는 신자유주의의 세 차원(이데올로기, 자본가계급 권력의 재천명, 경제정책 레짐)을 식별할 수 있다. 첫째 차원은 신자유주의 이데올로기다. 수많은 비평가들이 지적했듯이, 이 이데올로기의 핵심은 자유 개념이다.[44] 그래서 밀턴 프리드먼의 가장 유명한 책 제목이 《자본주의와 자유》다. 우리가 여기서 다루고 있는 것은 특정한 자유 개념이다. 즉, 아이제이아 벌린이 "소극적 자유"라고 말한 그 유명한 자유, 영국 혁명 때 토머스 홉스가 다음과 같이 주장하면서 고

안해 낸 것이 분명한 그 자유다. "자유는 저항이 없는 것을 의미한다. 내가 말하는 저항은 움직이지 못하게 가로막는 외부적 장애물이다."[45]

간섭받지 않을 자유라는 이 개념이 신자유주의자들에게 얼마나 중요한지는 팬데믹 기간에 매우 분명히 드러났다. 예컨대, 미국 공화당과 영국 보수당 내 우파는 자유를 들먹이며 봉쇄 반대와 사회적 거리 두기 반대를 정당화했다. 2020년 9월에 영국 총리 보리스 존슨은 독일과 이탈리아보다 영국에서 코로나19 감염률이 높은 이유를 다음과 같이 설명했다. "우리나라와 전 세계의 다른 많은 나라 사이에는 중요한 차이가 하나 있습니다. 우리나라는 자유를 사랑하는 나라라는 것입니다. … 그래서 영국 국민들에게 필요한 지침을 일률적으로 따르라고 요구하기는 매우 어렵습니다."[46] 존슨은 아마 자유주의를 표현한 가장 영향력 있는 저서일 《자유론》에서 존 스튜어트 밀이 다음과 같이 단언한 것을 잊어버린 듯했다. "문명 사회에서 구성원의 의지에 반하는 권력 행사가 정당화될 수 있는 유일한 경우는 다른 사람들에게 해를 끼치지 못하게 막으려는 목적으로 이뤄질 때뿐이다."[47]

치명적 바이러스로 다른 사람들을 감염시키는 것은, 심각한 피해를 막기 위한 국가권력의 사용을 정당화해 주는 아주 간단한 사례처럼 보인다. 어쨌든, 다른 자유 개념들도 있다. 예컨대, 지배가 없는 것을 자유로 여긴 고전적 공화주의 개념도 있다. 홉스는 이 자유 개념을 대체할 의도로 [자유를] 재정의했다. 왜냐하면 이 개념은 국민주권 사상과 연결되고,* 고대 그리스와 로마의 문헌들을 읽고 배운 것이었기 때문이다. 그런 문헌을 읽은 덕분에 "사람들은 어려서부터 (자유라는 그릇된 이름 아래) 소란을 일으키기를 좋아하고, 주권자의 행위를 멋대로 통제하고, 그다음에는 많은 피를 흘리면서 그 통제자들을 다시 통제하는 습관을 갖게 됐다."[48]

물론 신자유주의 이데올로기에는 소극적 자유라는 이상보다 훨씬 더 많은 것이 들어 있다. 그것은 최소 국가 사상과 잘못 연관되기도 한다. [캐나다 역사학자] 퀸 슬로보디안은 이를 교정하는 매우 유익한 책에서 다음과 같이 썼다.

20세기 신자유주의 이론화의 핵심은 전 세계 규모로 자본주의를 보호하기 위한 이른바 메타경제적 조건 또는 초경제적 조건과 관련 있다. … 신자유주의 프로젝트가 제도들을 설계하는 데 집중한 것은, 시장을 자유롭게 하기 위해서가 아니라 포위하기 위해서, 민주주의가 가하는 위협에 맞서 자본주의에 예방 주사를 놓기 위해서, 흔히 비합리적인 인간 행위를 포함하는 틀을 만들어 내기 위해서, 서로 경쟁하는 국가들의 공간(그 안에서는 국경이 필수적 기능을 한다)으로서 제국[이 붕괴한] 후에 세계의 질서를 다시 짜기 위해서였다.[49]

20세기 중반에 작은 지식인 사회(예컨대, 프리드리히 폰 하이에

---

* 홉스는 국민주권 사상을 인정하지 않는 왕당파였다.

크, 독일의 질서 자유주의자들,* 전후의 몽펠르랭협회**)의 소유물이
던 이 신자유주의 사상을 같은 세기 말쯤에는 지배적 형태의 자본
주의 이데올로기로 바꿔 놓은 것이 무엇인지를 이해하려면 앞서 말
한 둘째 차원을 살펴봐야 한다. 데이비드 하비는 신자유주의를 "자
본축적의 조건을 다시 확립하고 경제 엘리트층의 권력을 복원하려
는 **정치** 프로젝트"로 이해하는 것이 가장 좋다고 주장한다.[50] 장기
호황의 붕괴와 함께 1970년대 동안 케인스주의 경제정책 레짐은 스
태그플레이션, 즉 물가 상승과 대량 실업이 결합된 문제를 효과적으
로 다룰 수 없었다.

바로 그때 지배계급 내에서 신자유주의에 귀를 기울이는 사람들
이 늘어났다. 처음에는 주로 미국과 영국에서 그랬다. '통화주의' 관
점에서 케인스주의를 비판한 프리드먼은 정부가 공공 지출을 늘려
서 실업을 자연 실업률 아래로 낮추려고 헛된 노력을 했기 때문에
스태그플레이션이 나타났다고 진단했다.[51] 그러나 이것은 [《파이낸셜
타임스》의 칼럼니스트] 새뮤얼 브리탄이 "민주주의의 경제적 모순"이라
고 정확히 묘사한, 훨씬 더 광범한 비판과 겹친다. 즉, 정당들 사이

---

* 　질서 자유주의 자유 시장이 제대로 작동하도록 정부가 경제에 개입할 필요성은 인
　정하지만 복지국가는 지지하지 않는 독일식 경제적 자유주의로, 제2차세계대전
　후 독일의 이른바 사회적 시장경제의 사상적 토대가 됐다.

** 　몽펠르랭협회 1947년 스위스 몽펠르랭에 모인 자유주의 경제학자·역사학자·철학
　자·기업인 등이 마르크스주의와 케인스주의를 모두 반대하며 결성한 경제정책
　싱크탱크로, 하이에크가 주도했다.

의 경쟁은 유권자들이 "과도한 기대"를 하도록 부추겼고, 정치인들은 프리드먼이 비판의 표적으로 삼은 인플레이션 정책들을 통해 그런 기대를 달래려고 했다는 것이다.[52] 신자유주의자들은 또 식민지에서 독립한 국가들이 1960년대와 1970년대에 새로운 국제 경제 질서를 세워서 북반구에 대한 남반구의 협상력을 강화하고 독자적 경제 발전을 추구한 것도 비판의 표적으로 삼았다. 그런 계획은 세계 시장의 성장을 가로막는 새로운 장애물을 설치하는 것이라는 비난이었다.[53]

그러므로 신자유주의는 셋째 차원, 즉 새로운 경제정책 레짐의 구축이 필요했다. 완전고용을 유지하고 경제성장을 극대화하려면 정책 입안자들이 재정·통화 정책을 사용해 유효수요를 관리해야 한다고 권장하던 케인스주의는 이제 경제주체들을 시장의 규율에 종속시키고 민주적 메커니즘을 주변화시키는 정책 레짐으로 교체됐다. 이 새로운 경제정책 레짐은 칠레에서 1973년 9월의 군사 쿠데타가 노동자 운동을 분쇄한 뒤에 개척됐다. 따라서 그것은 시장의 규율과 경제 외적 강제 사이에 내적 연관이 있음을 입증했다. 그러나 칠레는 처음에 예외적 사례였다. 새로운 경제정책 레짐으로 전환하도록 몰아간 것은 바로 미국의 제럴드 포드 정부(1974~1977년)와 지미 카터 정부(1977~1981년)가 전통적 케인스주의의 적자재정 정책으로 스태그플레이션을 극복하는 데 실패한 경험이었다.[54]

정치적 전환점은 1979년에 찾아왔다. 처음에는 영국에서 대처 정부가 선출되고 다음에는 [미국 대통령] 카터가 폴 볼커를 연방준비제도이사회 의장으로 임명한 것이 그 전환점이었다. 두 사람 모두 시장의 규율을 복원하려 했다. 즉, 대처는 고금리, 파운드화 강세, 공공 지출 감축을 통해 수익성 없는 기업들을 제거하고 그에 따른 대량 실업을 이용해 조직 노동자들을 약화시키려 했고, 볼커는 연준의 정책을 통화량 증가 억제로 전환해서 금리, 달러화 가치, 실업률을 강제로 끌어올리려 했다. 바로 이런 상황에서 대처와 그 단짝인 미국 대통령 로널드 레이건은 노동조합을 무자비하게 공격하기 시작했다. 그 공격의 성공을 상징적으로 보여 준 사건이 1984~1985년에 1년 동안 계속된 영국 광원 파업의 결정적 패배였다.

1979년 10월 6일의 '볼커 쇼크[또는 '볼커 쿠데타']'는 신자유주의의 세계화에서 최초의 결정적 단계를 의미했다. 1982년 8월 멕시코의 파산과* 함께 고금리와 달러화 강세는 제3세계의 외채 위기를 촉발했다. 남반구의 저개발국 정부들은 국제통화기금과 세계은행 같은 국제금융기구들의 도움을 받는 대가로 국가가 통제하는 개발 정책을 포기하고(이것은 처음부터 신자유주의 공세의 주요 목표였다) 그 대신 긴축과 민영화, 경제 자유화를 실행해야만 한다는 사실을 깨달았다. 국제금융기구들은 신자유주의 경제정책 레짐의 집행자 구실을 하도록 개조됐다. 이런 변화는 선진 자본주의의 '핵심부' 바

---

* 미국의 고금리와 달러화 강세로 멕시코 페소화 가치가 폭락하자 1982년 8월 멕시코는 모라토리엄(외채 상환 불능)을 선언하고 국제통화기금의 구제금융을 받으며 경제·금융 구조조정을 해야 하는 저성장 시대를 맞이했다.

같에서 컨테이너 수송과 디지털화 같은 기술혁신과 낮은 노동비용을 이용해 상품의 연쇄적 생산·공급 과정, 즉 세계적 공급 사슬이 발전함에 따라 남반구의 여러 나라로 제조업 생산이 확산되는 것을 크게 촉진했다. 그것은 또 '급가속'을 지속시켜서 지금의 기후 혼란을 초래하는 데도 일조했다.

1989~1991년에 소련과 중동부 유럽의 국가자본주의 체제들이 붕괴한 뒤에 신자유주의 경제정책 레짐은 그 어느 때보다 더 진짜로 세계적인 것에 가까워졌지만, 프리드먼이나 하이에크가 발전시킨 일관된 이데올로기적 청사진이 실현된 것은 결코 아니었다. 하비는 다음과 같이 썼다. "자본주의 세계는 일련의 선회와 혼란스러운 경험을 통해 신자유주의화라는 답을* 향해 비틀거리며 나아갔고, 그런 선회와 실험은 사실 1990년대에 와서야 워싱턴 컨센서스로 알려지게 된 것과 함께 새로운 정설로 수렴됐다."[55] 실제로 신자유주의의 초기 '영웅적' 시대는 위기로 촉발된 학습 과정으로 볼 수 있다. 그 과정은 잠시 쉴 틈에 불과한 것이었음이 1990년대에 드러난다. 프리드먼이 권고한 스태그플레이션 해결책은 "통화량의 꾸준한, 그러나 적정한 증가"였다.[56] 대처의 경제정책을 설계한 핵심 인물인 나이절 로슨은 그 정책을 "케인스주의 전의 대부분 시대에 영국이 그랬듯이, 금본위제 국가에서 거의 자동으로 작용한 제약"을 복원하는 것

---

* "적극적 자본축적의 재개를 위한 조건을 어떻게 복원할 것인가?"라는 물음의 답을 말한다.

으로 묘사했다.[57]

　문제는 통화량을 통제하는 것이 불가능하다는 점이었다. 대처 정부는 [통제할] 목표로 삼은 통화[량]의 정의를 계속 바꾸면서, 경제학자 찰스 굿하트가 정식화한 법칙, 즉 "어떤 경제지표의 통계적 규칙성은 그 지표를 통제할 목적으로 압력이 가해지는 순간 사라지는 경향이 있다"는 것을 확인시켜 줬다.[58] (영국과 유럽연합의 관계 문제와 얽히게 된) 이 핵심 정책의 실패를 어떻게 극복할 것인지를 두고 대처 정부는 점점 더 분열했고, 결국 1989년 10월 로슨은 재무부 장관직을 사퇴했고 겨우 1년 뒤에 대처도 몰락했다. 통화주의의 핵심 가정, 즉 로슨이 말한 "정부가 통화량을 결정할 수 있다"는 가정은 틀렸음이 입증됐다.[59] 통화는 주로 신용 제도에서 민간 거래로 창출된다. 은행이 돈을 빌려주고 마이너스 통장을 허가할 때 통화가 창출되는 것이다. 케인스도 알고 있었듯이, 중요한 것은 통화의 공급이라기보다는 수요다. 다시 말해, 노동자들과 자본가들은 각각 소비와 투자의 재원을 마련하려고 돈을 빌린다. 국가는 이 통화 창출 과정을 보증하지만 통제하지는 않는다.

　문제의 해결책으로 드러난 것은 에드워드 러트워크가 (1996년에 미래를 내다보고) "중앙은행주의"라고 부른 것이었다.

　모든 종교와 마찬가지로, 중앙은행주의에도 최고신(경화)과 악마(인플레이션)가 모두 있다. … 많은 종교와 마찬가지로, 중앙은행주의에도 고위 성직자들이 있다. 그들은 세속적 의회, 정치인들, 여론에 맞서 자신들의 독립성을 지키려고 끊임없이 분투한다. 여느 공무원과 마찬가지로 중앙은행 총재도 납세자가 내는 세금에서 봉급을 받지만, 더 높은 권위(경화의 신성불가침)에 대한 의무를 들먹이며 대중의 의지를 무시할 권리가 있다고 주장한다. 중앙은행 총재는 재직 중에 (언제나 교황처럼 임기가 보장되지만 흔히 금융시장의 두려움을 걱정해서 일찍 연장된다) 정부 장관들이나 심지어 총리와 대통령도 누리지 못하는 최고 권력의 기운에 둘러싸여 있다. 장관이나 총리, 대통령은 중앙은행 총재에 견주면 무지한 대중의 투표나 훨씬 더 빈번한 개각으로 관직을 맡거나 내려놔야 하는 [정치적] 시한부 존재일 뿐이다.[60]

이렇게 해서 신자유주의 경제정책의 핵심 목표, 즉 물가 상승률을 낮게 안정적으로 유지하는 목표는 이제 달성됐다. 그러나 통화량을 통제한다는 헛된 방법을 통해서가 아니라 통화정책 통제권을 선출된 정치인들한테서 선출되지도 않고 정치적으로 책임지지도 않는 중앙은행 총재들에게 넘겨주는 방법을 통해서였다. 이것은 이미 주요 서방 경제 두 곳에서 관행이었다. 미국의 연준은 제1차세계대전 직전[1913년 12월]에 갈수록 미국 경제를 지배하게 된 대기업들에 유리하게 금융 시스템을 관리하는 동시에 정치인들과 적당히 거리를 유지할 수 있는 국가기구로 설립됐다.[61] 제2차세계대전 후 창설된 서독 연방은행은 낮은 물가 상승률과 마르크화 강세를 유지해서 기술 혁신과 산업 구조조정을 촉진함으로써 독일 기업들의 경쟁력을 강화하는 전략을 추구한 핵심 기관이 됐다.[62] 두 중앙은행은 모두 집권당의 선거 승리 전망을 위태롭게 할 수 있는 긴축적 금융정책을 막으려고 하는 정부의 상당한 압력을 받았지만, 독일 연방은행은 특별히 효과적으로 이런 압력을 물리쳤다.

'중앙은행주의'는 이런 관행의 일반화를 의미했다. 그것의 개척자는 뉴질랜드의 철저한 신자유주의 노동당 정부였다. 그 정부는 중앙은행인 뉴질랜드 준비은행 총재의 봉급을 재무부 장관과 맺은 계약, 즉 0~2퍼센트의 물가 안정 목표 달성이라는 계약의 이행과 연동시켰다.[63] 영국의 신노동당 정부는 1997년 5월 총선 승리로 집권한 뒤 머지않아 통화정책 통제권을 영국은행에 넘겨줬다. 유럽의 다른 나라 중앙은행들도 유럽중앙은행 창설을 포함한 경제통화동맹 준비 기간에 독립성을 부여받았다(유럽중앙은행 창설은 여러모로 이 과정의 정점이었다). 낮은 물가 상승률이라는 목표로 판단하면, 이 제도적 혁신은 성공이었다.([미국 경제학자] 던컨 폴리에 따르면, 물가 안정 목표제는 "더 정확히 말해서 '잉여가치 목표제'라 할 수 있다.")[64] 거의 30년 동안 물가 상승률은 평균 2퍼센트 목표치를 맴돌았다.(오히려 2퍼센트 아래로 내려가는 경향도 있었다. 그것은 잇따

---

* 물가 안정 목표제(inflation targeting) 중앙은행이 명시적 중간 목표 없이 일정 기간 달성해야 할 물가 목표치를 미리 제시하고 이에 맞춰 통화정책을 운영하는 방식이다. 1990년 이전에는 대다수 중앙은행이 통화량과 환율 등을 중간 목표로 설정하고 이를 조정해서 물가 안정, 적정 성장, 완전고용 같은 최종 목표를 달성하는 방식으로 통화정책을 운영했으나 금융 혁신과 자유화, 국제화의 급속한 진전으로 중간 목표와 최종 목표의 관계가 불분명해짐에 따라 1990년 뉴질랜드 중앙은행을 필두로 물가 안정 목표제를 도입하는 중앙은행이 점차 늘어났다고 한다.

른 금융 위기, 특히 1990년대 초 일본의 '거품 경제' 붕괴와 약 15년 후의 세계 금융 위기로 인한 디플레이션 압력을 반영한 것이었다.) 그러나 세계 금융 위기를 관리하는 데서 중앙은행들이 한 구실은 그동안 일어난 권력 이동을 분명히 보여 줬다.

핵무기와 마찬가지로, 케인스주의 시대와 관련된 총수요 관리 기법도 발명되지 않을 수 없었다. 그러나 이제 그 기법을 주로 사용하는 사람들은 의회와 유권자들에게 책임을 지는 재무부 장관이 아니라, 제도적으로 어떤 종류의 민주적 통제도 받지 않는 중앙은행 총재다. 판트 클로스테르가 세계 금융 위기 이후의 정책 전환을 묘사하기 위해 '기술 관료적 케인스주의'라는 딱지를 붙인 것은 이 권력이 어떻게 정당화되는지를 넌지시 보여 준다. 즉, 중앙은행 총재들의 기술적 전문 지식과 정치적 중립성이다. 신자유주의의 진화라는 면에서 이것은 규칙(1980년대에 실패한 공식적 통화량 조절)에서 행위자로 전환한 것이다. 더 정확히 말하면, 거시 경제 관리는 이제 금융 전문가들과 그들의 재량권 행사에 맡겨져 있다.

중앙은행 총재들이 내리는 결정의 중요성을 감안하면, 특히 '비전통적 중앙은행업'의 시대인 오늘날에는 그들을 사심 없는 기술적 전문가로 묘사하는 것은 순전한 이데올로기적 공상이다. 그들의 행동은 소득 수준과 분배, 생산량, 고용에 직접적 영향을 미친다. 이런 것들은 본래 정치적 문제이므로, 선출직이든 비선출직이든 국가 관리자들, 더 일반적으로는 사회 전체의 관심을 끌기 마련이다. 역설이게도, 이 점을 가장 분명히 보여 주는 것은 신자유주의 이데올로기

의 가장 순수한 화신으로 일컬어지는 유럽중앙은행이다. 특히, 2011
년부터 2019년까지 유럽중앙은행 총재를 지낸 마리오 드라기가 한
일이다.[65] 드라기는 유럽의 신자유주의적 전환에 깊이 연루된 인물
이었는데도 유럽중앙은행을 기술 관료적 케인스주의 방향으로 살살
몰아가며 끊임없이 술책을 부렸다. 그는 특히 독일의 정치 엘리트층
을 안심시키고 그들에게 신적 존재로 추앙받던 총리 앙겔라 메르켈
과 필수적 거래를 성사시키는 일에 노력을 집중했다. 그러므로 유럽
중앙은행 총재 임기가 끝난 뒤에 드라기가 재임 중에 한 일로 얻은
명성을 정치적으로 이용해 먹으면서 [2021년에] 이탈리아 총리가 된
것은 별로 놀랍지 않다(총리직은 또 대통령직으로 가는 발판이 될
수 있었다).

그러므로 투즈가 '기능적 금융'은 신자유주의에 의해 정해진 한
계 내에서 성장했다고 강조한 것은 옳다.

2008년 이후 중앙은행들의 담당 영역이 크게 확대됐다면, 그것은 금
융 시스템의 불안정성을 억제하기 위한 어쩔 수 없는 조치였다. 그러나
중앙은행의 담당 영역 확대가 정치적으로 가능했던 것은(실제로 그
일은 아주 조용히 실행될 수 있었다) 1970년대와 1980년대의 전투에
서 승리한 덕분이었다. … 민주주의는 오랫동안 신자유주의의 투쟁에
서 위협 요인이었지만 이제 더는 아니었다. 그 점은 경제정책의 영역 내
에서 인플레이션의 위험은 존재하지 않는다는 아주 놀라운 깨달음으
로 표현됐다. 중도주의자들은 '포퓰리즘'에 대해 부들부들 떨지만, 계

급 간 적대감은 약해졌고, 임금 압력은 최소한으로 낮아졌으며, 파업은 일어나지 않았다.[66]

그러나 기술 관료적 케인스주의가 신자유주의의 성과와 제도들을 전제로 했다고 하더라도 이것이 이데올로기와 정책의 전환이 어느 정도였는지를 숨길 수는 없었다. 2008~2009년에, 또 2020~2021년에는 훨씬 더 큰 규모로, 국가는 생산량·고용·소득 수준에 결정적 영향을 미쳤다(단지 선진 자본주의 세계에서만 그런 것이 아니라 남반구의 신흥 시장 경제들에서도 그랬다).[67] 단기 금융시장이 담보물의 제공과 보호를 위해 (가보르가 말한) "디리스킹* 국가"에 의존하는 것은 고도로 금융화한 자본주의의 필요를 반영한다. 그러나 그것은 자기 조절적 시장이라는 신자유주의적 공상과는 거리가 먼 세계다.[68]

케인스주의를 비판하는 프리드먼의 근거는 '자연 실업률' 개념, 즉 생산성과 임금 같은 '실물' 요인들에 의해 결정되는 실업률이다. '기능적 금융'의 전성기인 제2차세계대전 때 마르크스주의 경제학자 미하우 칼레츠키는 대기업들이 이런 종류의 학설에 애착을 갖게 되는 이유를 다음과 같이 설명했다.

자유방임 체제에서 고용수준은 이른바 신뢰 상태에 크게 의존한다.

---

*   디리스킹(derisking) 재정적 위험을 제거하거나 완화하는 것을 의미한다.

만약 신뢰 상태가 나빠지면, 민간투자가 감소하고, 이에 따라 생산량과 고용도 줄어든다(직접적으로, 또 소득 감소가 소비와 투자에 영향을 미치는 부차적 효과를 통해서도 그런다). 이런 상황에서 자본가들은 정부 정책에 간접적이지만 강한 통제력을 갖게 된다. 즉, 신뢰 상태를 흔들 수 있는 것은 곧 경제 위기를 불러올 것이므로 무조건 피해야만 하는 것이다. 그러나 일단 정부가 직접 구매를 통해 고용을 늘리는 수법을 배우고 나면, 이 강력한 통제 수단도 그 효능을 잃고 만다. 따라서 정부 개입을 실행하는 데 필요한 재정 적자를 아주 위험한 요소로 여겨야만 한다. '건전한 재정' 학설의 사회적 기능은 고용수준이 신뢰 상태에 의존하도록 만드는 것이다.[69]

더욱이, "상시적 완전고용 체제에서는 '해고'가 더는 징계 조치 구실을 못하게 될 것이다. 상사의 사회적 지위가 약해지고 노동계급의 자신감과 계급의식은 성장할 것이다. 임금 인상과 노동조건 개선을 위한 파업은 정치적 긴장을 자아낼 것이다."[70] 실제로 1980년대에 대량 실업은 주요 노동자 집단(자동차 노동자, 항만 노동자, 광원)이 장기 호황기에 구축해 놓은 자신감과 조직, 투쟁성을 파괴하는 결정적 구실을 했다. 이 '영웅적' 순간 이후로 노동자들의 조직력을 약화시키고 노동자들을 수세에 처하게 만든 것은 더 지속적인 시장의 압력이었고, 특히 생산 시설을 아시아와 멕시코나 중동부 유럽으로 옮기겠다는 위협이었다(그와 함께 신자유주의적 규범에서 벗어나는 정부를 무조건 징계하는 자본도피에 대한 두려움도 있었다). 세계 금융 위기 이후 유럽과 미국에서 긴축정책으로 신속하게 전환한 것은, 일단 또 다른 대공황을 막기 위한 비상조치를 취하고 나서 신자유주의적 규범을 복원하려는 단호한 시도였다. 그러나 그것은 결코 완전히 성공하지는 못했다. 긴축을 추진한 정부들, 예컨대 독일의 메르켈 정부와 영국의 보수당·자유민주당 연립정부는 공공 지출 감축이 또 다른 경기후퇴를 촉발하는 사태를 막으려고 당시 영국 재무부 장관 조지 오스본이 중앙은행의 "통화 확장"이라고 부른 것에 계속 의존했다.

그러나 팬데믹 기간에는 '정치화한 경제'로 훨씬 더 지속적으로 되돌아갔다.[71] 아마 가장 흥미로운 국면은 미국에서 조 바이든의 정부와 함께 찾아왔을 것이다. 노회한 민주당 정치인 바이든은 2020년 대통령 선거에 출마했을 때 대체로 연속성을 지향하는 후보로 여겨졌다. 여기서 말하는 '연속성'은 과거의 민주당 정부들, 즉 빌 클린턴(1993~2001년)과 버락 오바마(2009~2017년)의 정부와 연속성이 있다는 의미다. 그 민주당 정부들은 신자유주의를 촉진하고 미국의 패권을 유지하기 위해 전 세계에 압력을 행사했다. 그리고 확실히 바이든의 내각은 클린턴·오바마 정부의 베테랑들로 가득 차 있었고, 그중에는 오바마가 군사작전에 나서기를 너무 꺼린다고 생각하는 매파도 많았다. 바이든은 실제로 전과 다름없는 정책들을 추구했다. 특히 러시아와 대결하는 문제에서 그랬다. 그러나 바이든은 클린턴과 오바마의 틀에서 벗어나기도 했다. 그래서 오바마가 국방부의 반발 때문에 실행하지 못했던 아프가니스탄 주둔 미군 철수를 단행했다(사실은 도널드 트럼프가 그 방향으로 한 발짝 나가기는 했다).

그러나 [바이든의] 가장 중요한 전환은 경제 전략에서 있었다. 바이든은 처음에 1조 9000억 달러 규모의 [경기 부양 예산인] 미국 구조 계획(차입을 통해 자금을 조달하는 추가 지출안)을 통과시킨 뒤에 2021년 봄에는 쇠퇴하는 사회 기반 시설을 업그레이드하고 정비하기 위한 2조 달러 규모의 미국 일자리 계획과 복지 제공을 개선하기 위한 1조 8000억 달러 규모의 미국 가족 계획을 발표했다.

평론가 제임스 메드록은 2021년 1월 트위터에 쓴 글에서 "'큰 정부의 시대는 끝났다'던 시대는 끝났다"고 말했다(원 인용문은 클린턴이 1996년도 국정 연설에서 한 말이다).[72] 바이든 정부의 국가경제위원장 브라이언 디스는 2009년에 오바마가 취임한 이후 일어난 세가지 변화가 바이든의 정책 전환으로 이어졌다고 지적한다.

첫째는 기후변화다. 사회 기반 시설 [업그레이드] 프로그램을 추진하게 만든 표면상의 이유가 바로 기후변화다(비록 우여곡절 끝에 의회를 통과한 사업 계획은 화석연료 기업들에 후한 지원금을 주는 희석된 것이었지만 말이다). 둘째는 디스가 "우리 경제는 더 불평등해지고 있다"고 말한 변화다.[73] 클린턴이든 오바마든 신자유주의 정책들이 불평등을 확대시킨 것에 대해 별로 신경쓰지 않는다는 느낌을 줬다. 십중팔구 바이든의 전환은 부분적으로 버니 샌더스나 알렉산드리아 오카시오코르테스 같은 좌파 여성 국회의원들과 그들을 지지하는 청년층의 영향을 반영한다(즉, 그들이 바이든 같은 민

주당 주류조차 왼쪽으로 끌어당기는 데 성공한 것이다). 그러나 그
것은 또 트럼프 치하 미국 사회의 양극화와 '흑인 목숨도 소중하다'
반란에 대한 반응이기도 하다. 백악관에 따르면, 미국 일자리 계획
은 "오래되고 끈질긴 인종차별적 부정의를 다루는 일에 우선순위를
부여한다. 그 계획은 기후 보조금과 청정 기반 시설 투자의 40퍼센
트를 빈곤한 지역사회에 주는 것을 목표로 한다."[74]

셋째 변화를 디스는 다음과 같이 설명한다.

[세계경제 상황이 변했다는 것입니다.] 중국은 10년 전과는 매우 다른 위
치에 있습니다. 우리도 국제 경쟁자들과 비교해 다른 위치에 있습니다.
그리고 저는 국내 산업의 힘을 기르기 위해 더 많이 노력해야 한다는
생각에 … 더 개방적이 됐는데, 왜냐하면 우리가 평평한 운동장에서
경쟁하고 있지 않다는 생각이 들기 때문입니다.
시장 기반 조건에서 활동하지 않는 중국 같은 경쟁자들을 다룰 때는,
우리 경제에서 드러나고 있는 큰 약점들을 다룰 수 있는 시장 기반 해
결책은 존재하지 않습니다.[75]

이 말에서 분명히 드러나는 것은 디스가 "세계에서 떠오르는 경
제·군사 강대국"으로[76] 묘사한 중국에 직면해서 미국 제국주의를
개조하려고 국가 개입을 이용하는 것이 바이든의 목표라는 점이다.
백악관은 사회 기반 시설 계획이 "우리 시대의 중대한 도전들, 즉 기
후 위기와 독재국가 중국의 야심에 대응하기 위해 국민을 단결시

키고 동원하게 될 것"이라고 말한다.[77] 그렇지만 [프랑스의 마르크스주의 경제학자] 세드릭 뒤랑은 전환의 중요성을 다음과 같이 강조한다. "[바이든] 정부의 공공 지출 규모는 이른바 고압경제를* 만들어 내기 위해 의도된 것인데, 고압경제는 인플레이션이라는 위험 요소를 내포할 수밖에 없다. 바로 이 점에서 2021년은 뒤집힌 1979년 [볼커] 쿠데타로 여길 수 있다. … 바이든의 전략은 다음과 같은 것인 듯하다: 고압경세 정책을 통해 고용을 늘리고, 불평등을 줄이고, 샌산성 향상을 촉진한다."[78]

바이든과 디스의 경제적 야심은 심각하게 양분된 미국 의회에서 빠르게 좌초했다. 2020~2021년에 의회에서 민주·공화 양당의 세력 균형은 아슬아슬하게 민주당에 유리했다. 바이든과 디스의 어려움을 악화시킨 것은 경제 상황의 극적인 변화, 즉 인플레이션의 부활이었다. 2022년에 인플레이션은 주요 경제들에서 40년 만에 최고점을 찍으면서 금융시장을 요동치게 만들었다. 그렇다고 해서, 바이든의 경제정책을 반대한 공화당은 말할 것도 없고 양적 완화를 비판한 긴축주의자들도 정당성이 입증되는 것은 아니다. 2010년대 내내 물가 상승률은 계속 낮게 유지됐다. 중앙은행이 금융 시스템에 주입한 엄청난 돈은 전반적 물가수준이 아니라 금융자산의 가격을 끌

---

* 고압경제(high-pressure economy) 수요가 공급을 웃도는 호황 상태로, 완전고용 달성과 투자 증가로 소비가 활발해지지만 물가가 계속 상승해서 국제수지 적자를 유발하기 쉽다.

어울렸고, 그래서 부자들의 재산을 늘려 줬을 뿐이다(2장의 도표 3 참조).

2020~2022년의 물가 급등은 대체로 두 요인 때문이었다. 첫째는 팬데믹의 지속에 따른 노동시장과 공급 사슬의 교란인데, 봉쇄 조치로 소비 수요가 서비스에서 재화로 옮겨 간 것은 이 문제를 더 악화시켰다. 둘째 요인은 에너지 가격의 상승인데 (1) 그 원인은 각국 정부가 처음으로 '녹색 전환'을 향해 미미한 발걸음을 내딛고 석탄과 석유에 대한 의존을 탈피하도록 장려하면서 천연가스 공급 경쟁이 심화한 것이었다. (2) 그리고 푸틴 정권이 에너지 공급자라는 러시아의 유리한 위치를 이용한 것이 에너지 가격 상승을 격화시켰다.[79] 우크라이나 전쟁 발발은 에너지·식량·원료의 생산과 유통을 더 교란시키면서 물가 급등의 또 다른 자극제가 됐다.

물가 급등은 중앙은행 총재들에게 (러트워크의 표현을 빌리면) "경화"를 숭배하는 "고위 성직자"라는 그들의 원래 소명 의식을 일깨웠다. 그들의 뇌리를 주로 사로잡은 문제는 물가 급등에 따른 생계비 상승이 '임금과 물가의 악순환'을 낳는 것이었다. 즉, 노동자들이 물가 상승에 대응해서 임금 인상을 요구하고 이에 대응해 사용자들은 가격을 더 끌어올리는 사태였다. 영국은행이 2022년 2월에 금리를 올리고 양적 완화를 변경해서 통화 긴축을 강요한 최초의 중앙은행이 됐을 때 〈파이낸셜 타임스〉는 다음과 같이 설명했다. "영국은행이 가장 골치 아프게 생각하는 문제는 노동시장이 한창 뜨거운데 [12곳의] 지방 사무소가 올린 보고서에서 기업들의 2022년도 임금 협상 전망을 4.8퍼센트 인상 타결로 예상하는 반면에 중앙은행의 조사 결과를 보면 기업들도 비슷한 수준으로 가격을 올릴 것이라고 말한다는 점이다."[80] 영국은행 총재 앤드루 베일리는 BBC와 인터뷰할 때 [고금리로] 정책을 전환하는 가혹한 계급적 논리를 간결하게 설명한 바 있다. "베일리 총재는 노동자들이 임금보다 물가가 더 빠르게 오르는 것을 받아들이기는 '고통스러울' 것이라고 말하면서도 인플레이션이 고착되는 것을 막으려면 '임금 인상의 절제'가 어느 정도 필요하다고 덧붙였다."[81]

포스트케인스주의 경제학자 니컬러스 칼도는 언젠가 다음과 같이 썼다. "시간이 지남에 따라 진행되는 모든 인플레이션 과정, 다시 말해 저절로 사멸하지 않는 모든 인플레이션 과정은 비용 유발 인플레이션이다. 그것은 사회가 대다수 주민이 받아들일 만한 방법으로 실질소득을 분배하는 데 실패했다는 사실을 반영한다."[82] 이윤을 보호하려고 실질임금 인하를 강요하는 베일리의 전략은 이런 판단을 충분히 확인시켜 준다. 〈파이낸셜 타임스〉의 마틴 샌드부는 "영국은행의 계급 전사들"을 비판하면서 그 점을 다음과 같이 잘 표현했다. "문제의 핵심은 정말로 분배와 관련 있다. 실질소득 면에서, 마이너스 거래 조건의 충격 면에서 누가 비용을 부담하는가? 임금 노동자인가 아니면 기업 소유자인가?"[83] 실제로는 당시 벌어지고 있던 일은 이윤과 물가의 악순환이었음을 보여 주는 증거가 많다. 예컨대, 영국의 한 연구 논문을 보면 에너지 가격 인상에서 이득을 보거나('횡재') 시장 지배력 덕분에 가격을 올려서 이윤율 늘리는('초

과이윤') 기업들이 현재의 인플레이션에서 중요한 구실을 했다고 지적한다.[84]

그렇지만 중앙은행 총재들은 자기 의견을 고집했다. 흥미로운 점은 러시아의 우크라이나 침공과 서방의 대응이 경제적 혼란을 불러왔는데도 그들은 결코 후퇴하지 않았다는 사실이다. 미국 연준은 2022년 3월에 처음으로 금리를 올리기 시작해서(그래도 인플레이션이 꺾이지 않는다는 것이 드러나자) [2023년 6월까지 10차례나] 잇따라 금리를 인상했고, 9조 달러에 이르는 대차대조표를 "빠른 속도로" 축소하겠다고* 공언했다(양적 완화에서 '양적 긴축'으로 전환).[85] [투자 전략과 경제 분석 전문 기관인] 스트레이티거스 리서치 파트너스의 도널드 리스밀러는 다음과 같이 견해를 밝혔다. "연준은 지금 '뭔가가 부서질 때까지 긴축하는' 분위기인 듯하다. 핵심 문제는 먼저 부서지는 것이 인플레이션이냐 아니면 경제성장이냐 하는 것이다."[86] 금리·물가의 급등과 (달러 강세로 인한) 외채 부담 증가가 맞물려 세계의 더 가난한 지역들(팬데믹의 충격으로 아직도 비틀거리는 지역들)을 강타할 공산이 크다. 저금리 시대의 종말(아마 일시적인)과 이에 따른 불안정성 증대는 2022년 10월 영국에서 금융시장이 리즈 트러스의 극단적 대처 아류 정부를 파괴해서 트러스를 영국 역

---

* 재무상태표라고도 부르는 대차대조표는 자산=부채+자본의 형태로 재정 상태를 도식화한 표인데, 미국 연준의 자산은 대부분 채권이므로 대차대조표를 축소한다는 것은 보유 채권 매각을 의미한다. 한편 '테이퍼링'은 채권 매입 속도를 늦추는 것을 의미한다.

사상 최단임 총리로 만들어 버렸을 때 분명히 드러났다. 트러스가 부채로 자금을 조달하는 대규모 세금 감면안을 발표한 직후였다. 금융시장이 이렇게 힘을 과시한 뒤에 재정 보수주의자 리시 수낵이 집권했다.

임금과 물가의 악순환에 대한 두려움 이면에는 1970년대의 스태그플레이션에 대한 계급적 기억이 있다. 당시에는 잘 조직된 노동자들이 실제로 큰 폭의 임금 인상을 요구해서 생활수준을 지키려 했다. 어쩌면 팬데믹의 결과로 노동 공급의 교란이 빚어진 것 때문에 노동자들의 협상력이 강화될지 모른다는 걱정도 있을 것이다. 어쨌든, 중세 유럽에서도 흑사병 때문에 인구가 급감하자 소작인과 노동자들에게 유리한 쪽으로 세력 균형이 바뀐 것은 사실이다. 흑사병 연구로 유명한 [노르웨이 역사가] 올레 베네딕토브는 다음과 같이 썼다. "그 결과 장기적으로 [봉건영주에게 바치는] 지대와 상납금은 크게 감소했고 그에 상응하여 도시와 농촌의 실질임금은 모두 상승했다. 당시를 일컬어 [농업경제학과 경제사 전문가인 독일 경제학자] 빌헬름 아벨은 '임금 노동자의 황금기'라고 했다. 그것은 농촌 빈민의 '황금기'이기도 했다."[87]

최근에 미국 연준의 경제학자 두 명은 칼레츠키의 분석에 의지해서 "[세계 금융 위기 이후의 — 캘리니코스] '실종된 인플레이션' 수수께끼는" 신자유주의 시대에 "노동자들의 협상력이 붕괴했기 때문"이라고 주장했다.[88] 팬데믹은 다시 노동자들 쪽으로 세력 균형이 기울기 시작하는 계기가 될 수 있다. 미국에서는 부분적으로 노동자들이 자신들에게 더 동조적인 정부가 워싱턴에 들어선 것에 고무된 덕분에 파업이 약간 늘어났고, 영국에서도 노동조합원들이 강경 우파 보수당 정부에 맞서 싸우며 파업이 늘고 있다. 그러나 결과를 속단하기는 이르다. 조셉 추나라는 이른바 대규모 퇴직(노동자들이 경제 회복을 기회로 이용해 직장을 그만두는 것, 특히 형편없는 임금과 노동조건으로 악명 높은 '접객업' 부문의 노동자들이 퇴직하는 것)은 오래가지 못할 가능성이 있다고 경고한다. "만약 경제 회복이 계속된다면, 경제적 필요라는 채찍이 직장을 그만둔 노동자들, 특히 더 젊은 노동자들로 하여금 다시 직장으로 돌아가도록 강요할 공산이 크다. … 노동자들의 투쟁 수준이 높아지지 않으면, 노동자의 처지에서 장기적 변화는 일어나기 힘들다. 시장 메커니즘은 노동자 투쟁을 대체할 수 없다."[89]

그러나 인플레이션의 부활에 대한 중앙은행 총재들의 대응은 신자유주의에서 멀어지는 제도적 변화의 한계를 분명히 보여 준다. 이것은 결코 놀라운 일이 아니다. 미국에서 뉴딜(케인스주의 경제정책 레짐의 형성을 자극한 가장 강력한 단일 배경 요인)의 추진력으로 작용한 것은 단지 프랭클린 루스벨트가 대통령 선거에서 극적으로 승리하고 의회 내에서, 또 대법원과 싸운 것만이 아니었다. 1930년대 하반기 동안 기간산업에서 노동조합을 결성하고 제2차세계대전 후까지도 이어진 노동자들의 대중 파업과 공장점거 물결도 있었다.[90] 신자유주의를 쳐부수고 다른 미래로 가는 길을 열려면, 앞서 말한 위로부터 주도력보다는 그에 필적하는 아래로부터 [투쟁의] 분출이 필요할 것이다.

4장

미국 패권의 쇠퇴와
지정학적 적대 관계

세계화 속의 지정학적 균열

오늘날 미국과 중국의 경쟁은 세계 정치의 가장 유력한 특징이다. 우크라이나 전쟁을 촉발한 러시아와 나토의 충돌도 이 적대 관계의 맥락에서 봐야 한다. 도널드 트럼프가 미국 대통령이 되기 전에 미국과 중국의 적대 관계는 아직 추세였다. 즉, 현실성이라기보다는 가능성이었다. 트럼프는 2018년 3월에 중국과 무역 전쟁을 시작해서 그것을 현실로 만들었다. 그러나 미·중 갈등의 중요성을 확인시켜 준 사람은 트럼프의 후임자 조 바이든이었다. 그는 근본적으로 트럼프의 중국 정책을 지속하고 심지어 더 철저하게 만들었다. 사실 트럼프는 중국산 수입품에 관세를 때리면서도 중국 국가 주석 시진핑의 환심을 사려고 하는 등 동요했다. 반면에 바이든은 미국과 중국의 적대 관계를 정부 정책의 핵심 강령으로 만들었다. 그래서 2021년 3월에 미국의 일자리 계획을 설명할 때 바이든은 다음과 같이 말했다.

저는 지금 우리가 살고 있는 이 순간을 나중에 역사는 민주주의와 독재 사이에서 근본적 선택을 해야 했던 때로 기억할 것이라고 정말로 믿습니다.

아시다시피 세계에는 독재자가 많습니다. 그들은 민주주의가 더는 합의에 이를 수 없는 반면에 독재는 합의에 이르기 때문에 자신들이 승리할 것이라고 생각합니다.

바로 그래서 미국과 중국이 경쟁하는 것이고, 민주주의가 전 세계에 중요한 것입니다. 근본적 문제는 민주주의가 아직도 국민들의 기대에 부응할 수 있는지입니다.[1]

2021년 9월에 (호주·영국·미국의) 오커스 동맹 창설이 발표된 뒤에(오커스 협정에 따라 미국과 영국은 호주가 아시아의 해안 근처에서 작전을 수행할 수 있는 핵 잠수함을 건조하도록 도와줘야 한다) 〈파이낸셜 타임스〉의 [미국판 편집인이자 칼럼니스트] 에드워드 루스는 "이제부터 바이든(과 미국)의 근본 문제는 중국이다"라는 제목의 글을 썼다.[2] 미국 국무부 장관 앤터니 블링컨은 2022년 5월에 이 점을 다음과 같이 확인시켜 줬다.

푸틴 대통령의 전쟁이 계속되는 와중에도 우리는 여전히 장기적으로 국제 질서에 가장 심각한 도전, 즉 중화인민공화국의 도전에 초점을 맞출 것입니다.

중국은 국제 질서를 재편하려는 의도와 그럴 수 있는 경제·외교·군사·기술적 능력을 모두 가진 유일한 나라입니다. 중국이 추구하는 목표는 지난 75년 넘게 이룩한 세계적 진보를 대부분 지탱해 온 보편적 가치에서 우리를 멀어지게 할 것입니다.[3]

미국 국내 정치에서 민주당과 공화당은 격렬하게 대립하지만, 중국을 봉쇄해야 한다는 점에 대해서는 양당 사이에 합의가 이뤄져 있다. 〈파이낸셜 타임스〉의 또 다른 칼럼니스트 라나 포루하는 [1992년 미국 대통령 선거에서] 빌 클린턴의 선거 사무장 제임스 카빌이 만들어 낸 유명한 구호("바보야, 문제는 경제야!")를 살짝 바꿔서 다음과 같이 썼다. "바보야, 문제는 지정학이야! … 세계는 평평하지 **않다**는 것이 드러났고, 어쨌든 일반 대중은 [세계가] 울퉁불퉁하다고 느낀다."[4]

그렇다면 여기서 우리가 직면하는 것은 오늘날 제국주의의 현실, 즉 경제적 경쟁과 국가 간 경쟁의 융합이다. 세계 금융 위기 전에 널리 퍼져 있었고 〈뉴욕 타임스〉의 칼럼니스트 토머스 프리드먼이 터무니없는 책에서* 분명히 표현한 환상, 즉 적어도 경제적으로는 세계가 평평하다는[5] 환상을 만들어 내는 데 일조한 초국적 생산 네트워크는 지정학적 적대 관계의 영향도 받는다. 실제로 러시아·우크라이나 전쟁은 세계화 이데올로그들이(자율주의적 마르크스주의자들인 마이클 하트와 토니 네그리도) 주창한 이론, 즉 세계경제 통합은

---

* 국역:《세계는 평평하다》, 21세기북스, 2013.

지정학적 경쟁을 시대에 뒤떨어진 것으로 만들어 버린다는 이론을 분명히 논박한다.[6]

러시아 올리가르히가* 유럽 전역에 소유한 재산을 추적한 결과를 보면, 런던의 고급 주택 지구에 있는 대저택, 축구 구단, 호화 요트, 개인 전용 제트기, 패밀리 오피스** 따위를 갖고 있고 자녀들은 영국의 귀족형 사립학교에 다니는 그들이 세계 최고 갑부 대열에 속한다는 사실을 확인할 수 있다. 〈파이낸셜 타임스〉는 서방 국가들이 러시아 중앙은행을 표적으로 겨냥한 것에 대해 다음과 같이 논평했다. "금융의 무기화는 국제 정치와 경제의 미래에 심대한 영향을 미친다. 탈냉전 시대의 기본 가정들이 많이 뒤집어지고 있다. 한때 세계화는 충돌을 막는 장벽으로, 예전의 적들을 훨씬 더 가까워지게 하는 상호 의존망으로 선전됐지만 이제는 오히려 새로운 전쟁터가 됐다."[7]

코로나19 팬데믹에 따른 교란의 결과로 반도체 칩 제조업체들이 직면한 문제들은 우크라이나 전쟁으로 더 나빠졌다. 우크라이나는 세계 네온 가스의 50퍼센트와 크립톤 가스의 40퍼센트를 공급하는 나라인데, 이 가스들이 반도체 생산에 사용되기 때문이다.[8] 그러나

---

* 올리가르히 소련 붕괴 후 국가자본주의가 시장 자본주의로 전환하는 과정에서 형성된 신흥 재벌을 가리키는 말이다.

** 패밀리 오피스 초고액 자산가들의 재산 배분, 상속과 증여, 세금 문제 등을 전담해서 처리해 주는 금융 업체를 일컫는다.

미국과 중국의 대립은 반도체 칩 공급에, 따라서 전 세계 생산과 소비에 훨씬 더 나쁜 영향을 미칠 수 있다. 대만의 반도체 제조 회사 TSMC는 세계에서 가장 중요한 첨단 반도체 칩 생산업체로서, 최첨단 생산 노드의* 거의 90퍼센트를 차지하고 있다.[9] TSMC의 생산 공장은 대부분 대만 자체에 집중돼 있는데, 중국은 대만 섬과 중국 본토의 통일을 위해 필요하다고 생각되면 대만을 침공할 권리가 있[다고 수상한]다.

냉전 종식 후의 제국주의

바이든이 중국에 초점을 맞추는 것을 보면 미국과 중국의 적대 관계를 트럼프 탓으로 돌릴 수 없음을 알 수 있다. 미국과 중국 모두 양국의 적대 관계를 이데올로기적 충돌로 묘사한다. 즉, 미국은 서방의 자유 대 중국의 권위주의, 중국은 국가가 지도하는 '공동 부유' 대 신자유주의의 혼란과 쇠퇴 사이의 대결로 묘사한다. 이데올로기가 중요한 구실을 한다는 것은 의심할 여지가 없지만, 그 충돌을 제대로 이해하려면 마르크스주의적 제국주의론에서 출발해야

---

* 노드(node) 원래 반도체 회로를 구성하는 트랜지스터의 선폭을 뜻하는 말이었는데, 기술 발전으로 선폭이 10나노미터까지 줄어들면서 노드와 선폭의 실제 물리적 수치 사이에 괴리감이 생겨 요즘은 장비의 세대와 설비, 개선된 공정을 의미하는 말로 쓰인다.

한다. 이 책 1장에서 내가 주장했듯이, 19세기 말에 널리 퍼진 자본주의적 제국주의는 경제적 경쟁과 지정학적 경쟁의 교차가 특징이었다. 그러나 자본주의 자체와 마찬가지로 제국주의도 시간이 흐르면서 변화한다.[10]

냉전 종식 전까지 제국주의는 두 단계를 거쳤다. 첫째는 고전적 제국주의 시대였다(1870~1945년). 그 단계의 가장 유력한 특징은 서로 경쟁하는 강대국들이 전 세계를 식민지로 분할하고 이것이 1차 재난 시대를 촉발했다는 것이다.

둘째는 초강대국 제국주의 단계로(1945~1991년), 미국과 소련이 이끄는 국가들의 두 진영이 지정학적·이데올로기적으로 경쟁하던 냉전 시대였다. 소련의 핵심 약점은 미국보다 훨씬 더 작고 생산성이 떨어지는 경제였다는 것이다. 서방 자본주의가 세계시장을 지배했는데, 1945년 이후 세계시장의 재구성을 주도한 것이 미국이었기 때문이다. 국가자본주의 체제들은 결국 서방과의 군비경쟁 부담, 마지막 몇십 년 동안 누적된 외채 부담, 이 이중의 부담을 못 이겨 붕괴했다.[11] [미국의 지리학자] 마젠 라반은 1960년대 이후로 서방에 에너지를 공급하는 소련의 구실이 점점 더 중요해진 것이 오히려 "서방의 산업국들과 잠재적으로 대등한 산업 능력을 가진 비교적 선진 산업 경제였던 소련이 자원을 수출하는 주변부 종속국으로" 전락하는 데 한몫했다고 말한다.[12]

1989~1991년에 냉전이 끝나면서 시작된 제국주의의 셋째 단계에서는 미국이 패권을 유지하고 정말로 세계를 제패하려는 노력이 두

드러진다. 이 단계는 다시 더 작은 네 시기로 구분할 수 있다. 대략 1990년대에 해당하는 첫 시기는 국제 관계 전문가들이 '단극[또는 일극] 체제'라고 부른 것이 특징이었다.[13] 미국은 개방된 시장이 자국 은행과 기업에 유리할 것이라는 가정을 바탕으로 경제적 세계화를 적극적으로 촉진해서 자국의 패권을 강화하려 했다. 1991년에 사담 후세인의 이라크가 참패하자 미국 국방부의 군사적 우위가 입증됐나. 미국의 군사력은 러시아와 중국의 어떤 도전에도 대처할 수 있는 수준으로 유지됐다.[14] 빌 클린턴 정부 시절(1993~2001년) 미국의 세계 패권은 절정에 달했다. 미국의 지배를 정당화한 이데올로기는 자유주의적 국제주의였다. 이 이데올로기에 따르면 자유주의적 자본주의 국가들은 자기들끼리는 서로 협력하고 근본적 위협을 가하는 '권위주의적' 국가들은 고립·동화시키고 (필요하다면) 공격하는 것이 유리하다고 한다.[15] 미국은 2001년 중국의 세계무역기구wto 가입을 [미국이] 유리한 위치에서 허가한 것으로, 또 자유주의적 자본주의 질서의 중요한 일원으로서 책임을 다하라고 중국에 가르치는 수단으로 이해했다.

이 비교적 짧은 소시기에 미국 제국주의의 성격이 분명히 드러났다. 미국이 지역적 '세력권'(예컨대, 러시아가 주장한 세력권)을 인정하지 않은 것은 미국의 정책 입안자들이 세계 전체를 **자신들의** 세력권으로 취급한다는 사실을 반영했다. 물론 그들이 개념화한 '규칙 기반 국제 질서'를 규제하는 국제기구들은 그들이 만들었거나(유엔, 국제통화기금, 세계은행, 세계무역기구) 장려한(무엇보다도 나토와

유럽연합) 것이었다.[16]

[2001년] 뉴욕과 워싱턴에서 벌어진 9·11 공격은 이 단극 체제 시기를 갑자기 끝내 버리고 '테러와의 전쟁'이 지배하는 새로운 소시기의 시작을 알렸다. 조지 W 부시 정부(2001~2009년)는 미국의 패권을 재천명하고 중동산 석유에 대한 미국의 통제권을 강화하고자 2003년 3월에 이라크를 침략하고 점령했다. 이것은 재앙적 실수였음이 드러났다. 아프가니스탄과 이라크 점령은 지금까지 미국이 당한(그것도 이슬람주의 반군 세력에게 당한) 가장 심각한 군사적 패배로 귀결됐다.[17]

1975년에 미국이 베트남에서 겪은 참패는 국제 체제에 제한적 구멍을 냈을 뿐이다. 미국은 소련에 대항해서 중국과 사실상 동맹을 구축한 덕분에 공산주의의 승리를 인도차이나에 국한시킬 수 있었다. 이후 수십 년간 동아시아와 동남아시아는 자본주의 체제 역사상 가장 역동적으로 자본주의가 성장한 곳이 됐고, 이것은 적어도 단기적으로는 미국의 패권을 강화시켜 줬다.

이와 대조적으로 미국이 이라크에서 겪은 대실패는 중동을 불안정에 빠뜨렸고, 그 지역의 세력 균형을 이란의 이슬람 공화국 정권에 유리하게 변화시켰으며, 2011년에 튀니지·이집트·리비아·시리아에서 혁명이 일어날 수 있는 상황을 조성했고, [이라크·레반트]이슬람국가ISIL 집단이 생겨나게 만들었다. 2007~2009년의 세계 금융 위기는 혼란을 더 가중시켰다. 앞서 3장에서 봤듯이 그 위기를 관리하는 데서 미국이 결정적 구실을 했지만, 경제정책 레짐의 분명한 실패는 신보수주의자[네오콘] 로버트 케이건조차 "미국의 정당성 위기"라고 부른 것이 더 강하게 느껴지도록 만들었다.[18] 세계무역기구의 무역 자유화 협상인 '도하 라운드'가 (9·11 직후에 시작됐지만) 교착상태에 빠진 것은 세계적 세력균형의 변화를 분명히 보여 줬다. 중국·인도·브라질 같은 신흥 시장 경제들은 미국과 유럽연합의 이런저런 제안에 동의하기를 거부했다.

세 번째 소시기는 2009년 1월 버락 오바마의 대통령 취임과 함께 시작된 10년쯤인데, 돌이켜 생각해 보면 과도기인 듯하다. 미국 국내에서 오바마는 부시 정부가 시작한 위기 관리 대책들을 지속하는 한편 신자유주의적 정상 상태를 복원하려고 분투했다. 국제적으로는 대중동에서 미국의 군사적 개입을 줄이려 했다(비록 특수부대와 드론 암살을 이용해 급진적 이슬람주의자들을 상대로 벌이는 전쟁을 계속했지만 말이다).[19] 중요한 예외는 2011년에 나토가 리비아에 개입한 것이었다. 나토는 [리비아의 독재자] 무아마르 알카다피에 대항하는 민중 봉기를 이용해 친서방 정권을 수립하려 했지만, 실제로는 리비아를 끝없이 계속되는 파괴적 내전으로 몰아넣었다.[20] 오바마는 미국이 중동에서 한 발 물러나서 중국을 봉쇄하는 데 집중하는 '아시아 중시 정책'을 실행할 수 있기를 바랐다. 중국의 경제성장은 세계 금융 위기로 잠시 중단됐을 뿐이지만, 미국과 유럽연합은 '장기 침체'에 빠지면서 뚜렷한 대조를 보였기 때문이다. [미국의] 이런 전략적 전환을 방해한 것은 전쟁과 혁명으로 불안정해진 중동의 격변, 그리고 미국의 주의가 딴 데 쏠린 틈을 타서 블라디미르 푸틴

의 러시아가 크림반도를 병합하고 시리아 내전에 개입한 것이었다.[21]

도널드 트럼프는 온갖 잡음을 일으켰지만, 그래도 많은 점에서 오바마의 외교정책을 지속했다. 그래서 트럼프는 이른바 대중동의 "영원한 전쟁"을 확대하라는 국가 안보 기득권층(오바마의 보좌관 벤로즈는 이들을 "블롭"이라고 부르며 일축했다)의[22] 압력에 저항했다(비록 중동에 미군을 계속 주둔시켰고 2020년 1월에는 이란 혁명수비대 사령관 가셈 솔레이마니를 암살하라는 명령을 내리기도 했지만 말이다). [미국의 군인 출신 외교 안보 전문가] 앤드루 베이서비치는 냉소적으로 다음과 같이 말했다. "마약과의 전쟁이나 빈곤과의 전쟁처럼 대중동의 전쟁도 미국인들의 생활에서 상시적 붙박이가 됐고 그렇게 받아들여지고 있다."[23] 트럼프가 가져온 가장 중요한 변화는 환태평양 경제 동반자 협정TPP을 통해 중국을 경제적으로 고립시키려던 오바마의 다자주의 전략을 버리고 일방주의적 무역 전쟁을 추진했다는 것이다. 바이든의 중국 정책을 이해하는 길 하나는 두 명의 전임자가 추구한 방법을 결합하는 것이 바이든의 방침이라는 것이다. 즉, 바이든은 미국의 동맹국들을 규합해서 중국에 대항하는 동시에 직접 중국에 도전하기도 한다.

---

* **블롭**(blob) 작은 (물)방울, 오점, 얼룩이라는 뜻과 함께 팔푼이, 우둔한 사람이라는 뜻도 있는데, 이른바 자유주의 국제 질서를 옹호하는 미국 외교 안보 관련 엘리트층을 비꼬는 표현인 듯하다.

미·중 적대 관계의 근원

어쨌든, 코로나19 팬데믹은 오늘날 제국주의의 진화에서 네 번째 소시기의 시작을 알렸다고 말할 수 있다. 앞서 2장에서 봤듯이, 바이러스와 싸우기 위한 국제 협력은 미국과 중국의 경쟁으로 손상됐다. 이 갈등을 신냉전이라고 부르는 사람이 많다. 그러나 매우 두드러진 차이가 있다. 냉전 시기에 수련과 소련에 의존하던 국가들은 대체로 세계시장에서 고립된 폐쇄 경제였다. 이와 달리, 중국이 세계 2위의 경제 대국으로 떠오른 것은 세계시장에 문호를 개방한 덕분이었다(이 조치는 1978년 이후 중국 공산당 지도자 덩샤오핑이 실시한 것이었다). 오늘날 중국은 세계 최대의 공산품 생산국이자 수출국이고 최대의 석유 수입국이다. 2020년에 중국은 외국인 직접투자를 가장 많이 받는 나라가 됐다(비록 2021년에는 미국 경제가 코로나19 충격에서 회복된 덕분에 외국인 직접투자가 갑절 이상 증가하면서 중국이 다시 세계 2위로 미끄러졌지만 말이다).[24] 세계의 나머지 나라들이 중국의 생산에 의존한다는 사실은 팬데믹 기간에 공급 사슬의 교란이 낳은 결과에서 극적으로 드러났다.

그렇다면 왜 미국과 중국은 적대 관계인가? 첫째, 중국이 세계시장과 국제 자본 흐름에 통합됐지만 중국 경제의 핵심은 여전히 국가가 통제하고 있다. 금융 시스템은 중앙은행[중국 인민은행]과 4대 국영 은행의 통제를 받는다(그러나 별로 잘 통제되지는 않는다). 국가가 소유한 기업들이 계속 생산을 지배하고 심지어 사기업들조차 중국 공산당의 후견 제도에 묶여 있다. 이것은 두 가지 방식으로 작동한다. 사적 자본은 당·국가 관료 사회를 마치 식민지처럼 개척할 수 있지만, 시진핑은 반부패 운동으로 억만장자들을 처형해 버렸다. 중국 정부는 알리바바 같은 대형 플랫폼 사기업들을 저지하고 나섰다. 뉴욕 증시 상장을 추진한 이 기업들이 세계 금융시장에 통합되면 중국 공산당의 경제 통제력이 약해지고 서방 국가의 규제 기관들이 민감한 중국 정보에 접근할 수 있게 될까 봐 두려웠기 때문이다.

〈파이낸셜 타임스〉에 따르면, 중국 국가가 증시에 대한 중앙집권적 지도를 점점 더 강화하자 내국인 투자자와 외국인 투자자 모두 "미국의 제재 충격에서 중국을 보호하는 데 필요한 인공지능AI 회사들, 고가 제품 생산 업체들, [중국] 지도부가 세계경제의 미래에 가장 중요하다고 여기는 재생 에너지와 전기차 회사들에 투자하는 쪽으로 기울고 있다.[25] 그래서 중국은 서방 자본이 대다수 주요 경제들보다 침투하기 훨씬 힘든 나라다. 그렇다고 해서 중국이 자본주의 체제가 아니라는 말은 아니다. 중국 국가와 중국 국경 내에 기반이 있는 자본가들은 사적 자본가든 (크리스 하먼이 말한) 정치적 자본가든 서방 경쟁자와 똑같이 경쟁적 축적 논리를 따른다.[26] 사실 이 논리가 미국과 중국의 적대 관계 밑바탕에 놓여 있다.

둘째, 중국 공산당 지도부는 그들 나름대로 제국주의적 의제를 추구하고 있다. 중국은 여전히 미국이 제2차세계대전 이후 주요 자본주의 국가들을 묶어 두려고 구축한 동맹 체계의 바깥에 머물러 있다. 중국 지도부가 추구하는 목표는 세계 패권을 행사하는 자본주의 국가로서 미국을 대체하는 것이 아니다. 적어도 단기적으로는 그렇다. 그러나 중국이 미국을 인도·태평양 지역 밖으로 밀어내고 싶어 한다는 것은 사실이다. 미국이 제2차세계대전에서 일본을 물리친 이후 계속 지배해 온 그 지역은 지금 전 세계 GDP의 약 40퍼센트를 차지하는 세계 자본주의의 중심지다. 그런 지역에서 미국이 후퇴한다면 확실히 미국의 힘과 지위는 급격히 축소될 것이므로 미국 지배계급이 그런 지위 하락을 순순히 받아들이지 않을 것임은 명백하다.[27]

중국 지배자들은 또 19세기와 20세기 초에 외세 열강에 의해 분할됐던 중국의 재통일을 완수하고자 한다. 이것이 의미하는 바는 무엇보다도 대만을 다시 통합하는 것이다. 대만은 19세기 말에 [청일전쟁에서 승리한] 일본의 식민지가 됐고, 1949년에 중국 혁명이 성공한 뒤에는 [본토에서 공산당에] 패배한 국민당 정권의 근거지가 됐다. 이후 대만의 안보를 보장한 것은 미국이었다. 중국은 또 경쟁이 치열한 남중국해의 통제권을 강화하는 데도 열심이다. 중국은 다른 국가들이 중국 편에 서도록 다양한 형태의 압력을 가하고, 계속 미국을 편드는 국가들에는 벌을 준다. 한국과 호주에 비공식적 경제 제재를 가한 것이 그런 사례다. 중국이 인도와 영토 분쟁 중인 지역에 대해 영유권을 주장한 것(이 때문에 2020년 6월 분쟁 지역에서 전투가 벌어져 두 나라 병사 수십 명이 죽었다)은 아시아의 다른 대국을 미국 쪽으로 밀어붙이는 데 한몫했다.

일부 마르크스주의자들은 현재의 중국이 제국주의 국가라는 것을 부정한다. 그런 주장을 가장 정교하게 발전시킨 사람은 굴리엘모 카르케디와 마이클 로버츠다. 그들이 정의하는 제국주의 국가는 잉여가치의 세계적 재분배 과정, 즉 전 세계적 이윤율의 형성을 통해 기술이 뒤떨어진 기업에서 선진적 기업으로 잉여가치가 재분배되는 과정에서 자본가들이 이익을 얻는 국가다. 카르케디와 로버츠는 다음과 같이 주장한다.

이른바 "신흥 경제" 대국들 가운데 어느 나라도 무역이나 투자에서 순이익을 얻지 못하고 있다(실제로는 제국주의 진영에 순손실을 보고 있다). 여기에는 중국도 포함된다. 사실 제국주의 진영은 다른 많은 주변부 경제들보다 중국에서 더 많은 잉여가치를 뽑아낸다. 그 이유는 중국이 엄청난 무역 대국이기 때문이다. 그리고 중국은 제국주의 진영과 비교하면 기술적으로 후진국이기도 하다. 따라서 국제 시장가격을 감안하면, 중국은 자국 노동자들이 창조한 잉여가치의 일부를 더 선진 경제들과의 무역을 통해 잃고 있는 셈이다.[28]

카르케디와 로버츠의 분석에 통찰력이 있는 것은 사실이지만, 그들의 제국주의 정의는 너무 협소하게 경제적이고 자본축적과 지정학적 경쟁의 상호작용을 배제한다. 20세기 초의 신흥 제국주의 국가들(미국·독일·일본)은 국내 경제의 급속한 산업화를 바탕으로 강대국이 됐다는 점에서 오늘날의 중국과 비슷했다. 그러나 자본수출국으로서는 영국·프랑스보다 한참 뒤처져 있었다. 당시 주요 금융 대국인 영국과 프랑스는 광범한 식민지·반半식민지 네트워크에서 이익을 얻었다. 신흥 제국주의 국가들은 국내 경제에 투자할 자금을 조달할 때 영국과 프랑스의 도움에 의지했다. [미국의 역사가이자 경제학자인] 허버트 페이스에 따르면, 1914년 무렵 영국의 해외투자는 국민소득의 25퍼센트를 "크게 웃돌았고" 프랑스는 약 16퍼센트, 독일은 6퍼센트였다.[29] 그렇지만 산업화 덕분에 특히 독일과 일본은 당시 독일 황제 빌헬름 2세의 표현을 빌리면 "양지 바른 곳"을 차지할 수 있을 만큼 충분히 강한 군사력을 구축했다(미국 자본가들로 말하자면, 그들은 방대한 [북아메리카] 대륙을 식민지화하고 남쪽으로는 라틴아메리카, 서쪽으로는 태평양 너머로 팽창한 것에서 이익을 얻었다). 오늘날 시진핑은 중국의 경제적 근육을 사용해 영토 확장을 지원하고 있다.

여기서 역설은 서방 자본이 여전히 중국 경제에 더 깊숙이 참여하고 싶어 한다는 것이다. 월스트리트의 대형 은행들은 중국에 축조된 엄청난 저축의 저수지에 접근하기 위해 중국 금융시장에서 입지를 굳히고 싶은 마음이 간절하다. 라나 포루하는 최근에 다음과 같이 물었다. "중국이 극초음속 무기들을 실험하고 나토가 중화中華를 저지해야 하는 새 임무를 맡은 것과 나란히 골드만삭스가 제이피모건의 뒤를 이어 중국에서 현지 합작회사 없이도 자유롭게 영업할 수 있는 두 번째 독립적 [투자]은행이 됐다는 사실에 매우 놀란 사람은 나뿐일까?"[30] 더욱이, 뒤에서 더 자세히 살펴보겠지만 미국과 중국의 자본축적 패턴은 상호 의존적이다. 이런 의미에서 중국과 미국의 관계는 냉전 시기의 동서 대립보다는 1914년 이전 영국과 독일의 적대 관계와 더 비슷하다. 당시 영국은 독일의 최대 수출 시장이었고, 독일 기업들은 런던의 시티에서 환어음으로 투자 자금을 조달하는 경향이 있었다. 그렇다고 해서 두 나라가 전쟁으로 치닫지 않은 것은 아니었다.[31]

독일은 영국에 경제적으로 도전했을 뿐 아니라 지정학적으로도 도전했다. 오늘날 중국과 미국의 관계도 마찬가지다. 시진핑의 '중국 제조 2025' 계획은 경제를 기술적으로 업그레이드하는 것이 목표인데, 첨단 기술 산업에서 미국의 전통적 우위를 직접 위협하고 있다. 두 국가는 지금 지리경제적 투쟁에 휘말려 있고, (앞서 2장에서 봤듯이) 주요 경쟁 분야 하나는 기후변화에 적응하는 것이다. 팬데믹으로 인한 세계 공급 사슬의 교란, 특히 코로나19 감염의 영향을 받은 지역들을 봉쇄한 중국 정부의 정책은 세계 자본주의가 중국의 공장들에 의존하는 상황에 대한 서방의 우려를 심화시켰다. 한편, 중국의 인민해방군은 군사적 능력(과 특히 아시아 연안의 미국 해군에 대한 타격 능력)을 빠르게 향상시키고 있다. 그러나 군비경쟁은 훨씬 더 광범하다. 2021년 10월에 〈파이낸셜 타임스〉는 중국이 미국의 탄도탄 요격 미사일 방어망을 우회할 수 있는 극초음속 미사일 발사 실험을 했다고 보도했다. 미군 합참의장 마크 알렉산더 밀리 장군은 이런 사태를 "스푸트니크 순간"에 "매우 가까운" 것으로 묘사했다.[32] 2022년 4월에 오커스는 극초음속 무기들의 생산과 반격을 위해 협력하는 것으로도 확대됐다. 이런 경쟁은 역사적으로 가장 큰 두 자본주의 경제의 충돌로 가는 지름길이다.

이번 세기에 미국 제국주의가 겪은 좌절(세계 금융 위기, 이라크와 아프가니스탄에서 당한 패배, 트럼프의 대통령 취임과 이후 팬데믹을 둘러싸고 벌어진 치명적 혼란, 2021년 8월의 엉망진창 카불 철군)은 중국 엘리트층으로 하여금 미국이 돌이킬 수 없는 쇠퇴 과정에 있다고 생각하도록 부추겼다. 그래서 홍콩중문대학교의 [정치학 석좌교수] 정융녠은 다음과 같이 말했다.

미국은 밖에서 보면 옛 소련과 비슷하고 안에서 보면 청나라 말기의 중국과 비슷합니다. … 청나라 말기에 중국의 많은 엘리트층은 여전히 [중화] 제국이 '천조天朝'이자 '문명의 중심'이고 서양인은 오랑캐라고 생각했습니다. 중국의 후진성, 두 차례 아편전쟁에서 당한 패배에도 불구하고 그랬습니다. … 이 점은 오늘날 좀처럼 자신을 돌아보지 않는 미국의 엘리트층이나 지식인들의 상황과 두드러지게 비슷합니다. 미국인의 압도 다수는 여전히 자신들이 세계의 중심이라고 여깁니다. … 밖에서 보면 미국은 능력이 부족한 상황에서 과잉 팽창이라는 핵심 문제를 안고 있던 옛 소련과 흡사합니다. 오바마 정부에서 시작된 과잉 팽창은 중국과 러시아를 미국의 적으로 돌려놨습니다.

반면에, 중국은 과거의 미국과 더 비슷합니다. … 중국은 개방적이고 자신감이 있습니다. 늘 그랬듯이 역사에서 잘 배웁니다. 그러나 미국은 너무 젊어서, 거울로 삼을 만한 역사가 길지 않습니다. 그 때문에 미국은 심각한 실수를 계속 저지를 것입니다.[33]

지난 100여 년간 벌어진 격변들을 보건대, 미국이 청나라 말기나 옛 소련의 운명을 겪을 가능성을 배제한다면 어리석을 것이다. 특히 이 책 5장과 6장에서 살펴볼 미국 내부의 긴장을 감안하면 더욱 그렇다. 그러나 강대국으로서 미국은 결코 끝나지 않았다. 미국은 여전히 매우 강력한 주요 자본주의 국가다. 전 세계 생산량에서 미국이 차지하는 비중은 줄어들고 있을지 모르지만(비교적 느리게 그럴지라도) 미국은 네 가지 큰 자산이 있다.[34]

첫째 자산은 월스트리트다. 미국 재무부와 연준은 세계 금융 위기에 대처하는 데서 중요한 조직적 구실을 한 덕분에 국제 금융 시스템 관리에서 오히려 전보다 더 중요해졌다. 이것은 미국의 지정학적 능력을 강화시켜서, 예컨대 미국이 반대하는 국가들을 제재할 수 있게 해 준다(이 점은 근래 미국 통치술의 두드러진 특징으로서, 러시아의 우크라이나 침공에 대한 대응에서 새로운 수준에 이르렀다).[35] 둘째, 대형 정보 기술 기업들 덕분에 미국 자본주의는 엄청나게 수익성 있는 부문에서 우위를 차지하고 있다. 세계에서 가장 가치 있는 기술 기업 20개 중 10개가 미국 기업이고, 그중에는 애플, 마이크로소프트, 아마존, 알파벳(구글의 지주회사), 페이스북, 엔비디아, 인텔 등이 있다. 반면에 중국 기업은 3개뿐이다.[36] 따라서 2022년 10월에 바이든이 미국 설비로 생산된 첨단 반도체 칩을 중국이 이용할 수 없게 한 결정은 시진핑의 첨단 기술 야망에 심각한 타격을 가했다. 미국의 셋째 큰 자산은 당연히 펜타곤이다. 2021년에 미국의 국방비는 중국·인도·영국·러시아·프랑스·독일·사우디아라비아·일본·한국·이탈리아·호주·스페인의 군사 예산을 합친 것보다 더 많았다.[37] 더욱이, 펜타곤은 중국의 도전에 효과적으로 대처하기 위해 그 역량을 재구성하고 있다.[38]

마지막으로, 미국 통치술의 큰 장점 하나는 1940년대 이후 구축해 온 동맹 체제다. 오커스는 새로운 [안보] 조약이지만, 훨씬 더 광범한 동맹 건설이 진행되고 있다. 특히 인도·태평양 지역 국가들 사이에서 그렇다. 그 목표는 중국을 포위하는 것이다. [4개국 안보 회담인] 쿼드(미국·일본·인도·호주), [5개국의] 정보 공유 조약인 파이브 아이즈(미국·영국·캐나다·호주·뉴질랜드), 5개국 방위 협정(영국·호주·말레이시아·싱가포르·뉴질랜드)이 있다. 이 동맹들 중에는 "영어권 국가들"(미국과 영국, 영국의 옛 식민지들)에 기반을 둔 것이 많다. 중국에 대항하는 미국의 동원은 브렉시트 이후 '세계적 영국'에 걸맞은 구실을 찾고 있던 [영국 총리] 보리스 존슨에게 적기에 찾아왔다. 2021년에 영국의 새 항공모함 퀸엘리자베스를 중심으로 한 항모 전단의 항해에는 미군이 참여했고, 이는 러시아와 중국을 모두 도발했다. 비교적 큰 군사적 역량을 보유하고 미국 군산복합체와 긴밀하게 통합된 영국 제국주의는 미국의 가장 충실한 전략적 동반자라는 전통적 구실을 재천명하고 있다.

미국은 기존의 동맹들도 효과적으로 이용하고 있다. 그중에서 가장 중요한 것은 나토인데, 21세기 초에 나토는 유럽연합과 함께 중동부 유럽으로 확장됐다. 군사적으로 소련을 봉쇄하던 나토의 원래 구실은 여전히 살아 있다(2021~2022년에 나토가 러시아에 맞서 우크라이나를 지원하고 나선 것과 발트해까지 더 확장하려는 노력을 보라). 그러나 나토는 미국이 중국에 대응하는 것을 돕는 방향으로 전환하고 있기도 하다. 2022년 6월 마드리드에서 열린 나토 정상 회의에서 채택된 새로운 '전략 개념'은 러시아가 "동맹의 안보와 유럽·대서양 지역의 평화와 안정에 가장 중요하고 직접적인 위협"이라고 확인하지만, 중국의 "명시적 야망과 강압적 정책들은 우리의 이익·안보·가치에 도전한다"고, 또 중국과 러시아의 "전략적 동반자 관계 심화"와 "규칙 기반 국제 질서를 약화시키려는 그들의 상호 강화 노력은 우리의 가치와 이익에 어긋난다"고 경고하기도 했다.[39]

태평양 양안의 부채 주도 축적

정융녠이 미국의 이런 장점들을 고려하지 못한 것은 중국이 지난 40여 년간 놀라운 성장을 경험한 뒤에 중국인들이 느끼는 이해할 만한 자신감을 반영한다. 그러나 이런 성취의 토대가 된 경제 모델이 좌초하고 있다는 갖가지 조짐들이 보인다. 설득력 있는 논증이 담긴 매우 중요한 책《무역 전쟁은 계급 전쟁이다》에서* 매튜 C 클라인과 마이클 페티스는 중국이 세계 최대의 공산품 생산국이자 수출국이 되는 데 필요한 엄청나게 높은 수준의 투자는 소비 억제를

---

*   국역:《무역 전쟁은 계급 전쟁이다》, 시그마북스, 2021.

전제한다고 주장한다. 이 점은 중국의 임금 인상이 생산량 증가와 보조를 맞추지 못하는 것에 반영돼 있다. 그 책 지은이들의 추산에 따르면 "중국의 비금융 기업 노동자들은 자신들이 생산한 가치의 40퍼센트만을 받는다. 반면에 대다수 다른 나라에서는 기업 부가가치에서 노동자들이 차지하는 몫이 70퍼센트에 가깝다."[40] 이런 전략 덕분에 중국은 항상 국제수지 흑자를 달성할 수 있었다. 중국에서 흘러나온 값싼 공산품과 자본이 태평양을 건너가서 미국 경제를 지탱했고, 미국 경제 자체는 금융 자산의 축적으로 추동됐다.

페티스는 다음과 같이 썼다.

오늘날 무역 전쟁은 실제로 미국과 중국 같은 나라들 사이의 충돌도 아니고, 심지어 무역 적자국과 흑자국 사이의 더 광범한 충돌도 아니다. 오히려 그것은 경제 부문들 사이의 충돌이다. 흑자국과 적자국 모두에서 은행가들과 자본 소유자들은 임금 억제, 이윤 상승, 국제 자본의 이동성 증대에서 득을 봤다. 흑자국의 노동자들은 소득 감소와 통화가치 하락의 형태로 [무역] 불균형의 대가를 치렀다. 적자국의 노동자들은 실업률 상승과 부채 증가의 형태로 불균형의 대가를 치렀다. 그러므로 흑자국과 적자국 모두에서 소득분배의 불평등과 그 밖의 왜곡을 뒤집는 것만이 무역 전쟁을 끝낼 수 있는 유일하게 영속적인 방법이다.[41]

한편 미국과 중국 모두 현재의 성장 노선을 유지하기가 점점 더 어렵다는 것을 깨닫고 있다. 앞서 3장에서는 어떻게 바이든 정부가 국가 주도로 미국 자본주의의 구조조정을 시작하려 했는지 살펴봤다. 중국은 대출을 약 6000억 달러 늘려서 투자와 경제성장을 지탱하라고 은행들에 지시해서, 세계 금융 위기의 충격과 그에 따른 중국 수출품 수요 붕괴를 억제할 수 있었다. 이것은 세계의 경제력 분포를 중국에 유리하게 바꿔 놓는 데도 도움이 됐고, 중국은 국제무역망이 자국 쪽으로 방향 전환한 것에서도 득을 봤다. 그러나 그것은 또 클라인과 페티스가 묘사하듯이 "높은 투자에서 과도한 투자로" 나아가는 경향도 강화시켰다.[42]

중국의 GDP 대비 부채 비율은 2006년 150퍼센트 미만에서 팬데믹 초기에 250퍼센트 이상으로 높아졌다. 미국이나 일본처럼 정부 차입이 부채의 가장 큰 원인인 경제 대국들과 다르게 중국에서는 비금융 기업들의 부채가 국민소득의 160퍼센트에 달했다.[43] 2010년대에는 점점 더 부동산 부문이 경제성장의 원동력이 됐다. 부동산 회사들은 지방정부와 긴밀하게 연결됐고, 수입의 원천으로 토지 판매에 크게 의존한 지방정부들은 엄청난 빚을 내서 주택 건설 사업을 시작했다. 〈파이낸셜 타임스〉는 다음과 같이 보도했다. "중국의 부동산 부문은 총생산에서 약 30퍼센트를 차지하는 것으로 추산된다. 2020년에 지방정부들은 토지 판매로 8조 4000억 위안을 조달했는데, 이 금액은 총수입의 약 3분의 1을 차지한다."[44] 일대일로 구상은 중국의 수입과 수출을 위한 주요 통로로서 태평양과 인도양을 연결하는 플라카해협에 대한 의존을 줄여서 미국의 해군력에 취약한 중국의 허점을 보완하기 위한 것이다. 그러나 그것은 중국 기업들에 새로운 사업 기회를 제공해서, 이 과잉 축적 위기를 상쇄하는 데도 도움이 된다.[45]

지난 몇 년간 중국 정부는 이 부채 주도 과잉 축적을 억제하려 했다. 2021년에 시진핑 자신이 [중국 공산당 중앙위원회의 격월간 이론지에] 발표한 기조 논설에서 이전의 요구들을 다음과 같이 되풀이했다. "이제는 경제성장의 질과 수익을 향상시키고, 지속적이고 건강한 경제 발전을 촉진하고, GDP의 부풀려진 성장[여기서는 "물타기한 성장"이라는 중국어 원문이 더 생생하다 — 캘리니코스]보다는 진정한 성장을 추구하고, 효율적이고 지속 가능하고 질 높은 발전을 실현하는 쪽으로 우리의 초점을 바꿔야 한다."[46] 원래 덩샤오핑이 창안한 '공동 부유'라는 구호가 중국에서 되살아난 것은 중국식 성장 모델이 가져온 환경 파괴와 경제적 불평등을 인정한다는 것을 의미한다. 그 구호는 경제의 방향을 기술혁신과 국내시장 중심으로 전환하려는 염원을 담고 있다.

이와 같이, 코로나19 팬데믹의 발발에 대응해서 다른 나라들은 기술 관료적 케인스주의로 달려간(3장 참조) 반면에, 중국은 2008~2009년보다 경기 부양책 규모가 상당히 작고 가계 직접 지원이 매우 적었다는 점이 두드러진다.[47] 2020년 8월에 중국 정부는 동일한 정책의 연장선에서 부동산 개발 업자들의 신규 차입을 크게 제한하는 '3대 레드 라인'을 부과했다. 즉, 자산 대비 부채 비율, 자기자본 대비 순부채 비율, 단기 차입 현금 비율을 강하게 옥죄는 정책을 발표했다. 기업들은 이런 규제를 피하기 위해, 재무제표상에 나타나지 않는 기업 어음을 발행해서 대응했다(흔히 그 기업에 납품하는 사람들은 어쩔 수 없이 어음을 받아야만 했다). 이를 두고 〈파이낸셜 타임스〉는 "중국에서 중앙정부의 모든 규제 조치에 대해서는 표적이 된 기업들이 규제를 피할 수 있게 도와주는 시장 주도 반작용이 존재한다는 사실을 보여 주는 전형적 사례"라고 말했다.[48]

그러나 2021년 말쯤에는 중국 2위의 부동산 개발 업체 헝다 그룹이 "중국 국내총생산의 2퍼센트쯤 되는 약 2조 위안의 누적 부채"에 대한 디폴트[채무불이행] 선언 직전까지 갔다. "헝다 그룹에 돈을 빌려준 채권자들은 그룹의 고수익 투자 상품을 구입한 개인들부터 중국 최대의 건설 회사들과 은행들까지 아주 다양했다."[49] 부동산은 중국 경제에 대단히 중요했으므로 정부는 헝다 그룹 자체나 비슷한 부류의 기업들까지는 아니더라도 적어도 그 채권자들과 납품 업체들은 구제해 줘야 한다는 압력을 받았다. 부채 주도 성장 의존도를 줄이는 정책에서 후퇴하는 한이 있더라도 그렇게 해야 한다는 것이었다.[50] 실제로 중국 정부는 오미크론 변이의 확산을 막으려는 강제 봉쇄 조치로 인한 경기 둔화 문제를 붙잡고 씨름하면서, 부채로 자금을 조달해서 투자와 수출을 늘리는 모델을 훨씬 더 강화했다. 지금 중국의 산업 보조금은 세계 최고 수준이다.[51]

따라서 미국과 중국의 경쟁은 에드워드 7세 시대[1901~1910년]의 영국 같은 지친 거인, 즉 더는 자신의 패권적 지위를 경제적으로 지탱할 수 없는 강대국과 개방적이고 자신감 있는 신흥 강대국 사이의 대립이라는 단순한 구도가 결코 아니다. 미국과 중국 두 경쟁자 모두 상호 의존적 부채 주도 축적 전략을 추구했지만, 이제 그 한계가 매우 분명히 드러났다. 물론 이런 경제적 어려움은 태평양 양안의 두 나라 정치 지도부가 불만을 외부로 돌리기 위해 민족주의의 북을 두드리도록 부추길 수 있다. 이것이 바로 본질적으로 트럼프가 한 일이었고 그는 커다란 정치적 성공을 거뒀다. 이와 같이 1930년대에 그랬듯이 경제 위기는 지정학적 적대 관계를 부채질할 수 있다.

지역적 권력투쟁

자본주의적 제국주의는 강대국이 자신의 의지를 이웃 국가들에 강요한다는 초역사적 의미의 제국과 단순히 동일시할 수 없다. 자본주의적 제국주의는 자본주의적 지배와 자본주의적 상호 경쟁의 **체계**다. 자본주의적 제국주의가 다원적일 수밖에 없는 이유는 경쟁적 축적의 논리에 따라 조정되기 때문이다. 자본주의에 내재하는 불균등·결합 발전 과정은 경제력과 군사력의 불균등한 분포를 반영하는, 국가들의 세계적 서열을 만들어 낸다. 그 서열의 상층에는 소수의 제국주의 국가들이 있다. 그들은 경제적·금융적 비중과 전력 투사 능력 덕분에 전 세계를 무대로 경쟁할 수 있다. 오늘날 그런 국가는 대체로 미국(여전히 나머지 제국주의 국가들보다 훨씬 앞서 있다), 중국, 영국, 일본, 독일, 프랑스, 러시아다.[52] 서열의 다음 단계는 '아류 제국주의' 국가들이 차지하고 있다. 제국주의의 구성 요소인 경제적·지정학적 경쟁의 동역학은 특정 지역들 수준에서도 나타나는데, 그런 지역에서 가장 강력한 국가들은 서로, 또 더 약한 이웃 국가들을 상대로 자신의 이익을 확립하려 한다.[53] 오늘날 더 작은 제국주의 국가들과 지역적 아류 제국주의 국가들은 모두 미국과 중국이라는 두 강대국의 중첩적 충돌 와중에 나름대로 책략을 부리며 이익을 차지하려 한다.

블라디미르 푸틴 치하의 러시아는 미국과 중국 다음으로 가장 중요한 제국주의 국가다. 상대적 힘이라는 면에서 보면 러시아는 옛 소련보다 훨씬 약하고 경제 규모는 이탈리아와 비슷하다. 그렇지만 애덤 투즈는 매우 통찰력 있는 분석에서 다음과 같이 말했다. "비록 푸틴 정권을 다른 시대의 유물이나 새로운 권위주의 물결의 조짐으로 일축해 버리고 싶은 생각이 강하게 들겠지만, 푸틴 정권이 실제로 영향력 있고 우리의 주의를 끄는 이유는 세계적 성장과 세계적 통합 덕분에 러시아 정부가 상당한 힘을 축적할 수 있었기 때문이다."[54] 러시아는 세계 1위 원유 생산국의 지위를 두고 미국·사우디아라비아와 경쟁하고 있고, 세계 2위의 천연가스 생산국이자(1위는 미국) 최대 수출국이다.[55] 에너지 수출에서 나오는 수익 덕분에 러시아는 군사 대국으로서 지위를 유지할 수 있었다.

1999년에 대통령이 된 푸틴은 러시아 민간 경제를 지배하며 멋대로 굴던 올리가르히에게 규율을 강요한 후 영악하게 일을 처리했다. 적어도 2022년에 우크라이나 침공을 개시할 때까지는 그랬다. 푸틴은 에너지 수익을 이용해 군대를 재건했을 뿐 아니라, 어느 정도는 국내의 사회적 평화도 얻었다. 그는 2008년에는 조지아에서 짧은 전쟁을 벌이고 2014년에는 크림반도를 점령하고 이후 우크라이나 남동부에서 저강도 전쟁을 수행해서 인접국들의 친서방 정부를 응징하는 등 '가까운 외국'에* 대한 러시아의 패권을 재천명했다. 더 최근에 우크라이나를 전면 침공한 것은 이 패권을 유지하려는 푸틴의 단호한 의지를 반영했다(다음 절 참조). 그는 또 오바마와 트럼프의 신중한 중동 정책을 이용해서, 냉전 시기에 옛 소련이 주요 구실을 한 지역에서 자신의 영향력을 재건하기도 했다. 러시아는 시리아와 리비아 양국에서 실세가 됐고, 사하라 사막 이남 아프리카에서 영향력을 확대했다. 사하라 사막 이남 아프리카는 옛 소련이 중요한 영향을 끼친 또 다른 지역이다. 특히 유럽의 식민주의에 반대하는 운동과 남아공의 아파르트헤이트에 반대하는 운동을 지원해서 그럴 수 있었다.

2019년에 〈파이낸셜 타임스〉는 다음과 같이 보도했다.

러시아는 중국 같은 자금력도 없고 옛 식민지 강대국들 같은 오랜 무역 관계도 없지만 군수품 수출, 안보 기구, 국가가 통제하는 천연자원 기업들을 이용해 대륙을 가로질러 기반을 구축하려 했다.

---

* 가까운 외국(near abroad) 1991년 소련 해체 후 독립한 14개 공화국들을 러시아에서 일컫는 말이다.

아프리카 전역에 군사 교관들을 파견해 대통령을 경호하는 엘리트 부대들을 훈련시켰고, 무기 수송물을 보냈으며, 흔들리는 독재자들을 선거 전략으로 지원했다. 또 핵발전소 건설과 유정이나 다이아몬드 광산 개발을 약속하기도 했다.[56]

러시아의 중동 개입은 미국의 이라크전 패배와 아랍의 민중 항쟁으로 촉발된, 더 광범한 지역적 패권 투쟁의 일환이다. 이란·사우디아라비아·튀르키예는 시리아와 리비아에서 전쟁을 부채질하는 최대 주역들이다. 한편, (중동 지역에서 자본주의의 중심지인) 페르시아만 연안 국가들은 중국과 더 긴밀한 관계를 발전시켜 왔다. 중국은 그들의 석유와 가스가 판매되는 최대 시장이고 점점 더 중요한 첨단 기술 공급자다. 또 중국은 [미국과 달리] 인권 문제를 제기하거나 사우디아라비아가 예멘에서 벌이고 있는 야만적 전쟁에 관해 곤란한 질문을 하지 않는다. 아랍에미리트연합대학교의 [정치학 교수] 압둘칼레크 압둘라는 다음과 같이 말했다. "미국에 대한 신뢰 부족이 있고, 그것은 날이 갈수록 커지고 있습니다. 지금 추세는 모든 분야에서 중국에 대한 신뢰는 늘어나고 미국에 대한 신뢰는 줄어드는 것입니다. 단지 경제적으로만이 아니라 정치적·군사적·전략적으로도 그럴 것입니다. 이와 관련해 미국이 할 수 있는 일은 없습니다."[57] 또 중국과 그 전통적 동맹 파키스탄은 복원된 탈레반 치하 아프가니스탄에 지배적 영향을 미칠 공산이 크다.

나토의 충실한 동맹이던 튀르키예가 레제프 타이이프 에르도안

치하에서 점점 더 적극적인 지역 강국으로 변모한 것은 국가 간 관계가 얼마나 유동적이 됐는지를 보여 주는 좋은 사례다. 에르도안은 시리아 전쟁에 개입했고(부분적으로는 바샤르 알아사드 정권을 무너뜨리기 위해, 부분적으로는 시리아 북서부에서 미국의 후원 아래 국가를 선포한 쿠르드족 자치구를 봉쇄하기 위해 그랬다), 리비아에서는 군사적 균형을 트리폴리 정부에 유리하게 기울어지도록 해서 사우디아리비아와 이집트 같은 아랍 경쟁국들을 불쾌하게 만들었고, 2020년에는 아제르바이잔 내 아르메니아계 소수민족 거주지인 나고르노카라바흐를 두고 벌어진 전쟁에서 아제르바이잔이 아르메니아에 승리하도록 도와줘서 푸틴의 코를 납작하게 했다. 러시아·우크라이나 전쟁은 에르도안에게 새로운 기회를 제공했다. 지중해와 흑해를 연결하는 해협을 튀르키예가 통제하고, 핀란드와 스웨덴의 나토 가입 신청을 막아 버리겠다고 위협한 덕분이었다.

대중동은 지역적 경쟁이 가장 치열한 곳이지만, 우리는 제국주의와 아류 제국주의 경쟁의 동일한 논리가 다른 곳에서도 작용하는 것을 볼 수 있다. 모잠비크는 특히 슬픈 사례다. 세계에서 가장 가난한 나라 축에 드는 모잠비크는 2010년에 북부의 로부마강 유역에서 세계 4위 규모의 액화천연가스 유전이 발견된 이후 외국의 이익집단들을 끌어당기는 자석이 됐다. 토탈, 엑슨모빌, 에니ENI, 갈프,*

---

* 토탈은 프랑스, 엑슨모빌은 미국, 에니는 이탈리아, 갈프는 포르투갈의 석유·천연가스 회사들이다.

중국석유천연가스공사CNPC가 모잠비크의 액화천연가스 추출 사업에 적극적으로 투자해 왔다. [남아공 콰줄루나탈대학교 교수이자 반자본주의 활동가인] 패트릭 본드는 "모잠비크의 극도로 취약한 연안 지대, 내륙 기반 시설, 농경지에 영향을 미칠 수 있는 기후 위험 요인들"은 "완전히 무시됐다"고 지적한다. 액화천연가스는 "주로 메탄으로 이뤄져 있는데, 메탄의 추출·가공·저장·운송·연소를 통해 기후를 파괴하는 능력은 (기후 재난의 주요 원인인) 이산화탄소보다 80배나 더 크다. 다가오는 (결정적으로 중요한) 20년 동안 그럴 것이고, 다음 세기에는 25배 더 클 것"이라는 사실에도 불구하고 말이다. 모잠비크는 이미 기후변화의 "악영향이 세계에서 네 번째로 심각한 나라"다(이 책 "들어가며"에서 이야기한 2019년의 홍수를 보라).[58]

한편, 2017년 이후 모잠비크의 최북단 지방인 카부델가두주州에서는 이라크·레반트 이슬람국가를 지지하는 급진적 이슬람주의 운동인 알샤바브*가 시작한 반란이 확산됐다. 3700명 넘는 사람들이 죽었고, 80만 명이 살던 곳에서 쫓겨났다. 잔혹하고 부패한 모잠비크 군대를 지원한 것은 외부의 군사적 개입, 특히 (남아공이 지배하는) 남아프리카개발공동체SADC, 르완다, 러시아 용병 조직인 바그너그룹의 개입이었다.[59] 모잠비크는 최근에 천연자원이 약탈자들의 마음을 끈 최초의 아프리카 나라가 아니다. 첨단 기술에 필수적인

---

* 알은 아랍어 정관사이고 샤바브는 청년이라는 뜻이다.

콜탄* 같은 원료의 산지인 콩고민주공화국DRC은 1998년부터 2003년까지 자그마치 9개나 되는 아프리카 나라의 군대가 개입한 끔찍한 전쟁의 피해자였다. 국제구조위원회IRC에 따르면, 전쟁과 그 여파 때문에 주로 질병으로 540만 명 이상이 사망했다.[60] 2022년 중반에는 콩고의 자원을 거래하는 수익성 좋은 사업을 둘러싸고 경쟁하던 콩고민주공화국과 이웃 국가들인 르완다·우간다 사이에서 새로운 충돌이 발생했다.

우크라이나 전쟁이 발발하기 전에 유럽연합은 그런 참혹한 경험과 거리가 먼 세계인 듯했다. 즉, 무력보다는 규범에 바탕을 두고 국가 간 협력으로 달성되는 진보를 자랑스러워하는 선진 자본주의 지역으로 보였다(비록 유럽의 강대국들이 리비아에서 벌인 경쟁과 말리에서 실패한 프랑스의 군사적 개입은 그것이 거짓임을 보여 줬지만 말이다). 유럽연합은 이해관계가 서로 다른 국가들의 카르텔이고, 다른 지역의 국가들과 마찬가지로 유럽의 국가들도 미국·중국·러시아의 모순된 견인력을 느낀다. 특히 독일은 중국에 대한 투자와 무역에서 엄청나게 득을 보고, 유럽의 나머지 국가들과 마찬가지로 천연가스 공급을 주로 러시아에 의존한다. 러시아산 석유와 가스에 대한 유럽의 의존은 냉전 시기까지 거슬러 올라간다. 당시 중동은 1956년 수에즈 위기 이후 별로 미덥지 않은 공급처가 돼 버렸고 미국의 매장량은 줄어들고 있었던 것이다.[61] 그러나 유럽은 러시아에

---

* 콜탄 휴대전화 같은 소형 첨단 전자기기의 핵심 재료로 쓰이는 광물이다.

맞서 자신의 안보를 책임지는 국가인 미국에 여전히 크게 의존하고 있기도 하다.

프랑스는 영국이 떠난 유럽연합에서 이제 최대 군사 강국이지만, 예전의 신식민지 전유물이던 아프리카 북부와 서부에서 이슬람주의자들·튀르키예·러시아의 압력을 받으며 경제적으로 쪼들리고 있다. 그와 동시에, 오커스의 핵 잠수함 사업 합의 때문에 굴욕을 맛봐야 했다. 원래 프랑스의 핵 잠수함을 도입하기로 한 호주가 계약을 파기하고 미국과 영국의 지원을 받기로 했기 때문이다. 이런 차질은 유럽연합 내에서 독일과 비교해 상대적으로 경제적 지위가 하락한 국가, 특히 옛 아프리카 식민지들에서 자국의 군산복합체와 전력 투사 능력에 의존하게 된 국가에는 중요하다.[62] 프랑스 대통령 에마뉘엘 마크롱은 '전략적 자율성'을 발전시키라고 유럽연합에 자주 요구한다. 그러나 러시아의 우크라이나 침공은 다시 독일을 나토 쪽으로 강하게 떠밀었다. 더욱이, 중부와 동부 유럽 국가들은 이제 러시아라는 옛 주인에 대항해서 미국의 보호에 기대를 걸어야 할 이유가 더 많아졌기 때문에, 나토가 조금이라도 약해지는 것에 강하게 반대할 것이다(한편 미국은 중국과 대결하는 데 나토를 끌어들이고 있다).

에너지를 공급받을 기회는 국가 간 경쟁을 더 악화시킨다. 사이먼 브롬리에 따르면, 석유는 제2차세계대전 이후 미국의 "전략적 상품"이었다. "미국의 세계 석유 통제권은 미국의 세계 지도력을 전반적으로 관리하는 데서 핵심 자산이 됐다. 특히, 서방 자본주의의 다른 주요 중심들(서유럽과 일본)이 수입 석유에 더 많이 의존한다는 사실을 감안하면 더욱 그랬다."[63] 그러므로 미국의 중동 지배는 미국 패권의 결정적 받침대였다. 그래서 미국 자체가 수입 석유에 의존하게 되고 [1979년] 이란에서 혁명이 일어나고 소련이 아프가니스탄을 침공하자 미국 대통령 지미 카터는 1980년 1월에 이른바 카터 독트린을 발표해서, 페르시아만을 지배하려는 어떤 시도에 대해서도 무력을 사용하겠다고 위협했다.[64] 중동산 에너지의 전략적 중요성은 1990년대에 중국이 석유 수입국이 되면서 훨씬 더 커졌다. 데이비드 하비가 지적하듯이 "세계의 석유 수도꼭지"를 계속 통제하는 것은 미국이 대중동에서 "영원한 전쟁"을 벌이는 핵심 동기였다.[65]

그러나 지난 10여 년 동안 두 가지 중요한 변화가 있었다. 첫째, 앞서 2장에서 봤듯이 기후변화는 탈탄소 경제로의 전환에 필요한 기술 개발을 둘러싸고 지리경제적 경쟁을 격화시켰다. 그러나 역설이게도 더 광범한 '녹색 전환' 노력은 오히려 한 가지 화석연료(천연가스)에 대한 의존을 더 증대시켰다. 왜냐하면 천연가스 소비는 석탄보다 이산화탄소를 덜 배출하기 때문이다. 중국 정부는 야심 찬 탈탄소 계획을 갖고 있다. 그러므로 중국은 천연가스 수입이 증가하는 나라가 됐고, 이 점은 일본이나 한국 같은 다른 아시아 경제 대국도 마찬가지다. 둘째, 이른바 프래킹 혁명, 즉 수압 파쇄법을 이용한 셰일가스 혁명(이것 자체는 주로 2009년 이후 연준의 양적 완화 계획으로 가능해진 저금리 신용 대출의 홍수를 통해 자금을 조달했다) 덕분에 2005년에 미국은 에너지 수입이 감소하기 시작했고

2019년쯤에는 에너지 순수출국이 됐다.[66] 이 중요한 경제적 변화로 말미암아 미국은 이라크 전쟁 패배 후 대중동에서 부분적으로 철수하기가 용이해졌다.

헬렌 톰프슨은 중요한 신간 《무질서》에서 이런 변화가 미국·중국·러시아의 경쟁에 미친 영향을 강조한다.

석유와 가스에 관한 한, 미국은 1960년대 이후 그 어느 때보다 더 많은 에너지 자율성을 확보할 능력을 얻었고, 미국의 극단적 금융 레버리지는* 이 능력을 보완한다. 이렇게 새로워진 미국의 힘은 중동에서 지정학적 대혼란의 요인이 됐다. 그것은 또 수입 석유에 의존하는 중국을 석유 시장의 중심축으로 만들었고, 유럽에 천연가스를 수출하는 러시아에 만만찮은 경쟁자를 제공하기도 했다. 이 미국과 러시아의 경쟁 때문에 냉전 후 우크라이나 중심의 단층선, 튀르키예 중심의 더 장기적인 단층선이 만들어졌다. 중국은 세계 최대의 탄소 배출국이자 중요한 금속들뿐 아니라 재생 가능 에너지에서도 이미 큰 이점이 있기 때문에, 녹색 에너지는 이제 화석연료 에너지로 인한 지정학적 불안정과 동시에 진행되는 또 다른 지정학적 불안정의 근원이다.[67]

---

* 레버리지 타인의 자본을 지렛대처럼 이용해 자기자본의 수익률을 높이는 것을 말한다.

우크라이나 전쟁과 국제 체제의 양극화

우크라이나 위기는 세계 수준과 유럽 수준에서 모두 고조돼 온 긴장을 압축적으로 보여 준다. 푸틴의 일관된 목표 하나는 나토가 러시아를 포위하기 전에 나토의 동진을 막는 것이었다. 나토의 동진을 추구한 것은 클린턴 정부와 조지 W 부시 정부였다. 그들은 1989년 11월 베를린 장벽 붕괴 후 소련의 마지막 대통령 미하일 고르바초프가 통일 독일의 나토 잔류에 동의했을 때 그에게 [나토의 동진을 추구하지 않겠다고] 한 약속을 어기고 그렇게 한 것이다. 1990년 2월 9일 미국 국무부 장관 제임스 베이커는 고르바초프에게 다음과 같이 말했다. "우리가 나토의 일원인 독일에 미군을 계속 주둔시키더라도 나토의 관할권은 동쪽으로 1인치도 확장되지 않을 것입니다."[68] 고르바초프는 통일 독일을 핵무기 없는 중립국으로 만들자고 제안했다. [미국 역사학자] 메리 엘리스 서로티는 [인도 주재 미국 대사를 지낸] 외교관 로버트 블랙윌이 (1989~1993년 미국 대통령) 조지 H W 부시의 국가안보보좌관이던 브렌트 스코크로프트에게 보낸 "그레이트 게임의 시작"이라는 제목의 1990년 2월 7일 자 보고서를 바탕으로 다음과 같이 말했다. "그러나 미국이 이 결과를 전혀 받아들일 수 없었던 이유는 '미국을 전후 유럽의 강대국으로 만들어 준 최고의 자산 [군대와 무기 — 캘리니코스]을 박탈할 것'이기 때문이었다."[69]

이 '그레이트 게임'은 1999년부터 2004년까지 나토가 (유럽연합과 함께) 중동부 유럽으로 확장되는 것으로 귀결됐다. 그 목표는 미국이 유럽의 강대국 지위를 굳건히 하고 확대하는 것이었다. 더욱이, 클린턴 정부의 국무부 부장관이었고 외교정책의 주요 설계자인 스트로브 탤벗은 1994년 9월에 "나토의 확장은 … 나쁜 곰[러시아]에 대한 처벌 또는 '새로운 봉쇄'가 될 것"이라고 말했다. 몇 년 뒤의 이라크 침략과 마찬가지로, 그 정책도 미국의 단명한 '일극적 순간'이 사라지기 시작하는 바로 그때 워싱턴을 지배하던 자만심을 반영한 것이었다. 그 결과는 "냉전 후의 질서가 냉전 때와 많이 닮았지만, 유럽의 경계선은 더 동쪽으로 이동한 것"이었다고 서로티는 말한다.[70] 푸틴이 조지아와 우크라이나의 나토 가입을 막기 위해 취한 대응 조치의 시작은 2008년 그루지야[조지아의 옛 이름]를 상대로 벌인 짧은 전쟁이었다. 그것은 미국의 힘의 한계를 보여 준 여러 징후 가운데 하나였다.[71] 그 뒤 2014년에 푸틴은 크림반도를 점령하고 우크라이나 남동부에서 친러시아 분리주의 세력을 후원하기로 결정했다.

1991년에 독립국이 된 이후 우크라이나의 전략적 중요성은 카터의 국가안보보좌관을 지낸 즈비그뉴 브레진스키가 1997년에 처음 펴낸 책에* 매우 분명히 나와 있다. 냉전 후 미국의 세계 패권을 강화하는 데 몰두한 브레진스키는 나토와 유럽연합의 동진을 지지한 주요 인물 중 한 명이었다. 그는 유럽이 "미국의 패권을 유라시아로 확장시킬 수 있는 교두보이고 민주적 세계 체제를 유라시아까지 확산시키기 위한 잠재적 발판"이라고 봤다.

---

* 국역: 《거대한 체스판》, 삼인, 2017.

우크라이나는 유라시아라는 체스판에 새로 형성된 중요한 공간으로서 지정학적 중심축이다. 왜냐하면 독립 국가로서 우크라이나의 존재 자체가 러시아를 변화시키는 데 도움이 되기 때문이다. 우크라이나 없이는 러시아가 유라시아의 제국이 될 수 없다. … 그러나 만약 러시아가 우크라이나에 대한 지배력을 되찾으면, 5200만 명의 인구와 주요 자원에다가 흑해로 통하는 길도 확보하게 돼 자동으로 유럽에서 아시아에 이르는 강력한 제국주의 국가가 될 수단을 다시 되찾게 된다.[72]

브레진스키는 유라시아 서부에서 미국의 패권을 강화하고 확대하기 위해 우크라이나의 독립을 이용하려 하는 동시에, 러시아의 정책을 결정하는 엘리트층이 그런 미국의 계획에 불만이 많다는 것을 인정하면서 "전술적 균형과 전략적 목표와 관련해서" 미국이 직면한 "어려운 딜레마"를 강조한다. "특히 유럽연합과 나토가 확장됨에 따라 [미국과 일부 유럽 국가들 사이에 견해 차이가 나타날 수 있을 것이다.] 유럽연합이나 나토에 러시아를 가입시키는 문제를 고려해야만 할 것인가? 그렇다면 우크라이나는? 러시아를 배제하면 (러시아인들의 머릿속에서 자기 실현적 예언을 만들어 내서) 큰 대가를 치러야 할 수 있지만, [러시아를 가입시켜서] 유럽연합이나 나토를 희석시키는 것도 매우 불안정한 결과를 초래할 수 있다."[73]

지금 우리는 "러시아를 배제한 대가"가 얼마나 클 수 있는지를 목격하고 있다(물론 그렇다고 해서 2022년 2월 24일 푸틴이 명령한 야만적 우크라이나 침공이 조금이라도 정당하다는 말은 아니다).

푸틴이 처음에 [우크라이나를 겨냥해] 군사력을 증강한 의도는 미국의 양보, 특히 우크라이나의 나토 가입을 허용하지 않겠다는 약속을 끌어내려는 것이었을 수 있다. 그러나 러시아와 우크라이나의 역사적 유대 관계에 관한 인종적·민족주의적 공상과 미국에 대한 푸틴의 원한을 모두 포함하는 강력한 이데올로기적 동기도 작용했다. 푸틴은 비록 전 세계가 계속 궁금해하며 추측하도록 만들려고 했지만, 그의 전략적 목표는 분명했다. 거의 4반세기 동안 지정학적 동요, 경제적 쇠퇴, 정치적 혼란을 겪던 우크라이나가 2014년 2월 '마이단 혁명'의 결과로 서방 쪽으로 기운 결정적 추세를 역전시키려는 것이었다.[74]

푸틴의 요구에 대한 바이든 정부의 대응은 한편으로는 협상을 하면서도 우크라이나는 나토에 가입할 권리가 있다는 원칙을 내세워 양보를 거부한 것이었다. 또 전쟁 발발 위험을 떠들어 대면서 중동부 유럽에서 미국 자체의 군사력을 증강하기도 했다.(이 정책은 영국의 보리스 존슨 정부에서 강력한 반향을 불러일으켰다. 존슨 정부는 총리 자신이 코로나19 방역 수칙을 여러 번 어긴 사실이 들통나는 바람에 국민들의 시선을 딴 데로 돌릴 만한 것을 열심히 찾고 있었기 때문이다.) 그 결과는 냉전 종식 이후 미국과 러시아 사이의 긴장이 아주 위험하게 고조되는 과정이었다. 미국의 역사적 신화에서 1962년 10월의 쿠바 미사일 위기는 '정면' 대결이었다. 그러나 이번에는 어느 쪽도 전혀 양보할 생각이 없는 듯했다. 왜냐하면 바이든은 2021년 8월 미군의 아프가니스탄 카불 철수 때 드러난 혼란이 즉시 그의 지지율 하락을 촉발했기 때문이고, 푸틴은 미국이 러시아를 "지역 강국"(오바마가 전에 러시아를 깎아내리면서 오만하게 한 말이다) 이상으로 인정하도록 강요하기로 작정했기 때문이다.[75]

그러나 미국의 강경한 태도는 거의 확실히 중국을 염두에 둔 것이기도 했다. 〈파이낸셜 타임스〉의 [외교 문제 수석 칼럼니스트] 기디언 래지민이 [2022년 1월 23일에] 말했듯이

우크라이나 위기는 분명히 전 세계적 영향을 미치기 때문에 '세계 질서'에 관한 것이기도 하다. 미국은 만약 러시아가 우크라이나를 공격해서 독자적 '세력권'을 확립한다면 중국에 선례가 될 것이라는 점을 알고 있다. 시진핑 집권기 동안 중국은 남중국해의 모든 분쟁 지역에 군사기지를 건설했다. 대만을 침공하겠다는 중국의 위협은 … 더 공공연하고 빈번해졌다. 만약 푸틴이 우크라이나를 침공하는 데 성공한다면, 시진핑이 대만을 공격하고 싶은 유혹도 더 커질 것이고, 흥분한 민족주의자들이 미국의 시대는 끝났다고 생각해서 중국 지도자에게 가하는 국내의 압력도 더 커질 것이다.[76]

미국과 중국의 적대 관계와, 러시아와 나토의 경쟁은 상호작용을 해서 중국과 러시아가 더 단결하게 만드는 효과를 냈다. 이것은 결코 필연적인 일이 아니었다. 중국과 러시아는 중앙아시아에서 영향력 경쟁을 벌이고, 러시아의 정책 입안자들은 자국의 극동 지역을

경제적으로 동화시키는 중국의 능력에 대해 불안해한다(그 지역은 19세기와 20세기 초에 제정러시아가 팽창하는 과정에서 부분적으로는 중국을 제물로 삼아 얻은 영토였다). 더욱이, 오랫동안 중국은 자신들의 이익에 직접 영향을 미치지 않는 지정학적 위기에 휘말리는 것에 신중한 태도를 취해 왔다.

그러나 양국이 모두 미국과 충돌하게 되자 중국과 러시아 두 강대국 사이의 경제 협력과 안보 협력이 증대했다. [러시아가 우크라이나] 전쟁을 준비하는 기간에 시진핑은 푸틴이 나토의 확장을 반대하는 것을 거듭 공개적으로 지지했고, 침공 직전인 2022년 2월 4일에는 러시아와 중국이 '무제한'의 전략적 동반자 관계라고 선언하는 공동 성명에 서명했다. 그러나 일단 전쟁이 발발하자 중국은 러시아가 우크라이나의 국가 주권을 침해한 것에 분명히 당황했고, 중국의 기업들은 서방의 러시아 경제제재로 타격을 받을까 봐 두려워했다. 그렇지만 중국 관영 언론 〈글로벌 타임스〉의 [전 편집장] 후시진은 중국이 러시아를 포기해서는 안 되는 이유를 다음과 같이 간결하게 설명했다.

지금은 중국과 러시아가 미국의 패권에 저항하는 가장 무거운 부담을 번갈아 지고 있다. … 새로운 시대에 중국과 러시아의 포괄적인 전략적 동반자 협력 관계는 특별하다. 두 나라의 유대 관계는 제한이 없고, 이 때문에 미국이 마음대로 하지 못하고 단념한다. 중국은 러시아를 동반자로 두고 있으면 미국이 중국에 대해 극도의 전략적 강압을 가하더라도 미국의 에너지 봉쇄를 두려워하지 않을 것이고 우리의 식량 공급은 안전할 것이다. 다른 원료들도 마찬가지일 것이다. 미국은 중국과 전략적 대결을 감행하겠다는 결정을 내리기가 더 힘들어질 것이다.[77]

그렇다면 어느 정도는 러시아와 미국의 해묵은 갈등이 미국과 중국의 경쟁 아래 포함되고 있다. 그렇지만 러시아와 우크라이나의 전쟁이 의미하는 바는, 바이든이 2014년에 러시아의 크림반도 점령에 직면한 전임자 오바마와 마찬가지로 어쩔 수 없이 미국의 전략적 초점을 중국의 도전이 제기된 인도·태평양에서 냉전 시대에 주요 이해관계가 걸려 있던 유럽으로 다시 옮겨야 했다는 것이다. 1930년대에 지중해에서 세력을 과시한 이탈리아와, 중국으로 세력을 확장한 일본 때문에, 영국이 나치 독일의 위협 증대에 주의를 집중하지 못한 것과 꼭 마찬가지로 오늘날 미국도 지리적으로 다양한 충돌 지점에 주의를 분산시켜야 한다.

이 책은 러시아의 우크라이나 침공 후 몇 달 동안 전쟁의 안개가 짙게 끼어 있을 때 완성됐다. 그러므로 여기서 이 새로운 재난에 관해 뭔가 확정적으로 이야기하기는 힘들다. 더욱이, 이 전쟁이 불러일으키고 있는 큰 고통과 불러일으킬 수 있는 훨씬 더 나쁜 고통에도 불구하고 나는 다음과 같이 말한 스피노자의 정신으로 이 책을 썼다. "나는 인간의 행동을 조롱하거나 비통해하거나 저주하지 않고 다만 이해하려고 대단히 조심했다."[78] 그러나 나는 유럽에서 전쟁이 벌어지고 있다는 사실에 경악한 수많은 사람들이 1990년대에 유고

슬라비아의 해체와 함께 겪은 참혹한 경험을 까맣게 잊어버렸을 뿐 아니라, 유럽의 국가 체계는 자본축적 과정과 밀접한 연관 속에서 발전한 오랜 기간의 전쟁, 정복, 정치적 중앙집권화를 통해 형성됐다는 것도 망각하고 있음을 말해야겠다.[79]

그 과정은 오늘날 세계 규모에서 계속되고 있다. 유럽인들이 1939~1945년에 전 세계를 전쟁터로 만든 뒤에는 대체로 국가 간 폭력에서 벗어나 있었다고 해서 앞으로도 계속 그럴 것이라는 보장은 없다. 서방 강대국들이 러시아의 부당하고 잔혹한 우크라이나 침공을 비난하는 것은 대중동에 대한 그들 자신의 군사적 개입 전력과 맞지 않는다. 조지 W 부시가 미국 대통령일 때 국가안보보좌관과 국무부 장관을 지냈고 이라크 전쟁의 주요 설계자 중 한 명인 콘돌리자 라이스가 〈폭스 뉴스〉 방송에 나와서 "주권 국가를 침공하는 것"은 [전쟁범죄라는 앵커의 말에] "확실히 국제법과 국제 질서의 모든 원칙을 위반하는 것"이라고 엄숙하게 동의하는 모습은 뭐라고 풍자할 수조차 없다.[80] 경제적 경쟁과 지정학적 경쟁으로 추동되는 제국주의 체제를 폐지해야만 세계와 인류는 푸틴과 부시 같은 약탈자들의 위협에서 벗어나 안전해질 수 있다.

대단히 유감스럽게도 우크라이나 전쟁은 당장의 결과로 판단하면 오히려 반대 방향으로 세계와 인류를 몰아갈 듯하다. 첫째, 러시아의 우크라이나 침공은 미국과 유럽이 힘을 합치게 만들었다. 가장 눈에 띄는 것은 새로 들어선 독일의 사민당·녹색당·자민당 연립 정부의 방향 전환이었다. 독일 정부는 안보를 미국에 의지하고 에너지를 러시아에 의존하는 데서 비롯한 구조적 딜레마를 해결하려 했다. 총리 올라프 숄츠는 2022년 2월 27일 연방의회에서 차이텐벤데 (전환점)를 선언하면서, 러시아와 연결된 천연가스 파이프라인 노르트스트림2를 포기했고, 노후한 연방군을 업그레이드하기 위해 (차입을 통해 자금을 조달해서) 1000억 유로를 추가 지출하겠다고 약속했고, 액화천연가스를 (아마 미국과 중동에서) 수입하는 데 필요한 사회 기반 시설 개발 계획을 발표했다. 그러나 독일 수출 산업들의 구조적 능력과 러시아·중국에 대한 그들의 역사적 의존을 감안하면, 독일 자본주의의 방향을 급격히 바꾸겠다는 정치적 의지를 계속 유지할 수 있을지는 두고 봐야 한다.[81]

둘째, 미국과 그 동맹국들은 우크라이나 전쟁에 군사적으로 동참하지는 않겠다고 약속했지만 그들의 우크라이나 지원 규모를 보면 나토가 러시아를 상대로 대리전을 벌이고 있는 것이나 마찬가지였다. 〈뉴욕 타임스〉는 다음과 같이 묘사한다. "바이든 정부는 핵으로 무장한 적과의 충돌을 더 확대하지도 않고 [전쟁 규모의] 단계적 축소로 가는 잠재적 길을 차단하지도 않으면서 우크라이나가 러시아를 수렁에 빠져 허우적거리게 만들도록 지원하면서 아슬아슬한 균형을 유지하려고 애썼다."[82] 오바마 정부에서 중앙정보국장을 지낸 리언 파네타는 다음과 같이 더 직설적으로 표현했다. "우리가 그렇게 말을 하든 안 하든 그것은 러시아와 [우리의] 대리전이다."[83] 바이든 정부의 국방부 장관인 로이드 오스틴은 우크라이나 전쟁의 목표가 "러시아를 약화시켜서 감히 우크라이나 침공 같은 일을 하지 못

하게 만드는 것"이라고 말했다.[84]

　서방과 우크라이나의 군사적 협력은 2014년의 격변 이후 계속 발전해 왔다. 진 유럽 주둔 미군 사령관은 우크라이나 군대를 훈련시키는 "지금도 계속되고 있는 작전명 '용감한 수호자' 프로그램"은 2015년 4월에 미군 173공수여단에 의해 시작됐다고 전한다. "꾸준히 진행된 그 프로그램은 병사 개인의 기량부터 부대 단위 작전까지 모든 것을 훈련시켰는데, 모두 우크라이나 동부와 남부의 전투 지역에서 얻은 교훈을 바탕으로 한 것이었다. 2015년 12월에는 유럽 주둔 미군이 공식적으로 합동다국적훈련그룹-우크라이나JMTG-U를 설립했다. 그곳에서는 미국·폴란드·캐나다·리투아니아·영국의 다국적 팀이 우크라이나 부대들을 제병 협동 팀으로 훈련시키기 시작했다."[85]

　러시아가 침공하기 전까지 우크라이나에 10억 달러 가까운 군사 원조를 제공한 바이든 정부는 침공 후 몇 주 사이에 34억 달러를 추가 지원하겠다고 약속했고, 4월 말에는 330억 달러의 추가 원조를 승인해 달라고 의회에 요청했다(상원은 원조 액수를 400억 달러로 늘렸다). 우크라이나에 이미 공급됐거나 공급이 진행 중인 무기 중에는 다음과 같은 것들이 있다. 스팅어 휴대용 지대공 미사일 1400발 이상, 재블린 대전차 미사일 4600발, 155mm 곡사포 72문과 포탄 14만 4000발, M142하이마스 다연장 로켓포, 무인 항공기 드론 120대 이상, 유탄 발사기 300정, 소총 5000정, 기관총 600정, 산탄총 600정, 권총과 수류탄과 박격포와 포탄 4000만 개 이상, 헬

멧과 방탄복 세트 2만 5000개 이상. 영국은 엔로NLAW와 재블린 대전차 미사일, 스타스트릭 휴대용 대공 미사일, 대함 미사일 1만 발과 장갑차 120대를 공급한 반면, 유럽연합은 전례 없는 9억 유로의 치명적 원조를* 약속했다. 〈파이낸셜 타임스〉는 "미국 관리들"이 다음과 같이 말했다고 전한다. "날마다 (대부분 미국이 운용하는) 8~10대의 화물 수송기가 우크라이나 서쪽 국경 근처에 착륙한다. 수억 달러어치의 그 화물은 점점 너 중화기로 채워지고 있다."[86] 2022년 6월에 열린 나토 정상 회의는 전투 준비 태세를 갖춘 동맹군 병력을 기존 4만 명에서 30만 명으로 늘리겠다고 약속했고, 바이든은 유럽으로 병력을 증파해서 유럽 주둔 미군의 수를 우크라이나 위기 전의 8만 명에서 12만 명으로 늘리겠다고 발표했다.[87]

셋째, 미국이 이끄는 서방 강대국들은 금융 시스템에 대한 지배력을 이용해 러시아에 심각한 타격을 가했다. 가장 중요한 조치는 스위프트(국제 은행 간 통신 협회)에서** 일부 러시아 은행들을 배제하고, 러시아 중앙은행의 외환 보유고 6400억 달러를 동결시킨 것이었다. 바이든은 "이런 경제제재 조치는 새로운 종류의 통치술로서, 그것이 [러시아에] 손해를 끼칠 수 있는 힘은 군사력에 필적합니

---

* 치명적 원조(lethal aid) 분쟁이나 전쟁 시기에 무기·군수품·군용차량 등의 원조품을 제공하는 것을 말한다.

** 스위프트(SWIFT) 각국 주요 은행들의 상호 지급·송금 업무 따위를 데이터 통신으로 실행하고자 설립된 비영리 법인으로 벨기에에 본부가 있다.

다" 하고 자랑했다.[88] 비록 미국이 최근에 빈번하게 금융 제재에 의존했지만, 유럽중앙은행도 유로존을 단속한 경험, 특히 유럽연합과 유럽중앙은행이 그리스에 강요한 긴축정책을 거부한 국민투표에 대한 대응으로 2015년 7월에 그리스 금융 시스템을 정지시켜 버린 것 같은 경험에 의지하고 있었다는 제임스 미드웨이의 말은 의심할 여지없이 옳다. "유럽중앙은행의 바로 그 기법이 … 지금 경제제재를 가하고 있는 국가들의 우방과 전쟁 중인 적대국에 대한 위협에서 적용으로 전환됐다. 무기의 탄두는 똑같지만, 맥락은 근본적으로 다르고, 따라서 근본적으로 더 위험하다. 푸틴이 음울한 암시와 러시아 핵전력의 동원 사이에서 동요하는 것은 그 무기가 얼마나 효과적인지 보여 줄 뿐 아니라, 그것을 실제로 사용한 결과가 얼마나 심각한지도 보여 준다."[89]

그러므로 우크라이나 위기는 서로 다른 두 종류의 힘, 즉 서방의 금융 역량과 러시아의 핵무기가 노골적으로 부딪히게 만들었다(물론 미국도 핵무기를 많이 갖고 있다). 그러나 경제적 단절을 과장해서는 안 된다. 경제제재는 에너지 부문을 신중하게 제외했다. 이것은 유럽이 러시아산 천연가스에 의존하는 현실을 반영한 것이었다. 유럽 외부에서 수입하는 액화천연가스로 전환하려면 아마 몇 년이 걸릴 것이다. 이 결정적 예외 조치는 러시아 중앙은행이 외환 보유고를 이용해 루블화를 떠받치지 못하게 막으려는 [서방의] 노력을 약화시킨다. 레브 메넌드가 트위터에서 지적하듯이 "여전히 유럽연합은 달러화와 유로화를 사용하는 러시아 은행들을 통해 러시아에서 에너지를 구매하고 있기 때문에, 러시아 수출업자들과 은행들은 [제재를] 우회해서 달러화와 유로화를 팔고 루블화를 사서 중앙은행의 구실을 대행할 수 있다."[90] 실제로 엄격한 자본 통제와 높은 에너지 가격의 결합 덕분에 루블화는 곧 세계에서 가장 좋은 성과를 낸 통화가 됐다. 서방의 수입 금지 조치에도 불구하고 러시아의 석유 수출량은 유지됐다. 예컨대, 우랄산 원유를 전혀 수입하지 않던 인도가 2022년 상반기에는 하루 100만 배럴씩 수입했다.[91]

헬렌 톰프슨이 예리하게 표현했듯이

러시아의 군사적 약점이 무엇이든, 저항하는 우크라이나의 강점이 무엇이든, [러시아가] 에너지 부문에서 서방의 자본과 기술을 상실한 중단기적 결과가 무엇이든, 러시아는 지금 자원 전쟁에서 이기고 있다. 러시아는 유라시아의 에너지 수출국이기 때문에, 서방 정부들만이 강요하는 에너지 제재로는 러시아 자원의 힘을 심각하게 훼손할 수 없다. [러시아의 반半국영 에너지 기업] 가스프롬이 유럽 국가들에 대한 천연가스 공급을 차단해서 보여 주듯이, 에너지는 러시아의 무기다. 러시아 중앙은행에 대한 제재 조치는 이를 상쇄하는 강제력으로서 효과가 없었기 때문에, 우크라이나의 독립을 지킬 수 있는 방법은 엄청난 무기 공급뿐이지만, 무기 공급은 항상 상호 확증 파괴의 세계에서 전면전으로 확대될 위험을 무릅써야 한다.[92]

지금 국제 체제가 경험하고 있는 것은 냉전 시대의 특징처럼 서로 경쟁하는 두 진영으로 국가들이 양극화하고 있는 것인가? 중국과 러시아 양국이 세계경제와 맺고 있는 긴밀한 연관은 그런 분할을 가로지른다. 이것은 '자유주의 세계 질서'와 이질적인 '독재 국가들' 사이의 투쟁이라기보다는 20세기의 두 차례 세계대전이 그랬던 것과 꼭 마찬가지로 세계 자본주의의 **내부** 충돌이다. 팬데믹이 세계무역에 준 충격은 세계 금융 위기보다 훨씬 더 작은데, 그런 펜데믹으로 인해 생산의 '국내 귀환'이 일어났다는 증거는 아직 거의 없다. 2021년 말에 〈파이낸셜 타임스〉의 '기업 비밀' 칼럼은 다음과 같이 전했다. "세계 가치 사슬의 성장은 2008년 이후 둔화했고 여전히 활기가 없다. 2000년대 초에 '초세계화'가 끝나고 '슬로벌라이제이션'이* 시작된 뒤에는 그랬다. … 지난해의 사건들은 가치 사슬에 극심한 부담을 줬지만, 아시아개발은행은 2020년의 수치가 대체로 2010년 이후 추세와 비슷했다고 결론짓는다. … 공급 사슬이 단축되고 있다거나 심지어 근본적 구조조정을 겪고 있다는 증거는 많지 않다."[93]

더욱이, 우크라이나 위기의 매우 흥미로운 측면 하나는 미국과 긴밀한 관계인 국가들이 다른 쟁점들에서는 [미국을] 편들기를 거부했다는 사실이다. 예컨대, 인도·사우디아라비아·아랍에미리트연합이 그랬다. 인도와 러시아의 전략적 협력은 냉전 시대까지 거슬

---

* 슬로벌라이제이션(slowbalization) slow와 globalization의 합성어로 느린 세계화 또는 세계화의 둔화를 의미한다.

러 올라간다. 페르시아만의 전제군주 국가들이 중립적 태도를 취하는 것은 미국이 아랍 혁명과 이란에 맞서 자신들을 충분히 지원하지 않았다는 생각에서 나온 불만과, 2015년 이후 러시아를 중동 지역에서 중요한 국가이자 에너지 카르텔인 오펙 플러스에서 파트너로 다룰 필요성이 결합된 것을 반영한다. 그래서 사우디아라비아는 우크라이나 전쟁 발발에 대응해서 석유 생산량을 늘려 달라는 바이든의 간청을 무시했다. 압둘칼레크 압둘라는 다음과 같이 지적했다. "중국 등과 마찬가지로 러시아도 미국이 남긴 공백을 메우려고 노력하고 있다. 그리고 러시아는 더 중대한 구실을 하기에 아주 유리한 위치에 있다. 그들은 승리하고 있다. 푸틴은 그 점을 매우 잘 계산했다."[94] 이 문제는 아직 두고 봐야 하지만, 분명한 사실은 미국과 유럽연합이 러시아·우크라이나 전쟁을 보는 시각과 세계의 나머지 나라들이 보는 시각은 매우 다를 수 있다는 것이다(그 이유 하나는 서방이 군사력을 사용해 자신의 의지를 세계에 강요한 남부끄러운 전력 때문이다).

2022년 3월 2일 열린 유엔 총회에서 [러시아의 우크라이나] 침공을 비난하는 결의안에 찬성표를 던진 국가는 141개였다. 겨우 4개국(벨라루스·에리트레아·시리아·북한)만이 러시아와 함께 반대표를 던졌다. 그러나 또 다른 35개국은 표결에서 기권했다. 그중에는 중국·쿠바·인도·이란·파키스탄·남아공 등이 있었다. 다른 많은 아프리카 국가들도 기권하거나 아예 표결에 불참했다. 더욱이, 러시아 경제제재에 동참한 국가는 한 줌에 지나지 않았다. 진보주의인터내셔널의* 데이비드 애들러는 다음과 같이 지적한다. "미국, 영국, 캐나다, 한국, 스위스, 일본, 호주, 뉴질랜드, 대만, 싱가포르, 유럽연합: 이 요새화된 연합 외에는 극소수의 국가들만이 푸틴 정부를 상대로 한 경제 전쟁에 참여하기로 선택했다."[95]

그렇지만 두 주요 적대국이 경제적 상호 의존을 축소하고 다른 국가들로 하여금 어느 한쪽을 편들게 몰아붙이려 할수록 양극화의 위험은 더 커진다. 싫든 좋든 러시아는 중국과 경제적 연결 고리를 강화하는 것 말고는 선택의 여지가 거의 없다. 적어도 푸틴 정권이 존속하는 동안에는 그럴 수밖에 없다. 중국은 러시아의 에너지를 특별히 싸게 사고 서방의 경제제재로 타격을 입은 러시아 자산들을 헐값에 매입해서 득을 볼 것이다. 또 두 나라의 동반자 관계는 중국이 러시아의 군사기술에 더 많이 접근할 수 있도록 해 줄 것이다 (비록 더 장기적으로는, 러시아보다 제조업 생산능력이 훨씬 더 크고 국방비 지출도 3배나 많은 중국이 무기 생산자로서 그 동반자를 추월할 수 있겠지만 말이다).[96] 러시아를 지원하는 것은 미국이 지배하는 금융 시스템의 대안을 발전시키려는 중국의 노력에도 도움이 될 수 있다. 다른 국가들도 미국의 제재에 취약한 허점을 보완하기 위해 서로 협력하고 싶은 유혹을 느낄 수 있다. 실제로 미드웨이에 따르면, 미국이 점점 더 달러를 정치적 무기로 사용한 것 때문에

---

* 진보주의인터내셔널 전 세계의 진보적 좌파 활동가들과 단체들을 단결시키고 동원할 목적으로 미국 민주사회당(DSA) 등이 2020년에 창립한 국제 조직이다.

"지역적 통화 블록들이 형성되고 있다. 각 블록은 자기 것을 지키려고 애쓰는 의심 많은 패권국의 보호를 받는다. 달러화·유로화·위안화 블록들이 그것이다."[97]

최근[2022년 3월]에 발표된 국제통화기금의 조사 보고서 "은밀하게 침식된 달러 패권"을 보면, 각국 중앙은행의 외환 보유고에서 달러가 차지하는 비중은 1999년 71퍼센트에서 2021년 59퍼센트로 감소했다. 이런 감소는 중국 위안화에 유리하지만, 미국과 보조를 맞추는 다른 나라들의 '비전통적' 준비 통화, 즉 캐나다·호주·싱가포르의 달러화, 한국의 원화, 스웨덴의 크로나화에는 훨씬 더 유리하다.[98] 단기적으로는, 투즈가 지적하듯이 유로화와 달러화가 세계 외환 보유고의 80퍼센트 이상을 차지한다는 점을 감안하면 "러시아와 중국은 유로-달러 함정에 빠져 있다." 그는 다음과 같이 넌지시 말한다. "우리가 목격하고 있는 것은 블록들의 형성이라기보다는 양극단의 형성이다. 분명히 지정학적 적대 관계들은 존재하지만, 주요 중심축인 아시아에서는 이것이 통합된 블록으로 귀결되지 않는다. 러시아의 파급효과와 관련해 지금까지 두드러진 것은 비록 새로운 냉전의 전선이 유럽에서 등장할 수 있지만 그것이 동아시아로 옮겨 갈 것 같지는 않다는 점이다."[99]

그러나 지정학적으로는 자기 실현적 예언의 위험이 있다. 트럼프 정부에서 국무부 장관을 지낸 마이크 폼페이오 같은 우파 공화당원들의 '공산주의 중국' 비난은 양쪽의 피해망상을 부추겼다. 그리고 실제 충돌로 이어질 수 있는, 매우 실질적인 마찰 지점들이 있다. 특히 인도·태평양 지역에서 미국과 중국의 경쟁적 야망이 집중된 곳들이 있다. 서방의 제재에 대응해서 러시아 핵무기 부대를 전시체제로 전환시킨 푸틴의 결정이 보여 주듯이, 세계는 훨씬 더 위험한 곳이 되고 있다. 그리고 지금의 양극화는 비록 아직은 또 다른 냉전적 세계 분할이라고 부를 만큼은 안 되지만, 꽤나 심대해서 정치적·이데올로기적 표현을 발견하고 있다.

트럼프 집권기에는 자유주의적 자본주의 국제 질서가 위기를 맞이했다는 인식이 널리 퍼졌다. 콜린 칼과 토머스 라이트는 코로나19 팬데믹을 연구한 저서에서 현재의 재난 시대와 지난번 재난 시대를 비교해서 두드러진 점을 다음과 같이 설명했다.

두 차례 세계대전 사이 기간에 세계를 그토록 불안정하고 위기에 빠지기 쉽고 위험하게 만든 많은 요인들(불평등이 심화하고, 사회적 갈등이 확산되고, 포퓰리즘과 외국인 혐오가 기승을 부리고, 경제적 민족주의와 탈세계화 압력이 거세지고, 권위주의가 되살아나고, 민주주의가 퇴보하고, 강대국 간 경쟁이 치열해지고, 미국이 후퇴하고, 국제기구들이 불안정해지고, 자유 세계가 혼란이 빠진 것)은 우리 시대에 코로나 바이러스 팬데믹이 닥치기 전에 **이미** 여러 해 동안 다시 나타나고 있었다. 그리고 … 코로나19와 그 충격파는 이 모든 문제를 더 악화시켰다.[100]

이와 같이 "제2차세계대전 후의 국제 질서는 낭떠러지를 향해 위태롭게 달리고 있었고, 코로나19 팬데믹은 그것을 벼랑 끝으로 밀어 버렸다."[101] 콜린 칼은 지금 바이든 정부에서 국방부 정책 담당 차관으로 일하고 있으므로[*] 이런 판단은 어느 정도 공식적 영향력이 있다. 이 국제 질서의 위기는 그 질서를 정당화하는 이데올로기, 즉 미국과 유럽연합 양쪽에서 우세한 자유주의적 국제주의에도 영향을 미칠 수밖에 없다. 그러나 이 이데올로기는 2003년에 재앙적인 이라크 침략을 정당화하는 데 사용된 이후 줄곧 엄청난 지적 압력을 받았다.[102] 그 이데올로기를 옹호하는 주요 학자 두 명, 데이비드 듀드니와 존 아이켄베리는 최근에 자유지상주의 우파의 현실주의 관점에서 미국 외교정책을 비판하는 학자들과 반제국주의 좌파의 어울리지 않는 '연합'을 뒤섞어서 반박했다.

이 격렬한 비판의 질은 좌파에 대한 다음과 같은 공격으로 판단해 볼 수 있다.

좌파 수정주의자들은 자본주의와 시장경제에 대해서도 확고한 적개심을 품고 있다. 이 점에서 그들은 수정된 시장 자본주의를 포용하는 현대 자유주의와 다르다. 현대 자유주의는 수정된 시장 자본주의를 단지 부의 창출을 위한 필요악으로 묘사할 뿐 아니라, 자유 강령의 필수적 일부로도 여긴다. 좌파 수정주의자들은 흔히 자본주의에 대한 반감을, 개인의 자유를 위태롭게 하는 다양한 종류의 공동체주의나 집산주의

---

[*] 2021년 4월부터 2023년 7월까지 근무했다

와 연결시킨다. 그들은 대중 민주주의와 혁명적 운동들이 흔히 제한된 입헌정치와 소수자 권리 보호의 적이라는 사실을 깨닫지 못한다. 또 파시즘과 공산주의라는 더 큰 악에 맞서 강경하게 투쟁하려면, 상황에 따라 반공 독재 정권을 지지하는 것 같은 더 작은 악을 너그럽게 봐줄 필요가 있었다는 점도 깨닫지 못한다.[103]

여기서 제기된 문제들을 모두 해결하려면 너무 오래 시간이 걸릴 것이다.(비록 미국 외교정책을 가장 강력하게 비판하는 인물인 노엄 촘스키를 각주로 간단히 처리한 것이 흥미롭지만 말이다. 아마 그 이유는 평생을 아나키스트로 살아 온 촘스키를 개인적 자유의 적으로 묘사하기는 힘들었기 때문일 것이다.) 그러나 인용문 마지막 문장의 얼버무리기는 짧게 거론할 만하다. 듀드니와 아이켄베리는 나치 독일을 물리치는 데서 소련이 중요한 구실을 했다는 사실을 편리하게도 잊어버리고 있다. 또한 냉전의 후기 국면에서 미국이 또 다른 스탈린주의 국가인 중국과 사실상 동맹 관계를 맺은 것도 잊어버리고 있다. 그리고 "반공 독재 정권을 지지하는 것"(짐작컨대, 미국이 인도네시아와 칠레의 유혈 낭자한 군사 쿠데타를 후원한 것을 가리키는 듯하다)이 과연 "상황에 따라" 한 일이었는가? 사우드 가문의 전제군주 국가인 사우디아라비아는 왕세자 무함마드 빈 살만의 변덕스럽고 잔혹한 정책들에도 불구하고 여전히 중동에서 미국의 핵심 동맹이다. 이집트의 육군 원수 압둘팟타흐 시시의 야만적인 군부독재 정권도 마찬가지다. 이런 생략들 외에도, 흔히 민주주의를 옹호하며 독재를 비판하는 사람들은 앞서 2장에서 살펴본 오늘날 자유주의적 자본주의 국가들에서 득세하고 있는 강력한 권위주의화 추세를 무시한다.

그렇지만 듀드니와 아이켄베리가 현재 국제 상황의 특징을 "자유민주주의와 독재 사이의 세계적 세력 균형이 불리하게 바뀌고 있다"고 묘사한 것은 서방 엘리트층 사이에서 널리 공유되고 있다.[104] 그리고 비이든 정부는 (자유주의자들이 바라던 대로) 트럼프의 방해가 끝난 뒤에 자유주의적 국제주의를 위해 갑절로 노력하고 있다. '민주주의 동맹' 구상으로 돌아간 것이 그런 사례다(그 구상은 신보수주의자 로버트 케이건이 2008년 미국 대통령 선거에 출마했다가 낙선한 공화당 상원의원 존 매케인에게 제시한 것이었다).[105] '독재 autocracy'는* 사실상 서방 자유주의 진영과 제휴하지 않는 정권들에 딱지를 붙이는 일반적 방법이 돼 버렸다. 이렇게 뒤집어씌우는 것은 이데올로기적 혼란에 빠뜨리기 수법의 일종인데, 그것은 서방 진영의 독재 국가들과 자유민주주의 자체의 권위주의화 경향을 어물쩍 넘어가기 때문만은 아니다. 서방과 경쟁하는 국가들의 이해관계는 그들의 비민주적 성격에서 비롯한 것이고, 따라서 자유주의적 자본주의의 경제·정치 구조가 보편적이 되면 모든 충돌이 평화적으로 극복될 수 있을 것이라고 암시해서 그 국가들의 이해관계가 정당성이 없다고 강조하는 기능도 있기 때문이다.

---

* autocracy는 전제(군주) 정치(나 국가)라는 뜻도 있다.

러시아의 우크라이나 침공에 대응해서 바이든은 이런 미사여구를 확대했다. 특히 2022년 3월 26일 폴란드 바르샤바에서 연설할 때 경제제재 조치로 말미암아 러시아 경제는 "세계 20위권" 밖으로 밀려날 수밖에 없을 것이라고 경고하며 푸틴 제거를 요구했다. 그는 "자유를 위한 위대한 싸움에서, 즉 민주주의와 독재 사이의, 자유와 억압 사이의, 규칙 기반 질서와 무력이 지배하는 질서 사이의 싸움에서" 새로운 장이 열렸다고 선언하면서도 다음과 같이 경고했다. "이 싸움은 며칠이나 몇 달 만에 이길 수 있는 것이 아닙니다. 우리는 앞으로 기나긴 싸움에서 우리 자신을 단련시켜야 합니다."[106] 점점 더 빈번하게 "자유 세계"를 들먹이는 것과 마찬가지로, 이것은 서방의 냉전 담론을 의식적으로 재개하는 것처럼 보인다.[107]

오늘날 지정학적으로 자유주의 이데올로기의 주요 표적인 러시아와 중국 국가는 사회정치적 형태가 서로 상당히 다르다. 중국은 여전히 스탈린주의 일당 국가다. 중국 공산당이 정치권력을 독점하고, 앞서 봤듯이 경제도 상당히 통제한다. 시진핑의 개인적 지배는 중국 공산당의 '시진핑 사상' 확립에 반영됐지만, 그 사상의 입안자 자신은 그것이 중국을 지배한 외세 열강에 맞서 싸우는 과정에서 마오쩌둥이 발전시킨 중국판 마르크스·레닌주의에 확고하게 뿌리박고 있다는 점을 분명히 했다. 그래서 시진핑은 중요한 연설에서 다음과 같이 말했다. "중국 인민을 기나긴 밤의 어둠에서 벗어나도록 인도하고 신중국을 수립한 것은 바로 마르크스·레닌주의와 마오쩌둥 사상이고, 중국이 그토록 빠르게 발전한 것은 바로 중국 특색 사회주의를 통해서였습니다."[108]

이와 대조적으로, 푸틴은 우크라이나 위기의 결과로 서방과 단절하기 전에는 (비록 매우 빈틈없이 관리되기는 했지만) 명목상 다원주의적인 정치체제와 신자유주의적 경제정책 레짐을 주도하고 있었다. 그 통치 이데올로기는 1917년 10월 혁명을 거부하고 차르 시대 말기의 대러시아 민족주의와 그 뿌리인 러시아 정교회를 들먹이면서 마르크스주의를 강력하게 반대하는 것이었다. 중국과 러시아 모두 독재 정권이지만, 종류는 사뭇 다르다. 중국은 의심할 여지없이 세계적으로 훨씬 더 큰 이데올로기적 호소력이 있다. 무엇보다도 중국의 발전 모델이 특히 다른 탈식민지 세계에서 매력이 있기 때문이다.

진실은, 극우파의 부상이 국가 간 체제의 양극화 증대와 상호작용했다는 것이다. 이 주제는 약간 조심스럽게 다룰 필요가 있다 왜냐하면 신자유주의적인 '극단적 중도파'가 국내에서 실패한 것에 대한 핑곗거리로 러시아가 서방의 여론을 조작한다는 혐의를 내세우기 때문이다. 그렇지만 자유주의적 국제 질서를 노골적으로 비판하는 트럼프가 (비록 러시아에 추가 제재를 가하게 만드는 국가 안보 '블롭'의 제약을 받았고 중국산 수입품에 관세를 때렸지만) 푸틴과 시진핑의 환심을 사려고 했다. 트럼프는 또 브렉시트를 강력히 지지했고, 브렉시트의 주요 설계자 중 한 명인 나이절 패라지와 긴밀한 관계를 유지하고 있다.

유럽연합에서 가장 우파적인 정부, 즉 빅토르 오르반이 이끄는 헝가리 정부는 러시아가 침공하기 전까지는 우크라이나 쟁점에서 비교적 신중하게 러시아를 편들다가 침공 이후에는 중립적 태도로 전환했다. 유럽연합의 다른 나라에서는 푸틴의 주요 정치 도구인 통합러시아당이 오스트리아 자유당, 이탈리아의 동맹당과* 협력하기로 약속했다.[109] 아마 현재 극우 지도자 물결에서 가장 사악한 인물일 로드리고 두테르테는 필리핀 대통령 재임 기간에 남중국해의 오랜 영토 분쟁에도 불구하고 미국보다 중국 쪽으로 기울어졌다. 그러나 늘 그렇듯이 지정학적 이해관계와 국내의 정치적 충성이 반드시 단선적으로 연결되는 것은 아니다. 우파가 지배하는 또 다른 유럽연합 회원국인 폴란드는 우크라이나 위기에서 역사적 적국인 러시아에 맞서 확고하게 나토 진영에 속해 있었다. 그렇지만 이 위기에서 푸틴을 지지한 극우파도 많았다. 예컨대, 프랑스 대통령 선거 기간에 마린 르펜과 에릭 제무르는 모두 에마뉘엘 마크롱에 맞서 푸틴을 편들었고, 트럼프는 우크라이나 동부의 두 분리주의 지역을 사실상 합병한 푸틴을 "천재"라고 치켜세웠다(비록 노골적 침공 때문에 그들이 말을 바꾸기는 했지만 말이다).[110]

십중팔구 어떤 구체적 제휴보다 더 중요한 것은 더 막연한 의식, 즉 중국의 부상은 무엇보다도 서방 자유주의가 쇠퇴하고 있는 신호라는 의식이다. 서방 자유주의를 옹호하는 으뜸 국가가 지금 엄청난

---

* 동맹당 극우 포퓰리스트 정당인 북부동맹의 후신으로 공식 명칭은 살비니총리동맹이다.

경제적·지정학적 도전에 직면해 있다. 후쿠야마가 말한 '역사의 종말', 즉 자유주의적 자본주의가 미래의 지평을 규정하는 시대가 끝났다는 것은 분명하다. 그래서 많은 대안이 지지를 얻을 수 있는 공간이 만들어지고 있다. 그렇다면 왜 그 공백을 메운 것이 주로 극우파였는가? 그 이유는 다음 장에서 살펴볼 것이다.

5장

반란과 반동

봉쇄 전략들

1990년대 말 이후 신자유주의적 자본주의는 점점 더 파괴적 성격을 드러내면서, 조셉 추나라가 반란의 세 순환이라고 부른 것을 발생시켰다(이 반란들은 모두 좌파가 일으킨 것이었다). 첫째, 멕시코의 사파티스타 봉기를 비롯해 남반구에서 벌어진 반신자유주의 항쟁들, 특히 볼리비아의 민중 항쟁이 있었을 뿐 아니라 국제적 대안 세계화 운동과 이라크 전쟁 반대 운동도 있었다(1994~2005년). 둘째, 아랍의 민중 봉기, 그리스와 스페인의 광장 점거 운동, 미국의 '월스트리트를 점거하라' 운동이 있었다(2011년). 셋째, 2019년 봄에 시작된 반란의 새로운 순환, 즉 알제리와 수단의 민중 항쟁, 홍콩·칠레·에콰도르·콜롬비아·레바논·아이티·기니·카자흐스탄·이라크·이란·프랑스·카탈루냐에서 벌어진 대중 시위들이다.[1] 이 순환이 팬데믹에서도 살아남은 것은 2020년 여름 미국에서 벌어진 '흑인 목숨도 소중하다' 투쟁과 이 투쟁에 연대한 세계적 운동 덕분이었다(6장 참조).

그러나 이 운동들은 극우파의 부상으로 상쇄되고 상당히 빛이 바랬다(특히 북반구에서 그랬다). 신자유주의적 자본주의에 대한 불만이 흑인과 무슬림이라는 희생양으로 향하도록 돌린 것은 도널드 트럼프와 마린 르펜 같은 부류였다. 이 5장에서는 오늘날 극우파의 성격을 이해하고, 왜 극우파 지지자들이 지금의 정치적 의제를 설정하는 경향이 있는지를 설명하고, 그들이 얼마나 위험한지를 평가하고자 한다. 내가 특별히 미국에 초점을 맞추는 이유는 그 주제를 학술적으로 다룬 뛰어난 권위자인 카스 무데의 다음과 같은 주장에 동의하기 때문이다. "민주주의에 대한 극우파의 위협은 다른 나라들보다 미국에서 더 첨예하고 심각하다."[2]

신자유주의 버전의 자본주의는 다차원적 위기, 즉 경제적인 동시에 (지)정학적이기도 하고 생물학적이기도 한 위기에 빠져서 붕괴하고 있다. 그 결과는 헤게모니의 위기, 부르주아 지배의 우세한 형태들의 쇠퇴다.[3] 그런 위기의 특징을 다음과 같이 묘사한 안토니오 그람시의 말은 유명하다.

지배계급이 그들의 합의를 상실하는 것, 다시 말해 더는 '지도적'이지 못하고 단지 '지배적'이고 강압적인 힘만을 사용하게 된다는 것이 의미하는 바는 거대한 대중이 전통적 이데올로기에서 멀어져서 전에 믿었던 것들을 이제 더는 믿지 않게 된다는 것이다. 위기는 바로 낡은 것은 죽어 가고 있는데 새로운 것은 태어나지 못한다는 사실에 있다. 이 공

백 기간에 아주 다양한 병적 징후들이 나타나는 것이다.[4]

상탈 무프는 그 점을 약간 다르게 표현해서, "우리의 현재 위기"를 가장 잘 묘사할 수 있는 말은 2007~2009년 세계 금융 위기로 시작된 "신자유주의 헤게모니 구성체의 위기를 보여 주는 '포퓰리즘 순간'"이라고 주장한다.[5] 그러나 왼쪽으로 돌파구가 뚫리지는 않았다. 그람시가 성찰할 수 있는 상황을 제공한 제1차세계대전 말의 혁명적 격변들과 약간이라도 비슷한 것이 없었음은 더 말할 나위도 없다. 우리가 목격한 가장 비슷한 사건은 2011년 1월 25일의 이집트 혁명이었다. 이집트 혁명에서는 호스니 무바라크의 독재 정권에 대한 정치적 반대가 신자유주의와 세계 금융 위기의 경제적·사회적 충격으로 인한 불만과 결합돼서 봉기를 촉발했다. 봉기를 시작한 것은 청년들이었지만 오랜 투쟁 전통이 있는 노동계급이 봉기에 동참[해서 혁명은 승리]했다.[6] 그러나 이집트 혁명은 2013년 7월 3일 육군 원수 압둘팟타흐 시시가 일으킨 군사 쿠데타로 분쇄됐고, 그 뒤에 시시는 무바라크보다 훨씬 더 잔혹하고 억압적인 독재 정권을 수립했다.

선진 자본주의 세계에서 가장 앞서 나간 투쟁은 십중팔구 그리스에서 2010~2012년에 유럽연합이 강요한 긴축정책에 맞서 벌어진 투쟁일 것이다. 이 투쟁은 2015년 1월 급진좌파연합(시리자)의 총선 승리로 이어졌지만, 6개월 후 총리 알렉시스 치프라스는 유럽연합과 독일의 압력에 굴복하고 말았다.[7] 미국에서는 버니 샌더스, 영국에서는 제러미 코빈이 이끄는 개혁주의 좌파가 급성장하면서 사람들을 고무했지만 2019~2020년에 결국 선거에서 패배하고 말았다. 아일랜드는 여전히 중요한 예외인데, 급진 좌파 정당인 '이윤보다 사람이 먼저다PBP'가 아일랜드와 북아일랜드 양쪽에서 다 전진하고 있기 때문이다(이것은 브렉시트 과정에서 북아일랜드가 유럽 단일 시장에 잔류하게 돼 영국이 1921~1922년에 강요한 아일랜드 섬의 분할이 불안정해졌음을 감안하면 매우 중요한 사태 전개다).[8] 또 2022년 프랑스 총선에서는 장뤼크 멜랑숑이 좌파를 재결집하고 재활성화하는 데 성공했다. 비록 이 성공과 나란히 [마린 르펜의] 극우파가 선거에서 약진했지만 말이다.

이것이 바로 무프가 말한 "포퓰리즘 순간"을 극우파가 지배하게 된 맥락이다. 지난 몇 년 동안 극우파의 영향력이 극적으로 증대한 것은 신자유주의 시대의 분노 누적 덕분이었고, 세계 금융 위기로 인한 경제적 고통과 혼란은 그 분노를 더 강렬하게 만들었다.[9] 그러나 극우파의 전진은 경제적 위기와 지정학적 위기의 교차점에서 형성된 세계적 맥락 속에서 봐야 한다. 우세한 신자유주의적 자본주의에 도전한 것은 추나라가 구분한 반란의 순환만이 아니라, 아프가니스탄과 이라크 점령에 반대하는 게릴라전으로 미국의 패권에 맞서는 저항도 있었다. 아랍 민중의 봉기를 분쇄하거나 그 방향을 딴 데로 돌리려는 노력의 형태로 나타난 반혁명은 시리아와 리비아에서 오랫동안 계속되는 파괴적 전쟁들로 이어졌다. 그리고 대중동에서 벌어진 전쟁들은 지중해를 건너 유럽으로 가는 난민의 흐름이 증가하는 데 일조했다. 비슷한 과정이 아메리카 대륙에서도 진행되는 것을 볼 수 있다. 다양한 요인들(빈곤, 기후변화, 정치·범죄·젠더 폭력)의 결합으로 라틴아메리카 내에서 이동하는 인구뿐 아니라 미국과 유럽으로 가는 이주민과 난민도 늘어났다. [푸에르토리코 활동가이자 언론인] 베르타 주베르세시는 이런 현상들을 자신이 말한 "저개발국들을 상대로 한 신자유주의적 전쟁"으로 거슬러 올라가 추적한다.[10]

그 정치적·이데올로기적 결과는 2015년의 유럽 "난민 위기"에서 두드러졌다(그런 말을 한 유럽 엘리트층은 2022년에 러시아의 침공을 피해 탈출한 수많은 백인 우크라이나인을 기꺼이 환영하면서도 아프가니스탄·아프리카·아랍 사람들에 대해서는 더 많은 장벽을 쌓는 것으로 대응했다). 주류 사회민주주의 정당들과 노동조합들이 긴축정책에 저항하는 데 크게 실패한 것을 배경으로 해서, 이 "난민 위기"가 낳은 인종적 양극화는 극우파에게 유리하게 작용했다. 특히 급진 좌파가 간헐적으로만 이주민과 난민을 열렬히 환영하거나 세계 금융 위기의 더 광범한 충격을 다룰 수 있다는 사실이 드러났기 때문이었다.[11] 무데는 다음과 같이 주장한다. "극우 정치에 대한 지지를 대부분 설명해 주는 것은 [극우파가] 사회경제적 문제들을 사회문화적으로 번역한다는 것이다. 정치적 논쟁이나 공개 토론회에서 이민 배척론자들이 하는 이야기(예컨대, "이민자들이 여러분의 일자리와 복지 혜택을 빼앗아 간다")에 넘어간 많은 극우파 유권자들은 이민을 [그들 개인이나 그들이 거주하는 지역이나 주가 안고 있는] 경제적 문제들과 연결시킨다. [결국 그들은 이민을 제한하거나 이민자들을 자국에 동화시키는 것이 그들의 경제적 곤경을 개선할 방법이라고 믿는다.]"[12]

또는 아그니에슈카 그라프와 엘주비에타 코롤추크가 간명하지만 흥미롭게 말했듯이 "오늘날 극우 포퓰리즘의 성공은 대체로 좌파가 경제적 용어로 표현하고 싶어 하는 쟁점과 관심사들을 도덕적으로 설명하는 능력 덕분이다."[13] 여기서 앞에 "들어가며"에서 살펴본 전체화라는 문제의식으로 돌아가는 것이 도움이 되겠다. 프레드릭 제임슨은《역사와 계급의식》(1923년)이라는 고전에 나오는 죄르지 루카치의 마르크스주의를 논하면서 다음과 같이 주장한다. "이데올로기 비판이라는 루카치의 방법은 (헤겔의 변증법이나 이를 사르트르가 변형시켜《변증법적 이성 비판》에서 제안한 전체화라는 방법론적 명령과 마찬가지로) 본질적으로 비판적이고 부정적이며 탈신비화하는 작업이다." 따라서 루카치의 분석은 "마르크스의 이데올로기 이론을 창조적·독창적으로 변형한 것"으로 볼 수 있는데, "마르크스의 이론은 널리 생각되는 것과 달리 허위의식에 관한 이론이 아니라 구조적 한계와 이데올로기적 봉쇄에 관한 이론이다."[14]

이런 관점에서 보면, 이데올로기는 '봉쇄 전략'을 나타낸다. 이데올로기는 (제임슨과 더 거슬러 올라가서 알튀세르의 표현을 빌리면) "역사 또는 '부재 원인'으로서 실재"를 드러내는 동시에 억누른다. "역사는 상처를 입히는 것이고, 욕망을 거부하는 것이며, 집단적 실천과 개인적 실천에 모두 엄혹한 한계를 지우는 것이다. 역사의 '간지奸智'는 그런 실천들을 그 명시적 의도와 딴판인 소름끼치도록 역설적인 결과로 바꿔 버린다. 그러나 이 역사는 그 결과를 통해서만 파악될 수 있고, 결코 어떤 사물화된 힘으로 직접 파악될 수는 없다."[15] 비판은 '전체화라는 명령'을 충분히 존중하지 않는 구체적인 이데올로기적 담론들의 한계를 들춰내서 작동한다. 무엇보다도 생산양식으로서 자본의 논리를 완전히 활성화시키지 않는다. 극우파의 이데올로기는 이런 종류의 봉쇄 전략의 탁월한 사례를 제공한다.

2017년 1월 20일 도널드 트럼프의 대통령 취임식 연설문은 극우파 문서의 본보기다.[16] 그 연설에서 트럼프는 청중인 미국 국민이 정치적 주체이기도 하다는 것을 확인하고, 대통령 취임 선서를 통해 그 국민의 특권적 대화 상대로서 자신이 선택됐음을 강조한다. 그는 미국 국민들의 개탄스러운 상황("미국에서 벌어지는 대학살")을 주로 사회경제적 용어들로 진단하고 묘사한다(비록 그가 들먹이는 "범죄와 마약과 조폭들"은 '[흑]인종'을 바꿔 말한 것이라고 생각하고 싶어 하는 자들도 있겠지만 말이다). 트럼프는 미국의 이익이 다른 나라들의 이익에 종속된 것이 문제의 원인이라고 본다. "수십 년 동안 우리는 미국의 산업을 희생시켜 가면서 외국의 산업을 부유하게 해 줬습니다. 다른 나라 군대에 보조금을 주는 동안 우리 군대는 애석하게도 고갈됐습니다. 우리는 다른 나라 국경을 지켜 주면서도 우리 자신은 지키지 못했고, 우리가 해외에서 어마어마하게 많은 돈을 쓰는 동안 미국의 사회 기반 시설은 망가지고 썩어 갔습니다." 트럼프는 범인도 지목했는데, 바로 "워싱턴 DC"의 "기득권층"이었다.

그는 연설에서 "정의로운 사람들과 정의로운 대중"의 분노를 옹호하는데, 그 분노는 (주로) 현실의 과정들(자본주의의 신자유주의적 구조조정과 이를 더 심화시킨 2007~2008년 이후의 장기 불황 등)이 생활수준과 일자리에 미친 영향 때문에 생겨난 것이었다. 그러나 트럼프는 그 분노를 자본주의 생산양식에 내재하는 원천이 아니라 (이 경우에는) 워싱턴의 엘리트층으로 돌린다(그렇지만 트럼프의 다른 연설들에서 알게 되듯이 유색인들에게도 돌린다).

"기득권층"과 "국민"을 대립시키는 트럼프의 논법은 포퓰리즘의 좋은 사례다(약간 유용하다는 제한된 의미에서 그렇다). 서방의 지배계급들이 지난 10년의 정치적 격변들을 이해하기를 거부한다는 점을 보여 주는 지표 하나는 '포퓰리즘'이라는 단어를 남발하는 경향이다(그들의 대중매체나 조수 노릇 하는 학자들도 그런 경향이 있다). '포퓰리즘'은 신자유주의적 현상 유지에 대한 모든 도전을 무시하고 뭉뚱그리는 데 사용되는 두루뭉술한 표현이자 포괄적 용어가 돼 버렸다.[17] 그렇지만 포퓰리즘이라는 용어를 더 제한적으로 사용하면, 다양한 인종차별적 우파 정당들이 사용하는 이데올로기 전략을 확인하는 데 도움이 된다.[18]

나이절 패라지가 이끌던 영국독립당UKIP과 나중의 브렉시트당(그 후신인 영국개혁당)은 전형적 사례를 제공한다. 패라지는 유럽연합과 결탁한 영국 엘리트층이 국민의 이익을 저버린 반면 자신은 '영국 국민'을 대변한다고 주장한다. 이것은 [아르헨티나 출신의 포스트마르크스주의 정치이론가] 에르네스토 라클라우가 포퓰리즘에서 '등가의 논리'가 작용한다고 말한 것의 전형적 사례다. 즉, '국민'은 '제외된 부류'에 대한 적대 관계를 통해 하나의 전체로 구성된다는 것이다(이 경우에 '제외된 부류'는 유럽연합을 지지하는 영국 엘리트층이지만, 다른 유럽 나라에서 오는 이민자들도 여기에 포함되는데, 패라지에 따르면 유럽연합을 지지하는 엘리트층이 영국을 온통 이민자 천지로 만들었기 때문이라고 한다).[19] 포퓰리스트 우파 정당들이 인종차별적이리는 것은 의심할 여지가 없다. 실제로 나이절 패라지가 성공을 거둔 비결은 유럽회의주의를 반反이민 인종차별주의와 결합시키고 이 유독성 혼합물을 이용해 주류 정당들을 더 오른쪽으로 끌어당기는 능력에 있었다. 그 과정에서 영국독립당을 비롯한 각국의 포퓰리스트 우파 정당들은 신자유주의와 경제 위기 상황이 가한 고통 때문에 생겨난 분노의 일부를 흡수해서 표로 전환시켰다.

코로나19 확산 방지를 위한 봉쇄 필요성에 이의를 제기하고, 예방주사 맞기, 특히 정부가 요구하는 백신 접종 의무화를 반대한 운동들은 극우파의 역동성과 새로운 쟁점 포착 능력을 보여 주는 두드러진 증거다. 윌리엄 캘리슨과 퀸 슬로보디언은 독일을 중심으로 팬데믹 첫해를 연구한 흥미로운 글에서 다음과 같이 쓴다.

많은 경우에 분노한 프리랜서와 자영업자들이 이끌고, 추측을 바탕으로 침소봉대하는 예언을 신봉하는 기업인들이 증폭시킨 이 운동들은 [스페인의 철학자이자 문화 비평가] 호세 오르테가 이 가세트가 말한

"대중의 반란"보다는 "미텔슈탄트(중소기업인)의 반란"에 더 가깝다. 2017년에 논의를 지배한 포퓰리즘과 비교하면 그 운동들은 대중매체에 적합한 지도자나 정당과 덜 묶여 있고, 전통적 지지 스펙트럼으로 다루기 더 힘들고, 국가권력 장악에 덜 집착한다. … 좌파와 우파의 전통적 명칭에 이의를 제기하(면서도 대체로는 극우적 신념이 강하)고, 의회정치에 대해 냉소주의까지는 아니더라도 양면적 감정을 드러내고, 전체론全体論과 심지어 영성靈性에 대한 확신을 개인의 자유에 관한 단호한 담론과 혼합하는 경향이 있다.[20]

그러나 이 운동의 초점은 팬데믹(과 함께 국가가 팬데믹을 관리하는 방식)이고, 제도권의 극우파 정치인들은 이 운동에 신빙성을 더해 줬다. 자유주의적 자본주의 사회 전역에서 이런 사상에 고무된 대중 시위 물결은 2020년에 '흑인 목숨도 소중하다' 투쟁과 대조되는 극우파의 운동이었다. 2022년 1~2월에 자유수송대(캐나다 정부가 국경을 넘어 미국으로 가는 대형 트럭 운전자들에게 백신 접종 의무화를 요구하자 이에 반대한 약 500명의 트럭 운전사와 그 밖의 봉쇄 반대 시위자들의 수송대)는 오타와 도심을 마비시키는 데 성공했고, 미국 디트로이트와 캐나다 윈저를 연결하는 핵심 도로도 봉쇄해서 고도로 통합된 북아메리카 자동차 산업을 혼란에 빠뜨렸다. 그 시위대는 미국의 트럼프, 텍사스주 상원의원 테드 크루즈, '관심 병자' 테슬라 회장 일론 머스크 같은 자들의 지지를 받았다. 캐나다 총리 쥐스탱 트뤼도는 이 시위에 대응해 비상사태법에 따른 권한들(예컨대, 도로 봉쇄 자금 조달에 사용된 은행 계좌를 법원의 명령 없이도 동결시킬 수 있는 권한)을 들먹였다.

그 대결에서 분명히 드러난 사실은 국가가 팬데믹 관리를 이용해 억압을 강화할 수 있게 됐다는 것이다. 그러나 팬데믹 관리에 반대하는 움직임을 우파와 극우파가 지배했다는 사실도 분명히 드러난다. 이와 대조적으로, 급진 좌파는 팬데믹의 정치를 효과적으로 다루기 힘들었다. 그 이유는 쟁점의 복잡한 특징들 때문이다. 즉, 더 효과적인 안전 대책과 노동자들의 생명·일자리·임금·노동조건을 확실히 보호하는 조치를 요구하면서도 억압적 권력의 강화를 반대하는, 다시 말해 **국가의 확대와 국가의 축소**를 동시에 요구하는 운동이 필요했다. 반면에, 극우파는 초자유지상주의적 메시지만 열심히 퍼뜨렸고, 그렇게 해서 상당한 성공을 거뒀다.

극우파의 형세

이와 같이 극우파는 신자유주의 시대의 병폐 때문에 생겨난 (적어도 특정 부문 사람들의) 분노가 한편으로는 범세계주의적 엘리트층으로, 다른 한편으로는 이주민과 난민들로 향하게 하는 데 성공했다. 월든 벨로가 세계화에 대항해 일자리와 복지를 옹호하며 멋지게 표현했듯이 "우파가 좌파의 점심을 먹어 치웠다."[21] 보수주의자들이든 사회민주주의자들이든 신자유주의를 지지하는 '극단적 중

도파'(타리크 알리의 용어다)는 선거에서 찌그러졌다.[22]

그러나 이것은 결코 어떤 의미에서도 양차 세계대전 사이에 일어난 일의 단순한 반복이 아니었다. 첫째, 북반구에서 극우파는 1920년대와 1930년대만큼 노골적으로 **반혁명적**이지도 않고 좌파의 전진에 대한 대응도 아니다. 1960년대 말과 1970년대 초에 전 세계에서 마지막으로 크게 분출한 노동자 투쟁은 계급 세력 균형을 다시 자본에 유리하게 바꿔 놓으려는 신자유주의적 노력을 자극했다. 오늘날 우리가 목격하고 있는 것은 그 신자유주의 질서가 와해되고 있지만 (아직) 충분히 강력한 아래로부터 노동자 투쟁 드라이브가 대중의 상상력을 사로잡을 수 있는 진보적 대안을 제시하지 못하는 상황이다. 그래서 현 체제의 복합적 기능 장애로 생겨난 대중의 불만과 분노를 극우파가 이용할 수 있었다.

초점을 세계로 넓혀 보면 그림이 약간 달라진다. 반란과 반동의 리듬은 북반구와 남반구에서 서로 다르다. 이것은 어느 정도 신자유주의가 도입된 속도의 차이를 반영한다. 예컨대, 아시아에서는 프리야 차코와 카니시카 자야수리야가* "권위주의적 국가주의"라고 부른 현상이 증대했다. 원래 니코스 풀란차스가 사용한 이 개념은 "정치적 민주주의 제도들이 급격하게 쇠퇴하고, 이른바 '형식적' 자유가 여러모로 엄격하게 축소되는 것과 **맞물려** 사회경제 생활의 모든

---

* 차코와 자야수리야는 각각 호주의 애들레이드대학교 국제정치학 교수, 머독대학교 정치학 교수다.

분야에서 국가 통제가 강화되는 것"을 의미한다.[23]

차코와 자야수리야에 따르면, 아시아에서 이런 변화는 신자유주의 체제의 붕괴를 나타내는 것이 아니라, 집권당들이 대중의 동의를 얻는 수단 구실을 하던 특정한 정치형태에 신자유주의 체제가 파괴적 영향을 미친다는 것을 보여 준다. 신자유주의적 구조조정, 예컨대 국가의 자원을 고용·소비 지원에 사용하던 통로인 후견 네트워크의 개편은 "정치적 해체" 상태로 이어진다. "유력한 정치적 포섭 방식에 균열이 일어나자 정치적 엘리트층은 자본주의 사회관계의 정당성을 확보할 다른 방식을 만들어 내려고 애썼다. 사회적 행위자들과 정치 지도자들이 모두 문화적 민족주의와 반反다원주의 정치를 동원하는 것은 이런 맥락 속에서 이해해야 한다."[24]

차코와 자야수리야가 지적하듯이 인도국민당BJP은 그런 과정을 보여 주는 좋은 사례다. 인도국민당은 선거에서 특별히 성공한 힌두교 국수주의 정당으로 그 핵심에는 파시스트 조직인 국민자원군RSS이 있다. 비록 국민자원군 창립자들은 노골적으로 히틀러를 존경했지만, 인도국민당은 유서 깊은 민족주의 정당인 인도 국민회의가 신자유주의 정책을 선도하다가 그 기반이 붕괴하자 이를 이용할 수 있었다. 그리고 필리핀의 "파시스트 괴짜"인 로드리고 두테르테도 있다(벨로가 두테르테를 그렇게 불렀다). 두테르테는 범죄 소탕을 공약으로 내걸고 대통령 선거에서 승리했는데, 신자유주의가 수십 년 동안 실패한 것에 대한 대중의 염증에 편승해서 마약 사용자 대량 학살을 부추겼다. 아시아 밖의 사례들도 있다. 특히 브라질에서 [전 대통령] 자이르 보우소나루는 노동자당PT이 세계 금융 위기의 충격과 브라질 정치 엘리트층의 고질적 부패 연루 스캔들로 이중의 타격을 받고 붕괴한 상황을 이용할 수 있었다.[25] 2022년 10월 브라질 대통령 선거에서 보우소나루가 노동자당 후보인 전 대통령 룰라에게 매우 근소한 표차로 패배한 것은 보우소나루가 복음주의 교회들의 도움을 받아서 브라질 중간계급을 동원하는 데서 정말 놀라운 성공을 거뒀음을 입증하는 것이었다.

이집트에서 시시가 일으킨 군사 쿠데타도 이런 패턴과 일치한다. 2013년 [7월 3일] 쿠데타 직전인 6월 30일에 무슬림형제단 소속 대통령인 무함마드 무르시를 반대하는 중간계급들의 대규모 시위가 벌어졌다. 그 시위의 지도자들 가운데 일부는 급진 좌파(특히 2012년 대통령 선거에서 주요 좌파 후보였던 나세르주의자 함딘 사바히와 독립 노조 지도자인 카말 아부 에이타)와 동맹을 맺고 있었다. 시시가 무르시 정권을 전복할 때 단지 군사력만 사용한 것이 아니다. 시시는 그 충돌이 마치 세속주의와 이슬람주의의 충돌인 것처럼 포장했는데, 많은 좌파는 그 함정에 빠지고 말았다.[26]

그러나 남반구에서는 반란의 붉은 강도 흐르고 있다. 그것도 훨씬 더 세차게 흐르고 있다. 아랍의 민중 항쟁이 가장 두드러진 사례다(이 혁명적 과정은 이집트와 시리아에서 겪은 패배에도 불구하고 계속되고 있고 더 최근에는 알제리와 수단에서 격변이 일어났다). 그러나 볼리비아의 사례를 생각해 보라. 지난 20년 동안 볼리비아에서는 2003년과 2005년 두 차례 대중 항쟁으로 신자유주의자 대통령들이 쫓겨나고, 2006년에는 사회주의운동당MAS의 에보 모랄레스를 대통령으로 하고 원주민 근로 빈민들을 지지 기반으로 하는 좌파 정부가 집권했다. 2019년 10월에는 우파의 쿠데타가 일어났지만 1년 후 대선에서는 사회주의운동당의 루이스 아르세가 승리했다. 여기서는 혁명과 반혁명이 매우 직접적으로 상호작용하고 있다. 다른 라틴아메리카 나라들로 말하자면, 최근 칠레·콜롬비아·페루의 대통령 선거에서 급진 좌파들이 승리했다.

한편, 인도에서는 2020~2021년에 농민 운동이 전투적 직접행동을 대규모로 감행했다. 대농과 무토지 노동자, 고위 카스트와 달리트[불가촉천민]가 모두 연합해서(그 안에서 여성들이 비교적 두드러진 구실을 했다), 시위 진압 경찰에 맞서 싸웠을 뿐 아니라 모디의 국민자원군 파시스트 깡패들과도 대적했다. 결국 모디 정부는 농업 기업들에 유리한 규제 완화 법률들을 폐기할 수밖에 없었다.

둘째, 반동의 이데올로기가 상당히 달라졌다[는 것이 1920~1930년대 극우파와 지금 극우파의 차이점이다]. 오늘날 극우 이데올로기의 핵심 요소는 이슬람 혐오, 다시 말해 반反무슬림 인종차별이다. [영국 사회학자] 에드 퍼트위는 "초국적 반무슬림 정치 행동의 한 분야인 '지하드 대항 운동counter-jihad'"을 다루는 중요한 글에서 다음과 같이 말한다.

지하드 대항 운동 안에서 자라난 다양한 백인 민족주의는 처음 등장했을 때 새로운 것이었다. 히틀러식 역사철학이 역사를 서로 다른 생물학적 '인종들'의 다원주의적 투쟁으로 이해하고 유대인을 아리아인의 대립형으로 묘사한 것과 달리, 최근의 백인 민족주의는 역사를 문화주의적 신파극쯤으로 이해해서 근본적으로 서로 비교할 수 없는 '문명들'의 적대적 투쟁으로 여겼다. 그리고 젊고 원기 왕성한 '이슬람'과 대립하는 '유대-그리스도교 서구'는 빈사 상태로 껍데기만 남았다고 묘사했다. 이런 신념은 유럽·북아메리카·호주·뉴질랜드 지역의 극우파 집단, 특히 미국 공화당의 트럼프 지지자들에게 엄청난 영향을 미쳤다.[27]

여기서 우리는 오늘날의 극우파와 제국주의 사이에 연관이 있음을 보게 된다. 물론 이슬람 혐오가 서구 사회에 깊이 뿌리내리게 된 것은 이란 혁명에 대한 미국의 대응, 조지 W 부시와 토니 블레어가 미국의 대중동 지배력을 확고히 하려고 시작(했다가 실패)한 '테러와의 전쟁'의 결과였다. 극우파의 이슬람 혐오는 국가와 대중매체가 무슬림을 '내부의 적' 취급하며 공격하는 행태의 과격 버전이다. 무슬림에 대한 인종차별적 편견은 중동과 북아프리카에서 서구 제국주의의 지배를 약화시킨 무장 저항과 대중 항쟁에 대한 반응이다. 일부 극우파는 이슬람과 '서구의 가치들'이 양립할 수 없다는 주장을 강조하려고 심지어 여성은 가족 내에서 순종해야 한다고 주장하던 전통적 태도를 바꾸기까지 했다.[28]

그러나 퍼트위는 오늘날의 극우 담론이 양차 세계대전 사이에 등장한 파시즘의 '혁명적 보수주의' 이데올로기와 매우 밀접한 연관이 있다고 주장한다. 특히, 에른스트 블로흐가 강조한(1장 참조) 신화적 과거에 대한 낭만적 향수를 품고 있다는 점에서 그렇다. 그들이 공유하는 "공통의 반혁명적 시간 구조 안에서는 신화적 과거가 현재의 문화 정화 프로젝트를 정당화하는 데 동원된다. … 오늘날 이런 반혁명적 시간 구조는 '미국을 다시 위대하게 만들자'는 트럼프의 구호에 새겨져 있다."[29]

더욱이, 극우 이데올로기의 내용에는 연속성이 있다. 첫째, 좌파에 대한 적대감은 여전히 중요한 요소다. 그래서 흔히 서구 사회의 이슬람화를 가능하게 만든 문화적 붕괴가 1960년대에 시작됐다고 주장하는 것이다. 트럼프가 민주당 인사들을 사회주의자라고 비난하고 비판적 인종 이론을 공격하는 것도 집요한 반反마르크스주의의 징후다. 라틴아메리카에서는 전통적 반공주의가 원주민·노예 출신 빈민에 대한 공격(피에르 부르디외가 말한 '계급 인종차별'이라고 할 수 있을 것이다)과 결합되는데, 특히 볼리비아와 베네수엘라의 좌파 정부에 대항하는 운동에서 그런 공격이 두드러지지만 브라질의 보우소나루가 대통령 재임 시절 한 행동도 마찬가지였다. 둘째, 유대인 혐오도 여전히 중요하다. 특히 파시스트들에게 중요한데, 왜냐하면 그들이 언뜻 자본주의를 비판하는 듯하지만 문제의 근원을 자본주의 체제가 아니라 사회를 썩게 만드는 "범세계주의적 유대인 금융자본"의 힘에서 찾는 가짜 자본주의 비판의 토대를 유대인 혐오가 계속 제공하기 때문이다. 헤지펀드를 운영하는 자유주의 억만장자 조지 소로스의 이름이 이렇게 자본주의를 신화적으로 대표하는 은유로서 로스차일드 가문을 거의 대체했다. 놀랍게도 극우파의 유대인 혐오는 이스라엘 지지와 공존한다. 이스라엘은 서구 문명을 위협한다고 여겨지는 무슬림 무리를 막아 주는 방어벽이라고 보기 때문이다. 좌파에 대한 적대감과 유대인 혐오는 '문화적 마르크스주의' 담론에서 결합된다.

파시스트들이 주장하는 가짜 반자본주의의 현대판은 극우 정당인 '이탈리아의 형제들'의 지도자이자 이제는 끔찍하게도 이탈리아 총리가 돼 있는 조르자 멜로니가 2019년 베로나에서 열린 세계 가족 대회에서 다음과 같이 가족을 옹호한 발언에서 찾아볼 수 있다.

[가족의 적들은 — 캘리니코스] 우리가 더는 정체성을 갖지 못하고 그저 노예가 되기를, 완전한 소비자가 되기를 바랄 것입니다. 그래서 [우리의] 민족 정체성, 종교 정체성, 젠더 정체성, 가족 정체성이 공격당하고 있습니다. 우리는 자신을 이탈리아인, 그리스도교인, 여성, 어머니로 규정해서는 안 되고, 시민X, 젠더X, 부모1, 부모2가 돼야 하고, 숫자가 돼야 한다는 것입니다. 왜냐하면 우리가 숫자에 불과할 때, 더는 정체성을 갖지 못할 때, 더는 근본이 없을 때, 그때 우리는 엄청난 금융 투기 앞에서 속수무책인 완전한 노예이자 완전한 소비자일 것이기 때문입니다.[30]

오늘날의 극우파가 과거의 극우파와 다른 셋째 특징은 위험한 파시스트 부류가 상당히 포함된 인종차별적·포퓰리즘적 선거 정당들이 우세하다는 점이다. 지금 유럽의 상황은 1920~1930년대와 사뭇 다르다. 당시 발전한 권위주의 정권들은 대체로 전통적 토지 귀족의 지배가 연장된 것이었다. 1945년 이후 미국이 주도한 서유럽 재건으로 자유주의적 자본주의는 훨씬 더 안정적인 기반을 확보했다. 포드주의적 대량생산과 선진적 복지 제도의 발전이 결정적 구실을 했다. 유럽 통합 과정은 자유주의적 자본주의의 기반을 더 강화시켰다. 이 과정도 미국이 촉진한 것이었다.[31] 철의 장막 건너편 중동부 유럽에서 소련군이 세운 국가자본주의 정권들은 옛 지주 계급을 쓸어버렸다.[32] 이 국가들은 1989년 동유럽 혁명 이후 서방의 신자유주의적 자본주의 질서에 편입되면서 자유민주주의 헌법을 채택하고 나토와 유럽연합에도 가입했다(이것 역시 미국의 후원 아래 이뤄진 일이었다). 오늘날 권위주의로 표류하는 폴란드와 헝가리를 보며 유럽연합이 당혹스러워하는 것에서 (아직까지는) 노골적 독재를 용납하기 힘들다는 사실이 드러난다.

그래서 오늘날 극우파를 이루고 있는 것은 흔히 주류 정당들이 쇠약해진 덕분에 선거에서 1부 리그로 비집고 들어올 수 있었던 포퓰리스트 아웃사이더들이다. 예컨대, 이탈리아 동맹당, 독일을 위한 대안당AfD, 영국독립당과 현재의 영국개혁당, 덴마크국민당이 그렇다. 심지어 전통적 보수 정당들이 극우 조직으로 변모할 조짐이 보이는 경우도 있다. 보리스 존슨이 이끄는 영국 보수당, 제바스티안 쿠르츠가 이끄는 오스트리아국민당, 프랑스 공화당, 스웨덴 온건당이 그런 사례다. 그래서 무데가 말하듯이 우리는 지금 "극우파의 주류화"를 목격하고 있다. "점점 더 많은 나라에서 주류 우파 정당이, 때로는 좌파 정당들조차 포퓰리즘적 급진 우파 정당과 정치인들을 연립 대상으로 받아들일 만하다고 여긴다. 더욱이, 포퓰리즘적 급진 우파(심지어 모종의 극우) 사상도 주류 사회에서 공공연히 토론되고, 주류 정당들은 포퓰리즘적 급진 우파 정책을 대체로 (약간) 더 온건한 형태로 채택한다."[33]

유럽에서 극우파는 흔히 유럽회의주의와 반이민 인종차별주의를 결합하는 데 몰두한다. 이렇게 엘리트층을 비판하는 미사여구(유럽연합을 비판하는 것이든 아니면 더 광범한 '범세계주의적' 엘리트층을 비판하는 것이든)와 인종차별적 희생양 만들기의 결합을 보면, 트럼프를 포함한 오늘날 극우파의 주요 경향을 인종차별적 포퓰리즘으로 묘사하는 것이 옳음을 알 수 있다. 이런 의미에서 오늘날의 극우파는 양차 세계대전 사이의 권위주의적 보수파와는 다르다. 그러나 1920~1930년대와 마찬가지로 오늘날의 극우파도 스펙트럼이 있다. 그중에는 자신들을 성공한 선거 정당으로 새롭게 포장할 수 있게 된 파시스트 중핵이 있다. 그들은 인종차별적 포퓰리즘 쟁점에 집중하면서도 과격한 권위주의적 해결책을 추구한다. 그중 가장 중요한 사례는 프랑스 국민연합(국민전선의 후신), 오스트리아자유당, 스웨덴민주당, '이탈리아의 형제들'이다.

프랑스는 중요한 자유주의적 자본주의 국가 중 하나에서, 그것도 핵무기를 보유한 강대국에서 극우파가 기존 정당 체제를 해체하고 양극화시키는 구실을 할 수 있음을 보여 준다. 2017년과 2022년 프랑스 대통령 선거에서 국민연합 지도자 마린 르펜과 신자유주의적 권위주의자 에마뉘엘 마크롱이 두 차례 맞붙은 결과로 주류 중도 좌파 정당(사회당)과 중도 우파 정당(공화당)이 무너졌고, 무데가 표현했듯이 "프랑스에서는 오직 두 강력한 정치 세력, 즉 극우파와 … 마크롱만이 남게 됐다. 전자는 강력한 조직을 거느린 이데올로기 진영이고, 후자는 한 개인이다."[34] 2022년 6월 총선에서 국민연합은 돌파구를 뚫었다. 중도 우파를 제치고 의회 내 제3진영이 된 것이다. 이어서 9월에는 스웨덴민주당과 '이탈리아의 형제들'도 선거에서 돌파구를 뚫었는데, 이탈리아에서는 멜로니를 총리로 하는 우파 정부가 들어섰다.

넷째, 오늘날의 극우파는 신자유주의에 대한 불만에서 이득을 보지만 독특한 경제 강령은 없다. 예컨대, 국민연합은 트럼프가 그랬듯이 세계화로 인한 병폐를 끊임없이 이용한다. 그러나 어떤 극우 집단이나 정권도 신자유주의에 대한 일관된 경제적 대안을 제시하지 않는다. 사실 어떤 부류는 유럽회의주의와 경제적 초자유주의를 결합시킨다(특히 독일을 위한 대안당, 영국독립당과 브렉시트당이 그런다). 트럼프가 (특히 중국을 겨냥해) 관세를 무기화한 것은 신자유주의 규칙에서 벗어난 것이지만, 그 밖의 다른 경제정책들은 감세 조치와 규제 완화 형태로 기업에 혜택을 제공하는, 즉 레이건 이후 공화당의 일반적 방침이었다. 한때 유럽연합을 강경하게 반대하던 이탈리아 동맹당은 유럽중앙은행 총재 출신의 마리오 드라기가 이끄는 '국민 통합' 정부를 지지했다.

이것은 놀라운 일이다. 왜냐하면 극우파의 정치적 영향력을 크게 강화해 준 세계 금융 위기는 1930년대 대공황과 마찬가지로 경제적 자유주의의 실패를 의미하기 때문이다. 그러나 무솔리니와 히틀러 정권이 꽤 신속하게 국가자본주의 방향으로 전환한 것과 비교하면 오늘날의 극우파는 신자유주의 경제정책 레짐과 결코 단절하지 않는다. 인도의 마르크스주의자들인 우트사 파트나이크와 프라바트 파트나이크는 이와 관련해 다음과 같이 흥미로운 말을 했다.

대공황이 끝나고 전쟁이 시작되기 전까지 짧은 기간에 … 파시스트들은 자국 경제를 자유주의적 자본주의 국가들보다 더 나은 위치에 올려 놓는 데 성공했다.

그러나 오늘날 상황에서 국가 지출 증대는 그 목적이 무엇이든 간에 국제 금융이 용납하지 않을 것이다. 부유세 징수나 적자재정으로 재원을 마련해 국가 지출을 늘리면 경제활동이 확대될 수 있겠지만, 국제 금융은 그런 재원 조달 방법을 모두 반대할 것이기 때문이다. 또 어느 나라의 파시즘 운동도 국경을 넘나드는 금융 흐름을 통제하자고 제안하지 않기 때문에, 국제 금융계의 반대는 결국 국가 지출로 국내 총수요를 확대하는 것을 막는 데서 결정적 구실을 할 것이다.[35]

파트나이크 부부는 현대 자본주의 국가가 경제적 조치를 취할 수 있는 운신의 폭을 과소평가했을지 모른다. 어쨌든 팬데믹 시기에 국가는 세계 금융 위기에 대처할 때보다 더 멀리 나가서, 정부 지출과 차입을 엄청나게 늘렸고 중앙은행은 '재정의 화폐화', 즉 정부가 추가 지출 재원을 마련하려고 발행한 채권을 매입하는 조치를 취했다(3장 참조). 그러나 오늘날 자본의 국제화 증대로 말미암아 극우파 정부가 신자유주의에서 벗어난 경제정책을 추진할 능력이 제한된다는 파트나이크 부부의 말은 중요하다. 사실 신자유주의를 받아들인 사회민주주의 정당들이 1990년대에 그런 제약을 수용한 것은 무엇보다도 극우파가 비집고 들어갈 틈을 만들어 주는 데 도움이 됐다.

이런 개략적 설명에서 드러나는 점은 주류 보수 정당, 포퓰리즘적·인종차별적 선거 정당, 노골적 파시스트 조직 사이의 경계가 매우 모호하다는 것이다. 이런 유동성은 불가피하다. 특히 보우소나루와 트럼프처럼 단역배우 같은 자들이 갑자기 대성공을 거두는 등 급격히 변화하는 상황에서는 더욱 그렇다. 기층의 극우파 네트워크들이 텔레그램 같은 소셜 미디어와 앱으로 운동을 벌이고 조직화하는 것은 상황을 더 복잡하게 만든다. 이렇게 상황이 복잡하다 보니 [이탈리아 태생의 역사학자] 엔초 트라베르소처럼 통찰력 있는 분석가조차 지금 우리는 "포스트파시즘"에 직면해 있다면서 다음과 같이 주장한다. "극우파의 인종차별주의로 말미암아 … 원래의 파시즘 기반은 상당히 흐려졌다. 이런 의미에서 이데올로기는 이제 극우파에게 전혀 문제가 되지 않는다. 대체로 이데올로기와 파시즘의 관계는 사회민주주의와 사회주의의 관계 비슷하다." 즉, 파시즘이 신자유주의를 받아들이려고 파시즘 이데올로기를 사실상 포기했다는 것이다.[36]

오늘날 일부 극우파 지도자들(특히 마린 르펜)이 자기 당을 현대화하겠다고 나서는 것을 보면 블레어가 노동당을 신노동당으로 바꾼 것과 적어도 표면적으로는 비슷하다. 그런 점에서는 트라베르소의 주장이 옳은 것처럼 보인다. 그러나 트라베르소는 퍼트위가 조사·분석한 독특한 종류의 반무슬림 인종차별주의가 오늘날 극우파의 이데올로기에서 특별히 중요하다는 사실을 심각하게 과소평가한다. 어쨌든 요점은 특정한 조직에 무슨 딱지를 붙이는 것이라기보는 오늘날의 극우파를 빠르게 변화하는 역동적인 힘의 장으로* 이해하는 것이다. 이 힘의 장 안에서 파시즘이 견인력을 발휘하는 주된 이유는 다양한 조직들의 역사적 유산 때문이 아니라, 오늘날 우파적 급진화가 현실적인 정치적 선택지로 보이기 때문이다. 이 점은, 예컨대 독일을 위한 대안당의 '국민 보수주의' 분파와 '국민 혁명주의' 분파 사이의 투쟁에서 드러난다. 더욱이, 오늘날 극우파에서 선거 정치가 우세한 것도 실상을 흐리는 효과를 낸다. 왜냐하면 선거 정치가 극우파 지도자들에게 히틀러나 무솔리니의 만행과 거리를 두라는 압력으로 작용하기 때문이다. 그러나 양차 세계대전 사이에 그랬듯이, 지금도 엘리트층의 정치와 기층 운동 사이에는 상호작용이 존재하고 그것은 진짜 파시스트 세력에게 유리할 수 있다. 미국은 아마 이런 힘의 작용을 가장 잘 보여 주는 사례일 것이다.

---

* 힘의 장(force field) 중력장이나 전자기장처럼 눈에 보이지 않는 힘이 작용하는 공간을 가리킨다.

미국: 약한 고리?

미국을 선진 자본주의 세계의 약한 고리로 묘사하는 것은 매우 이상해 보인다. 왜냐하면 앞서 4장에서 봤듯이 미국은 여전히 다른 어떤 통치 조직보다 특히 군사적 능력과 금융 역량이 막강한 패권 국가이기 때문이다. 그러나 2021년 1월 6일 미국 극우파의 국회의사당 습격 사건 이후에는 미국이 약한 고리라는 생각을 진지하게 살펴봐야 한다. 세 가지 요인이 눈에 띈다.

• **신자유주의와 세계 금융 위기의 경제적 효과 누적.** "미국을 다시 위대하게 만들자"는 트럼프의 구호는 미국을 세계화의 피해자로 묘사한다. 그러나 미국의 대기업과 대은행은 이런 묘사를 인정하지 않을 것이다. 그들은 생산의 세계화에서, 또 금융 부문의 "달러·월스트리트 체제"(피터 고완의 표현이다)에서 크게 이득을 봤다.[37] 더욱이, 흔히 팡FAANG이라고 부르는 IT 대기업 5개(페이스북, 아마존, 애플, 넷플릭스, 구글)는 자본주의의 미래를 지배하고자 하는 미국의 야심을 상징하고, 미국과 중국·유럽연합의 충돌에 걸린 큰 판돈이기도 하다.

그렇지만 로버트 브레너는 최근에(2020년 3월) 미국 정부가 시장을 구제하고 나선 것은 다음과 같은 점을 보여 준다고 주장한다.

미국 경제 실적이 매우 나빠지자 … 양대 정당을 포함한 정치적 기득권층과 주요 정책 입안자들은 의식적으로든 무의식적으로든 냉혹한 결론에 이르게 됐다. 즉, 비금융·금융 기업들, 그 기업들의 고위 경영진과 주주들(또 사실상 그들과 긴밀하게 연결된 주요 정당의 고위 지도자들)의 재생산을 보장할 수 있는 유일한 방법은 자산 시장과 경제 전체에 정치적으로 개입해서 직접적인 정치적 수단으로 부를 사회 상층으로 재분배하는 것뿐이라고 결론지은 것이다. … 오랜 세월 동안 우리가 겪은 것은 경기후퇴의 악화와 맞물린 정치적 약탈의 심화였다.[38]

수많은 미국인에게 지난 세대의 경험은 임금이 억제되고, 제조업 고용이 대규모로 사라지고, 세계 금융 위기로 일자리·저축·집을 잃고, 패배한 대중동 전쟁에서 가족이 죽거나 장애인이 되거나 트라우마에 시달리게 되는 것 따위였다. 이런 경험 차이(많은 상층 화이트칼라 피고용인은 대자본이 누린 번영을 조금이나마 나눠 가진다)는 트럼프와 공화당 우파에게 무기가 됐다. 토마 피케티, 이매뉴얼 사에즈, 게이브리얼 저크먼은 다음과 같이 썼다.

미국의 소득 분배에서 하위 절반은 1970년대 이후의 경제성장과 완전히 단절됐다. 1980년부터 2014년까지 미국의 성인 1인당 평균 국민소득은 61퍼센트 증가했지만, 하위 50퍼센트 개인 소득자의 평균 세전 소득은 성인 1인당 약 1만 6000달러(물가 상승률 조정치)에서 정체돼 있었다. 이와 대조적으로 소득 분배의 상위에서는 소득이 급증해서, 상위 10퍼센트는 121퍼센트, 상위 1퍼센트는 205퍼센트, 상위 0.001퍼

센트는 636퍼센트 증가했다.[39]

2016년 11월 미국 대통령 선거 당시 〈이코노미스트〉는 4년 전 공화당 후보였던 밋 롬니에 비해 트럼프의 득표수가 증가할 것임을 알려 준 최상의 예측 변수가 다음과 같은 것들이라고 지적했다.

카운티county 수준의 기대 수명, 만연한 비만·당뇨병·과음, 주기적 신체 활동(의 부족)에 관한 자료들. … 일부 사람들은 건강 악화라는 결과가 탈산업화와 관련 있다고 주장한다. 높은 실업률은 기대 수명 단축을 예상하게 할 뿐 아니라 트럼프 후보에 대한 지지도 예상하게 한다. 인구통계와 관련된 여러 변수를 통제한 뒤에도 그 점은 마찬가지다. … 지리적 숫자들을 보면, 트럼프에게 투표해서 그를 당선시킨 유권자들의 특정 부분집합(트럼프의 득표수가 롬니보다 크게 앞선 여러 카운티의 유권자들)은 말 그대로 죽어 가는 지역사회에 사는 사람들이라는 사실을 알 수 있다. 비록 트럼프의 정책이 그들의 곤경을 완화해 줄 것 같지는 않지만, 그들이 왜 변화를 위해 투표했는지를 이해하기는 어렵지 않다.[40]

• **점점 더 공화당에 유리해지는 고장난 정치 구조**. 대자본이든 소자본이든 자본은 미국 헌법에서 득을 봤다. 다수결 원칙에 맞서 재산을 지킬 수 있도록 설계된 헌법이었기 때문이다. 보통선거권의 시대인 지금도 행정부 수반인 대통령은 간접선거로 뽑힌다(50개 주[와 수도 워싱턴]에

서 선출되는 대통령 선거인단은 일반 국민투표에서 1표라도 더 많이 얻은 쪽이 그 주에 배정된 선거인단을 모두 차지하는 승자 독식제로* 결정된다). 상원은 막강한 권한이 있지만, 인구 비례가 아니라 50개 주마다 2명씩 뽑는 방식이라 대표성이 떨어진다. 연방 대법원 판사들은 종신직인데, 연방 정부가 교착상태에 빠지는 일이 잦아지자 헌법 심판관으로서 권한이 증대했다.[41]

극도로 친자본주의적인 양대 정당 사이에서만 정치적 경쟁이 이뤄지게 만드는 소선거구제와, 부유한 기업들이 말 잘 듣는 정치인들에게 돈을 퍼 줄 수 있도록 대법원이 승인해 준 권리는 자본의 특권에 더욱 힘을 실어 줬다. 지난 30년 동안 공화당은 미국 대선의 일반 국민투표에서 오직 한 번[2004년] 승리했는데, 최근 수십 년간 게리맨더링과** 유권자 억압을*** 가차 없이 사용해서 특히 주州 수준과 의회에서 입지를 강화했다. 이 모든 것은 자본이 국가의 모든 수준을 식민지화할 수 있게 해 줬으므로 자본에 매우 좋은 일이었다. 그러나 그 결과는 어느 방향으로든 변화를 바라는 대중운동의 영향을 거의 받지 않는 그들만의 정치체제다. 한편, 빌 클린턴과 버락 오

---

* 예외적으로 메인주와 네브래스카주는 선거인단 일부를 하원의원 선거구 결과대로 나누는 방식을 따른다.

** 게리맨더링 자기 정당에 유리하게 선거구를 변경하는 것.

*** 유권자 억압(voter suppression) 흑인 등 특정 유권자 집단의 투표를 방해하거나 방지해서 선거 결과에 영향을 미치려는 것을 말한다.

바마의 민주당 정부는(각각 1993~2000년과 2009~2017년에 집권했다) 신자유주의 질서의 효율적 관리자 노릇을 해서, 그들을 지지한 진보적 유권자들을 실망시켰고 공화당이 의회를 장악하도록 도와줬다. 그 덕분에 공화당은 1994년에는 상하 양원을, 2010년에는 다시 하원을, 2014년에는 상원을 장악해서, 백악관이 발의한 법안을 모두 봉쇄했다. 조 바이든의 더 모험적인 경제정책들에도 불구하고 바이든 정부도 같은 운명을 겪게 될 가능성이 농후하다.

• **인종적 균열**. 선진 자본주의 국가들은 모두 구조적으로 인종차별적이지만, 미국만큼 인종차별이 핵심적인 국가도 없다. 미국에서 신줏단지 모시듯 떠받들어지는 헌법에는 노예제와 정착민 식민주의가 아로새겨져 있다. 1조 2항은 연방 하원의원 수를 각 주의 인구수에 비례하여 배정하고 각 주의 인구수는 "과세하지 아니하는 인디언을 제외한 자유인의 총수에 그 밖의 인구 총수의 5분의 3을 더해 결정한다"고 규정했다.[42] 노예를 소유한 백인 농장주들과 소생산자들 사이의 복잡하고 팽팽한 세력 균형은 미국의 영토가 확장되고 19세기 상반기에 자체 산업혁명이 시작되면서 붕괴했다. 뒤이어 1861~1865년 남북전쟁에서 링컨은 마르크스가 예측했듯이 점점 더 혁명적 수단을 채택해서 승리했다. 특히 [1863년에] 노예해방선언을 발표하고 옛 노예들을 무장시켰다. 그러나 1865년에 북군이 승리한 후 흑인들과 그들의 동맹 세력인 백인들이 남부 노예주써를 재건하려고 노력했으나 실패하자 수정 헌법 14조와 15조가 승인한 형식적인 법률적·정치적 평등은 아프리카계 미

국인들에게 허용되지 않았고, 특히 남부에서 흑인들은 짐 크로 법이라는 인종 격리 체제에 시달려야 했다.[43]

1950~1960년대의 흑인 평등권 운동과 그것이 자극한 북부의 도심 반란들 때문에 연방 정부는 어쩔 수 없이 이른바 제2차 재건에 나서야 했고 결국 짐 크로 체제는 종말을 고했으며 흑인 중간계급은 지위가 상승해서 이제 만만찮은 정치적 영향력을 행사하게 됐다. 그러나 아프리카계 미국인들은 여전히 사회경제적 사다리의 맨 밑에 있으면서, 경찰의 총에 맞거나 '감옥·산업 복합체'에 대규모로 투옥되는 등 체계적 국가 폭력에 시달린다. 이를 두고 [미국의 작가이자 흑인 평등권 활동가] 미셸 알렉산더는 "미국의 또 다른 인종 카스트 제도"라고 일컬었다.[44] 오늘날의 미국을 '백인 우월주의'의 한 사례라고 부른다면 그것은 마치 오바마 취임 이후 미국이 '탈脫인종차별 사회'가 됐다고 잠시 축하한 것만큼이나 너무 단순하다. 그러나 미국에 백인 우월주의자들이 많은 것은 사실이고, 그들은 뿌리 깊은 인종차별 구조 속에서 흑인·라틴계·무슬림을 향해 불만을 터뜨리는 쪽으로 이끌린다.[45]

---

* 짐 크로(Jim Crow) 법 미국 남북전쟁 이후의 재건 시기가 공식적으로 끝난 1877년부터 강력한 흑인 평등권 운동이 전개된 1960년대까지 남부에서 효력을 발휘한 인종차별법의 통칭이다. 짐 크로는 백인이 흑인으로 분장하고 춤과 음악, 촌극 등을 섞어서 공연한 쇼의 주인공 이름으로 나중에 흑인을 경멸하고 비하하는 표현이 됐다.

이런 배경에서 보면, 트럼프가 대통령이 된 것은 알튀세르가 말한 '중층 결정', 즉 다양한 모순들이 응축되고 융합해서 변화를 불러일으킨 것의 분명한 사례였다.[46] 트럼프는 2015~2016년에 대선 도전을 시작하면서, 충분히 많은 미국 시민의 피해 의식, 워싱턴 정가의 부패와 교착상태에 대한 분노, 인종차별을 체계적으로 이용해서 2016년 11월 [대선에서] 승리했고, 혼란스러운 임기를 버텨 냈으며, 2020년 11월에는 7400만 표 넘게 얻을 수 있었다(미국 역사상 둘째로 많은 득표였다).

트럼프는 파시스트가 아니라 투기꾼이다. 즉, 유명세를 탄 사업과 미디어 스타덤을 활용해 대부호 행세를 하고, 그런 이미지를 이용해 더 광범한 청중에게 다가가서, 미국이 세계화 때문에(더 구체적으로는 동맹국들과 중국에게) 돈을 뜯기고 있다고 극우파적 비판을 늘어놓았다.[47] 트럼프와 대자본의 관계는 결코 단순하지 않았다. 예일대학교 경영대학원 교수 제프리 소넌펠드는 다음과 같이 말했다. "제가 몇 년 전에 우리 CEO 모임에 도널드 트럼프를 초대하려고 했더니 일류 CEO들은 '여기 데려오지 마시오. 우리는 그를 일류 CEO로 여기지 않소' 하고 말했습니다. 트럼프가 2016년 대선에서 승리한 후 그에게 이 이야기를 들려줬더니 다음과 같이 대꾸하더군요. '글쎄요, 이제는 그들이 모두 저를 보러 오던데요.'"[48] 그러나 백악관에 들어간 뒤에도 트럼프는 여전히 대자본에게 문젯거리였다. 그의 가장 독특한 경제정책들(중국·유럽연합과의 무역 전쟁, 신자유주의 시대에 발전한 세계 공급 사슬의 미국 귀환)은 미국의 주요 초국적 기업들과 은행들의 이해관계와 정면으로 충돌했다.

트럼프의 계급 기반은 대자본이 아니라 다른 곳에 있었다. 마이크 데이비스는 트럼프주의의 사회지리학을 묘사한 뛰어난 글에서 다음과 같이 설명했다.

레이건은 비즈니스 라운드테이블(미국 경제 전문지 《포천》이 선정한 500대 기업들의 연합)이 주도한 역사적 반反노조 공세와 제휴해서 집권했다면, 트럼프가 백악관에 들어간 것은 예수 사랑과, [쿠바 태생의 미국 작가·사회주의자] 샘 파버가 "룸펜 자본가들"이라고 부른 잡다한 무리 덕분이었다. 비록 군수업체들, 에너지 산업계, 거대 제약 회사들은 공화당이 집권하면 늘 그랬듯이 지금도[2020년] 백악관에 돈을 갖다 바치지만, [2016년에 — 캘리니코스] 트럼프가 공화당 예비 경선에서 테드 크루즈를 꺾은 뒤 오바마에 대항하는 반란에 돈을 대고 트럼프를 지지하며 뭉친 기부자들의 연합은 대체로 전통적 경제 권력의 주변부에 있던 자들이었다. 그중에는 배리 골드워터와 존버치협회 시절부터* 정계에 영향을 미치던 코크 가문처럼 주로 석유 재산에 기반을 둔 재벌들도 있었지만, 트럼프의 핵심 동맹은 그랜드래피즈[미시간주 서쪽에 있는 자동차·기계 등 공업 도시], 위치토[캔자스주 남쪽에 있는 상공업 도시], 리틀록[아칸소주의 주도], 털사[오클라호마주 북동부에 있는 공업

---

* 골드워터는 1964년 미국 공화당 대선 후보였고, 존버치협회는 1958년 설립된 반공주의 우파 단체다.

도시] 같은 내륙 지역 출신의 탈脫산업 분야 벼락부자들이다. 그들은 부동산, 사모펀드, 카지노, (사설 군대부터 고리대금업 체인점까지) 다양한 서비스업으로 재산을 모았다.[49]

이 "룸펜 억만장자들"(데이비스의 표현이다)은 국내시장에 의존하고, 사실은 흔히 연방 정부와 주 정부에 의존한다. 가장 인상적인 사례는 [억만장자] 포레스트 프레스턴이 1970년에 설립한 미국 최대의 요양원 체인인 라이프케어센터오브아메리카인데, 이 요양원은 2020년 봄에 수많은 코로나19 사망자가 나온 곳이기도 하다.[50] 아시아와 유럽의 상공업 거인들과 대결하는 정책은 십중팔구 그들의 이해관계에 별로 부정적 영향을 미치지 않았을 것이고, 심지어 소규모 산업 기업들에는 도움이 됐을 수도 있다. 한편, 초국적 대기업들이 트럼프에게 동조한 이유는 세금을 깎아 주고 규제 완화를 촉진하고 주식시장의 거품을 키워 줬기 때문이다. 〈파이낸셜 타임스〉의 '렉스' 칼럼은 [미국 극우파의] 국회의사당 습격 사건 뒤에 시큰둥하게 다음과 같이 지적했다.

트럼프는 금융시장 호황에 대통령직을 거듭 걸었다. 그러면서 월스트리트와 부유한 미국인들이 트럼프가 서서히 밀어붙이는 반反자유주의를 못 본 척하도록 슬그머니 부추겼다. 금융시장 호황으로 그들은 더 부유해졌기 때문이다. 기업들은 트럼프가 대중국 무역과 관세 문제에서 변덕스럽게 구는 것에 점점 더 싫증을 냈다.

그러나 트럼프는 대체로 미국 기업들이 원하는 것을 제공했다. 그래서 전형적 신흥 시장 같은 느낌이 들었다. 즉, 정치는 난잡하거나 부패했지만 상업과 자본주의는 여전히 번영을 누리는 상태 말이다.[51]

그러나 장기적으로 보면, 트럼프와 대자본의 양면적 관계보다 더 중요한 점은 트럼프가 미국의 우파 정치를 바꿔 놨다는 것이다. 그 시작은 "2017~2018년에 트럼프가 공화당을 빠르게 장악해서 당내 반대파를 가차 없이 제거한 것"이었다. "트럼프의 핵무기급 장점은 기층에서 누리는 어마어마한 인기, 복음주의 지도자들과 〈폭스 뉴스〉가 시도 때도 없이 부추기는 광적인 지지, 그리고 물론 그가 끝없이 쏟아내는 트윗이었다."[52] 더욱이, 트럼프는 1990년대에 나타나기 시작한 '애국자' 민병대부터 큐어넌 음모론자들까지 수많은 극우파 소집단에게 전국적 지도력, 언론의 관심, 정치적 정당성을 제공했다. 채프먼대학교의 [사회학부 부교수] 피터 시미는 다음과 같이 말했다. "트럼프는 [심리검사에 사용되는] 잉크 얼룩 같은 존재여서, 이 다양한 부류의 수많은 극우파가(심지어 주류 우파도) 자신들의 희망과 공포, 열망과 좌절을 그에게 투영할 수 있다."[53]

트럼프와 기층 극우파의 관계는 쌍방향적이다. 트럼프는 그들을 양성하고 동원해서 재선에 성공하고자 했다. 이정표 구실을 한 주요 사건들은 다음과 같다. 2017년 8월 버지니아주 샬러츠빌에서 '우파 단결' 집회와 반파시즘 집회가 충돌했을 때(그래서 반파시즘 시위자 한 명이 살해됐다) 트럼프는 "양측에 모두 아주 훌륭한 사람들이 있었다"고 말했다. 2020년 여름과 가을에는 극우파 집단들이 [코로나19 예방을 위한] 이동 제한 조치에 반대하는 시위를 벌이고 '흑인 목숨도 소중하다' 시위대와 충돌하자 극우파 집단들을 격려했다. 2020년 9월 30일 대선 후보 토론회에서는 파시스트 단체인 '프라우드 보이스'에게 "물러서서 대기하라"고 말했다. 마지막으로, 그러나 못지않게 중요한 사건은 2021년 1월 6일 워싱턴 DC에서 열린 '선거 탈취 저지' 집회에서 한 연설이었다. 결국 그 시위대가 국회의사당을 습격했다. 이 모든 개입에서 트럼프는 새로운 정치체제를 창조하려는 것이 아니라 자신이 득을 보려 하고 있었지만, 이를 통해 극우파가 운동으로 결집하는 데 도움을 주기도 했다.

2021년 1월 6일

그렇다면 국회의사당 습격은 어떻게 이런 그림에 들어맞는가? 자유주의·좌파 비평가들은 (5명의 사망자가 발생한) 이 공격을 쿠데타로 재빨리 비난했다. 그것은 에드워드 러트워크가 말한 전형적인 "형식적·기능적 쿠데타 정의"에 부합하는가? 러트워크에 따르면, 쿠데타는 "국가기구의 작지만 결정적으로 중요한 부분에 침투해서, 전체 국가기구에 대한 통세권을 정부에서 빼앗아 오는 것"이다.[54] 분명한 차이 하나는 국회의사당을 습격한 의도가 "통제권을 정부에서 빼앗아 오는 것"이 아니라, 트럼프의 집권을 연장하려는 것이었다는 점이다. 국회의사당에 난입한 자들은 의회를 위협해서 대통령 선거 결과를 뒤집고 트럼프가 계속 백악관에 남아 있게 하려 했다. 또 다른 쿠데타 전문가인 나우니헐 싱은 그들의 행동을 가장 잘 묘사할 수 있는 말은 "반란 미수"라고 주장했다. 왜냐하면 "국가 안보 세력의 개입"이 있어야 쿠데타라고 할 수 있기 때문이다.[55]

이 "반란"에는 코미디 같은 요소들이 있었다. 그래서 자유주의 역사가 티머시 스나이더는 다음과 같이 말했다. "이 일이 무슨 효과를 낼지, 또 그들이 국회에서 무엇을 달성할지를 분명히 알고 있는 사람은 아무도 없는 듯했다. 대단히 중요한 건물을 장악해 놓고도 그저 서성거리기만 했으니, 이와 비교할 만한 반란의 순간을 떠올리기는 힘들다."[56] 그러나 습격 장면을 찍은 영상들이 더 많이 공개되자 실질적·잠재적 폭력이 더 분명히 드러났다. 트럼프의 부통령이던 마이크 펜스가 선거 결과를 승인하는 상하 양원 합동 회의를 주재하고 있었다는 이유로 "펜스의 목을 매달아라!" 하고 외친 자들이 만약 민주당 소속 하원의장 낸시 펠로시를 마주쳤다면 생각하기도 싫은 끔찍한 일이 벌어졌을 것이라는 점은 분명하다. 하물며 좌파 여성 하원의원 알렉산드리아 오카시오코르테스나 일한 오마르를 마주쳤다면 어떠했겠는가? 실제로 오카시오코르테스는 생명의 위협을 느껴서 사무실 화장실에 숨어 있었다고 말했다.[57] 미국 연방수사국FBI은 체포된 여성 한 명이 자녀들에게 다음과 같이 말하는 영상 메시지를 보냈다고 주장한다. "낸시를 찾아서 대갈통을 쏴 버리려고 했는데, 못 찾았단다."[58]

국회의사당 습격과 관련해 기소된 사람들을 분석한 기사를 보면, "반란자들"은 대부분 생활고와 싸우는 프티부르주아지였다. 〈워싱턴 포스트〉에 따르면, "[반란자들의] 거의 60퍼센트는 … 지난 20년 동안 파산이나 퇴거, 압류 통보, 악성 부채, 세금 미납 등의 금전 문제를 겪은 흔적이 있었다." 또 다른 40퍼센트는 자영업자나 화이트칼라 노동자였다.[59] 검찰의 기소로 드러난 사실은 프라우드 보이스와 '오스 키퍼스' 같은 극우파가 1월 6일 사건을 조직적으로 계획했다는 것이다.[60] 민주당이 통제하는 하원의 공식 조사에서는 불법 무장 단체의 조직적 국회의사당 습격이 트럼프와 그의 수행 단원 몇 명과 조율됐으며 펜스로 하여금 선거 결과 승인을 거부하도록 강요하기 위한 것이었다는 혐의를 입증할 증거가 더 많이 드러났다.[61]

영국의 좌파 저술가 폴 메이슨이 이 사태를 1934년 2월 6일 파리에서 일어난 사건과 비교한 것은 유용하다.[62] 그날 프랑스에서는 제3공화국의 혼란스러운 의회정치를 권위주의 체제로 갈아 치우라는 언론의 선동 속에서 극우파 동맹이 주로 전직 군인들을 동원해 시위를 벌였다. 그들은 하원 의사당인 부르봉궁과 대통령 관저인 엘리제궁을 공격하려 했다. 극우파는 투기꾼 알렉상드르 스타비스키의 의문의 자살 사건으로 불거진 정치·금융 스캔들을 비난했고, 중도좌파 정부인 좌파연합(자유주의 부르주아 정당인 급진당이 주도하고 사회당이 뒷받침했다)의 총리 에두아르 달라디에가 우파 인사인 파리 경찰서장을 해임한 것에 항의했다.

극우파 시위대와 경찰 사이에 폭력 충돌이 일어났고, 경찰의 두 차례 발포로 14명이 사망했으나 시위대는 끝내 목적지에 이르지 못했다. 그러나 달라디에는 이미 하원의 두 차례 표결에서 승리했는데도 이튿날 사퇴하고 말았다. 그를 대신해 새 총리가 된 인물은 전 대통령 가스통 두메르그였다. 두메르그는 중도 우파 정부를 구성해서, 2년 전에 좌파연합이 승리한 선거 결과를 사실상 뒤집어 버렸다. 두메르그는 행정부의 수중에 권력을 집중시켜야 한다고 주장한 우파 정치인들 중 한 명이었다.

따라서 1934년 2월 6일에 [프랑스] 극우파는 비록 목적지에 이르지는 못했지만 정치적 승리를 거뒀다. 반면에 2021년 1월 6일에 [미국] 극우파는 국회의사당에 들어갔지만 정치적으로는 실패했다(적어도 단기적으로는 그랬다). 어떤 공모와 음모, 실수나 혼란이 뒤섞여서, 국회 경비대 등 워싱턴의 그 많은 경비 병력이 국회의사당을 보호하는 데 실패한 놀라운 사태가 벌어졌는지는 몰라도 어쨌든 침입자들은 비교적 신속하게 쫓겨났다. 미국의 방대한 국가 안보 기구 지도자들이 그 침입자들의 대의명분에 조금이라도 공감했다는 증거는 없다. 사실 〈워싱턴 포스트〉 기자 두 사람에 따르면, 미군 합참의장 마크 밀리는

트럼프가 잃을 게 전혀 없는 전형적 권위주의 지도자라고 봤다. 전에 밀리는 20세기 독일 파시즘의 우려스러운 초기 단계들이 21세기 미국에서 재연되고 있는 듯해서 역겨운 기분이 든다고 보좌관들에게 말했다. 그는 부정선거가 벌어졌다고 주장하는 트럼프의 말과 [나치의] 뉘른

베르크 전당대회에서 아돌프 히틀러가 추종자들에게 자신은 피해자인 동시에 그들의 구원자라고 주장한 것 사이에 비슷한 점이 있다고 봤다. 밀리는 보좌관들에게 다음과 같이 말했다. "이것[1월 6일 집회에서 트럼프가 한 연설 — 캘리니코스]은 라이히스탁* 순간이고 총통의 복음이다."[63]

나중에 밀리는 2020년 10월과 2021년 1월 중국군 합참의장인 리쭤청에게 전화를 두 번 걸어서 "트럼프 대통령이 느닷없이 중국을 공격하는 일은 없을 것"이라고 알렸다는 사실을 확인해 줬다.[64] 이것은 미국 국가 내에서 국가 안보 기구(이른바 '블롭')의 영향력을 분명히 보여 준다. 미국의 전력 투사 능력이 세계 패권을 뒷받침하는 데서 하는 구실을 감안하면 그것은 당연하다. [미국 터프츠대학교의 헌법·국제법 교수] 마이클 글레넌은 19세기 자유주의 저술가 월터 배젓의 사상을 원용해서 다음과 같이 주장한다.

미국에서 권력은 처음에 일단의 기관들(대통령·의회·법원)에 있었다. 이들은 미국의 '위엄 있는' 기관들이다. 그러나 나중에 제2의 기관이 등장해서 국가의 안전을 지키게 됐다. 미국의 이 '유능한' 기관은(실제로는 … 하나의 기관이라기보다는 네트워크인데) 수백 명의 행정 관리들로 구성된다. 그들은 국내외에서 미국의 안전을 지키는 것이 임무인

---

* 라이히스탁(Reichstag), 즉 제국의회는 1871년 독일제국 시대부터 1945년 나치가 패망할 때까지 존속한 독일 의회다.

군사·정보·외교·법집행 부서와 기관들의 최상층에 앉아 있다. … 요컨대, 미국은 단순한 제왕적 대통령제를 넘어서, 양 갈래 체제(이중 정부 구조)로 옮겨 갔다. 이 체제에서는 심지어 대통령조차 미국 국가 안보 정책의 전반적 방향을 사실상 거의 통제하지 못한다.[65]

미국의 국가 안보 기구가 "'위엄 있는' 기관들"보다 우위에 있다는 사실이 극적으로 드러난 것은 1월 6일 대통령 보안 경호팀이 국회의 사당을 향해 행진하는 극우파 군중 대열에 트럼프가 합류하지 못하도록 막았을 때였다.[66] 그러나 '블롭'이 마침내 힘을 합쳐서 국회의사당의 질서를 회복했을지라도 1월 6일 사건의 심각성을 결코 무시해서는 안 된다.[67] 미국은 여전히 세계 최강의 자본주의 국가다. 1789년에 조지 워싱턴이 초대 대통령으로 선출된 이후 역대 미국 대통령은 평화적으로 정권을 넘겨받았다. 그런데 이번 대통령 취임식은 무장한 주 방위군 2만 5000명의 보호를 받으며 치러졌다. 1861년 3월 에이브러햄 링컨이 암살 위협, 남부 노예주들의 분리 독립, 남북전쟁의 개시 와중에 1기 취임식을 치른 뒤로 전례 없는 일이었다.

여기서 강조하고 싶은 중요한 사실은 1월 6일 국회의사당 습격이 비록 트럼프의 대통령직을 구하지는 못했지만 그 공격에 참가한 극우파 집단들에게는 성공이었다는 것이다. 연방 정부의 권력이 "반란자들"을 처벌하는 데 사용됐지만, 연방수사국과 법원이 만들어 낼 극우파 순교자들은 1월 6일 신화의 자양분이 될 수 있다. [미국의 안보 연구 기관] 소우판그룹의 국내 테러리즘 전문가 콜린 클라크는 〈워싱턴 포스트〉에 다음과 같이 말했다. "국회 경비대가 이런 사태의 발생을 허용한 것은 안보 구멍이나 정보 실패라고 부를 수 있을 겁니다. 그러나 이 사람들['반란자들']은 이것을 실패가 아니라 압도적 성공으로 여기면서 앞으로 몇 년 동안 이 사건이 다른 사람들을 고무할 것이라고 기대합니다."[68]

그러나 국회의사당 습격으로 말미암아 트럼프와 미국 지배계급은 사실상 결별했다. 깡패 같은 저속한 인종차별주의자·성차별주의자가 대통령으로 있는 것과, 극우파 폭도를 선동해서 헌정 질서를 뒤집으려 하는 것은 완전히 다른 문제이고, 어쨌거나 그 헌정 질서는 미국 자본에 큰 이득이기 때문이다. 펜스와 [공화당 상원 원내대표] 미치 매코널은 트럼프를 이용해서 그리스도교 우파의 힘을 강화해 왔지만(가장 두드러진 사례는 연방 법원을 보수적 판사들로 채워서 이제 연방 대법원을 우파가 3분의 2를 차지하는 곳으로 만들어 버린 것이다) 1월 6일 사태 후 재빨리 트럼프를 버렸다(비록 나중에는 공화당 기층에서 트럼프의 인기가 여전한 것을 보고 약간 후퇴했지만 말이다).

심지어 대선 전에도 미국 상공회의소, 비즈니스 라운드테이블, 그 밖의 기업 로비 단체 6곳은 [성명을 발표해] "모든 미국인은 우리의 연방·주 법률에 명시된 절차를 지지하고, 우리나라의 평화적 공정 선거라는 오랜 전통을 신뢰할 것"을 촉구했다.[69] 미국 제소업자협회NAM는 2020년 대선 자금의 70퍼센트를 공화당에 줬지만, 1월 6일 이후에는 펜스에게 "내각과 협력해서 수정 헌법 25조를 적용하는 문제를 진지하게 고려할 것"을 요구했다. 그 조항에 따라 그들이 트럼프는 "대통령의 권한과 임무를 수행할 수 없다"고 선언하면 부통령인 펜스가 대통령 권한대행이 될 수 있었기 때문이다. 소넌펠드는 〈파이낸셜 타임스〉에 "주요 기업 최고경영자들이 전에 트럼프와 하던 파우스트식 거래"를 철회해서 "이제 그들 중에 트럼프 지지자는 아무도 없습니다" 하고 말했다.[70]

따라서 대자본의 관점에서 보면 바이든의 취임은 정상으로 복귀하는 것이므로 환영할 만한 일이었다. 그러나 자기기만은 금물이다. 트럼프는 판도라의 상자를 열었고, 거기서 만만찮은 전국적 파시즘 운동이 튀어나올 수 있었다. 스나이더는 다음과 같이 통찰력 있는 구분을 내놓았다.

지금 공화당에는 두 부류의 사람들이 연합해 있다. 하나는 체제를 이용해 먹으려는 자들(대다수 정치인들과 일부 유권자들)이고, 다른 하나는 체제를 파괴할 꿈을 꾸는 자들(소수의 정치인들과 다수의 유권자들)이다. 이 상황은 2021년 1월에 현 체제가 자신에게 유리하다는 이유로 방어하는 공화당원들과 현 체제를 뒤집으려는 공화당원들의 차이로 드러났다.

로널드 레이건이 대통령으로 선출된 이후 40년 동안 공화당은 야당으로서 통치하거나, 선거를 '혁명'이라고 부르거나(티파티), 엘리트층을 반대한다고 주장해서, 체제를 이용해 먹으려는 자들과 파괴하려는 자들 사이의 긴장을 극복해 왔다. 이런 상황에서는 체제를 이용해 먹으

려는 자들이 파괴하려는 자들 뒤에 숨을 수 있었다.[71]

국회의사당 습격을 계기로 체제를 이용해 먹으려는 자들과 파괴하려는 자들은 공공연히 충돌했다(전자는 펜스와 매코널이 이끌었고, 후자는 트럼프가 지도자였지만 의회에서 대선 결과 승인 반대를 주도한 공화당 상원의원 두 명, 즉 테드 크루즈와 조시 홀리도 두드러졌다). 그래도 공화당은 단결했다. 선거에서 트럼프의 높은 득표력은 모종의 단결을 유지하는 데 강력한 인센티브가 됐다. [영국의 인터넷 기반 시장조사, 데이터 분석 기업] 유고브가 2021년 1월 7일 실시한 여론조사 결과는 악명 높은데, 공화당원의 45퍼센트는 국회의사당 습격을 지지했다.[72] 트럼프 탄핵을 지지한 공화당원은 13퍼센트에 불과한 반면, 민주당원은 92퍼센트, 무당파는 52퍼센트였다.[73]

국회의사당 습격 사건 뒤에도 공화당 상원의원 51명 중 8명, 하원의원 204명 중 139명이 선거 결과 승인에 반대표를 던졌다. 상원의 짧고 성의 없는 트럼프 탄핵 심판에서 내란 선동 유죄 선고에 찬성표를 던진 공화당 의원은 50명 중 7명뿐이었다. 이것은 트럼프의 기반이 여전히 강력하다는 것을 입증했다. 다시 한 번 스나이더의 통찰력 있는 말을 들어 보자.

크루즈와 홀리도 깨달았을지 모르지만, [당선을 도둑맞았다는 — 캘리니코스] 터무니없는 거짓말을 하게 되면 그 거짓말의 포로가 되기 마련이다. 영혼을 팔았다고 해서 반드시 유리해지는 것은 아니다. 홀리의 뻔뻔한 위선은 은행가의 아들로서 스탠퍼드대학교와 예일대 로스쿨을 졸업했으면서도 엘리트층을 비난하는 것에서 드러난다. 크루즈에게 원칙이라는 것이 있다면 주 정부의 권한을 옹호한다는 것이겠지만, 트럼프의 선동은 대놓고 이를 무시하는 것이었다.[74]

다시 말해, 의회에서 트럼프를 옹호하는 자들이 주로 자신의 정치적 야심에 따라, 특히 트럼프 지지 기반의 규모와 충성도를 보고 움직였다는 것은 의심할 여지가 없다. 그러나 그 기반을 만족시키려면, 양극화를 부추기는 트럼프의 말을 모방해야 한다. 어쨌든 트럼프는 여전히 맹활약하고 있다. 1월 6일 사태 후 1년 조금 지나서 트럼프는 텍사스주 집회에서 연설할 때 2024년 대선에 다시 출마할 것이며 만약 출마해서 승리하면 국회의사당 습격 관련 범법 행위로 유죄 판결을 받은 사람들을 사면하겠다고 말했다. 트럼프와 그를 지지하는 정치활동위원회PAC들은[*] 2021년에 1억 4300만 달러를 모금했다. 여론조사에서 응답자의 58퍼센트가 트럼프의 재선 도전을 반대한다고 말했지만 공화당원의 78퍼센트는 지지한다고 말했다.[75] 트럼프는 또 연방의회와 주 의회·정부 선거에 출마할 공화당 후보들을 선발하는 과정에도 영향을 미치려고 노력하고 있었다. 공화당 정치 분석가인 포드 오코넬은 다음과 같이 말했다. "하원의원이든 상

---

[*] 정치활동위원회는 특정 후보를 당선(또는 낙선)시키거나 정책을 지지하기 위해 정치자금을 모으거나 쓸 수 있는 단체다.

원의원이든 주지사든 장차 공직 선거에 출마하려는 사람들은 트럼프의 공개 지지를 받기 위해서라면 자기 손도 자르고 맏아이도 팔아넘길 태세가 돼 있습니다."[76]

트럼프가 복귀에 성공하든 못 하든 공화당 내에서 체제를 이용해 먹으려는 자들과 파괴하려는 자들 사이의 정치적·이데올로기적 투쟁은 진짜 파시스트 세력에게 좋은 기회를 제공할 수 있다. 지금까지 파시스트 세력은 신뢰할 만한 전국적 지도부를 세우지 못했다. 그러나 조만간 그들은 엉뚱하고 이기적인 가짜 억만장자의 변덕에 의지하는 것에 싫증이 날 것이다(트럼프가 떠나지 않는다면 말이다). 홀리와 크루즈 같은 자들의 더 뻔한 기회주의는 말할 나위도 없다(그런 자들이 극우 쟁점들을 주류화하는 것에서 파시스트들이 계속 이득을 볼 수 있겠지만 말이다). 더욱이, 바이든 정부가 실패한다면 극우파 전체에게 새로운 기회를 제공할 것이라는 점은 의심할 여지가 없다. 역설이게도, (프랑스와 달리) 미국에서는 양당 체제가 온전히 살아남았다는 사실 자체가 극우파에게 정치권력에 바로 접근할 기회를 제공한다. 공화당 안에서 극우파의 영향력이 커지고 있기 때문이다.

예컨대, 〈워싱턴 포스트〉는 [2022년 6월 10일 자에서] 다음과 같이 보도했다. "와이오밍주 공화당을 천천히 장악한 보수주의자들은 스스로 공화당원이라기보다는 트럼프 지지자라고 생각한다. 지금 그들의 지도자 프랭크 이손은 오스 키퍼스 회원이고, [1월 6일] 반란 때 무전기를 들고 국회의사당 서쪽 계단에 서 있었다." 와이오밍주 공화당 간부를 지낸 사람에 따르면, "이것[주 공화당 장악 — 캘리니코스]은 몇 년에 걸쳐 계획되고 매우 조직적·집중적으로 이뤄졌다. 그들은 처음에는 시당市黨, 다음에는 주당州黨, 그다음에는 주 의회, 마침내 모든 선출직을 장악한다는 장기적 목표가 있었다."[77]

국회의사당 습격에 대한 기업들의 혐오감을 보면 지금 상황이 1920년대 초 이탈리아나 1930년대 초 독일과 같지 않다는 것을 분명히 알 수 있다. 미국이나 유럽에서 대자본은 아직 파시즘은 말할 것도 없고 권위주의적 해결책에 의존하는 도박을 걸 만큼 상황이 필사적이지는 않다. 왜 굳이 그러겠는가? 조직 노동운동 지도자들이 지난 세대 동안 신자유주의 공세를 묵인했고, 팬데믹 발생 이후에도 노동자들의 일자리·임금·노동조건·안전(생명 자체)에 대한 파괴적 공격에 무력하게 대응했는데 말이다.

그러나 이 사실에 자기만족적으로 반응해서는 안 되는 두 가지 이유가 있다. 첫째, 상황이 훨씬 더 악화할 수 있다. 특히 미국에서 그렇다. 오늘날 자본주의는 심각한 다중 위기에 직면해 있기 때문에 지배계급의 일부는 노동 대중을 훨씬 더 잔혹하게 공격하고, 이 공격을 뒷받침할 충분히 강력한 파시즘 운동을 이용하려 들 수 있다. 이미 우리는 자유주의적 자본주의 국가들의 '권위주의적 강경화'를 목격하고 있다.[78] 둘째, 자기 실현적 예언의 위험이 있다. 즉, 극우파가 정치체제를 불안정에 빠뜨리면 지배계급의 일부는 파시스트들을 질서 회복 능력이 있는 세력으로 여겨 환영하기 시작할 수 있다. 2016년 이후 미국 정치와 영국 정치에서 일어난 내파 비슷한 사태들을 보면, 복잡계에서는 사소해 보이는 변화들이 갑자기 사람을 어리둥절하게 만드는 거대한 변화로 이어질 수 있다는 것이 생각난다. 영국에서는 보리스 존슨이 총리직을 차지하기 위해 2016년 6월의 유럽연합 탈퇴 찬반 국민투표로 인한 정치적 양극화를 이용해 보수당에서 친유럽파를 제거하고 2019년 12월 총선에서 '브렉시트 완수'를 공약으로 내걸고 압승을 거둘 수 있었다. 한편, 존슨은 의회와 대법원 같은 '엘리트' 기관들을 겨냥해 포퓰리즘적 공격을 퍼부었고(《데일리 메일》이 1면 머리기사 제목에서 대법관들을 '국민의 적'으로 낙인 찍은 것은 악명 높다), 경제적으로 침체되고 전통적으로 노동당을 지지하지만 유럽연합 탈퇴도 지지하는 잉글랜드 북부 지방 유권자들에게 '[생활]수준 상승'을 약속했다. 이후 영국 정부의 팬데믹 대처가 재앙적이었고 존슨과 측근들의 코로나19 방역 지침 위반 사실이 폭로됐는데도 총리 자리를 지키려고 애쓴 존슨의 노력을 보면 그가 트럼프의 전술을 면밀히 연구했음을 알 수 있다. 아마 영국 보수당은 19세기에 대중 정치가 출현한 이후 가장 꾸준히 성공한 정당일 것이다. 그런데 이제는 극우 정치의 주류화를 보여 주는 전형적 사례가 됐다.

내전?

미국의 내부 긴장은 훨씬 더 심각해지고 있다. 국회의사당 습격 사건 전에 이미 마이크 데이비스는 2020년 대선 결과를 분석한 글에서 다음과 같이 결론지었다. "과거에 깊이 파묻힌 구조들이 트럼프 집권 기간에 다시 모습을 드러냈고, 미래를 위협할 수 있게 됐다. 미국에서 다시 내전이 벌어질까? 어느 정도의 유추는 불가피하고 쉽게 일축해서도 안 된다."[79] 훨씬 더 주류 사회과학자인 바버라 월터는 최근 펴낸 책 《어떻게 내전은 시작되는가》에서 실제로 이런 위험을 일축해서는 안 된다고 강하게 주장했다. 그녀는 비교정치 방법론을 적용하고 대용량 데이터를 이용해서 이 문제를 다음과 같이 설명한다. "어떤 나라가 내전을 겪게 될지 말지를 알 수 있는 최고의 예측 변수 하나는 그 나라가 민주주의를 향해 가고 있는지 아니면 민주주의에서 멀어지고 있는지를 살펴보는 것이다." 월터는 [독재와 민주주의 사이의] 불안정한 중간 지대에 있는 체제를 '아노크라시'라고 부른다. 이런 국가들은 "완전한 독재도 아니고 완전한 민주주의도 아니고 그 중간쯤에 있다. … 시민들은 민주적 통치의 일부 요소들(예컨대, 완전한 투표권)을 누리는 동시에, 독재에 가까운 광범한 권력을 휘두르며 견제와 균형의 원리에서 사실상 자유로운 지도자 밑에서 살아간다."[80]

그러나 우리의 관심을 끄는 것은 월터가 이런 결론을 미국 사례에 적용한 것이다. 그녀는 다양한 제도적 변화들(예컨대, 게리맨더링과 유권자 억압의 증대, 대통령령으로 통치하기 좋아하는 트럼프의 성향)이 의미하는 바는 "미국이 겨우 5년 만에 완전한 민주주의에서 아노크라시로 바뀌었다"는 것이라고 주장한다. 월터가 양적 지표에 의존해서 이런 결론에 도달했고 그녀의 당파적 편견도 어느 정도 반영돼 있음을 감안하면(월터는 오바마도 공화당이 지배하는 의회를 우회하려고 대통령령에 의존한 것을 제대로 다루지 않는다) 어느 정도 의심이 드는 것은 당연하다. 특히 이 5장의 앞부분에서 살펴본, 장기적으로 헌법을 제약하는 반민주적 조치들의 존재와 국가 안보 기구의 권력과 자율성을 고려하면 더욱 그렇다. 그러나 미국에서 내전이 일어날 수 있다는 월터의 경고는 더 구체적 분석을 통해 민주당과 공화당으로 갈라지는 극심한 양극화(이 갈등은 점점 더 인종에 따라 양극화하는 추세여서 "흑인, 라틴계·아시아계 미국인의 적어도 3분의 2는 한결같이 민주당에 투표하는 반면에 미국 백인의 대략 60퍼센트는 공화당에 투표한다")와 극우파의 불법 무장 단체 증가를 지적할 때는 더 설득력이 있다. 이 모든 추세가 트럼프와 함께 시작되지는 않았지만 그의 대통령 당선 덕분에 그 속도가 빨라졌다.[81]

이 양극화 과정에서 또 다른 획기적 사건은 2022년 6월 24일 우파가 다수를 차지하고 있는 미국 대법원이 여성의 임신 중단권을 헌법상의 권리로 인정한 1973년의 로 대 웨이드 판결을 폐기하기로 결정한 것이었다. 이 조치는 나름대로 [2021년] 1월 6일의 국회의사당 습격과 같은 종류의 사건이었다. 첫째, 그것은 공화당 우파의 무자비함을 보여 줬다. 이번에는 체제를 이용해 먹으려는 자들과 파괴하려는 자들이 힘을 합쳐서 대법원을 장악한 결과였다. 매코널은 버락 오바마가 대통령 임기 말[2016년]에 공석이 된 대법관 자리 하나를 채우려고 시도하자 오바마의 이 (늘 그랬듯이) 허약한 시도를 방해해서* 나중에 트럼프가 극단적 보수파 법관 3명을 임명할 수 있게 도와줬다. 트럼프가 지명한 대법관 후보 3명은 모두 상원에서 열린 인준 청문회 때 일치단결해서 자신은 '판례'를 존중하겠다고(다시 말해 로 대 웨이드 판결을 뒤집지 않겠다고) 거짓말을 했다. 그런 다음에 새 대법원의 우파 진영은 다수결을 이용해 미국 여성들이 거의 50년 동안 누려 온 권리를 박탈해 버렸다.

둘째, 그 결정 자체는 훨씬 더 광범한 이데올로기 공세의 시작일 뿐이다. [1991년부터 지금까지] 가장 오래 재직 중인 대법관 클래런스 토머스는 보충 의견을** 제출해서, 로 대 웨이드 판결과 마찬가지로 (자신이 반대하는) 실체적 적법 절차 원칙에 근거한 다른 판례들도 '재심사'해야 한다고 말했다. 그는 피임할 권리, 동성애 권리, 동성혼 권리를 인정한 판례 3개를 거론하면서 "명백한 오류가 있는 이 판결들도 파기할 것"을 제안했다.[82] 토머스는 자기 아내가 2021년 1월 6일 극우파의 국회의사당 습격을 지지했다는 이유로 조사를 받는 상황에서, 개인의 자유를 심각하게 침해하는 반혁명을 선언하고 있었던 것이다.

하버드대학교 로스쿨의 법학 교수인 마이클 클라먼은 "클래런스

---

* 　오바마가 지명한 대법관 후보의 인준 논의 자체를 거부했다.

** 　다수 의견에 동의하지만 그 결론에 도달한 근거나 이유에는 동의하지 않거나 다른 견해를 가진 대법관이 작성하는 의견서로 별개 의견, 동조 의견이라고도 한다.

토머스가 하고자 하는 일은 보수적인 것이 아니라 급진적인 것"이라고 말한다.[83] 1950년대부터 1970년대까지, 특히 얼 워런이 대법원장이던 시기(1953~1969년)에 미국 연방 대법원은 개인의 자유를 확대하는 판결을 잇따라 내렸다. 흑인들이 요구한 평등권을 지지한 판결과 마찬가지로 로 대 웨이드 판결도 당시 미국뿐 아니라 전 세계를 휩쓸고 있던 거대한 해방 운동들의 압력을 수용하려는 시도였다. 이런 승리는 신자유주의 시대까지도 살아남았다. 1980년대 이후 역대 정부는 경제적 자유주의를 옹호하면서 자본의 이윤 획득을 방해하는 장애물들을 제거했다. 그러나 때때로 사회적 자유(주의)라고 불리는 것(즉, 사람들이 사생활에서 누리는 개인적 자유)을 존중하고 때로는 확대하기도 했다. 대기업과 은행들은 실제로는 경제적 불평등을 확대시키는 동안에도 기꺼이 평등과 다양성이라는 가치들에 대해 입에 발린 말을 늘어놨다.

1960년대와 1970년대의 운동들 덕분에, 진정으로 해방된 사회를 향해 몇 발짝이라도 내딛을 수 있었건만 공화당 우파는 그것조차 역전시키고 싶어 한다. 미국의 자유주의 여론은 마이크 펜스가 1월 6일 트럼프의 뜻을 거슬러서 조 바이든의 당선을 뒤집기를 거부했다는 이유로 그를 떠받들었다. 대법원의 결정에 따라 이제 임신 중단을 허용할지 말지는 각 주가 알아서 결정하게 됐다. 그러나 그리스도교 우파의 기둥인 펜스는 즉시 전국적 임신 중단 금지를 요구하고 나섰다. 민주당의 상대적 수동성은 단지 바이든이 전임자인 클린턴이나 오바마와 마찬가지로 심각하게 양극화한 의회에 직면했다는 어려움을 반영한 것만은 아니었다. 민주당 지도부는 트럼프가 집권하기 전의 상황, 즉 경제적 자유주의와 사회적 자유주의의 종합이라는 현상 유지에 몰두한다. 그래서 백악관에서 민주당 대통령들은 단기적 위기 관리에 주력한다. 이와 달리, 공화당은 그람시가 시민사회와 국가를 모두 정복하는 헤게모니 프로젝트라고 인정했을 법한 계획을 갖고 있다. 민주당 전략가 짐 케슬러는 그 점을 다음과 같이 잘 표현했다. "공화당은 장기전에서 승리할 50년 대계를 갖고 있었지만, 민주당은 대개 바로 다음 경기에서 승리하려고 애썼다."[84]

셋째, 로 대 웨이드 판결 폐기는 미국의 정치적 분열을 가속할 공산이 크다. 왜냐하면 민주당은 자신들이 통제하는 곳을 '피난처 주'(임신 중단 수술을 보호하고 사실상 확대하는 주)로 바꾸려고 하는 반면에 공화당이 지배하는 주 의회들은 임신 중단약을 금지하고, 자기 주의 시민들이 다른 주로 가서 임신 중단 수술을 받지 못하게 막고, 임신 중단 수술을 하는 의료진을 고발하려고 애쓰기 때문이다. 많은 사람이 재빨리 남북전쟁 이전 시기의 만행을 떠올렸다. 당시 정치적으로 우세한 남부 주들은 북부 주들에 압력을 가해서, 도망 노예를 붙잡아서 돌려보내게 했다. 노스이스턴대학교의 [법학 교수이자] '보건의료 정책과 법률 센터' 소장인 웬디 파멧에 따르면 "이런 식으로 각 주의 관할권 범위를 … 두고 벌어지는 싸움은 매우 오랫동안 못 보던 것입니다. 남북전쟁 이후로 이만큼 중대한 싸움은 없었습니다."[85]

이것은 물론 월터의 주장과 관련 있다. 월터는 비록 "제2의 내전"

에[*] 관해 말하지만, 1861~1865년의 거대한 투쟁(20세기의 총력전을 예고한, 반쯤 산업화한 대규모 군대들이 벌인 투쟁)이 되풀이될 것이라는 의미는 아니다. 미국 군대는 너무 강력하고 극우파의 대중적 기반은 전국에 너무 흩어져 있어서 남북전쟁 같은 지리적 양극화는 실현될 수 없다. 훨씬 더 개연성 있는 시나리오는 다음과 같은 것이라고 월터는 주장한다. "미국에서 극우파 집단들의 요구가 무시당한다면" 그들은 관공서, 자유주의 정치인들과 그 지지자들, 연방정부 관리들을 공격해서 "권력자들이 테러리스트들에게 양보 조치를 내놓거나, 아니면 유권자들이 기존 정치인들을 극단주의자들의 대의명분에 더 동조하는 정치인으로 교체할 때까지 … 소모전"을 벌일 수 있다는 것이다.[86]

그런 전략의 목표는 "농촌의 심장부에서 일종의 백인 인종 국가들"을 건설하는 것이다. 미국의 정치구조에 고유한 특징들은 이런 식의 게릴라전에 유리할 수 있고, 극우파는 그런 게릴라전을 통해 자신들의 주요 약점(즉, 아직 응집력 있는 전국적 정치 지도부를 발전시키지 못하고 있는 것)을 우회할 수 있을 것이다.

총기와 합법적 민병대가 넘쳐 나고, 길거리 등 공공 장소에서 총기를 내놓고 휴대할 권리가 법률로 보장된 나라에서는 당연히 정치인들과

---

[*] civil war는 일반적으로 내전을 의미하지만 대문자로 쓰면 미국의 남북전쟁을 의미한다.

시민들이 두려움을 느끼게 된다. 농촌 지역에서는 훨씬 더 그렇다. 그런 곳에서는 연방 정부의 권한이 더 약하고, 연방 정부와 주 정부와 지방자치단체의 관할권이 서로 겹치다 보니 시민들은 누가 진짜 책임자인지를 잘 모르기 때문이다. 미국의 특성 하나는 지방분권적 연방 구조다. 그러나 이 때문에 미국은 지방을 통제하(고 심지어 현지 사법당국의 지원도 받)는 악당 같은 부류에게 취약하다. 22개 주에서는 주 수준의 민병대가 합법인데, 팬데믹 기간에 그들은 흔히 공장과 가게 문을 닫으라는 정부의 명령을 거슬러서 계속 문을 열겠다고 주장한 소상공인들의 수호자를 자처했다.[87]

그런 게릴라전이 벌어지면 십중팔구 집단 학살과 대규모 추방 사태도 일어날 것이다. 어쩌면, 수많은 유색인과 (극우파에게) '극좌파'로 낙인 찍힌 사람들을 겨냥한 전면적 '인종 청소' 작전이 벌어질 것이다. 연방 정부가 이런 종류의 분열을 막으려고 할 것이라는 점은 거의 의심할 여지가 없지만, 연방 정부의 강제력은 한계가 있다. 아프가니스탄과 이라크 전쟁은 미국 군대가 재래식 전투에서는 압도적인 전술적 우위를 차지하지만, 월터가 묘사한 것과 같은 방법들을 많이 사용하는 지방 분산적 게릴라전에서는 승리하지 못한다는 것을 보여 줬다. 미국의 일부 군사사상가들은 미군이 국내에서 이런 종류의 전쟁을 수행하기는 훨씬 더 어려울 것이라는 사실을 꽤나 솔직하게 인정했다. 적어도 일부 연방군 병사들은 충성심이 분열될 것이기 때문이다(이 점은 남북전쟁 때 북부 연방과 노예제 문제

를 둘러싸고 비교적 '깔끔하게' 이데올로기적 분열이 일어났던 것과는 사뭇 다르다).[88]

이런 종류의 폭력적 내파가 유럽에서 일어날 개연성은 훨씬 더 낮다. 유럽의 극우파는 기존 자유민주주의 체제 내부에서 활동하면서 상당한 진출에 성공했기 때문이다. 그러나 우리가 명심해야 하는 것은 지금 매우 질서 있게 잘 돌아가는 것처럼 보이는 사회들에 기후변화가 가져올 혼란이다. 기상이변으로 인한 사회·경제 구조의 분열은 극우파 집단들이 적어도 지역이나 지방 수준에서 권력을 장악해서 지금 인종차별적 포퓰리즘 정당들의 지도부가 주장하는 것보다 훨씬 더 극단적인 강령을 시행하려고 시도할 좋은 기회를 제공할 것이다. 일찍이 존 로크는 자본주의 시대 초기에 쓴 저작에서 다음과 같은 유명한 말을 했다. "태초에 모든 세계는 **아메리카와** 같았다."[89] 자본주의 시대 말기에도 그렇게 될지 모른다.

6장
비상 브레이크

희망의 원천을 찾아서

"마르크스는 혁명이 세계사의 기관차라고 말했다. 그러나 아마 사정은 완전히 다를 것이다. 아마 혁명은 이 기차의 승객들, 즉 인류가 비상 브레이크를 걸려고 시도하는 것이리라."[1] 이것은 발터 벤야민이 1939~1940년에 쓴 글 "역사의 개념에 대하여" 초안에서 제시한, 눈길을 사로잡는 말이다. 벤야민과 거의 동년배였고, 마찬가지로 파시즘의 희생자가 된 안토니오 그람시도 같은 문제를 붙잡고 씨름했다. 특히 《옥중수고》의 다음 구절은 내가 앞 장에서 인용한 구절만큼이나 유명하다.

때로는 위기가 발생해서 수십 년간 지속되기도 한다. 이런 예외적 지속이 의미하는 바는, 치유할 수 없는 구조적 모순들이 드러났는데도(충분히 무르익었는데도) 기존 구조 자체를 보존하고 방어하기 위해 적극적으로 투쟁하는 정치 세력들이 일정한 한계 내에서 그 모순들을 치유하고 극복하려고 온갖 노력을 쏟아붓고 있다는 것이다. 이 끊임없고 집요한 노력(왜냐하면 어떤 사회구성체도 자기 자리를 다른 것에 내주게 됐음을 인정하려 들지는 않을 것이기 때문이다)이 '국면적' 지형을 형성하고, 바로 이 지형 위에서 반대 세력들이 조직된다. 이 반대 세력들은 특정한 역사적 과제의 달성을 가능하게 만들고 그리하여 필수적 의무로 만드는(이것이 필수적 의무인 이유는 그런 역사적 의무를 제대로 이행하지 못하면 필연적으로 무질서가 증대해서 더 심각한 재난이* 닥칠 것이기 때문이다) 필요충분 조건들이 이미 존재한다는 것을 증명하려고 노력한다.(이 증명이 최종적으로 성공하고 또 '진리'로 되는 것은 오직 그것이 새로운 현실이 되고 반대 세력들이 승리를 거둘 때이다. 그러나 당장은 그 증명이 일련의 이데올로기적·종교적·철학적·정치적·법률적 논쟁 등을 통해 전개되고, 그 증명의 구체성은 그것이 얼마나 사회 세력들을 설득하고 기존의 사회적 세력 관계를 대체하는지에 따라 평가될 수 있다.)[2]

이 구절은 1933~1934년에 작성된 중요한 메모 "정세 분석: 세력 관계"에 나온다. 거기서 그람시는 자신의 정치적·역사적 분석 방법을 제시한다. 그는 경제적 토대의 '구조적 모순들'과 (그가 말한 '상부구조'에서 전개되는) 서로 다투는 '사회 세력들'의 투쟁을 동일한 진보적 운동 안에서 통합하려 한다. 나는 최근에 이 구절을 다시

---

* 국역본에는 '파국'으로 돼 있다.

읽으면서 마지막에 '재난'이라는 말이 나온다는 것을 비로소 깨달았다. 당시 파시스트 감옥에 갇힌 그람시 자신도 재난을 겪고 있었다. 이 책 5장까지 나는 우리 자신이 처한 재난 시대의 다양하지만 상호 연결된 차원들을 분석하는 데 집중했다.

그람시는 경제적 숙명론을 뒤집고 있는 것이 아니라, 완전히 파괴하기 위해 마르크스주의를 '실천 철학'으로 다시 읽고 있었다. 그는 재난이 필연적이라고 생각하지 않은 것만큼이나 사회주의의 승리도 필연적이라고 생각하지 않았다. 사회주의의 승리는 오로지 "반대 세력들"이 "기존의 사회적 세력 관계를 대체하고" 시민·정치 사회를 통제할 수 있는 헤게모니 프로젝트를 발전시켜서 "새로운 현실"이 되는지에 달려 있다. 벤야민도 똑같은 생각을 나름대로 표현했다: 우리에게 필요한 혁명은 역사적 진보의 필연적 결과가 아니라, 너무 늦기 전에 "역사라는 연속체를 폭파하려는" 필사적 노력이다.[3] 그러나 혁명은 혁명을 일으킬 주체, 집단적 행위자가 있어야 한다. 벤야민은 그 주체가 역사라는 기차의 비상 브레이크를 거는 "인류"라고 말한다. 도대체 어떤 사회적 재료에서, 또 어떤 정치적 과정을 통해 이 주체는 구성되는가?

그람시는 1917년 10월 러시아 혁명 이후 제3인터내셔널의 지도자 경험을 한 덕분에 "반대 세력들"의 본질을 분명히 알게 됐다. 그는 결정적으로 노동자 운동과 공산당이 헤게모니를 쟁취할 능력이

---

* 영어 원문과 달리 위 번역문에서는 중간에 나온다.

있는 집단적 주체가 될 수 있다고 봤다. 반면에, 오늘날에는 반대 세력들이 그렇게 분명히 드러나지 않는다. 1차 재난 시대의 가장 두드러진 특징은 격렬한 계급투쟁이었고, 파시스트들이 권력을 장악할 수 있었던 것은 노동자들과 좌파가 패배했기 때문이다. 오늘날에도 계급투쟁은 많다. 그러나 적어도 '선진' 경제권에서는 계급투쟁이 너무 일방적이다. 자본이 임금노동에서 [잉여가치를] 훨씬 더 많이 뽑아내는 데 성공하기 때문이다. 조직 노동계급은 역사적 기준으로 보면 여전히 결코 무시할 수 없는 사회 세력이다. 그러나 신자유주의 공세의 절정기에 노동조합들이 겪은 패배를 내면화한 경향들이 조직 노동계급을 지배하고 있다. '수평주의적'* 대안은 새 천년이 시작될 무렵 대안 세계화 운동에서 득세했고 나중에 2011년 점거하라 운동에서 다시 살아났지만, 이제는 대체로 무대에서 사라졌다.

6장에서는 바로 이 주체 문제를 다루려 한다. 먼저 나는 오늘날 정치적·이데올로기적 투쟁의 두 지형, 즉 젠더와 '인종' 문제를 살펴보면서 (레이먼드 윌리엄스의 표현을 빌리면) 희망의 원천을 찾아볼 것이다. 이런 탐구는 (헤르베르트 마르쿠제가 개척하고 신사회운동에 관한 사회학 이론들에서 확립된 견해처럼) 노동계급 투쟁이 아닌 대안들을 확인하려는 노력이 절대로 **아니다**는 점을 강조해야겠다. 오히려 나는 오늘날의 이데올로기·정치 투쟁에서 벌어지는 젠더

---

* 수평주의(horizontalism) 비위계적 사회구조 창출과 권위주의적 조직 형태 거부를 강조하는 사회·정치 이론이다.

와 '인종' 관련 논쟁이 어떻게 새로운 노동계급 주체 형성에 기여할 수 있는지를 살펴볼 것이다. 강령과 전략에 관한 내 생각을 제시할 6장 뒷부분에서 이 점이 분명해졌기를 바란다.[4]

투쟁 지형 1: 젠더

팻 뷰캐넌은 1992년 미국 대통령 선거 때 공화당 후보 경선에서 조지 H W 부시에게 도전했다가 패배한 우파 보수주의자다. 그해 8월 공화당 전당대회에서 뷰캐넌은 다음과 같이 연설했다. "지금 우리나라에서는 미국의 영혼을 위한 종교 전쟁이 벌어지고 있습니다. 이 문화 전쟁은 우리나라 같은 곳에서 언젠가는 냉전 자체만큼 중요해질 것입니다."[5] 거의 틀림없이 그 "문화 전쟁"은 극우파의 가장 큰 성공 중 하나였다. 뷰캐넌은 연설에서 "언제든지 자유롭게 임신을 중단할" 권리와 동성애자의 권리를 지지하는 진보적 운동에 대항해서 가족을 방어하는 데 초점을 맞췄지만, 문화 전쟁을 부추긴 자들은 뷰캐넌이 제시한 투쟁 의제를 더 확대했다. 오늘날 이 투쟁은 세계화해서, 더 광범하게 젠더를 포괄한다.

'반反젠더' 운동을 연구한 아그니에슈카 그라프와 엘주비에타 코롤추크가 뛰어난 저서에서 썼듯이

젠더는 결코 실제 정치에서 멀리 떨어진 것이 아니다. 젠더는 오늘날

구체적 정책 문제로서, 또 상징 투쟁의 연결 고리로서, 이견들이 협의되고 규정되는 공간으로서 정치의 핵심에 있다. 젠더는 주변적 논란도 아니고, 단지 '문화 쟁점'도 아니며, 치열하고 때로는 폭력적인 갈등의 현장이 됐다. 반젠더 운동은 종교적 감정을 자양분으로 삼고 도덕적 담론을 이용하지만, 그 운동을 제대로 이해하려면 헤게모니를 쟁취하기 위한 이데올로기적·감정적 수단을 찾는 우파 정치 세력의 성장이라는 맥락 속에서 봐야만 한다.[6]

더 일반적으로 젠더는 정치적으로 다투는 개념이 됐다. 여기서 정치적으로 다툰다는 말은 젠더가 단지 우파를 동원하는 데 사용되기만 하는 것이 아니라, 페미니즘의 의미를 둘러싸고 다면적 투쟁이 전개되면서 좌파와 페미니스트들을 분열시키기도 한다는 의미다. 이 갈등이 두드러지게 된 계기는 트랜스[젠더] 해방과 개인의 젠더 선택권을 지지하는 강력한 운동이 출현한 것이다. 분명히 이 운동을 과거의 투쟁들, 예컨대 여성·흑인·동성애자·장애인 차별에 반대하고 보편적 해방 의식을 심화시키는 투쟁들이 확장된 것으로 여기고 환영해야 마땅했을 것이다. 그러나 오히려 트랜스 해방 요구는 급진 좌파 일각의 지지를 받은 일부 페미니스트들의 격렬한 반발에 부딪혔고, 이 때문에 (소셜 미디어, 대학, 노동조합에서) 적대적 대립이 생겨났다.[7]

트랜스 해방을 반대하는 페미니스트들, 줄여서 '트랜스 비판' 페미니스트들(이들의 견해에 동의하지 않는 페미니스트가 매우 많다는 사실은 중요하다)은 여성을 본질적으로 생물학적 범주로 보고 그렇게 단언한다. 그런 주장 이면에는 1960년대와 1970년대의 여성 해방운동 초기에 섹스와 젠더를 나누고 섹스는 자연의 영역에 젠더는 문화의 영역에 배정한 구별이 놓여 있다. 이런 이론적 전략의 동기가 된 사상은 여성의 종속적인 사회적 지위가 자연스러운 것이 아니라는 생각, 즉 여성과 남성의 본성에 생물학적으로 새겨진 어떤 것이 아니라 역사적으로 특수하고 우연적인 남성 지배 사회의 산물이라는 점을 입증하려면 섹스와 젠더의 구별이 필요하다는 생각이었다.

그러나 자연과 문화의 구별을 개념적으로 이해하기 쉽지 않다는 점은 주디스 버틀러가 섹스와 젠더의 대립을 해체하는 탁월한 예언적 저서에서 보여 줬다. 버틀러는 이 범주들이 이분법적으로 개념화되는 경향이 있는데, 그러다가 거울에 비친 것처럼 서로 비슷해진다는 점을 특히 강조했다. "구성된 젠더의 위상을 근본적으로 섹스와 무관한 것으로 이론화하게 되면, 젠더 자체는 자유롭게 떠도는 인공물이 된다. 그 결과 **남자**와 **남성적인 것**은 남자의 몸을 의미하는 만큼이나 쉽게 여자의 몸을 의미할 수 있고, **여자**와 **여성적인 것**은 여자의 몸을 의미하는 만큼이나 쉽게 남자의 몸을 의미할 수도 있다." 이와 유사하게 섹스를 문제 삼기 시작하면 섹스도 신체적으로 결정되지 않는 것처럼 보이고, "그 이분법적 항목이 가변적 구성물임을 밝힐 수 있는" 계보학이 나타난다. "섹스의 불변성에 이의가 제기된다면, 아마 '섹스'라고 부르는 이 구성물도 젠더만큼이나 문화적으로 구성된 것이 될 것이다. 사실, 어쩌면 섹스는 언제나 이미 젠더였을 것이다. 따라서 섹스와 젠더는 결코 구별될 수 없는 것임이 드러난다."[8]

2017년 10월 브라질 상파울루에서 버틀러가 공동 주최한 토론회를 반대하며 시위를 벌이던 극보수주의자들이 버틀러 모형을 불태운 것도 놀라운 일은 아니다.[9] 트랜스 비판 페미니스트들과 우파 반젠더 운동의 공통점은 생물학을 성적 차이의 확고한 토대로 이해한다는 것이다. 그러나 생물학은 그들이 찾는 확실한 이데올로기적 보증수표가 될 것 같지 않다. 섹스와 젠더를 구별하기가 어려운 것과 무관하게, 생물학적인 것과 사회적인 것을 구분하기 힘들다는 것이 드러났다.[10] 그렇다고 해서, 생물학적인 것이 사라진다는 말은 아니다. 코로나19로 말미암아 우리는 생물학적인 것이 유효하다는 사실을 명심하게 됐다. 트랜스 비판 페미니스트들이 끝없이 우리에게 상기시키듯이 일부 인간은 태어날 때 자궁이 있지만 그렇지 않은 인간들도 있다. 그러나 리처드 르원틴, 스티븐 로즈, 리언 카민은* 다음과 같이 지적한다. "생물학적인 것과 사회적인 것은 분리할 수 있는 것도 아니고, 정반대의 것도 아니며, 선택적인 것도 아니라 상호보완적인 것이다. 유기체의 행동의 원인들은 모두 … 사회적인 동시에 생물학적이다. 왜냐하면 그 원인들은 많은 수준의 분석에 대해

---

* 르원틴은 미국의 유전학자, 로즈는 영국의 신경과학자, 카민은 미국의 심리학자로 셋 다 마르크스주의자다.

모두 수정 가능하기 때문이다. 인간의 현상들은 모두 화학적인 동시에 물리적인 것과 꼭 마찬가지로 사회적인 동시에 생물학적이다."[11]

인간 사회에는 생물학적 결정 요인들이 있다. 그러나 인간 사회와 사회 구성원들이 생물학적 결정 요인을 가지고 무엇을 만들어 내는지는 역사적으로 대단히 가변적이다. 또 피터 드러커가 다양한 '동성 체제same-sex regimes'를 풍부한 역사적 사례로 설명한 책에서 보여 주듯이,[12] 사회에서 젠더 생활이 이뤄지는 방식이나 섹스를 즐기는 방식은 사회의 다른 면들과 마찬가지로 각양각색이다. 일부 트랜스 비판 페미니스트들의 주장과 달리, 섹스와 젠더가 사회적으로 구성된 것이라는 성격이 있음을 인정한다고 해서 포스트모더니즘으로 도피하는 것은 아니다. 섹스와 젠더가 형성되고 변형되는 과정은 생산력과 생산관계가 특정 사회구성체를 형성하는 방식에 물질적 뿌리를 두고 있다. 현대의 이성애주의적 가족 구조는 자본주의에서 노동력이 재생산되는 방식에 중심적인 것이고, 이런 구조가 발생시키는 다양한 차별과 젠더에 따라 분열된 노동자들을 자본주의에 제공한다. 버틀러가 지적했듯이 "만약 우리가 생산양식을 정치경제(학)의 구조를 규정하는 것으로 계속 받아들인다면, 섹슈얼리티를 생산양식의 일부로 이해해야 한다는, 힘들게 얻은 통찰을 페미니스트들이 묵살하는 것은 확실히 타당하지 않을 것이다."[13]

트랜스 비판 페미니스트들이 적어도 여성해방운동의 전성시대에 물려받은 진보적 언어를 사용한다면, 반젠더 운동은 이성애주의적 가족이라는 매우 전통적 개념을 바탕으로 공세를 펼친다. 그라프와 코롤추크는 가톨릭교회를 중심으로 한 "극보수주의 종교적 행위자들"과 극우파 사이에 "기회주의적 시너지"가 존재한다고 말한다. 이 시너지는 '세계 가족 대회'나 '가치를 위한 정치 네트워크' 같은 초국적 동맹들에서 드러난다. 그래서 흔히 진보 인사로 여겨지는 프란치스코 교황이 반젠더 운동의 핵심 주제를 거듭 이용해서, 서구 자유주의자들이 '젠더 이데올로기'를 전 세계에 강요한다고 비판한다. 예컨대, 2016년에 교황은 폴란드의 도시 크라쿠프에서 다음과 같이 말했다(폴란드는 '반젠더' 운동의 중심지 가운데 하나다). "유럽·아메리카·라틴아메리카·아프리카와 일부 아시아 나라들에서는 진정한 형태의 이데올로기적 식민지화가 진행되고 있습니다. 그중 하나가 (그 이름대로 분명히 부르겠습니다) 바로 '젠더' [이데올로기 — 캘리니코스]입니다. 오늘날 아이들은 누구나 자신의 성$_{sex}$을 선택할 수 있다고 학교에서 배웁니다. 아이들이 말입니다!"[14]

당시 동맹당 지도자 겸 이탈리아 부총리 마테오 살비니가 베로나에서 열린 2019년 세계 가족 대회 개막식에서 한 연설은 어떻게 극우파가 전통적 가족 수호와 이슬람 혐오 이데올로기를 연결시키는지 보여 준다.

여성의 권리를 들먹이는 페미니스트들은 2019년에 여성이 자유롭게 일하고 공부하고 말하고 옷 입을 권리를, 사회적 성취를 위협하는 가장 중요하고 유일하고 심각하고 실질적인 위험이 무엇인지를 모르는 척하는 사람들 중에서 1등입니다. 그 위험은 (세계 가족 대회가 아니

라) 이슬람 극단주의, 즉 여성의 가치가 마이너스인 문화입니다. … [이슬람 사회에서] 여성은 부르카로 몸을 가려야 합니다. 집을 떠날 권리도 없습니다. 미니 스커트를 입어서는 안 됩니다. 만약 여성이 너무 서구식 옷을 입고 서구식 생각을 하거나 너무 서구인처럼 된다면 (그들은) 여성을 두들겨 팰 것입니다.[15]

여기서 살비니의 강조점은 여성의 역할을 '아이Kinder, 요리Küche, 교회Kirche'라는 전통적·보수적 구호에 요약된 역할로 축소하지 않지만 무슬림들이 젠더 평등을 위협한다고 묘사하는 오늘날 극우 담론의 중요한 흐름에 전형적인 것이다. 주디스 오어는 마린 르펜이 어떻게 이 주제를 이용하는지에 주목한다.

르펜은 특별히 프랑스 문화, 일반적으로 서구적 가치들을 여성 평등의 상징으로 묘사한다. … 그녀는 걸핏하면 이민이 여성들에게 위협이 된다고 주장하면서 다음과 같이 말한다. … "나는 이주민 위기가 여성 권리의 종말을 알리는 첫 조짐일까 봐 겁난다." [르펜이 무슬림을 공공연히 공격하지 않을 때도 있지만] 그녀의 미사여구가 겨냥하는 표적은 오해할 여지가 없다. "프랑스에서 우리는 여성을 존중한다. 우리는 여성을 때리지 않는다. 우리는 마치 여성이 불결하다는 듯이 여성에게 베일 뒤에 숨으라고 요구하지 않는다. 우리는 술을 마시고 싶을 때는 마신다. 우리는 종교를 비판할 수 있고, 하고 싶은 말을 자유롭게 할 수 있다."[16]

버틀러는 다음과 같이 말했다.

이 반동적 운동이 보기에 '젠더'라는 용어는 신자유주의 체제에서 중
대한 경제적 불안정성, 사회적 불평등 심화, 팬데믹 시기의 사업장 폐
쇄로 생겨난 다양한 사회적·경제적 불안감을 끌어모으고 응축시키고
고조시킨다. … 이와 같이 젠더를 외부의 침입으로 여기는 이 집단은
자신들의 의도가 국가 건설이라는 것을 분명히 드러낸다. 그들은 백인
우월주의와 이성애주의적 가족을 바탕으로, 또 수많은 사람의 자유를
제한하고 삶을 위태롭게 만든 규범들에 대한 비판적 문제 제기를 죄
다 반대하는 행동을 바탕으로 국가를 건설하려고 분투하고 있는 것이
다.[17]

따라서 그라프와 코롤추크의 말을 빌리면 "반젠더 사상과 운동
은 신자유주의에 대한 우파적 비판이다." 다행히, 그에 대한 응수가
있었다. 우리가 목격한 사례들은 다음과 같다. 2016년 10월 3일 폴
란드 여성들의 '검은 월요일' 파업 시위는 극우파 정부가 임신 중단
전면 금지 법안을 포기할 수밖에 없게 만들었다. 2017년 1월 20일
도널드 트럼프의 대통령 취임에 반대하는 국제 여성 시위가 벌어졌
다. 2018년 3월 8일 국제 여성의 날에 스페인에서는 500만 명이 '페
미니스트 파업'에 참가했다. 그라프와 코롤추크에 따르면, "아르헨티
나·이탈리아·폴란드·스페인·미국 같은 나라에서 2016년경 분출한
페미니즘 행동주의의 새 물결은 이 책에서 살펴본 극보수주의 우

파 포퓰리즘의 성장에 대한 반작용이었다. 즉, 정치 지도자들의 여성 혐오뿐 아니라 다양하게 표현된 반젠더 사상과 운동도 거부하는 행동이었다는 것이다. 이런 나라들에서 벌어진 대중 시위는 사실상 우파의 전진을 저지하려는 노력이었다." 그렇지만 "이 운동들은 인권이라는 기존의 자유주의 담론 틀을 내버리고, 개인적·집단적 정서를 바탕으로 … 자신들의 힘을 구축했다. 사실상 새로운 집단적 주체기 공적 영역에서 형성된 것이다. 그들은 강력한 정치적 정체성을 지닌 분노한 여성들이었다."[18] 로 대 웨이드 판결을 폐기하겠다는 미국 연방대법원의 결정은 분노한 여성들을 더 많이 거리로 불러낼 것이다.

그라프와 코롤추크는 이런 운동들을 샹탈 무프가 주창한 '좌파 포퓰리즘'의 시작으로 본다. 즉, 진보적 기반 위에서 신자유주의적 엘리트층에 맞서 [대중을] 동원하는 포퓰리즘의 시작이라는 것이다.[19] 그러나 그라프와 코롤추크는 자본주의나 신자유주의(또는 둘 다)를 분명하게 반대하는 태도는 이 새로운 여성 시위들에서 주변적이었다고 옳게 강조한다. 실제로 미국에서 트럼프의 취임을 반대한 대규모 시위들을 정치적으로 지배한 것은 주류 민주당과 어느 정도는 대선에서 패배한 민주당 후보 힐러리 클린턴이었다. 그런데 민주당과 클린턴은 신자유주의 질서의 기둥이었고, 바로 그 질서에 대한 불만을 극우파가 이용하고 있다. 최근 몇 년 동안 젠더 폭력을 반대하고 임신 중단권을 지지하는 대규모 운동들이 벌어진 라틴아메리카는 [미국과] 대조적이다.

여성들은 더 큰 항의 운동을 포함해 정의와 평등을 위한 투쟁들도 이끌고 있다. 칠레는 이런 융합의 완벽한 사례다. 칠레에서는 2019년 10월 대중교통 요금 인상을 반대하며 시작된 시위가 20세기 말 피노체트 독재 이후 득세한 경제 모델에 대한 분노의 물결로 바뀌었다.

그 시위들은 경찰의 폭력적 탄압에 직면했는데, 여성들은 경찰의 성적 학대에도 시달렸다. 그런 맥락에서 2019년 12월에 페미니스트 단체 라스 테시스가 여성 폭력을 비판하는 노래와 춤 공연 "성폭행범은 바로 당신"을 시작했고, 이것은 곧 전 세계 페미니스트들의 노래가 됐다.[20]

새로운 페미니즘이 이런 사례를 따라서 더 폭넓게 신자유주의적 자본주의를 비판하는 방향으로 발전하지 못한다면, '젠더 이데올로기'와 관련해서 그라프와 코롤추크가 잘 분석했듯이 지난 수십 년간의 경제적 혼란 때문에 생겨난 분노를 극우파가 이용하는 상황에 제대로 대처하기 힘들 것이다. 그러나 물론 여기에는 양면성이 있다. 반자본주의적 좌파는 경제적 착취뿐 아니라 인간을 괴롭히는 온갖 차별도 완전히 없애는 철저한 해방을 일관되게 추구해야 한다. 여기서 트랜스 운동이 중요한 이유는 단지 요구가 정당하기 때문만이 아니라, 개인 주체들이 형성되는 곳인 이성애주의적 가족 구조에 근본적으로 도전하는 새 세대 청년 활동가들이 급진적 에너지를 제공하기 때문이기도 하다.[21]

투쟁 지형 2: 인종적 균열

'인종'도 이데올로기적·정치적 투쟁 지형이 됐다. 지금과 양차 세계대전 사이 시기의 두드러진 차이는 앞서 5장에서 봤듯이 극우파가 전진하는 가장 중요한 무대가 미국, 즉 여전히 패권을 휘두르는 자본주의 강대국이라는 점이다. 극우파의 적대감 표출에서 인종차별이 하는 구실이 가장 뚜렷한 곳이 바로 미국이다(트럼프가 노골적으로 드러내는 반흑인·반이민 인종차별주의와 이슬람 혐오를 봐도 그렇고, 그 대응으로 일어난 '흑인 목숨도 소중하다' 운동을 봐도 그렇다). 그러나 인종차별은 특히 이슬람 혐오라는 형태로 다른 대륙에서도 중요한 구실을 했다.

여기서 자본주의와 인종차별의 역사적 관계를 심층 분석할 수는 없다. 그러나 몇 가지 점은 지적할 필요가 있다. 오늘날의 비판적 담론에서는 자본주의와 인종차별이 매우 밀접한 연관이 있다고 생각한다. 그래서 흔히 '인종차별 자본주의'라는 말을 한다(이 용어는 대체로 [흑인 연구로 유명한 미국의 정치학 교수] 세드릭 로빈슨의 매우 영향력 있는 책 《흑인 마르크스주의》로 거슬로 올라갈 수 있다).[22] 실제로 자본주의와 인종차별의 결합은 뿌리 깊다. 나는 특히 세 요소를 강조하고 싶다. 첫째, 16~17세기에 아메리카 대륙에서 자본주의가 발전할 때 플랜테이션 노예제가 한 역사적 구실을 배경으로 ([미국의 인종차별 반대 활동가이자 저술가] 시어도어 앨런의 표현을 빌리면) "백인종이 발명됐다."[23] 인류는 태어날 때부터 우월한 집단과 열등한 집단으로 자연적 서열이 정해진다고 주장하는 생물학적 인종차별주의의 발전은 아프리카인의 노예화를 정당화하는 데 도움이 됐다(보편적 인간 평등이라는 원칙의 확산이 영국·미국·프랑스 혁명이 일어나는 데 일조했는데도 그랬다). 인종차별은 또 아메리카 대륙의 영국 식민지에서 아프리카 출신 노예와 백인 연한 계약 이민 노동자를* 분열시켜서(그러나 흔히 그들의 조건은 거의 차이가 없었다) 사회를 통제하는 메커니즘 구실도 했다.

둘째, 인종차별이 지속되는 것은 단지 노예제의 유산이 아니다(미국과 브라질 같은 나라에서는 그 점이 중요하지만 말이다).[24] 현대 산업자본주의는 이주 노동자들의 이동에 아주 많이 의존하는 세계 체제다. 노동시장에서 '토착민'과 이주민의 경쟁으로 인한 분열은 인종적 적대 관계로 발전할 수 있고 집단적 행위 주체인 노동계급의 응집력과 영향력을 약화시킬 수 있다. 마르크스는 이미 19세기 중반 영국에서 그 사실을 목격했다.[25] W E B 듀보이스는 노예제 폐지 후의 미국 남부를 분석한 고전적 저서에서 인종 분열(이 경우에는 '가난한 백인들'과 옛 노예들의 분열)의 확립에는 정치적·이데올로기적 노력이 필요했다고 지적한다.

---

* 연한 계약 이민 노동자 17~19세기에 유럽에서 미국으로 이주할 때 보통 7년간의 노동계약을 맺고 뱃삯 등을 미리 지급받은 이민 노동자였다. 미국에서 사실상 노예처럼 강제 노동에 시달렸는데, 흑인 노예들이 유입되면서 점차 그 수가 줄어들었다. 연기 계약 이민 노동자라고도 한다.

백인 노동자 집단이 저임금을 받았지만 모종의 공적·심리적 임금으로 어느 정도 보상받았다는 사실을 명심해야 한다. 그들은 백인이라는 이유로 공공 장소에서 존중받고 존댓말을 들었다. 또, 다른 계급의 백인과 마찬가지로 공개 행사, 공원, 공립학교에 자유롭게 들어갈 수 있었다. 경찰은 백인 노동자로 충원됐고, 백인 노동자들의 표에 의존하는 법원은 그들을 아주 관대하게 대해서 마치 무법을 부추기는 듯했다. 백인 노동자들은 공무원을 선출하는 투표권도 있었는데, 이것은 그들의 경제적 처지에는 별 영향을 미치지 못했지만 개인적 처우와 존중에는 큰 영향을 미쳤다.[26]

셋째, 이 사례가 보여 주듯이 인종차별은 국가기관과 밀접하게 얽혀 있다. 이 점은 인종차별당하는 지역사회에서 경찰이 점령군 행세하는 경향이 있는 것을 보면 분명히 알 수 있다. 그러나 미국이 '대중동 전쟁'을 벌이면서 이슬람 혐오가 증대한 것에서 드러나듯이 인종차별은 제국주의적 개입을 정당화하는 데도 중요하다. 바로 이런 맥락에서 인종차별 이데올로기는 지난 50년 동안 재구성돼, [인종] 집단 사이에는 뿌리 깊은 문화적 차이가 있기 때문에 같은 사회에서 함께 살기 힘들다고 단언해 왔다.[27]

그러므로 인종차별은 세계 자본주의 전체에 제도화해 있지만, 미국에서 특별히 치명적 형태를 띤다. 몇 가지 사례를 떠올리기만 해도 충분할 것이다. 미국 헌법에는 노예제가 새겨져 있고, 남북전쟁 후의 재건기였든(1865~1877년) 1960년대 흑인 평등권 운동 시기였든 남부에서 노예 주인들의 권력이 파괴됐다고 해서 아프리카계 미국인의 평등한 시민권이 보장된 것도 아니었으며, 유색인들을 계속 굴종시키려고 탄압을 체계적으로 사용(특히 군대화한 경찰과 '감옥-산업 복합체')한다.[28] [미국의 정치학자·저술가·노동운동가] 마이클 골드필드는 미국에서 조직 노동계급의 전진을 제약하는 남부의 특별한 구실(노예 해방과 짐 크로 법의 폐지 한참 후에도 여전히 인종차별에 시달리는 값싼 노동력의 저수지)을 지적했다.[29]

트럼프가 별안간 정치적 대성공을 거뒀을 때 두드러진 특징 하나는 대통령 선거에서 승리하고 대통령직을 유지하려고 인종적 적대감을 수단화하려 했고 그 과정에서 이 적대 자체를 끝장내려는 대중 동원을 촉발했다는 것이다. 코로나19 팬데믹의 가장 주목할 만하고 고무적인 측면은 2020년 여름의 엄청난 항의 시위 물결이 팬데믹을 중단시켰다는 것이다. 그 시위 물결을 촉발한 것은 5월 25일 미니애폴리스에서 조지 플로이드가 경찰에게 살해당한 사건이었다. 노엄 촘스키는 플로이드 살해에 항의하는 시위의 전례 없는 규모를 다음과 같이 강조했다.

엄청나게 많은 사람이 쏟아져 나왔습니다. 미국 역사에서 전례 없는 일이었습니다. 엄청난 시위들이 벌어졌고, 흑인과 백인이 함께 행진하며 헌신적 연대감을 느꼈습니다. 그들은 압도적으로 비폭력적이었어요. 물론 우파는 사람들이 다르게 믿도록 만들고 싶어 했지만요. 대중의 지지도 엄청나서, 미국 인구의 3분의 2가 시위를 지지했습니다. 미국

역사에서 조금이라도 이와 비슷한 일은 없었습니다.[30]

〈뉴욕 타임스〉는 2020년 여름[7월 3일]에 다음과 같이 보도하며 이런 평가를 확인해 줬다.

최근 벌어진 '흑인 목숨도 소중하다' 시위는 6월 6일 절정에 달했다. 그 날 미국 전역 거의 550곳에서 50만 명이 시위에 참가했다. 그것은 오늘까지 한 달 넘게 계속되고 있는 시위에서 단 하루였다.

최근의 네 차례 여론조사를 보면 … 지난 몇 주 동안 조지 플로이드 등의 죽음에 항의하는 시위에 미국인 약 1500만~2600만 명이 참가했다. 학자나 군중 집계 전문가의 인터뷰에 따르면, 이런 수치들을 볼 때 최근 시위는 미국 역사상 가장 큰 운동으로 기록될 것이다.[31]

어떤 연구 논문을 보면, 조지 플로이드가 살해당한 후 1년 동안 "거의 3000곳에서 '흑인 목숨도 소중하다' 운동과 관련된 시위가 1만 1000건 이상 보고됐다."[32] 이와 대조적으로, 1968년 4월 4일 마틴 루서 킹 주니어 암살이 촉발한 폭동은 겨우 100여 개 도시에서 일어났을 뿐이다. 그리고 [미국 역사가] 엘리자베스 힌턴에 따르면, 그 폭동은 "남북전쟁 이후 최대의 국내 폭력 사태 물결"을 불러일으켰고, 당시 대통령 린든 존슨이 국회의사당에 기관총 부대를 배치하는 등 2만 명의 연방군을 동원하게 만들었다.[33] 마찬가지로 트럼프도 2020년 항의 시위에 대응하려고 군대를 동원했는데(이를 상징적으로 보여 준 사건이 6월 1일 삼엄한 경호를 받으며 라파예트 광장을 지나 교회 앞으로 가서 사진을 찍는 쇼를 벌인 것이다*), 앞서 5장에서 살펴봤듯이 트럼프의 그런 행동이 국방부와 소원해진 한 원인이었을 것이다.[34]

한편, '흑인 목숨도 소중하다' 시위는 전 세계를 휩쓸었다. 영국의 '흑인 목숨도 소중하다' 시위는 미국 밖에서는 최대 규모였던 것으로 보이는데, 6월 7일 브리스틀에서 18세기 노예 상인 에드워드 콜스턴의 동상을 끌어내려 항구에 던져 버린 상징적 사건은 보리스 존슨의 우파 보수당 정부를 격분하게 했다. '흑인 목숨도 소중하다' 시위가 세계적 반향을 불러일으켰다는 사실은 다른 운동들에 영향을 미친 것에서도 드러난다(예컨대, 2021년 5월 팔레스타인의 '단결 인티파다' 기간에 활동가들은 '흑인 목숨도 소중하다' 운동의 용어를 빌려서 자신들의 투쟁을 표현하는 경향이 있었다). 흑인 페미니스트 지식인이자 활동가인 바버라 랜스비는 '흑인 목숨도 소중하다' 운동이 대중화한 폐지** 요구의 중요성을 다음과 같이 설명한다.

---

* 당시 백악관 앞 라파예트 광장에서는 사람들이 평화 시위를 벌이고 있었다. 그러나 트럼프는 기자회견에서 폭력 시위에 군대를 동원하겠다고 선언한 뒤 경찰이 최루탄과 고무탄을 쏴 광장의 시위대를 해산시키자 국방부 장관과 군복 차림의 합창의장 등을 거느리고 근처 교회로 가서 성경을 들고 사진을 찍었다. 이 때문에 전직 군 장성들의 비난이 쏟아지자 국방부 장관은 사진 촬영용 이벤트인지 몰랐다고 해명했고 합참의장은 아예 공개 사과하는 등 트럼프와 사이가 멀어졌다.

** abolition은 (법률·제도·조직의) 폐지를 뜻하는데, 대문자로 쓴 Abolition은 미국 역사와 관련해서 노예제도 폐지를 의미한다.

우리가 폐지를 이야기할 때는 줄여서 말하는 것이다. 왜냐하면 우리는 단지 폐지만 이야기하는 것이 아니라, 건설도 이야기하기 때문이다. 폐지가 잠재적으로 혁명적·급진적 요구인 이유는 우리가 이 체제를 대충 수선해서 살 수는 없다고 말하는 것이기 때문이다. 우리는 이 체제를 다시 생각해 봐야 하고, 해체해야 하고, 근본적으로 다른 뭔가를 만들어야 한다. 폐지하기만 하고 건설하지 않으면 우리는 취약해질 것이다. 우리는 새로운 기관들을 건설해야 하고, 새로운 권력을 건설해야 하고, 그 과정에서 우리가 다른 사람이 돼야 한다.[35]

이와 같이 인종차별 반대는 흑인 지역사회를 훨씬 넘어서, 사실은 미국을 훨씬 넘어서 전 세계에서 사람들을 동원하는 힘이 됐다. 그러나 '흑인 목숨도 소중하다' 시위는 승리 퍼레이드가 아니었다. 강력한 반발에 부딪히며 전진하는 운동이었다. 앞서 인용한 연구 논문은 다음과 같이 지적한다.

'흑인 목숨도 소중하다' 운동은 여전히 압도적으로 비폭력적이었다.
- '흑인 목숨도 소중하다'를 지지하는 전체 시위 중에서 약 94퍼센트는 평화적이었고, 6퍼센트에서는 폭력, 경찰과 충돌, 공공 기물 파손, 약탈, 기타 파괴적 행위가 보고됐다. …

경찰은 군사작전을 펼치듯이 가혹하게 운동을 다루면서 긴장을 고조시켰다.
- 당국이 다른 시위보다 '흑인 목숨도 소중하다' 지지 시위에 개입할 가능성이 3배 높다.

• 개입할 때도 '흑인 목숨도 소중하다' 지지 시위에 무력을 사용할 가능성이 더 높다: '흑인 목숨도 소중하다' 지지 시위의 52퍼센트에서 무력이 사용된 반면에 다른 모든 시위는 26퍼센트에서만 그랬다.[36]

경찰과 경찰 노조는 당연히 "경찰 예산 삭감"을 요구하는 운동처럼 자신들을 직접 겨냥하는 운동을 분쇄하는 데 기득권을 갖고 있었다. 그러나 그들은 트럼프의 '근면한 용맹 작전'에 따라 선별된 도시들에 파견된 연방 정부 기관원들로 구성된 타격 부대의 지원도 받았고, 극우파 집단들이 제공한 무장 보조원들의 지원도 받아서 시위대를 공격했다. 시위 이후에 억압적 법률들이 새로 제정됐는데, 미국의 많은 주뿐 아니라 영국에서도 그랬다(앞의 2장 참조). 한편, '인종'은 문화 전쟁의 또 다른 전선이 됐다. 다른 나라 정치인들도 트럼프의 술책을 차용하려 했다. 영국 보수당 정부는 극우파의 주제들을 주류에 편입시켜서, 워키즘* 반대 운동을 전개하고, 문화 기관들이 제국주의와 노예제의 역사적 유산을 논의하지 못하도록 정치적 단속을 강화하고, 제도적 인종차별의 현실이 극명하게 드러나고 있는 순간에 제도적 인종차별 개념 자체를 공격하는 위원회[인종·민족 격차 위원회]를 임명했다.[37] 프랑스에서 에마뉘엘 마크롱 정부의 장

---

* woke는 원래 인종차별·여성차별·불평등 같은 사회적·정치적 부정의에 대한 의식이 '깨어 있다'는 뜻으로 쓰였는데, 우파가 이를 비아냥거리며 경멸조로 wokeism이라는 용어를 사용한다.

관들이 '이슬람 좌파주의'를 맹비난한 것이나 아메리카 대륙과 호주에서 원주민 권리를 두고 벌어진 격렬한 분쟁도 똑같은 양극화의 사례다.

'흑인 목숨도 소중하다' 시위의 분출은 인종적 균열이 현대 사회의 모든 적대 관계를 점점 더 응축시킨다는 것을 보여 준다. 그것은 단지 군대화한 경찰이 흑인 지역사회에 가하는 끊임없는 압력에 대한 전례 없는 대중적 반발을 반영한 것만은 아니다. 앞서 2장에서 봤듯이 미국에서 코로나19 팬데믹 때 흑인과 라틴계 사람들의 사망률이 치솟았다. 바이러스에, 또 경찰 폭력에 취약하다는 점은 우리 사회에서 '인종'과 계급이 교차한다는 사실을 보여 주는 두 가지 징후다. 자본주의의 신자유주의적 구조조정으로 저임금 노동자와 불안정 노동자에 대한 의존이 증대했고, 흔히 인종차별에 시달리는 그 노동자들은 이주민과 난민인 경우가 많았다. 팬데믹은 그들을 최전선으로 떠밀어 '필수' 노동자가 되게 만들었고, 이것은 그들의 불안정성을 한 차원 더 끌어올렸다. 왜냐하면 그들은 그저 일을 하기 위해 자신의 목숨을 걸어야 했기 때문이다. 이런 경험이 2020년 여름의 반란에 영향을 미쳤다는 것은 틀림없다.

2014년 7월 [미국 뉴욕에서] 경찰이 에릭 가너를 살해했는데, 낱개 담배 판매 혐의로 체포된 가너가 목이 졸려 죽어 가면서 남긴 잊을 수 없는 말이 "숨을 못 쉬겠다!"였다. [역사학자] 살라 모한데시는 이 살해 사건에 관해 쓴 글에서 불안정성과 인종차별 사이의 연관을 다음과 같이 지적했다.

마르크스는 자본주의 자체가 임금에 의존해 생활하는 모든 사람을 완전히 고용할 수 없는 구조라는 점을 보여 줌으로써 이런 무임금 생활의 역사적 출현을 설명하려 했다. 필연적으로 자본주의는 "상대적으로 과잉인 노동인구, 즉 자본의 평균적 자기 증식욕에 필요한 수준을 초과하는 인구, 그러므로 잉여 인구"를 만들어 낸다는 것이다. … 가녀의 죽음이 보여 주듯이, 잉여 인구 생산은 인종차별과 밀접한 관련이 있다. 자본주의의 역사를 보면, 재산을 빼앗기고 징계를 당하고 공포에 사로잡힌 과잉 인구를 만들어 내는 과정에 의해 인종의 범주들이 끊임없이 통합되고 사실상 재구성된다.[38]

실제로 '인종'과 계급의 교차는 점점 더 정치적 동원의 기초가 되고 있다. 한편으로, 1960년대 이후 흑인 중간계급의 사회적·정치적 성장, 특히 그들이 미국의 도시를 관리하는 구실은 [미국의 학자·저술가·활동가] 키앙가야마타 테일러가 지적하듯이 다음과 같은 것을 의미한다. "오늘날 가난한 흑인이나 노동계급 흑인이 곤란을 겪고 있을 때 그 곤란을 감독하는 사람은 모종의 요직에 있는 아프리카계 미국인일 가능성이 높다."[39] 다른 한편으로, 미국에서 일반적으로 노동계급 사람들이 겪는 물질적 궁핍은 흑인뿐 아니라 백인에게도 영향을 미치고, 비록 아프리카계 미국인들만큼은 아니지만 백인들도 경찰의 폭력에 취약하다.

마틴 루서 킹 암살 이후 절정에 달한 1960년대 항쟁과 대조적으로 '흑인 목숨도 소중하다' 시위는 촘스키를 비롯한 많은 사람이 강조했듯이 특정 인종만 참여하는 것이 아니었다. [〈뉴욕 타임스〉 2020년 7월 3일 자 기사에서] 래리 뷰캐넌, 꾸옥쭝 부이, 주갈 파텔은 다음과 같이 말했다. "[미국 카운티의 40퍼센트 이상(적어도 130곳)에서 시위가 벌어졌다.] 전에 '흑인 목숨도 소중하다' 시위가 벌어진 카운티들과 달리, 최근 시위가 벌어진 카운티의 거의 95퍼센트는 주민의 다수가 백인이고, 거의 3분의 2는 백인이 75퍼센트 이상이다." 시위에 참가한 백인들의 강력한 동기기 '흑인 목숨도 소중하다' 운동의 대의에 공감한 것이었음은 의심할 여지가 없다. 실제로 위의 신문 기사에 따르면 "운동은 더 젊고 더 부유한 사람들을 시위에 끌어들인 것으로 보인다. 시위 참가자의 연령대를 보면 35세 미만이 가장 큰 집단이었고, 소득 수준을 보면 15만 달러 이상 버는 사람들이 가장 큰 집단이었다."[40]

그래도 '흑인 목숨도 소중하다' 항쟁은 어떻게 계급 주체가 다시 형성될 수 있는지를 힐끗 보여 줬다. 단지 유색인이 인구에서 차지하는 비율의 증가 추세 때문만은 아니다(미국뿐 아니라 더 광범한 선진 자본주의 사회들에서도 그렇다). 노동의 세계에서 불안정성이 일반화하고 있다. 영국에서 한때 교수에게 훌륭한 연금 제도였던 것을 대학들이 기어코 파괴하려 드는 것은 이런 과정의 징후다(예전에 교수는 자신이 노동자가 아니라 전문가라고 생각했다). 불안정 노동자들의 경험과 전에는 노동계급의 상대적 특권층이던 집단의 경험이 수렴하는 경향이 있다.(비록 일치하지는 않지만 말이다. 예컨대, 흑인과 무슬림은 특별히 무거운 인종차별의 짐을 지고 있다.)

이 수렴에서 새로운 종류의 노동자 운동이 출현할 수 있을 것이다. 당연히 그 운동은 과거의 노동자 운동과 매우 다를 것이다. 왜냐하면 새로운 노동자 운동이 효과적이려면 단순한 작업장 쟁점이나 심지어 훨씬 더 광범한 사회경제적 개혁을 넘어서는 문제들을 다뤄야 할 것이기 때문이다(비록 그런 쟁점이나 개혁이 중요하기는 하지만 말이다).

21세기에 노동계급의 성격을 감안하면, 노동계급은 사람들을 짓누르는 다양한 차별, 특히 젠더, '인종', 성적 지향, 장애로 인한 차별에 전략적 중요성을 부여해야 할 것이다(어쨌든 그런 차별을 조금이라도 일관되게 다루려면 말이다). 이것은 단지 도적적 태도 문제가 아니라 자기 이익과 실천적 필요의 문제이기도 하다. 이 필요성은 세계화한 생산 네트워크의 발전이 남반구 노동자들과 북반구 노동자들의 상호 의존을 만들어 내는 것에서 분명히 드러난다(북반구의 많은 노동자가 사실은 남반구 출신이기도 하다). 마르크스와 엥겔스가 《공산당 선언》 말미에 이야기한 세계의 노동계급은 이 재난의 시대에 예기치 못한 방식으로 집단적 주체로서 등장하기 시작할 수 있다.[41]

진보를 위한 계획이냐 재난이냐

'흑인 목숨도 소중하다' 항쟁이 힐끗 보여 준 집단적 주체가 중요한 이유는 우리가 직면한 문제들에 정치적 해결책이 필요하기 때문이다. 로널드 레이건이 말한 "시장의 마법"에 의존하는 방식은 이제더는 신뢰할 수 없다. 세계 금융 위기는 전환점이었다. 당시 내가 주장했듯이, 국가들이 개입해서 제2의 세계 대공황을 막았다.[42] 이 책3장에서 봤듯이, 그 개입은 일시적 비상조치가 아니라는 사실이 드러났다. 중앙은행들은 자신들의 대차대조표를 이용해 유효수요를유지하고 금융시장에 유동성을 공급해서 코로나19 팬데믹도 지나왔다. 정부들도 고용과 수요를 뒷받침할 주요 조치들을 취했다. 세계 금융 위기 뒤에 경제가 회복되기 시작하자 로런스 서머스와 마틴 울프 같은 유명한 경제학자들이 금리의 '정상화'를 요구하는 목소리가 크게 들려왔다. 그들은 특히 물가가 상승하고 있으니 반드시금리를 올려야 한다고 주장했다. 그러나 그때 갑자기 러시아의 우크라이나 침공이라는 충격이 전 세계를 불안정에 빠뜨렸다. 이 책의전반적 요지는 주류 경제학자들이 단언하는 것과 달리 그런 사건들을 외인성 쇼크로 봐서는 안 된다는 것이다. 그런 사건들은 자본주의 체제 자체, 더 일반적으로는 화석 자본주의가 만들어 낸 문명의 다면적인 구조적 위기에서 비롯한 것이다. 우리는 제임스 갤브레이스가 말한 "정상의 종말"을 경험하고 있다.[43]

유일한 문제는 "새로운 정상"이 어떤 모습으로 나타날 것인지다. 선택에 초점을 맞추는 방법 하나는 경제계획 문제를 살펴보는 것이다. 계획은 경제활동의 사전 조정을 수반하고, 이것은 권위 있는 정치과정을 통해 이뤄진다. 이와 대조적으로, 시장에서는 사후 조정이 이뤄지는데, 여기서 경제의 종합적 상태는 서로 경쟁하는 행위자들이 각자 알아서 결정을 내린 것의 결과다. 신자유주의의 가장 중요한 이데올로기적 성취는 계획에 관한 논의를 사회 엘리트층에서 사실상 추방해 버렸다는 것이다. 특히 그 바탕에는 복잡한 현대 경제에 가장 효율적인 방식의 조정과 정보 분배를 시장이 제공한다는 것을 입증하려고 애쓴 하이에크의 노력이 있었다. 그러나 이 성취를 크게 촉진한 것은 1980년대에 소련의 스탈린주의 지령 경제가 겪은 종말적 위기였다.[44] 이 때문에 우리 시대의 가장 뛰어난 사회주의 이론가 중 한 명인 제럴드 앨런 코언조차 자신의 마지막 저서 맺음말에서 다음과 같이 교착상태를 선언할 정도였다. "모든 시장은, 심지어 사회주의 시장조차 약탈의 체계다. 그런 약탈을 극복하려 했던 우리의 노력은 지금까지 실패했다. 그렇다고 해서 그런 노력을 포기하는 것이 올바른 결론이라고는 생각하지 않는다."[45]

지금은 상황이 사뭇 다르다. 2008년에 세계 금융 위기가 전개되기 시작할 때 나는 코언의 책 원고를 읽고 그와 편지를 주고받으며, 팻 디바인과 마이클 앨버트가 발전시킨 민주적 계획 모델들을 진지하게 생각해 보라고 설득했지만 성공하지는 못했다. 세계 금융 위기와 그 여파 때문에 이제 시장은 그다지 효율적으로 보이지 않는다. 그러나 문제는 금융시장에 내재하는 기능 장애와 신용 사기보다 훨씬 더 깊은 곳에 있다. 팬데믹은 시장이 실패했을 때 정부가 안전장치 구실만 하는 것이 아니라 자원을 동원해서 문제 해결도 한다는 것을 보여 줬다(먼저 백신을 개발하고 보급했지만, 이를테면 동선 추적 프로그램도 실행했다). 이런 종류의 개입 또한 일시적 비상조치로 볼 수 없다. 우리가 새로운 팬데믹을 그럭저럭 피하더라도 기후변화로 인한 경제적 혼란은 이런 종류의 활동을 더 많이 요구할 것이다.

무엇보다도 탈탄소 경제로 전환하려면, 자원을 어디에서 어디로 재분배해야 하는지에 관한 수많은 결정을 내려야 할 것이다. 그리고 이것은 전 세계적 방향 전환 과정이다. 재생 가능 에너지 공급과 관련된 기술들은 집약적 자원 추출을 요구한다. 환경 파괴적이고 매우 약탈적인 생산방법과 함께 '행성 광산에'* 계속 의존하는 것은 엄청나게 자멸적인 일일 것이다.[46] [미국 정치학자] 시아 리오프란코스가 트위터에 썼듯이 "훨씬 저렴한 녹색 기술이라는 에코모더니즘적**" 공상은 죽었다. '핵심 광물'의*** 가격이 치솟고 있기 때문이다. 우리는 지리경제적 충돌, 시장 부족,**** 에너지 전환 비용이 증대하는 세계에

---

* 행성 광산(planetary mine) 지구라는 행성을 하나의 광산처럼 채굴하는 것을 가리킨다.

** 에코모더니즘(또는 생태근대주의) 환경을 보호하려면 과학기술을 발전시켜 인간이 사용하는 공간과 자원을 절약해서 인간이 자연 세계에 미치는 영향을 최소화해야 한다는 환경주의 철학으로, 도시화를 가속해 인간과 자연을 분리시키고, 핵 발전을 통해 자연 자원을 덜 쓰고, 대규모 기업 농경과 유전자 조작 식품으로 농지 면적을 줄이자고 주장한다.

*** 핵심 광물 리튬·니켈·코발트처럼 이차전지를 비롯한 각종 첨단산업 제품에 들어가는 주요 광물이다.

**** 시장 부족 수요량이 공급량보다 많은 초과수요 상태를 말한다.

살고 있다. '더 적은' 채굴이 필요한 에너지 전환을 지지하는 것은 필수적이다."[47] 유럽연합이 홍보하는 탄소 배출권 거래제 같은 시장 메커니즘에 의존해서 이런 문제를 극복할 수 있다고 생각하는 것은 완전히 어리석은 일이다.

따라서 경제를 관리하려면 계획이 필요한데, 앞으로 수십 년간 경제는 더 불안정해질 가능성이 높다. 중요한 정치적 선택은 우리가 원하는 계획의 종류다. 결정적으로, 위로부터 계획인가 아니면 아래로부터 계획인가? 영국의 비영리 미디어 플랫폼이자 뉴스 웹사이트인 〈오픈 데모크라시〉의 로리 맥팔레인은 신자유주의의 위기와 '정치화한 경제'의 귀환은 중국이 지난 수십 년간 개척한 것과 같은 '권위주의적 자본주의'로 이어질 수 있다고 경고하는데, 중국에서는 경제를 통제하는 최종 권한이 공산당 최고위층의 수중에 있고 시민들은 점점 더 정교한 디지털 감시 기술에 종속된다는 것이다.[48] 세계 금융 위기와 팬데믹이 촉발한 비상조치들에 대한 의존이 증대하면, 혼란을 최소화하려고 노력하는 정치체제가 민주적으로 선출된 기관들을 허울뿐인 겉치레로 전락시켜 자본을 보호하고 제멋대로 움직이는 상황이 굳어질 수 있다. 이런 정치체제는 [과거와] 단절하는 것이겠지만, 과거의 신자유주의 정치체제에서 경제정책 입안자들의 정치적 책임을 완전히 면제해 주려 하던 방식에서 득을 볼 것이다. 신자유주의 시대가 시작되기 직전에 풀란차스가 경고한 '권위주의적 국가주의'가 신자유주의 시대 말기에 실제로 모습을 드러내고 있는 것인지 모른다.[49]

그러나 우리에게 필요한 경제활동의 사전 조정은 다른 방식으로 이뤄질 수 있다. 경제계획의 모델들은 이미 존재한다. 특히 팻 디바인의 협상 조정 모델, 마이클 앨버트의 참여 경제(파레콘) 모델, 다니엘 사로스의 필요 기반 사회주의 모델이 대표적이다.[50] 앨버트와 사로스의 모델은 작업장 평의회 수준으로 권력을 최대한 넘겨주고, 작업장 평의회들은 소비자 평의회와 소통해서 자원 할당과 생산량을 결정하는 방식이다. 디바인의 협상 조정 모델도 일국적·국제적 수준에서 민주적 의사 결정 과정을 거치기 위해 광범한 경제적 매개변수들(예컨대, 개인 소비 대 집단 소비, 사회적 투자 대 경제적 투자, 에너지와 수송, 환경적 우선순위 등)이 필요하다. 이런 과정을 통해 확립된 틀 안에서만 부문·지역·지방별로 생산자들과 공동체 사이의 협상과 조정이 이뤄질 것이다. 그리고 이런 교환을 통해 합리적으로 경제적 결정을 내리는 데 필요한 정보가 유포될 것이다.

그러나 시장의 대안을 논의하기 위한 기술적·사회적 조건들은 플랫폼 자본주의의 출현 후 급격하게 바뀌었다. 아마존과 페이스북 같은 기업들은 자사의 디지털 기반 시설을 이용해서, 사용자들에 관한 시장성 있는 데이터를 어마어마하게 축적한다. 제임스 미드웨이는 이런 기업들이 "신자유주의를 벗어날 길"을 나타낸다고 주장한다. 예컨대,

경제활동의 조직자로서 가격 원리는 점점 더 미약해졌다. 적어도 소비자 측에서는 플랫폼 대기업들의 생산물이 시장 메커니즘을 거스르는

경향이 있다. 페이스북은 여전히 "페이스북을 무료로 사용할 수 있고 앞으로도 항상 그럴 것"이라고 떠들어 댄다. 페이스북 같은 생산물이 무료일 때 어떤 소비자 시장도, 어떤 가격도 확립될 수 없다. 생산물이 분명히 무료가 아닌 경우에 플랫폼 기업들은 고객층에게 구독료 모델을 강요하려 했다. 가격을 통해 시장을 조직한 것이 아니라, 소비자에서 기업으로 계속 흘러가는 일정 비율의 소득 흐름을 창출한 것이다.[51]

예브게니 모로조프는* 플랫폼 자본주의가 발전시킨 디지털 피드백 기반 시설에 민주적 계획의 잠재력이 있다고 지적한다. "소비 측면에서, 빅 데이터의 예측 능력은 우리의 선호를 우리 자신보다 더 잘 예측할 수 있다. [아마존은 '예상 배송 시스템'의 특허권을 획득했는데, 그 덕분에 우리가 어떤 제품을 원한다는 것을 우리가 알기도 전에 그 제품을 우리에게 배송할 수 있다는 사실이] 시사하는 바는 '피드백 기반 시설'은 중앙 계획자들이 상상도 할 수 없는 방법으로 우리의 필요를 예견하고 충족시킬 수 있다는 것이다. 그런 예측 능력은 가격체계의 신비한 기능이 아니라, 플랫폼 기업들이 보유한 데이터의 기능이다."[52] 모로조프는 사로스의 수요 기반 사회주의가 정보 기술의 발전 성과를 이용하려 한다는 점에 주목한다.

특히, 사로스의 방안에 따르면 각 개인은 전자 종합 카탈로그의

---

* 모로조프는 벨라루스 태생으로 하버드대학교에서 과학사로 박사 학위를 받은 저술가다.

사용가치 목록에서 자신이 원하는 것을 선택해서 디지털 방식으로 필요품 명세서를 작성하고 계속 업데이트한다. 그러면 이렇게 선택된 것들의 총합이 작업장 평의회 사이에 자원을 할당하고 실제 사용가치를 생산하는 지침이 된다(아이들을 위해서는 부모가 대신 선택해 줄 것이다).[53] 파레콘과 마찬가지로 사로스의 방안도 원자화한 의사 결정에 너무 의존해서, 그 공백을 새로운 형태의 관료적 권력이 메울 수도 있다. 그러나 사로스가 자본주의의 현재 변화를 이용해 사회주의적 미래의 토대를 놓으려 한다는 점을 인식하기 위해 굳이 사로스 방안의 세부 사항들을 모두 지지해야 하는 것은 아니다. "피드백 생산수단을 사회화하라"는 모로조프의 반농담조 요구는 빅 데이터 활용의 필요성을 강조한다. 피드백 생산수단은 경제 권력의 집중을 나타내기도 하지만, 그것이 발전시킨 기술 덕분에 우리가 자본주의를 넘어서 나아갈 수도 있기 때문이다.[54]

이런 계획 모델들의 큰 장점 하나는 민주주의를 유지하는 데 그치지 않고, 의사 결정을 최대한 아래로 넘겨주고 다수결 원칙을 경제로 확대해서 민주주의를 신장하려 한다는 것이다. 그 모델들은 두 가지 면에서 모두 자유민주주의와 단절한다. 자유민주주의는 가능한 한 대중의 수동성을 지속시키고, 정치가 시장의 작용에 개입하지 못하게 막는 구실을 한다. 애덤 투즈가 최근에 케인스주의를 논하면서 다음과 같이 쓴 것과 비교해 보리. "대중 민주의의 비이성적 열정에 맞서서 기술 관료 정부를 방어해야 할 충분한 이유가 있다."[55] 이것은 실제로 존 메이너드 케인스의 지적 엘리트주의와 비숫한데, 케인스는 다음과 같은 신념이 있었다. "흔히 경제 문제라고 부르는 결핍과 빈곤의 문제, 계급들과 국가들 사이의 경제적 투쟁의 문제는 지독한 혼란이지만 일시적이고 **불필요한** 혼란일 뿐이다."[56] 그러나 투즈의 기준점은 더 간접적이다. 다시 말해 [캐나다의 정치경제학 교수] 제프 만의 다음과 같은 주장이다. "현대 정치경제학이 항상 이미 케인스주의적이었다는 것은 이런 의미다: 혁명과 격변의 기억이 뇌리에서 떠나지 않고, 따라서 기존 질서를 거부하는 민중의 위협을 의식해서 겁에 질려 있지만, 적절한 세금 조정이나 정책 수정은 재앙을 뒤로 미루는 능력이 있으므로 우리는 다시 한 번 경제적 행복에 초점을 맞출 수 있다고 확신한다."[57]

만은 흥미롭게도 (자신이 무조건 지지하지는 않는) 케인스의 정치적 전망을 헤겔의 경고에 비유하는데, 헤겔은 현대 시민사회가 만들어 낸 대중의 빈곤 때문에 분명한 사회적 지위나 신분이 없는 '천민Pöbel'이 생겨날 위험이 있고 이 천민의 발생은 "역으로 소수의 수중에 과도한 부가 집중되는 것을 훨씬 용이하게 한다"고 말했다.[58] 헤겔과 케인스는 실제로 비슷한 사회사상가들이어서, 자본주의의 정치적·경제적 한계를 이야기하면서도 국가의 화해 능력으로 그 한계를 극복하는 데 몰두했다.[59] 여기서 기억할 만한 사실은 마르크스가 한 일은 정치경제학 연구가 아니라 **비판**이었다는 것이다. 그는 자본주의 사회의 적대감이 너무 심해서 국가 개입으로도 억누를 수 없다고 생각했고, '천민'을 새롭게 해석해서 프롤레타리아로 제시했다. 즉, 자본주의 체제가 프롤레타리아의 노동에 의존하므로 프롤레타리아는 스스로 해방될 능력이 있는 계급이다. 그래서 적절한 세금 조정이나 정책 수정은 우리를 재난에서 구하지 못할 것이다. 그리고 노동 대중은 관리돼야 할 골칫거리가 아니라, 자력 해방의 잠재적 주체이고, 그들의 집단적 행동이 우리를 모두 구할 수 있다.

여기서 이견은 분석적인 것이 아니고 심지어 윤리적인 것도 아니다. 극우파의 성장에 가장 큰 자양분 구실을 한 것은 정치과정에서 배제됐다는 광범한 소외감이었다.[60] 따라서 단지 원칙 때문만이 아니라 정치적 필요 때문에라도 자본주의의 대안들은 민주주의의 발전을 의미해야 한다. 앞서 5장에서 나는 좌파보다 극우파가 국가의 팬데믹 관리에 훨씬 더 효과적으로 대응했다고 말했다. 마르크스의 원래 사회주의관, 즉 노동계급과 차별받는 사람들이 스스로 해방될 수 있다는 **자력** 해방 사상을 복원하는 것은 좌파가 자신을 [자본주의의] 대안으로 내세우는 능력을 되찾기 위한 전제 조건이다.[61] 대중이 스스로 사회를 다스린다는 이런 사회주의관이 (경제적 불안정, 팬데믹, 기후변화, 전쟁으로 혼란에 빠지고 탈탄소 경제로 빠르게 변화하고 있는 세계에 사는) 사람들의 일상적 필요를 충족시키는 일련의 요구들과 결합돼야 한다.

중도파와 좌파의 동맹?

물론 민주적 계획이 실현 가능하다고 말하는 것과 어떻게 그것을 달성할 수 있는지를 보여 주는 것은 완전히 다른 문제다. 우리가 그토록 시급하고 복합적인 실존적 위협에 직면해 있는 때에 디지털 종합 카탈로그를 만드는 것은 약간 먼 미래의 일처럼 보인다. 이 책을 끝맺으면서 내가 전략에 관해 주장하고 싶은 요점은 세 가지다. 첫째는 우리가 자유주의자들과 동맹해서는 승리할 수 없다는 것이고, 둘째는 시민 불복종만으로는 충분하지 않다는 것이며, 셋째는 폭력만으로도 충분하지 않다는 것이다.

첫째 요점은 폴 메이슨의 주장에 대한 응답이다. 그는 2021년 1월 6일 미국 극우파의 국회의사당 습격 사건을 보고 다음과 같이 썼다.

20세기에 파시즘을 맞닥뜨려 실제로 수세에 몰린 모든 마르크스주의 정당은 다음과 같은 점을 깨달았다. 첫째, 파시즘에 폭력으로 대항하는 것으로는 충분하지 않다. 공격성·기동성·활력 면에서 파시스트들의 폭력에 필적할 수는 없기 때문이다. 둘째, 국가가 나서서 민주주의와 법치를 지키라고 요구해야 한다. … 한나 아렌트는 파시즘을 "엘리트층과 폭도의 일시적 동맹"으로 묘사했다. 말 그대로 이것이 1월 6일에 벌어진 일이다. … 1930년대에 유럽이 얻은 교훈은 엘리트층과 폭도의 일시적 동맹을 물리칠 수 있는 유일한 방법은 중도파와 좌파의 일시적 동맹뿐이라는 것이다. 그리고 1934~1936년에 프랑스와 스페인에서 그랬듯이 중도파와 좌파가 동맹하면 선거에서 승리할 뿐 아니라 대중적 반파시즘 문화를 창출할 수도 있다는 것이다.[62]

이것은 재앙을 낳을 잘못된 전략이다. 먼저, 메이슨의 이분법은 틀렸다. 궁극적으로는 자본주의를 끝장내는 사회주의 혁명만이 파시즘의 위협을 제거할 수 있다. 그렇지만 지금 당장은 실제로 존재하는 자유민주주의를 그 결함에도 불구하고 지키는 것이 필수적이다. 트로츠키는 사회민주주의와 파시즘을 동일시한 스탈린의 제3기 정책을 비판할 때 자신의 가장 뛰어난 통찰 하나를 제시하며 노동자들이 [자유민주주의가 허용하는] 이 공간을 지키는 것이 중요하다고, 즉 노동자들 자신의 운동을 위해 중요하다고 강조한다.

수십 년 동안 노동자들은 부르주아 민주주의 안에서 그것을 이용하고 그것에 맞서 싸우면서 자신들의 근거지와 프롤레타리아 민주주의 기반들, 즉 노동조합, 정당, 교육기관과 스포츠 클럽, 협동조합 등을 건설했다. 프롤레타리아는 부르주아 민주주의라는 형식적 틀 안에서는 권력을 장악할 수 없다. 오직 혁명의 길로 나아가야만 그럴 수 있다. 이 점은 이론과 경험으로 모두 입증됐다. 그리고 부르주아 국가 내의 이 노동자 민주주의 요새들은 혁명의 길로 나아가는 데 절대로 필요하다.[63]

1930년대 이후 선진 자본주의 노동계급의 삶은 많이 바뀌었지만, 트로츠키가 말한 이유들 때문에 기존의 자본주의적 민주주의를 지키는 것은 여전히 필수적이다. 그러나 트로츠키는 그렇게 하려면 계급 협력의 방법이 아니라 계급투쟁의 방법을 사용해야 한다고 주장했다. 1935년에 코민테른은 기존의 정책이* 독일에서 재앙적 실패를 겪은 후에 민중전선 전략을 채택했다. 이 전략은 노동자 운동과 자유주의 부르주아지가 동맹을 맺는 것이었다. 이것은 지금 메이슨이 옹호하고 있는 전략의 핵심인데, 1930년대에 그랬듯이 메이슨의 전략도 결국은 재앙을 낳을 것이다.

그 이유를 알기 위해 1934년 2월 6일의 파리로 돌아가 보자. 그날 프랑스 극우파는 국회의사당으로 가려고 폭력 시위를 벌였다(5장 참조). 극우파 동맹은 급진당 총리 지명자 에두아르 달라디에를 몰아내는 데 성공했지만, 그들의 승리는 좌파의 더 강력한 반발을 불러일으켰다. 2월 6일 사건을 연구한 최고의 저작에서 브라이언 젱킨스와 크리스 밀링턴은 다음과 같이 썼다.

공산당과 사회당은 즉시 극우파 동맹의 행동을 파시스트들의 쿠데타 미수라고 규탄했다. 2월 9일 공산당은 맞불 시위를 조직했고, 시위 도중 경찰과 폭력 충돌이 일어나 4명이 사망했다. … 그러나 좌파에게 결정적 순간이 찾아온 것은 2월 12일이었다. 그날 사회당과 노동조합총연맹CGT은 총파업을 벌이기로 했다. 공산당은 이 행동에 동참할 계획이 없었다. 오히려 경쟁자인 사회당이 2월 9일 시위 당시 노동자 살해에 공모했다고 계속 비난했다. 그러나 공산당은 당원들이 자발적으로 거리에서 사회당원들과 뒤섞이는 것을 막을 수 없었다. 이런 기층의 단

---

* 사회민주주의와 파시즘을 동일시한 사회파시즘 노선을 말한다.

결은 연합 결성의 희망을 불러일으켰다. 공식적 협력이 당장 실현되지는 않았다. 그러나 1934년 7월이 되자 사회당과 공산당은 파시즘에 대항하는 공식적 동맹, 즉 민중연합을 결성했다. 이듬해 민중연합은 확대돼 급진당도 포함하게 됐다. 이 '민중전선'이 1936년 6월 총선에서 승리했고, 레옹 블룸은 프랑스 최초의 사회당 총리가 됐다.[64]

그래서 2월 6일 사대는 우파와 좌파가 모두 더 양극화하는 계기가 됐다(로버트 팩스턴이 말한 "1930년대 중반의 사실상 프랑스 내전"이 시작된 것이다).[65] 그러나 젱킨스와 밀링턴이 강조하듯이 "1934년 2월 12일 사회당과 공산당의 연합 시위는 2월 6일 시위보다 훨씬 큰 규모였고, 더욱이 프랑스 전역에서 더 큰 반향을 불러일으켜서" 전국적 시위와 파업 물결이 일었다.[66] 단결은 대부분 아래로부터 압력을 통해 사회당과 공산당 지도부에 강요됐다.[67] 그러나 메이슨이 암시하는 것과 달리, 민중연합을 확대해서 급진당도 포함시켜 민중전선을 결성한 것은 이 과정의 자연스러운 결과가 아니었다(민중연합의 확대를 제안한 사람은 공산당 지도자 모리스 토레즈였다). 사회당과 공산당은 명목상으로는 마르크스주의를 표방하는 노동계급 정당이었다. 이와 달리 급진당은 프랑스 제3공화국의 제1당이었다. 트로츠키는 급진당을 "프티부르주아지의 전통과 편견에 가장 잘 맞는 대부르주아지의 정치적 도구"로 묘사했다.[68] 급진당과 동맹한다는 것은 실천에서 노동계급의 이익을 프랑스 자본의 이익에 종속시킨다는 것을 의미했다.

이 점은 1936년 5~6월 민중전선의 총선 승리에 고무된 노동자들이 대중 파업과 공장 점거 물결을 일으켰을 때 분명해졌다. 공황 상태에 빠진 금융시장을 안심시키려고 열을 올리던 새 정부는 파업 종식을 최우선 과제로 삼았다. 그래서 마티뇽 협정을 체결해 12퍼센트 임금 인상과 2주 유급휴가 등 상당한 양보를 했다. 그러나 마티뇽 협정은 노동자들을 동원 해제하는 효과를 냈다. 새 정부는 끊임없는 자본도피에 허우적거렸고, 프랑화 가치 하락과 치솟는 물가는 1936년 6월에 쟁취한 성과를 잠식하고 있었다. 블룸 내각은 [1936년 6월 4일부터 1937년 6월 22일까지] 1년간 존속했다.[69]

얄궂게도, 민중전선을 마침내 끝장낸 것은 2월 6일 사태의 정치적 피해자 달라디에였다. 그는 1938년 [3월 13일부터] 4월 10일까지 단명한 2차 블룸 정부를 중도 우파 연립정부로 갈아 치웠다. 블룸이 의회에서 승인받지 못한 긴급명령권을 승인받은 달라디에는 많은 면에서 가스통 두메르그의 우파 권위주의 정부([1934년] 2월 4일* 집권했다)의 노선을 이어갔다. 1938년 9월에는 히틀러와 뮌헨 협정을 맺었고, 그해 11월에는 총파업을 분쇄했으며, 1939년 8월에는 공산당을 불법화했다. 흔히 그렇듯이, 국가의 집행 권한 강화는 좌파를 공격할 수 있는 새로운 무기를 벼려 준 셈이었다. 젱킨스와 밀링턴은 "1938년에 프랑스 좌파도 비슷하게 참담한 패배를 경험했다는 것은 거의 틀림없다"고 말했다. 여기서 비슷하다는 말은 이탈리아와 독일

---

* 9일을 잘못 쓴 듯하다.

의 노동계급이 파시스트들의 권력 장악 전에 겪은 패배와 비슷하다는 의미다.

민중전선이 불어넣은 희망과 에너지는 사라져 버렸고, 그 성과는 후퇴하고 있었으며, 격렬한 보수적 반발이 이미 진행되고 있었다. 달라디에의 독재는 맹렬한 반공주의를 부추기고 긴급명령 권한을 광범하게 사용하면서 점점 더 보수적·권위주의적이 됐다. 급진당 자체도 마찬가지로 우경화해서, 유대인 혐오적이고 사회적으로 퇴행적인 태도를 취했다. 그래서 급진당이 과연 파시즘에 맞서 공화국을 지키는 핵심 세력의 일부인지를 의심하게 만들었다.[70]

정작 제3공화국을 파괴한 것은 프랑스 극우파가 아니라 1940년 5~6월에 독일이 감행한 전격전이었다. 1940년 7월 10일 민중전선 정당들이 여전히 다수파였던 의회는 표결을 통해 필리프 페탱 원수에게 [입법·사법·행정] 권한을 모두 넘겨줬고, 페탱의 비시 정권은 열심히 나치에 부역하고 홀로코스트에 동참했다. 그래서 자유주의 언론인 윌리엄 로런스 샤이러는 다음과 같이 썼다. "그 표결은 압도적이었다. 찬성 569표, 반대 80표, 기권 17표였다. 두 세대 동안 공화국의 대들보였던 두 정당, 즉 사회당과 급진당의 다수가 보수파의 다수와 함께 찬성표를 던진 것이다."[71]

따라서 1930년대 프랑스의 경험은 "중도파와 좌파의 일시적 동맹"이 파시즘을 물리칠 수 있는 길이라는 것을 보여 주지 않는다. 중도파는 단지 동맹을 유지하지 않은 것이 아니라 아예 배신했다. 이런 역사적 판단이 옳다는 점은 오늘날 "극단적 중도파"의 성격을 생각해 보면 더 분명해진다. "극단적 중도파"를 대표하는 주요 정치인, 즉 힐러리 클린턴, 버락 오바마, 조 바이든, 토니 블레어, 고든 브라운, 데이비드 캐머런, 앙겔라 메르켈, 에마뉘엘 마크롱, 마테오 렌치, 마리오 드라기, 올라프 숄츠 등은 오늘날 신자유주의 질서의 관리자들이다. 이들의 실패가 바로 현재 위기의 근원이다. 이런 자들과 좌파가 동맹하면, 극우파가 기존 질서에 도전하는 진정한 대안인 양 행세하기가 훨씬 쉬워질 것이다.

러시아가 우크라이나를 침공하기 직전에 메이슨은 자신의 민중전선 전략을 세계 수준으로 전환해서 다음과 같이 주장했다.

오늘날의 갈등, 즉 세계화를 지지하고 민주적인 옛 제국주의 국가들인 미국·유럽연합 대[원문 그대로다 — 캘리니코스] 권위주의적이고 반反현대적인 중국·러시아 사이의 갈등에는 두 종류 전쟁[제국주의 간 전쟁과 반파시즘 전쟁 — 캘리니코스]의 요소들이 모두 들어 있다. 그 갈등은 자본주의 강대국 진영들 사이의 경쟁이지만, 민족해방과 민주주의를 위한 정의로운 저항 전쟁의 요소도 많이 포함하고 있다. 그리고 좋든 싫든 간에, 그것은 민주적이고 사회적으로 자유주의적인 자본주의 모델과 권위주의적이고 사회적으로 보수적인 자본주의 모델 사이의 갈등이다.[72]

메이슨이 미국과 유럽연합을 "옛 제국주의 국가들"로 묘사하는 것은 내가 이 책에서 제시한 분석과 모순된다. 더 구체적으로 말하면, 메이슨의 묘사는 나토와 유럽연합을 동쪽으로 확장시킨 미국의 정책 때문에 서방과 소련 붕괴 후 러시아의 관계가 잠재적 갈등 관계에서 확연한 적대 관계로 바뀌어 최악의 재난을 초래하게 생겼다는 사실을 무시한다(4장 참조). 더욱이, 국제 민중전선의 역사는 결코 고무적이지 않은 듯하다. 제2차세계대전 때 소련이 추축국에 대항해서 서방의 자유민주주의 국가들과 동맹을 맺자 각국 공산당은 광범한 반파시즘 연합을 추구했고 특히 나치 점령 치하의 남부 유럽 나라들에서 성공을 거뒀다. 그러나 전쟁이 끝났을 때 유럽을 소련과 영·미의 세력권으로 분할하는 방안을 따르라는 스탈린의 지령 때문에 중요한 혁명의 기회들이 허비되고 말았다.[73] 냉전 시대에는 서방의 기업 자유주의와 동방의 국가자본주의가 대립했는데, 이것은 전시의 반파시즘 운동에서 발전한 급진적 희망의 (과장되고 우스꽝스러운) 캐리커처였다. 오늘날의 민중전선 노선, 적어도 메이슨이 옹호하는 버전은 훨씬 덜 유망한 듯하다. 왜냐하면 서방의 지배를 유지하는 데 좌파의 운명을 묶어 놓기 때문이다. 역사의 흐름이 반대 방향으로 바뀌고 있는 바로 그 순간에 말이다.

그렇다면 대안은 무엇인가? 메이슨은 "파시즘에 폭력으로 대항하는 것으로는 충분하지 않다"고 말한다. 맞는 말이다. 그러나 문제를 이렇게 표현하는 것은 잘못이다. 미국에서 트럼프가 집요하게 물고 늘어지는 '안티파' 같은 소수의 반파시즘 거리 투사들에게 의존할 것인지 아니면 민중전선 노선을 지지할 것인지 하는 단순한 양자택일을 암시하기 때문이다. 그러나 다른 선택지가 있다. 대중 동원으로 파시스트들의 조직과 행진을 저지하고, 그렇게 해서 그들이 발전할 싹을 잘라 내는 것이다. 이것이 1930년대 영국파시스트연합에 맞선 투쟁의 교훈이고, 1970년대 반나치동맹의 교훈이며, 더 최근에는 다양한 파시스트 조직들(영국에서는 영국국민당, 잉글랜드수호동맹, 축구사나이연맹, 그리스에서는 황금새벽당)에 반대하는 운동의 교훈이다.[74]

트로츠키가 1930년대에 주장했듯이, 대중적 반파시즘 운동을 건설하려면 민중전선이 아니라 공동전선이 필요하다. 그러려면 서로 다른 좌파 정치 경향인 개혁주의 세력과 혁명적 세력을, 더 일반적으로는 노동계급 조직들을 한데 모아서 파시스트들에 대항하는 투쟁으로 동원해야 한다.[75] 이것은 결코 간단한 일이 아니다. 무엇보다도 사회민주주의 세력과 동맹하면 극단적 중도파로 넘어가는 다리가 만들어지기 때문이다. 더욱이, 개혁주의자들은 국가에 도움을 호소하기 쉬운데, 1930년대의 프랑스 경험이 보여 주듯이 국가는 그렇게 강화된 힘을 좌파에게 사용할 것이다. 그러나 만만찮은 개혁주의 세력을 동참시키지 않으면, 반파시즘 활동가들이 노동 대중의 삶과 조직 깊숙이 영향을 미치는 데 치명적 한계가 생길 것이다.

재난과 혁명 사이에서

신자유주의적 제국주의에 의지해서는 또 다른 재난을 막을 수 없는 것이 당연하다면, 변화는 어떻게 달성될 수 있는가?[76] 최근 몇 년간 가장 유망한 정치적 상황 변화 중 하나는 탈탄소 사회로 나아가기 위해 신속한 조치를 요구하는 대중운동들이 출현했다는 것이다. 에컨대, 그레타 툰베리가 시작한 학교 파업, 2019년 4월에 1주일 동안 런던을 마비시킨 멸종반란XR의 시민 불복종 운동이 그렇다. 이런 운동들은 정치적 전환의 순간을 나타내기 때문에 엄청나게 중요하다. 즉, 기후 재난의 위협이 너무 엄청나서 그동안 체념하고 있던 사람들이 이제는 기꺼이 다른 사람들과 함께 대규모로 행동에 나서고자 한다는 것이다.[77]

안드레아스 말름은 이 활동가들이 느끼는 정당한 분노와 절박감을 잘 표현했다.

귀를 막고 들은 척도 하지 않던 이 세계 지배계급들에게 경종이 울렸다는 말은 절제된 표현일 것이다. 이 계급들에게 감각이라는 게 있었다고 하더라도 그들은 그것을 완전히 잃어버렸다. 그들은 나무 타는 냄새를 맡고도 동요하지 않는다. 섬들이 가라앉는 것을 보고도 걱정하지 않는다. 허리케인이 다가오면서 천둥이 치고 벼락이 떨어져도 피하려고 뛰지 않는다. 그들의 손가락은 시들어 죽은 곡식 줄기를 만질 필요가 전혀 없다. 그들의 입은 하루 종일 물 한 모금 마시지 못해 끈적

거리거나 말라붙는 법이 없다. 그들의 이성과 상식에 호소하는 것은 분명히 헛된 일이다. 끝없는 자본축적에 대한 헌신이 언제나 승리한다.[78]

기후 운동 안에서 정치적 전략을 둘러싸고 벌어지는 논쟁은 본보기 구실을 한다. 왜냐하면 활동가들이 제기하는 최소한의 요구들(멸종반란의 경우에는 2025년까지 온실가스를 배출하는 만큼 흡수해서 순 배출량을 0으로 만들라는 것)은 "끝없는 자본축적"이 갑자기 덜컥 중단되는 것을 의미하기 때문이다. 그들은 화석 자본주의를 반대하는 혁명이나 다름없는 것을 지지하고 있다. 그러므로 이 운동에서는 보편적인 것과 특수한 것(세계적 변혁과 구체적 요구들)이 융합된다.

멸종반란의 창시자들은 평화적 대중 시위가 충분히 큰 규모로 발전한다면 국가에 경제적 압력을 가해서 협상에 나서거나 탄압을 감행하게 만들 것이라는 정치학 이론의 주장으로 자신들의 시민 불복종 전략을 정당화한다. 실제로는 탄압조차 국가의 패배 징후로 여긴다. [미국 정치학자] 에리카 체노웨스는 "인구의 3.5퍼센트만 지속적 비폭력 저항에 참여해도 잔혹한 독재 정권을 무너뜨릴 수 있다"고 단언했는데,[79] 멸종반란도 그 주장을 되풀이했다. 그러나 시민 불복종 운동의 역사적 경험은 그런 기계적 법칙을 뒷받침하지 않는다. 평화적 저항이 성공한 곳에서는 결정적으로 다른 요인들 덕분에 그럴 수 있었다. 1942~1944년에 간디가 이끈 '[영국은] 인도를 떠나라'

운동은 순식간에 대중의 폭력 투쟁으로 번졌고, 강력한 탄압에 직면했다.[80] 영국 식민 정부가 인도 아대륙에 구축해 놓은 방대한 군사 기구의 충성에 더는 기댈 수 없다는 사실을 입증한 것은 1946년 2월의 인도 해군 반란이었고, 그때는 영국 제국주의도 더는 인도에서 돈을 쥐어짜 낼 수 없었다. 제2차세계대전 동안 인도에 누적된 막대한 부채 때문이었다.[81]

1950년대와 1960년대에 미국의 흑인 평등권 투쟁은 연방 정부에 압력을 가해서 남부의 인종 격리 체제를 해체하도록 강요하는 데 성공했다. 당시 연방 정부는 짐 크로 체제를 유지하는 데 이해관계가 거의 없는 지배계급을 대표했을 뿐 아니라, 더 전투적인 흑인 운동이 출현할까 봐 두려워하기도 했다. 거의 같은 시기에 남아공의 국민당 정부는 아프리카민족회의ANC와 그 동맹들이 시작한 시민 불복종 운동을 무자비하게 분쇄했다. 이 패배는 게릴라전으로 전환하는 자극제가 됐지만, 게릴라전도 잔혹하게 파괴됐다. 그러자 1976년 6월 소웨토 봉기와 함께 새로운 투쟁 주기가 시작돼서(흑인 거주 지구에서 폭력적 반란이 일어나고 대중 파업이 벌어지면서 전투적 흑인 노동자 운동이 성장했다) 아파르트헤이트 정권이 협상 테이블에 나오도록 강요했다.[82]

시민 불복종이 유일한 전략이라는 주장은 국가 문제를 다루지 못한다는 점 때문에 더 설득력이 떨어진다. 크리스 하먼이 주장하듯이, 국가와 자본이 구조적 상호 의존 관계에 있다는 것은 국가의 능력을 유지하고 강화하려면 자본축적을 촉진하는 것이 국가 관리자들에게 이익이 된다는 사실의 반영이다.[83] 이것은 세계 금융 위기 이후 국가가 엄청나게 개입해서, 신자유주의적 자본주의가 고장 난 결과에서 신자유주의적 자본주의 자체를 구출한 이유를 설명해 준다. 그러나 그것은 또 강압적 국가기구들(지금 권한이 강화되고 있다)이 기후 운동에 맞서 화석 자본주의를 보호하려고 노력하는 이유도 설명해 준다.

지금까지 기후 운동에 참여한 사람들보다 훨씬 더 많은 사람이 동원되지 않고도 사회변혁이 달성될 것이라고는 상상도 할 수 없다. 우리가 온실가스 배출의 급격한 감축을 위해 정치적 압력을 가하고, 또 기후 운동을 지속시키는 활동가들에게 용기를 주고 싶다면 이런 동원은 필수적이다. 그러나 대중 동원은 (내가 이미 주장했듯이) 조직 노동계급이 여전히 지니고 있는 집단적 힘을 이용할 수도 있다(비록 노동계급 지도자들은 그 힘이 낭비되도록 방치하고 있지만 말이다). 이 과정이 실현되려면 양쪽의 변화가 필요하다. 노동조합 지도자들 쪽에서는 이산화탄소 배출 산업들을 지지하는 태도를 버려야 하고, 멸종반란 활동가들 쪽에서는 자신들이 어쨌든 '정치를 초월하는' 운동을 전개하는 척하지 말고 젠더나 '인종'과 매우 밀접하게 얽혀 있는 계급 적대 관계라는 현실을 붙잡고 씨름해야 한다. 우리가 남반구의 수많은 대중운동에서 보듯이, 그런 수렴은 정치적 에너지와 사회적 영향력의 엄청난 원천이 될 것이다. 2020~2021년의 인도 농민 항쟁이 한 사례다.

이런 정치적 급진화와 사회적 영향력 강화는 기후 운동이 국가권력이라는 난제를 해결하는 데 도움이 될 수 있다. 이것이 의미하는 바는 국가 자체를 겨냥하는 더 고전적 의미의 혁명이다. 말름은 [혁명을] 무시하듯이 다음과 같이 썼다. "'유일한 해결책은 혁명'이라는 노선을 따르는 어떤 주장도 … 이제는 옹호될 수 없다."[84] 그러나 이것은 말름이 개인적으로 지지하는 파괴적 직접행동 같은 것이 어디에 이르게 되는가 하는 질문을 하게 만든다. 특히 그는 이산화탄소 배출 기구를 저지하고 해체하려면 국가권력의 매우 권위주의적인 개입이 필요하다고 옳게 주장하기 때문이다.[85] 비상 브레이크를 건다는 것은 정치권력 장악을 의미한다.

누가 권력을 장악할 것인가? 대중운동이다. 그 중심에는 노동계급이 있을 것이고, 지난 세대 동안 진행된 자본의 세계화 덕분에 그들은 세계적 규모에서 과거 그 어느 때보다 훨씬 더 서로 비슷하고 상호 의존한다. 제국주의와 인종차별에 반대하는 것이 오늘날 매우 중요한 이유는 바로 그 때문이다. 새로운 노동자 운동을 구축하려면 그 장애물을 극복해야 한다. 따라서 미국의 스쿼드*(민주당 소속의 진보적 여성 국회의원 모임)가 우크라이나에 대한 군사 원조라는 바이든의 정책에 대체로 동의하는 바람에 자유지상주의적 공화당 상원의원 랜드 폴 같은 부류가 반대 세력을 이끌게 된 것은 극히 유감스러운 일이다. 이와 비슷하게 유럽에서도 세계 금융 위기 이후 개혁주의 좌파가 실패한 경험들은 체제와 타협하기보다는 정

---

* squad는 선수단 또는 군대의 분대를 의미한다.

면으로 맞서 싸워야 한다는 점을 분명히 보여 준다.

혁명을 일으키는 데 필요한 집단적 주체가 형성될 가능성이 어느 정도일까? 다르게 표현하면, 미래를 위한 경쟁에서 어느 쪽이 승리할까? 재난일까 아니면 혁명일까? 이 책의 목적은 재난, 그것도 복합적 재난이 이미 우리 곁에 와 있음을 보여 주는 것이었다. 그러나 재난의 시대는 반란의 시대이기도 하다. 바로 반란에 미래를 위한 우리의 희망이 있다. 실제로 재난은 반란을 부채질할 수 있다. [코로나19로 인한] 최초의 봉쇄에서 '흑인 목숨도 소중하다' 운동이 분출한 것을 봤듯이 말이다.

더 소규모 사례들도 있다. 예컨대, 팬데믹의 절정기에 노동자들은 코로나19에 맞서 자신을 보호하려고 조직적으로 노력했다. 초기의 실패조차 성공으로 이어질 수 있다. 2020년 3월 뉴욕의 스태튼 아일랜드에 있는 아마존의 JFK8 대형 물류 창고 노동자들은 안전하지 않은 노동조건에 항의하며 파업을 벌였지만 패배했고, 투쟁을 주도한 크리스천 스몰스는 해고당했다. 그러나 스몰스는 다른 활동가들과 함께 새로운 독립적 아마존노동조합ALU 결성에 나섰다. 2년 동안 그들은 경영진이 '인종'·젠더·연령의 차이를 이용해 노동자들을 분열시키는 것을 극복하려고 기층에서 열심히 운동을 벌였고, 결국 아마존노동조합은 JFK8 물류 창고의 노조 설립 투표에서 승리하는 성과를 올렸다. 미국에서 무노조 경영을 유지해 온 아마존에 맞서 노동조합이 처음으로 쟁취한 승리였다.[86] 스몰스와 그 밖의 대졸자들이* 이 돌파구를 뚫는 데 성공한 것은 미국에서 노동조합을 조직하는 새로운 물결의 원동력 하나를 보여 주는 징후라고 〈뉴욕 타임스〉는 보도했다. "지난 15년 동안 대학 교육을 받은 많은 청년 노동자들은 중산층 되기가 전 세대보다 더 어려워졌다는 불안한 현실에 직면했다. [그런 상황에서 일어난] 이 변화는 엄청난 영향을 미쳤다. 나라의 정치에 변화를 불러일으키고, 피고용인들이 직장에서 더 공정한 처우를 요구하고 나서게 만든 것이다."[87]

(흔히 저임금과 불안정 고용, 인종차별에 시달리는) '필수 노동자들'이 봉쇄 기간에 갑자기 눈에 보이게 됐다는 사실은 임금노동이 여전히 지닌 구조적 힘을 분명히 보여 줬다. 마르크스에게 노동계급의 중요성은 피해자성에 있는 것이 아니라 집단적 힘을 발휘할 잠재력에 있었다. 착취(노동자들이 창조하는 잉여가치)는 자본이 이윤을 계속 얻으려면 노동자들에게 의존해야 한다는 것을 의미한다. 신자유주의 시대의 생산 구조조정으로 북반구에서 오래된 기간산업들이 쇠퇴했지만, 노동자들이 힘을 발휘할 수 있는 새로운 현장들이 만들어지기도 했다. 무엇보다도 급속히 성장하는 물류 부문에서 생겨난 그런 현장들은 첨단 기술의 플랫폼 자본주의를 위한 물질적 토대가 됐다.[88] 예컨대, 이탈리아에서는 주로 이주민인 물류 노동자

---

* 스몰스는 플로리다에서 커뮤니티 칼리지(community college)를 졸업했는데, 미국의 커뮤니티 칼리지는 주로 인근 지역 출신 학생들에게 실용적 기술 위주의 교육을 하는 2년제 전문대학이다.

들(대개 소규모 좌파 노조들로 조직돼 있다)이 일련의 파업에서 상당한 파괴력을 보여 줬는데, 그들이 그런 힘을 얻게 된 것은 지중해를 가로지르는 초국적 공급 사슬의 발전 덕분이었다.[89]

재난은 노동자들의 힘과 투쟁성을 강화할 수 있다. [미국 존스홉킨스대학교의 사회학 교수] 베벌리 실버는 다음과 같이 지적했다.

> 20세기 전반기의 제국주의 간 경쟁 격화와 무력 충돌이라는 맥락 속에서 (특히 제국주의 본국의) 노동자들은 국가를 압박해서 노동자 권리와 광범한 민주적 권리를 모두 빠르게 확대하는 데 성공했다. 그러나 국가의 이런 사회화로 노동자들의 충성심을 유지하는 데는 한계가 있었다. 현대의 산업화한 전쟁이 낳은 참상과 혼란 때문에 노사정 대타협을 향한 노력은 점점 더 불안정해졌고, 결국은 전쟁과 노동자 투쟁, 혁명적 위기의 악순환이 시작됐다. … 21세기에도 세계 규모에서 노동자 투쟁이 고양되고 급진화하는 상황이 되풀이될지는 20세기 전반기와 비슷하게 국가 간 충돌이 격화해서 세계대전이 벌어지는 사태가 되풀이될 것인지에 달려 있다.[90]

위 글은 21세기 벽두[2003년]에 쓰였지만, 실버의 말은 지금 새로운 의미를 얻게 됐다. 러시아·우크라이나 전쟁이 비록 재앙적이기는 하지만, 역시 반란을 부채질할 수 있다. 그 충돌은 어떤 평론가가 말한 "산업[화한] 전쟁의 귀환"을 나타낸다. 장기간 계속되는 그런 난타전에서는 양측의 화력, 그리고 전투에서 소모되는 막대한 양의 탄약·포탄·미사일을 제때 공급할 수 있는 생산능력이 결정적으로 중요할 것이다.[91] 러시아를 상대로 한 나토의 대리전을 우크라이나가 계속할 수 있으려면 서방 군수산업의 상당한 확대가 필요할 텐데, 두 차례 세계대전에서 노동자들의 투쟁성이 배양된 핵심 부문이 바로 군수산업이었다.

러시아와 우크라이나는 두 나라 합쳐서 전 세계 밀의 30퍼센트, 옥수수의 20퍼센트, 해바라기유의 절반 이상을 생산하고, 우크라이나는 세계 비료의 주요 공급원이다. 그래서 러시아·우크라이나 전쟁으로 식량 공급에 지장이 생겼고(특히 남반구 저개발국에서 그랬다) 가격이 치솟았다. 유엔은 전쟁이 "적어도 한 세대 동안 볼 수 없던 세계적 생계비 위기를 악화시킬 것"이고 그 위기는 식량과 에너지 가격의 상승, 더 엄격해진 금융 조건을 통해 전이되면서 (특히 남반구 저개발국에서) 이미 코로나19 팬데믹 때문에 취약해진 사람들을 강타할 것이라고 경고했다. "약 16억 명이 살고 있는 94개국은 적어도 한 차원의 위기에 심각하게 노출됐고 그 위기에 대처할 능력이 없다. 16억 명 중에 12억 명, 즉 4분의 3은 '퍼펙트 스톰' 나라들, 즉 동시에 금융·식량·에너지 세 차원의 위기에 모두 심각하게 노출돼서 취약한 나라들에 살고 있다." 전 세계에서 식량이 부족한 사람의 수는 팬데믹 기간에 갑절로 늘어나 1억 3500만 명에서 2022년 초 2억 7600만 명이 됐지만 2022년 말에는 3억 2300만까지 증가할 것으로 예상됐다.[92]

세계무역기구 사무총장 응고지 오콘조이웨알라는 〈가디언〉에 다음과 같이 말했다. "만약 우리가 전쟁의 충격을 완화할 방법을 생각하지 않으면 올해뿐 아니라 내년에도 재난이 닥칠 것입니다. … 2000년대 말 물가가 급등하던 시기의 특징인 식량 폭동이 되풀이될 위험이 있습니다."[93] 실제로 세계 금융 위기 당시 급격한 물가 상승은 약 40개국에서 사회적 소요를 촉발했다(그중에 3분의 1이 넘는 나라가 아프리카에 있었는데, 지금 아프리카에서는 4000만 명 이상이 극심한 식량 부족 사태에 직면해 있다).[94] 이런 식량 폭동은 2011년에 튀니지·이집트·리비아·시리아에서 혁명의 조건을 형성하는 데 일조했다. 2022년 4월과 5월에는 스리랑카를 지배하던 라자팍사 족벌이 재정 관리를 잘못한 탓에 정부가 디폴트(채무불이행) 선언을 할 수밖에 없었다. 연료와 식량 가격이 치솟자 대규모 거리 시위와 대중 파업이 벌어졌다. 형 마힌다와 동생 고타바야 라자팍사는 각각 총리와 대통령 직에서 쫓겨났다. 스리랑카의 항의 시위는 (장기간의 경제적 자유화 과정에서 오랫동안 누적된 불만을 반영했는데) 그 규모와 강렬함, 지속 기간 면에서 아랍의 봄과 견줄 만했다.[95]

　재난과 반란의 상호 연관을 지적한다고 해서, 1932~1933년에 독일 공산당이 실천한 것과 같은 '최악의 정치'를* 실행해야 한다는 말은 아니다. 당시 독일 공산당은 나치가 집권하면 순식간에 무너질

---

* 　최악의 정치(politique du pire) 나쁠수록 더 좋다고 생각해서 일부러 상황을 최악으로 만들어 정치적 지지를 끌어내리려는 극약 처방식 전술을 의미한다.

것이라고 예상하며 "히틀러 다음은 우리 차례다!" 하고 떠들어 댔다.[96] 오히려 내 말은 지금 우리는 재난이 꼬리를 물고 계속되는 세계에서 살고 있다는 점을 이해해야 한다는 것이다. 지난 몇 년 동안 벌어진 일들을 생각해 보라(팬데믹, 세계 금융 위기보다 더 심각한 세계적 불황, 우크라이나 전쟁, 고조되는 지정학적 갈등). 내가 바로 앞에서 묘사한 생계비 위기는 이렇게 기존 체제가 무너지는 과정의 최근 단계다. 또 앞서 봤듯이, 어떻게 이 붕괴의 부담이 노동자들과 빈민에게 떠넘겨지는지도 주의 깊게 살펴보라.

점점 더 많은 사람들이 물질적 조건의 급격한 악화에 직면하고 있다. 그와 동시에 지배 엘리트는 불신당하고 있다. 그들이 상황 관리에 실패한 탓이기도 하고, 그저 자기 보호와 재산 증식에 급급하기 때문이기도 하다. 타격을 받은 사람들이 자신의 곤경을 인식하고 다른 많은 사람들도 같은 처지라는 사실을 깨닫게 될수록 그들이 항의하고 (더 중요하게는) 조직할 가능성도 높아진다. 노동자들과 빈민이 스스로 조직하는 형태들이 발전하는 과정에서 새로운 사회의 토대가 나타날 수 있다.

인류가 직면한 다차원적 위기가 만들어 내는 균열들은 재난을 의미하는 동시에 반란의 가능성도 의미한다. 러시아·중국과 서방의 지정학적 갈등, 에너지 위기, 치솟는 물가는 특별한 가연성 혼합물이므로 스리랑카보다 더 많은 나라에서 사람들을 거리로 끌어낼 것이다. 혁명과 반혁명의 변증법은 계속 작용할 것이다. 아랍 혁명과 '흑인 목숨도 소중하다' 운동 같은 분출이 더 많을 것이라는 점은 의심할 여지가 없다. 이런 분출이 전면적 혁명으로 발전해서 살아남고 확산될 가능성이 얼마나 될지를 따져 보는 것은 헛된 일이다. 우리가 직면한 무서운 전망은 모든 사람이 인류를 구하는 투쟁의 일부가 될 것을 요구한다. 1차 재난 시대가 시작될 때 위대한 아일랜드 마르크스주의자 제임스 코널리가 말했듯이 "유일하게 참된 예언자는 미래를 스스로 개척하는 사람이다."[97]

후주

들어가며

1 Elaine Kamarck, "America Needs a COVID-19 Commission", 1 December 2020. https://www.brookings.edu/blog/fixgov/2020/12/01 /america-needs-a-covid-19-commission 참조.

2 William H. McNeill, "Control and Catastrophe in Human Affairs" (with Comments by Charles P. Kindleberger), *Daedalus* 118.1 (1989): 1-15, here p 1. William H. McNeill, *Plagues and Peoples* (Harmondsworth: Penguin, 1979)[국역: 《전염병과 인류의 역사》, 한울, 2019]도 참조.

3 Gordon Woo, *Calculating Catastrophe* (London: Imperial College Press, 2011).

4 Rosa Luxemburg, *The Junius Pamphlet: The Crisis in German Social Democracy*, in *The Rosa Luxemburg Reader*, ed by Peter Hudis and Kevin B. Anderson (New York: Monthly Review Books, 2004 [1916]), 313-41, here p 321.

5 이 구호에 관한 논의는 Louis Althusser, *History and Imperialism: Writings, 1963-1986*, ed by G. M. Goshgarian (Cambridge: Polity, 2020), pp 49-50, 111-13[국역: 《역사에 관한 글들》, 오월의봄, 2023] 참조.

6 E. J. Hobsbawm, *Age of Extremes: The Short Twentieth Century, 1914-1991*

(London: Weidenfeld & Nicolson, 1994) [국역: 《극단의 시대》, 까치, 1997].

7   Walter Benjamin, *Selected Writings,* vol 4: *1938-40* (Cambridge, MA: Harvard University Press, 2003), p 392; Victor Serge, *Midnight in the Century* (New York: New York Review Books, 2014 [1939]) 참조.

8   David Harvey, *A Short History of Neoliberalism* (Oxford: Oxford University Press, 2005), p 31[국역: 《신자유주의》, 한울, 2017].

9   Fukuyama, Francis, "The End of History?", *National Interest,* 16 (1989): 3-18.

10   "Flooding Hits Six Million People in East Africa", 6 October 2020. https://www.bbc.com/news/world-africa-54433904.

11   Jean-Paul Sartre, *Search for a Method* (New York: Vintage, 1968), 163n9[국역: 《방법의 탐구》, 현대미학사, 1995].

12   Natalia Romé, "The Normalization of Barbarism", *Crisis & Critique,* 7.3 (2020): 332-59.

13   Theodor W. Adorno, *Negative Dialectics* (London: Routledge, 1973), p 320[국역: 《부정변증법》, 한길사, 1999].

14   Theodor W. Adorno, *Minima Moralia: Reflections on a Damaged Life* (London: Schocken Books, 1974), p 55[국역: 《미니마 모랄리아》, 길, 2005]. 헤겔은 1806년 10월 13일 니트하머에게 보낸 편지에 다음과 같이 썼다. "나는 황제(이 세계 정신)가 말을 타고 도시를 정찰하는 것을 봤네. 여기서 하나의 점으로 집중된 저런 사람이 말에 올라타서 세계를 정복하고 다스리는 것을 보니 정말 경이로웠네." G. W. F. Hegel, *The Letters,* ed by Clark Buder and Christiane Seiler (Bloomington: Indiana University Press, 1984), p 114.

15   Adam Tooze, *Shutdown: How Covid Shook the World's Economy* (London: Penguin, 2021), p 6[국역: 《셧다운》, 아카넷, 2022].

16   Jem Bendell, "Deep Adaptation: A Map for Navigating Climate Tragedy", IFLAS Occasional Paper 2, 2018. https://lifeworth.com/deepadaptation.pdf (2nd edn, 2020)[국역: "심층적응", 《심층적응》, 착한책가게, 2022].

17   Michael Roberts, *The Long Depression* (Chicago, IL: Haymarket, 2016)[국역: 《장기불황》, 연암서가, 2017].

18 Tooze, *Shutdown*; Colin Kahl and Thomas Wright, *Aftershocks: Pandemic Politics and the End of the Old International Order* (New York: St Martin's Press, 2021)[국역: 《애프터쇼크》, 프리뷰, 2022].   ,

19 Tariq Ali, *The Extreme Centre: A Warning* (London: Verso, 2015)[국역: 《극단적 중도파》, 오월의봄, 2017].

20 US Department of the Treasury, "Day One Message to Staff from Secretary of the United States Department of the Treasury Janet L. Yellen", 26 January 2021. https://home.treasury.gov/news/press-releases/jy0003.

21 Adam Tooze, *Crashed: How a Decade of Financial Crisis Changed the World* (London: Allen Lane, 2018)[국역: 《붕괴》, 아카넷, 2019]; Tooze, *Shutdown*.

22 투즈의 역사학 방법론에 대한 비판은 Perry Anderson, "Situationism à l'envers", *New Left Review*, 2.119 (2019): 47-93 참조. 이에 대한 투즈의 응답은 Adam Tooze, "Chartbook on Shutdown #2: Writing in Medias Res ⋯ History in The Thick of It", 4 September 2021. https://adamtooze.substack.eom/p/chartbook-on-shutdown-2-writing-in 참조.

23 Fredric Jameson, *The Political Unconscious: Narrative as Socially Symbolic Act* (London: Methuen, 1981), p 52[국역: 《정치적 무의식》, 민음사, 2015].

24 완전한 논의는 Alex Callinicos, *Deciphering Capital: Marx's Capital and Its Destiny* (London: Bookmarks, 2014)[국역: 《자본론 행간 읽기》, 책갈피, 2020] 참조.

25 Jean-Paul Sartre, *Critique of Dialectical Reason*, vol 1: *Theory of Practical Ensembles*, ed by Jonathan Rée (London: Verso, 2004 [1960]), p 39[국역: 《변증법적 이성 비판》, 나남출판, 2009].

26 Karl Marx, *A Contribution to the Critique of Political Economy* (London: Lawrence & Wishart, 1971), p 20 (translation modified)[국역: 《정치경제학 비판을 위하여》, 중원문화, 2017].

27 Alex Callinicos, "The Limits of Passive Revolution", *Capital & Class*, 34(2010): 491-507.

28 Marx, *A Contribution*, p 20.

29 이 책 전체에서 나는 인종에 따옴표를 쳐서 표기했는데, Adolph Reed, *The South: Jim Crow and Its Afterlives*, London: Verso, 2022, Apple Books edn, p 165에서 아주 적절하게 표현했듯이 "'인종'은 생물학적 근거가 없고, 가변적이며 맥락에 따라 달라지는, 역사적으로 우연적인 개념"이라는 점을 강조하려고 그랬다.

30 Tooze, *Shutdown*, pp 301.

31 Edward Luce, "Changing Is Moving Close to Impossible in America", *Financial Times*, 14 January 2022.

32 Adorno, *Minima Moralia*, p 247.

33 Benjamin, *Selected Writings*, p 397.

34 특히 Michael Löwy, *Fire Alarm: Reading Walter Benjamin's "On the Concept of History"*1 (London: Verso, 2005)[국역: 《발터 벤야민: 화재경보》, 난장, 2017] 참조.

35 Louis Althusser et al, *Reading Capital: The Complete Edition* (London: Verso, 2015 [1965]), pp 242, 252[국역: 《자본론을 읽는다》, 두레, 1991].

36 같은 책, p 254.

37 Louis Althusser, *For Marx* (London: Allen Lane, 1969), p 100[국역: 《마르크스를 위하여》, 후마니타스, 2017]. 정세[상황] 분석에 독특한 것이 무엇인지에 관한 더 많은 논의는 Alex Callinicos, "Epoch and Conjuncture in Marxist Political Economy", *International Politics*, 42 (2005): 353-63과 Juan Domingo Sánchez Estop, *Althusser et Spinoza: Détours et retours* (Brussels: Éditions de l'Université de Bruxelles, 2022) 참조.

38 내가 이 책에서 사용한 서로 다른 이론적 원천들 사이의 긴장을 알고 있지만, 마르크스주의적 전체화에 의해 정해진 틀 안에서는 서로 다르게 보이는 비판 이론들의 적어도 일부 핵심을 만회할 수 있다는 제임슨의 주장에 설득당했다. 제임슨의 《정치적 무의식》 특히 1장과 《변증법의 결합가》에 실린 훌륭한 글들 참조(두 책 모두 '엄선된 참고 문헌' 목록에 들어 있다).

39 Jameson, *The Political Unconscious*, p 9.

40 Arno J. Mayer, *The Furies: Violence and Terror in the French and Russian Revolutions* (Princeton, NJ: Princeton University Press, 2000); Walden Bello, *Counterrevolution: The Global Rise of the Far Right* (Rugby: Practical Action Publishing, 2019).

41 Lucia Pradella, *L'attualità del capitale: Accumulazione e impoverimento nel capitalismo globale* (Padua: Il Poligrafo, 2010); and Lucia Pradella, "Imperialism and Capitalist Development in Marx's *Capital*", *Historical Materialism*, 21.2 (2013): 117-47.

42 Richard B. Day and Daniel Gaido, eds, *Discovering Imperialism: Social Democracy to World War I* (Leiden: Brill, 2011); N. I. Bukharin, *Imperialism and World Economy* (London: Martin Lawrence, 1929)[국역:《세계경제와 제국주의》, 책갈피, 2019]; Henryk Grossman, *The Law of Accumulation and Breakdown of the Capitalist System: Being also a Theory of Crises*, ed by Rick Kuhn (Leiden: Brill, 2022 [1929]) [국역:《자본주의 체계의 축적과 붕괴 법칙》, 실크로드, 2021].

43 특히 Alex Callinicos, *Imperialism and Global Political Economy* (Cambridge: Polity, 2009))[국역:《제국주의와 국제 정치경제》, 책갈피, 2011] 참조; Alex Callinicos, "The Multiple Crises of Imperialism", *International Socialism*, 2.144 (2014)와 Chris Harman, "Analysing Imperialism", *International Socialism*, 2.99 (2003)[국역:《크리스 하먼의 새로운 제국주의론》, 책갈피, 2009]도 참조.

44 Max Horkheimer, "The Jews and Europe", in Stephen E Bronner and Douglas M Kellner, eds, *Critical Theory and Society* (London: Routledge, 1989), 77-94, here p 78.

45 Nicos Poulantzas, *Fascism and Dictatorship: The Third International and the Problem of Fascism* (London: Verso, 2018 [1970]), Kindle loc. 834.

46 Richard Overy, *Blood and Ruins: The Great Imperial War, 1931-1945* (London: Penguin, 2021).

47 Hannah Arendt, *The Origins of Totalitarianism* (New York: Harcourt Brace & Co, 1973)[국역:《전체주의의 기원》, 한길사, 2006]; Nicholas Devlin, "Hannah Arendt and Marxist Theories of Imperialism", *Modern Intellectual History*

(2021), 1-23, doi: 10.1017/S1479244321000603도 참조.

48 Karl Marx, *Early Writings*, ed by Lucio Colletti (Harmondsworth: Penguin, 1975), p 251(번역 수정).

1장 현재를 준비하는 단계

1 Arno J. Mayer, *The Persistence of the Old Regime: Europe to the Great War* (New York: Pantheon Books, 1981), p 5.

2 최근에 이 시기 후반을 종합적으로 다룬 Richard Overy, *Blood and Ruins: The Great Imperial War, 1931-1945* (London: Penguin, 2021), ch 10 참조.

3 Ernst Jünger, *A German Officer in Occupied Paris: The War Journals, 1941-1945*, ed by Elliot Neaman (New York: Columbia University Press, 2019), p 169.

4 Aimé Césaire, *Discourse on Colonialism* (New York: Monthly Review, 2000) [1955], p 36[국역: 《식민주의에 대한 담론》, 그린비, 2011].

5 David Harvey, *The New Imperialism* (Oxford: Oxford University Press, 2003)[국역: 《신제국주의》, 한울, 2016] and Alex Callinicos, *Imperialism and Global Political Economy* (Cambridge: Polity, 2009).

6 William H. McNeill, *The Pursuit of Power: Technology, Armed Force, and Society since AD 1000* (Oxford: Blackwell, 1982), chs 7 and 8[국역: 《전쟁의 세계사》, 이산, 2005].

7 Antonio Gramsci, *Selections from the Prison Notebooks* (London: Lawrence & Wishart, 1971), p 68[국역: 《그람시의 옥중수고》, 거름, 1999]; Antonio Gramsci, *Quaderni del carcere*, 4 vols, ed by Valentino Gerratana, vol 3 (Rome: Einaudi, 1975): Quaderno 19 (X), §24, p 2018; Callinicos, *Imperialism and Global Political Economy*, pp 144-64도 참조.

8 Enzo Traverso, *Fire and Blood: The European Civil War (1914-1945)* (London: Verso, 2016).

9 Tim Harper, *Underground Asia: Global Revolutionaries and the Assault on Empire* (London: Penguin, 2020).

10 Harold R. Isaacs, *The Tragedy of the Chinese Revolution* (Chicago, IL: Haymarket, 2009 [1938])[국역: 《중국 혁명의 비극》, 숨쉬는책공장, 2016].

11 Mark Mazower, *Dark Continent: Europe's Twentieth Century* (London: Allen Lane, 1998), p 28[국역: 《암흑의 대륙》, 후마니타스, 2009].

12 Nicos Poulantzas, *Fascism and Dictatorship: The Third International and the Problem of Fascism* (London: Verso, 2018 [1970])의 논의는 중요하지만 완전히 만족스럽지는 않다. 그람시는 권위주의적 정치형태들에 대한 독자적 분석을 발전시켰는데, 거기서 중심적인 개념이 보나파르티즘과 카이사리즘이다. 이에 관한 명쾌한 연구는 Francesca Antonini, *Caesarism and Bonapartism in Gramsci* (Leiden: Brill, 2021) 참조.

13 Leon Trotsky, *The Struggle against Fascism in Germany* (New York: Pathfinder, 1971), p 276[일부 국역: 《파시즘, 스탈린주의, 공동전선》, 책갈피, 2019].

14 경제적 맥락은 Tobias Straumann, *1931: Debt, Crisis, and the Rise of Hitler* (Oxford: Oxford University Press, 2019) 참조.

15 Mayer, *Persistence of the Old Regime*, p 127. 메이어의 주장은 너무 나갔다. 1914년 이전 유럽의 모순들을 개관한 더 나은 문헌은 E. J. Hobsbawm, *The Age of Empire, 1875-1914* (London: Weidenfeld & Nicolson,1987)[국역: 《제국의 시대》, 한길사, 1998]과 Norman Stone, *Europe Transformed 1878-1919* (London: Fontana, 1983) 참조. 영국과 프랑스가 유럽의 금융을 지배한 것은 Herbert Feis, *Europe: The World's Banker, 1870-1914* (New Haven, CT: Yale University Press, 1930) 참조.

16 Ernst Bloch, *Heritage of Our Times* (Cambridge: Polity, 1991 [1935]), Part 2.

17 Robert O. Paxton, *The Anatomy of Fascism* (New York: Alfred A. Knopf, 2004), p 218[국역: 《파시즘》, 교양인, 2005].

18 Trotsky, *The Struggle against Fascism in Germany*.

19 Bloch, *Heritage of Our Times*, pp 2, 108. 낭만적 반자본주의라는 개념은 블로흐와 그의 친구이자 경쟁자인 죄르지 루카치에게 공통된 것인 듯하다. 이 논의는 Michael Löwy, *Georg Lukács: From Romanticism to Bolshevism* (London: NLB, 1979) 참조. 그러나 20세기 초 독일의 극우파는 흔히 이런 태도와 현대 기

술에 대한 더 긍정적 평가를 결합했다. 윙거는 이 점에서 본보기 같은 인물이었다. Ernst Jünger, *The Worker: Dominion and Form* (Evanston, IL: Northwestern University Press, 2017 [1932)[국역: "노동자: 지배와 형상", 《노동자, 고통에 관하여, 독일 파시즘의 이론들》, 글항아리, 2020]와 Jeffrey Herf, *Reactionary Modernism: Technology, Culture, and Politics in Weimar and the Third Reich* (Cambridge: Cambridge University Press, 1984) 참조.

20 John Foot, *Blood and Power: The Rise and Fall of Italian Fascism* (London: Bloomsbury, 2022), p 136.

21 Trotsky, *The Struggle against Fascism in Germany*, p 405.

22 같은 책, p 278.

23 Alex Callinicos, "Plumbing the Depths: Marxism and the Holocaust", *Yale Journal of Criticism*, 14.2 (2001): 385-414, here 295 and 395-6.

24 Adam Tooze, *The Wages of Destruction: The Making and Breaking of the Nazi Economy* (London: Allen Lane, 2006), ch 4.

25 같은 책, p 114.

26 Daniel Guérin, *Fascism and Big Business* (New York: Pathfinder, 1973), ch 4.

27 이 분석을 완전히 발전시킨 것은 Callinicos, "Plumbing the Depths" 참조. 최근에 나는 피터 세즈윅이 짧지만 탁월한 글 "The Problem of Fascism", *International Socialism* 1.42 (1970): 31-4에서 이미 나와 비슷한 분석을 제시했다는 사실을 알고 기뻤다. 파시스트 정권들의 급진화에 관한 훌륭한 논의는 Paxton, *Anatomy of Fascism*, ch 6 참조.

28 Overy, *Blood and Ruins*, p 35.

29 갈등이 심하고 불안정한 이 분할에 관해서는 James, Barr, *A Line in the Sand: Britain, France and the Struggle that Shaped the Middle East* (London: Simon & Schuster, 2011) 참조.

30 현대적 분석은 Alfred Sohn-Rethel, *The Economy and Class Structure of German Fascism* (London: Free Association, 1987) 참조.

31 Overy, *Blood and Ruins*, p 36.

32 Tooze, *Wages of Destruction*, ch 7.

33 Nicholas Mulder, *The Economic Weapon: The Rise of Sanctions as a Tool of Modern War* (New Haven, CT: Yale University Press, 2022), ch 9.

34 독일의 경우는 Mark Mazower, *Hitler's Empire: Nazi Rule in Occupied Europe* (London: Penguin, 2009) 참조.

35 Jonathan Haslam, *The Spectre of War: International Communism and the Origins of World War II* (Princeton, NJ: Princeton University Press, 2021), xi-xii.

36 Arno J. Mayer, *Why Did the Heavens Not Darken? The 'Final Solution' in History* (New York: Pantheon, 1990), p 34.

37 Paxton, *Anatomy of Fascism*, p 171.

38 인용문들은 Gramsci, *Selections*, pp 109, 110과 Gramsci, *Quaderni*, vol 3, pp 1767, 1768 from Quaderno 15 (II), §6 참조. 유기적 위기에 관해서는 Gramsci, *Selections*, pp 175-85; Gramsci, *Quaderni*, vol 3, pp 1578-89 from Quaderno 13 (XXX), §17 참조.

39 여기서 나는 수동 혁명에 대한 해석을 André Tosel, *Étudier Gramsci: Pour une critique continue de la révolution passive* (Paris: Éditions Kimé, 2016), pp 121-39에 빚지고 있다. 포드주의에 대한 선구적 경제 연구는 Michel Aglietta, *A Theory of Capitalist Regulation: The US Experience* (London: Verso, 2015) [1979])[국역: 《자본주의 조절이론》, 한길사, 1994] 참조.

40 Louis Althusser, *Philosophy for Non-Philosophers,* ed by G. M. Goshgarian (London: Bloomsbury, 2017), p 120[국역: 《비철학자들을 위한 철학 입문》, 현실문화, 2020]. Paul Mason, *How to Stop Fascism: History, Ideology, Resistance* (London: Penguin, 2021)과 비교해 보라.

41 John Kenneth Galbraith, *American Capitalism: The Concept of Countervailing Power* (Livingston, NJ: Transaction, 1995 [1952]), p 65[국역: 《미국의 자본주의》, 양영각, 1981].

42 Kees Van der Pijl, *The Making of an Atlantic Ruling Class* (London: Verso, 1984) 참조.

43 Overy, *Blood and Ruins*, p 872.

44 John Gallagher and Ronald Robinson, "The Imperialism of Free Trade", *Economic History Review,* 6.1 (1953): 1-13.

45 특히 Neil Smith, *American Empire: Roosevelt's Geographer and the Prelude to Globalization* (Berkeley: University of California Press, 2003); Callinicos, *Imperialism and Global Political Economy;* and Leo Panitch and Sam Gindin, *The Making of Global Capitalism: The Political Economy of American Empire* (London: Verso, 2012) 참조.

46 Michael Kidron, *Western Capitalism since the War* (Harmondsworth: Penguin, 1970); Chris Harman, *Explaining the Crisis: A Marxist Reappraisal* (London: Bookmarks, 1984)[국역: 《왜 자본주의는 경제 위기에 빠지는가?》, 책갈피, 2022]; Chris Harman, *Zombie Capitalism: Global Crisis and the Relevance of Marx* (London: Bookmarks, 2009)[국역: 《좀비 자본주의》, 책갈피, 2012]; and Joseph Choonara, "The Monetary and the Military: Revisiting Kidron's Permanent Arms Economy", *International Socialism,* 2.171 (2021): 123-50.

47 David de Jong, *Nazi Billionaires: The Dark History of Germany's Wealthiest Families* (London: William Collins, 2022).

48 Tony Cliff, "The Nature of Stalinist Russia", in his *Selected Writings,* vol 3: *Marxist Theory after Trotsky* (London: Bookmarks, 2003).

49 C. Wright Mills, *The Causes of World War III* (New York: Ballantine Books, 1960), pp 29-30[국역: 《역사와 책임: 제3차세계대전의 원인》, 인간, 1982]. 1980년대에 냉전의 긴장이 되살아나자 마르크스주의자들은 냉전 논리의 지속적 가치를 탐구하려는 자극을 받았다. Edward Thompson, "Notes on Exterminism, the Last Stage of Civilization", *New Left Review,* 1.121 (1980): 3-31; Mike Davis, "Nuclear Imperialism and Extended Deterrence" (blog), Verso, 11 August 2017, https://www.versobooks.com/blogs/3350-nuclear-imperialism-and-extended-deterrence; Peter Binns, "Understanding the New Cold War", *International Socialism,* 2.19 (1983): 1-48; and Fred Halliday, *The Making of the Second Cold War* (London: Verso, 1983) 참조.

50 David Schmitz, *The United States and Right-Wing Dictatorships, 1965-1989*

(Cambridge: Cambridge University Press, 2006), p 48.

51 Walden Bello, *Counterrevolution: The Global Rise of the Far Right* (Rugby: Practical Action Publishing, 2019), chs 3-5 (on Indonesia, Chile, and Thailand) 참조.

52 Colin Barker, *Festival of the Oppressed: Solidarity, Reform, and Revolution in Poland, 1980-81* (London: Verso, 1986).

53 Giovanni Arrighi, *Adam Smith in Beijing* (London: Verso, 2007), ch 7[국역: 《베이징의 애덤 스미스》, 길, 2009].

54 Chris Harman, *The Fire Last Time: 1968 and After* (London: Bookmarks, 1988)[국역: 《세계를 뒤흔든 1968》, 책갈피, 2004].

55 Fred Halliday, *Cold War, Third World: An Essay on Soviet-American Relations* (London: Radius/Hutchinson, 1989).

2장 자연 파괴

1 Arnold Westing, "War as a Human Endeavour: The High-Fatality Wars of the Twentieth Century", *Journal of Peace Research,* 19.3 (1982): 261-70, here p 263.

2 William Eckhardt, "War-Related Deaths since 3000 BC", *Peace Research,* 23.1 (1991): 80-6, here p 82.

3 Ian Angus, *Facing the Anthropocene: Fossil Capitalism and the Crisis of the Earth System* (New York: Monthly Review Press, 2016), Kindle version.

4 같은 책, Kindle loc. 1924.

5 James Barr, *Lords of the Desert: Britain's Struggle with America to Dominate the Middle East* (London: Simon & Schuster, 2018); Helen Thompson, *Disorder: Hard Times in the 21st Century* (New York: Oxford University Press, 2022), esp chs 1 and 2.

6 Thompson, *Disorder,* p 41.

7 Angus, *Facing the Anthropocene,* Kindle loc. 2089.

8   Martin Empson, *The Great Climate COP Out: Why COP26 Will Not Solve the Climate Crisis* (London: Socialist Worker, 2021).

9   Andreas Malm, *Fossil Capital: The Rise of Steam Power and the Roots of Global Warming* (London: Verso, 2016), p 3[국역: 《화석 자본》, 두번째테제, 2023].

10   Intergovernmental Panel on Climate Change, *Climate Change 2021: The Physical Science Basis: Summary for Policymakers* (Switzerland: IPCC, 2021), p 14[국역: 《기후변화 2021 과학적 근거: 정책결정자를 위한 요약본》, 기상청, 2021].

11   Alexandra Heal and Camilla Hodgson, "Where Have Weather Records Been Broken so far in the Past Year?", *Financial Times,* 24 December 2021.

12   Leslie Hook and Steven Bernard, "Weather Events Cost the US $145bn in 2021 as Climate Change Took Hold", *Financial Times,* 14 January 2022.

13   Martin Empson, "We Face 'Socialism or Extinction' after IPCC's new Climate Change Report", *Socialist Worker,* 3 March 2022, summarizing Intergovernmental Panel on Climate Change, *Climate Change 2022: Impacts, Adaptation, Vulnerability: Summary for Policymakers* (Switzerland: IPCC, 2022).

14   Jem Bendell, "Deep Adaptation: A Map for Navigating Climate Tragedy", IF-LAS Occasional Paper 2, 2018. https://lifeworth.com/deepadaptation.pdf.

15   Ilya Prigogine and Isabelle Stengers, *Order out of Chaos: Man's New Dialogue with Nature* (London: Heinemann, 1984)[국역: 《혼돈으로부터의 질서》, 고려원아카데미, 1993].

16   Bendell, "Deep Adaptation".

17   같은 글.

18   United States Army War College, *Implications of Climate Change for the US Army,* 2019. https://climateandsecurity.files.wordpress.com/2019/07/implications-of-climate-change-for-us-army_army-war-college_2019.pdf, pp 16, 17.

19   Isak Stoddard et al, "Three Decades of Climate Mitigation: Why Haven't We

Bent the Global Emissions Curve?", *Annual Review of Environment and Resources*, 46 (2021): 653-89, here pp 678-9.

20 Malm, *Fossil Capital*, p 267.

21 같은 책, pp 265, 353.

22 Part 2 in Angus, *Facing the Anthropocene* 참조.

23 Robert Brenner, *The Economics of Global Turbulence* (London: Verso, 2006), p 26[국역: 《혼돈의 기원》, 이후, 2001].

24 예컨대, John Bellamy Foster, "Marx as a Food Theorist", *Monthly Review*, 68.7 (2016): 1-22 참조.

25 예컨대 Ian Rappel, "Natural Capital: A Neoliberal Response to Species Extinction", *International Socialism*, 2.160 (2018): 59-76; Geoff Mann, "Check Your Spillover", *London Review of Books*, 10 February 2022.

26 Stoddard et al, "Three Decades of Climate Mitigation", pp 659-60.

27 Leslie Hook, Camilla Hodgson, and Jim Pickard, "COP26 Agrees New Climate Rules but India and China Weaken Coal Pledge", *Financial Times*, 14 November 2021.

28 Rainforest Action Network and others, "Banking on Climate Change: Fossil Fuel Finance Report Card 2019", 20 March 2019. www.ran.brg/wp-content/uploads/2019/03/Banking_on_Climate_Change_2019_vFINAL1.pdf.

29 Carol Olson and Frank Lenzmann, "The Social and Economic Consequences of the Fossil Fuel Supply Chain", *MRS Energy & Sustainability*, 3.6 (2016). https://doi.org/10.1557/mre.2016.7.

30 Stoddard et al, "Three Decades of Climate Mitigation", p 662. See also Michael E. Mann, *The New Climate War: The Fight to Take Back Our Planet* (Brunswick, Australia: Scribe Publications, 2021).

31 Damien Carrington and Matthew Taylor, "Revealed: The 'Carbon Bombs' Set to Trigger Catastrophic Climate Breakdown", *Guardian*, 11 May 2022.

32 Gregor Semieniuk et al, "Stranded Fossil-Fuel Assets Translate to Major Losses for Investors in Advanced Economies", *Nature Climate Change* 12

(2022): 532-8. https://doi.org/10.1038/s41558-022-01356-y.

33 예컨대 Nastassia Astrasheuskaya and Henry Foy, "Polar Powers: Russia's Bid for Supremacy in the Arctic Ocean", *Financial Times, 28* April 2019; United States Army War College, *Implications of Climate Change*, pp 9-11.

34 Stratfor, "How Renewable Energy Will Change Geopolitics", 27 June 2018. https://worldview.stratfor.com/article/how-renewable-energy-will-change-geopolitics (available on subscription).

35 지리경제학에 관해서는 Jim Glassman, *Drums of War, Drums of Development: The Formation of a Pacific Ruling Class and Industrial Transformation in East and Southeast Asia, 1945-1980* (Leiden: Brill, 2018), ch 1 참조.

36 John Bellamy Foster, *Marx's Ecology: Materialism and Nature* (New York: Monthly Review Press, 2000)[국역: 《마르크스의 생태학》, 인간사랑, 2016]; John Bellamy Foster, *The Return of Nature: Socialism and Ecology* (New York: Monthly Review Press, 2020); Paul Burkett, *Marx and Nature: A Red and Green Perspective* (Chicago, IL: Haymarket, 2014); Angus, *Facing the Anthropocene*; and Kohei Saito, *Karl Marx's Ecosocialism: Capital, Nature, and the Unfinished Critique of Political Economy* (New York: Monthly Review Press, 2017)[국역: 《마르크스의 생태사회주의》, 두번째테제, 2020].

37 Jess Spear, "Women and Nature: Towards an Ecosocialist Feminism", *Monthly Review,* 15 March 2021. https://mronline.org/2021/03/15/women-and-nature-towards-an-ecosocialist-feminism.

38 Karl Marx, *Capital: A Critique of Political Economy,* vol 1 (Harmondsworth: Penguin, 1976 [1867]), p 290.

39 Marx, *Capital,* p 638; Lucia Pradella, "Foundation: Karl Marx (1818-83)", in Alex Callinicos, Stathis Kouvelakis, and Lucia Pradella, eds, *The Routledge Handbook of Marxism and Post-Marxism* (New York: Routledge, 2021), pp 25-40 참조.

40 Karl Marx, *Das Kapital: Oknomische Manuskripte, 1863-1865,* in Karl Marx and Friedrich Engels, *Gesamtausgabe,* Part 2, *"Das Kapital" und Vorarbeiten,* vol 4.1 (Berlin: Dietz Verlag, 1992), p 753.

41 Mike Davis, *Old Gods, New Enigmas: Marx's Lost Theory* (London: Verso, 2018), Kindle loc. 3075[국역:《인류세 시대의 맑스》, 창비, 2020].

42 Mike Davis, *The Ecology of Fear: Los Angeles and the Dialectic of Disaster* (New York: Metropolitan Books, 1999); Mike Davis, *Late Victorian Holocausts: El Niño Famines and the Making of the Third World* (London: Verso, 2001)[국역:《엘니뇨와 제국주의로 본 빈곤의 역사》, 이후, 2008].

43 이런 상호작용을 더 폭넓게 이해하려면 Richard Levins and Richard C. Lewontin, *The Dialectical Biologist* (Cambridge MA: Harvard University Press, 1985) and Richard C. Lewontin, *The Triple Helix: Gene, Organism, and Environment* (Cambridge MA: Harvard University Press, 2000)[국역:《3중 나선》, 잉걸, 2001] 참조.

44 William H. McNeill, *Plagues and Peoples* (Harmondsworth: Penguin, 1979), pp 11, 12, and 266.

45 Ole J. Benedictow, *The Complete History of the Black Death*, rev edn (Woodbridge: Boydell Press, 2021), ch 43.

46 McNeill, *Plagues and Peoples*, p 185.

47 Laura Spinney, *The Pale Rider: The Spanish Flu of 1918 and How It Changed the World* (London: Jonathan Cape, 2017)[국역:《죽음의 청기사》, 유유, 2021].

48 Kyle Harper, *The Fate of Rome: Climate, Disease, and the End of an Empire* (Princeton, NJ: Princeton University Press, 2017), pp 19 and 4[국역:《로마의 운명》, 더봄, 2021].

49 같은 책, p 192.

50 John Haldon et al, "Plagues, Climate Change, and the End of an Empire: A Response to Kyle Harper's *The Fate of Rome*", *History Compass*, 16 (1), (2), and (3); here 16 (1), p 3. https://doi.org/10.llll/hic3.12508.

51 Peter Brown, *Through the Eye of a Needle: Wealth, the Fall of Rome, and the Making of Christianity in the West, 350-550 AD* (Princeton, NJ: Princeton University Press, 2012), Kindle loc. 474.

52 Guy Bois, *The Crisis of Feudalism: Economy and Society in Eastern Nor-

mandy c. 1300-1550 (Cambridge: Cambridge University Press, 1984); and T. H. Aston and and C. H. E. Philpin, eds, *The Brenner Debate: Agrarian Class Structure and Economic Development in Pre-Industrial Europe* (Cambridge: Cambridge University Press, 1985)[국역: 《농업계급구조와 경제발전: 브레너 논쟁》, 집문당, 1991].

53 Vandana Shiva, *Who Really Feeds the World? The Failures of Agribusiness and the Promise of Agroecology* (Berkeley: North Atlantic Books, 2016)[국역: 《이 세계의 식탁을 차리는 이는 누구인가》, 책세상, 2017].

54 Saito, *Karl Marx's Ecosocialism*, p 210에서 인용.

55 Rob Wallace, *Big Farms Make Big Flu* (New York: Monthly Review Press, 2016 [국역: 《팬데믹의 현재적 기원》, 너머북스, 2020]. Mike Davis, *The Monster Enters: Covid-19, Avian Flu, and the Plagues of Capitalism* (New York: OR Books, 2020), Apple edn도 참조.

56 C. J. Carlson et al, "Climate Change Increases Cross-Species Viral Transmission Risk", *Nature*, 607 (2022): 555-62. https://doi.org/10.1038/s41586-022-04788-w.

57 Wallace, *Big Farms Make Big Flu*, Kindle locs. 1949-59.

58 Ashley Hagen, "COVID-19 and the Flu", *American Society for Microbiology*, 7 October 2021. https://asm.org/Articles/2020/July/COVID-19-and-the-Flu. DNA와 마찬가지로 RNA도 살아 있는 세포의 기능에 필수적인 핵산이다. DNA와 다르게 RNA는 보통 한 가닥이고, 따라서 DNA의 이중나선 구조를 갖지 않는다.

59 Davis, *The Monster Enters*, pp 18-19.

60 Oliver Barnes, Clive Cookson, and Jamie Smyth, "Scientists Puzzle over Omicron's Origins as Variant Spreads", *Financial Times*, 10 December 2021.

61 Hannah Kuchler, Donato Paolo Mancini, and David Pilling, "The Inside Story of the Pfizer Vaccine: 'A Once-in-an-Epoch Windfall'", *Financial Times*, 30 November 2021.

62 Alexander Zeitchik, "How Bill Gates Impeded Global Access to COVID Vaccines", *The New Republic*, 12 April 2021.

63 Colin Kahl and Thomas Wright, *Aftershocks: Pandemic Politics and the End of the Old International Order* (New York: St Martin's Press, 2021, p 34.

64 https://twitter.com/AdamJKucharski/status/1495334479052869634 참조.

65 "Professor Dame Sarah Gilbert Delivers 44th Dimbleby Lecture", University of Oxford News and Events, 7 December 2021, https://www.ox.ac.uk/news/2021-12-07-professor-dame-sarah-gilbert-delivers-44th-dimbleby-lecture.

66 Jonathan Portes, "Now It's Official: Brexit will Damage the Economy Long into the Future", *Guardian*, 28 October 2021.

67 Alex Callinicos, "Science Advice is Shaped by Politics", *Socialist Worker*, 27 April 2020.

68 Michel Foucault, *The Birth of Biopolitics: Lectures at the Collège de France, 1978-1979*, ed by Michel Senellart (Basingstoke: Palgrave Macmillan, 2008), p 317[국역: 《생명관리정치의 탄생》, 난장, 2012].

69 Michel Foucault, *The Punitive Society: Lectures at the Collège de France, 1972-1973*, ed by Bernard Harcourt (Basingstoke: Palgrave Macmillan, 2015), p 140. 마르크스주의에서 벗어나려고 분투하는 푸코의 노력이 이 콜레주드프랑스 강의에서 분명히 드러난다. 강의록 편집자가 말하듯이, 이 강의에서 "[푸코는] 알튀세르뿐 아니라 [에드워드 — 캘리니코스] 톰프슨과도 무언의 대화"를 계속하고, 실제로는 "푸코의 다른 저작들보다 훨씬 더 마르크스주의적으로 '들리는' 말을 하면서도 마르크스와 자신 사이에 분명한 선을, 어쩌면 가장 분명한 선을 긋기 때문이다."(p 278). 푸코가 마르크스주의를 비난하는 주된 이유 하나는 마르크스주의가 국가를 실체화한다는 것이었다. 니코스 풀란차스는 이 비난을 매우 효과적으로 논박하면서 다음과 같이 옳게 주장한다. "국가는 계급 권력의 존재와 재생산에서, 더 일반적으로 말하면 계급투쟁 자체에서 구성적 구실을 한다. 이 사실은 국가가 생산관계에 존재한다는 것과 관련 있다."(Nicos Poulantzas, *State, Power, Socialism*, London: NLB, 1978, p 38)[국역: 《국가, 권력, 사회주의》, 백의, 1994].

70 Michel Foucault, *Discipline and Punish: The Birth of the Prison* (London: Allen Lane, 1976)[국역: 《감시와 처벌》, 나남, 2020].

71 Michel Foucault, *Security, Territory, Population: Lectures at the Collège de France, 1978*, ed by Michel Senellart (Basingstoke: Palgrave Macmillan, 2007), pp 108, 42, 64[국역: 《안전, 영토, 인구》, 난장, 2011].

72 같은 책, p 63.

73 Adam Kucharski, *The Rules of Contagion: Why Things Spread - and Why They Stop* (London: Profile Books, 2020)[국역: 《수학자가 알려주는 전염의 원리》, 세종, 2021]에서 시기적절한 설명을 찾아볼 수 있다. 모형에 대한 해박하면서도 특이한 분석은 James R. Thompson, *Empirical Model Building: Data, Models, and Reality* (Hoboken, NJ: John Wiley & Sons, 2011) 참조.

74 Nancy Cartwright, *How the Laws of Physics Lie* (Oxford: Clarendon, 1983), p 153.

75 Rob Wallace, *Dead Epidemiologists: On the Origins of COVID-19* (New York: Monthly Review Press, 2020), Apple edn, pp 54-5[국역: 《죽은 역학자들》, 너머북스, 2021].

76 Roy Bhaskar, *A Realist Theory of Science* (London: Routledge, 2008 [1975]).

77 Wallace, *Dead Epidemiologists*, p 69.

78 Peter Linebaugh and Marcus Rediker, *The Many-Headed Hydra: Sailors, Slaves, Commoners, and the Hidden History of the Revolutionary Atlantic* (London: Verso, 2000), pp 146-7[국역: 《히드라》, 갈무리, 2008], and Jennifer L. Morgan, *Reckoning with Slavery: Gender, Kinship, and Capitalism in the Early Black Atlantic* (Durham, NC: Duke University Press, 2021) 참조.

79 Ian Hacking, *The Taming of Chance* (Cambridge: Cambridge University Press, 1990)[국역: 《우연을 길들이다》, 바다출판사, 2012].

80 이런 추세를 연구한 중요한 책 Justin Joque, *Revolutionary Mathematics: Artificial Intelligence, Statistics and the Logic of Capitalism* (London: Verso, 2022)[국역: 《혁명을 위한 수학》, 장미와동백, 2022] 참조.

81 Giorgio Agamben, *A che punto siamo? L'epidemia come politica*, expanded edn (Macerata: Quodlibet, 2021), pp 6-7[국역: 《얼굴 없는 인간》, 효형출판, 2021].

82 Carl Schmitt, *Political Theology: Four Chapters on the Concept of Sovereignty* (Cambridge MA: MIT Press, 1985), p 5[국역:《정치신학》, 그린비, 2010]; Giorgio Agamben, *State of Exception* (Chicago, IL: Chicago University Press, 2005)[국역:《예외상태》, 새물결, 2009] 참조.

83 Haidong Wang et al, "Estimating Excess Mortality Due to the COVID-19 Pandemic: A Systematic Analysis of COVID-19-Related Mortality, 2020-21", *The Lancet*, 10 March 2022. 팬데믹에 대한 아감벤의 견해를 길게 비판한 책 Benjamin Bratton, *The Revenge of the Real: Politics for a Post-Pandemic World* (London: Verso, 2021) 참조.

84 예컨대 Norman Ginsburg, *Capital, Class, and Social Policy* (London: Macmillan, 1979).

85 Kahl and Wright, *Aftershocks*, p 303에서 인용.

86 세계 금융 위기에 관해서는 Alex Callinicos, *Bonfire of Illusions: The Twin Crises of the Liberal World* (Cambridge: Polity, 2010), pp 95-105[국역:《무너지는 환상》, 책갈피, 2010] 참조; 백신 개발에 관해서는 Kahl and Wright, *Aftershocks*, pp 291-306 참조.

87 "Job Retention Regimes during the COVID-19 Lockdown and Beyond", 12 October 2020. OECD, 12 October 2020. https://www.oecd.org/coronavirus/policy-responses/job-retention-schemes-during-the-covid-19-lockdown-and-beyond-0853ba1d.

88 Ugo Palheta, "Fascism, Fascization, Antifascism", 7 January 2021. https://www.historicalmaterialism.org/blog/fascism-fascisation-antifascism. 유감스럽게도 팔레타는 '파시즘화'(fascization)라는 매우 문제 있는 개념을 사용한다. 1930년대 초에 국가사회주의와 사회민주주의의 차이를 지우는 것이 스탈린의 정책이었을 때(그래서 사회민주주의에 '사회파시즘'이라는 낙인을 찍었다) 공산주의인터내셔널(코민테른)에서 만들어진 그 용어는 파시즘으로 점진적·평화적 전환을 함의한다. 간단한 비판은 Leon Trotsky, "Radek Novitiate: What Is Social Fascism?", *The Militant*, 1 October 1930. https://wikirouge.net/texts/en/Radek's_Novitiate._What_is_Social-Fascism%3F 참조.

89 Louis Michel, "Emmanuel Macron Promised a New French Liberalism: Now

He's Crushing It", *Prospect,* 2 March 2021.

90 International Center for Not-For-Profit Law, "Analysis of US Anti-Protest Bills", ICNL 2022. https://www.icnl.org/post/news/analysis-of-anti-protest-bills.

91 Paul A. Passavant, *Policing Protest: The Post-Democratic State and the Figure of Black Insurrection* (Durham, NC: Durham University Press, 2021), p 1. 패서번트는 자신이 논의한 변화를 푸코가 말한 규율(또는 훈육) 사회에서(19세기와 20세기 자본주의의 특징인 훈육 사회에서는 제도들이 일관된 주체를 형성하려고 노력했다) 질 들뢰즈가 뛰어난 후기 저작에서 말한 '통제 사회'로 전환이라는 맥락 속에서 봐야 한다고 주장한다. 통제 사회에서는 제도들이 끊임없는 위기에 빠져 있고, 주체성은 해체되고, "우리가 다루는 것은 더는 대중/개인이라는 짝이 아니다. 개인(Individual)은 '분리된 존재'(dividual), 대중, 샘플, 데이터, '은행'이 됐다."(Gilles Deleuze, "Postscript on the Societies of Control", *October,* 59 (1992): 3-7, here p 6.

92 Missy Ryan and Dan Lamothe, "Trump Administration to Significantly Expand Military Response in Washington amid Unrest", *Washington Post,* 1 June 2020.

93 Florian Schmitz, "Greece: Abandoned to the Flames on Evia", 14 August 2021. https://www.dw.com/en/greece-abandoned-to-the-flames-on-evia/a-58860740?maca=en.

94 Edward White and Eleanor Olcott, "Closed China: Why Xi Jinping Is Sticking with His Zero Covid Policy", *Financial Times,* 1 February 2022.

95 Chuang, "Social Contagion: Microbiological Class War in China", February 2020. https://chuangcn.org/2020/02/social-contagion.

96 Michel Foucault, *The History of Sexuality,* vol 1: *The Will to Knowledge* (London: Allen Lane, 1979)[국역: 《성의 역사 1: 지식의 의지》, 나남출판, 2020].

97 Foucault, *Security, Territory, Population,* p 47.

98 Nick Srnicek, *Platform Capitalism* (Cambridge: Polity, 2017)[국역: 《플랫폼 자본주의》, 킹콩북, 2020], 그리고 팬데믹의 생명 정치를 잘 논의한, 그러나 지나치

게 낙관적으로 독해한 책 Bratton, *The Revenge of the Real* 참조.

99 Ulrich Beck, *Risk Society: Towards a New Modernity* (London: SAGE, 1992) [국역: 《위험 사회》, 새물결, 2006]. 이에 대한 비판은 Alex Callinicos, *Social Theory: A Historical Introduction*, 2nd edn (Cambridge: Polity, 2007), pp 301-11[국역: 《사회 이론의 역사》, 한울, 2015].

100 Elizabeth B. Pathak et al, "Social Class, Race/Ethnicity, and COVID-19 Mortality among Working Age Adults in the United States", *medRxiv*, 24 November 2021, p 6. https://doi.org/10.1101/2021.11.23.21266759.

101 같은 글, p 13. 분명히 계급 개념에 관해서는 할 말이 훨씬 더 많고 ― 특히 Erik Olin Wright, *Class Counts: Comparative Studies in Class Analysis* (Cambridge: Cambridge University Press, 2000) 참조 ― '인종'과 계급의 관계도 마찬가지다. 그렇다고 해서 퍼타의 연구 가치가 떨어지는 것은 아니다(이 연구 논문은 내가 이 책을 쓰고 있을 때 동료 심사를 기다리는 중이다). '인종'과 계급 문제는 이 책 6장에서 다시 살펴보겠다.

102 "The Kill Floor", in Wallace, *Dead Epidemiologists* 참조.

103 Erika Solomon, Valerie Hopkins, and Alexander Vladkov, "Inside Germany's Abattoirs: The Human Cost of Cheap Meat", *Financial Times*, 8 January 2021.

104 Wang et al, "Estimating Excess Mortality", pp 7, 13, 17.

105 UN Global Crisis Response Group on Food, Energy and Finance, *Global Impact of the War In Ukraine: Billions of People Face the Greatest Cost-of-Living Crisis in a Generation*, 8 June 2022. https://news.un.org/pages/wp-content/uploads/2022/06/GCRG_2nd-Brief_Jun8_2022_FINAL.pdf?utm_source=United+Nations&utm_medium=Brief&utm_campaign=Global+Crisis+Response, p 6.

106 이 중요한 점을 알려 준 루치아 프라델라에게 감사한다.

3장 경기 침체

1   Chris Harman, *Zombie Capitalism: Global Crisis and the Relevance of Marx*

(London: Bookmarks, 2009), p 307.

2   Lucia Pradella, *L'attualità del capitale: Accumulazione e impoverimento nel capitalismo globale* (Padua: Il Poligrafo, 2010).

3   Karl Marx, *Capital: A Critique of Political Economy*, vol 3 (Harmondsworth: Penguin, 1981 [1896]), pp 357 and 358. 마르크스의 경제 위기 이론은 Alex Callinicos, *Deciphering Capital: Marx's Capital and Its Destiny* (London: Bookmarks, 2014), 6장 참조.

4   Deepankar Basu et al, "World Profit Rates, 1960-2019", *Economics Department Working Paper Series*, 318 (2022). https://doi.org/10.7275/43yv-c721. 이와 관련한 논의는 Michael Roberts, "A World Rate of Profit: Important New Evidence", Michael Roberts' Blog, 22 January 2022. https://thenextrecession.wordpress.com/2022/01/22/a-world-rate-of-profit-important-new-evidence 참조. 이윤율 저하 분석에서 중요한 길잡이로는 다음과 같은 문헌들이 있다. Chris Harman, *Explaining the Crisis: A Marxist Reappraisal* (London: Bookmarks, 1984); Harman, *Zombie Capitalism*; Robert Brenner, *The Economics of Global Turbulence* (London: Verso, 2006), 비주류 마르크스주의 적 해석은 Andrew Kliman, *The Failure of Capitalist Production: Underlying Causes of the Great Recession* (London: Pluto, 2011)[국역:《자본주의 생산의 실패》, 한울, 2012]; Michael Roberts, *The Long Depression* (Chicago, IL: Haymarket, 2016); and Guglielmo Carchedi and Michael Roberts, eds, *World in Crisis: Marxist Perspectives on Crash and Crisis: A Global Analysis of Marx's Law of Profitability* (Chicago, IL: Haymarket, 2018). 최고의 마르크스주의 정치경제학자 데이비드 하비는 마르크스의 법칙에 강력한 이의를 제기했다. 예컨대, David Harvey, *The Limits to Capital* (rev edn; London: Verso, 2006 [1982])[국역:《자본의 한계》, 한울, 2007]과 David Harvey, "Rate and Mass: Perspectives from the *Grundrisse*", *New Left Review*, 2.130 (2016), 73-98. 이를 반박한 글 Alex Callinicos and Joseph Choonara, "How Not to Write about the Rate of Profit: A Reply to David Harvey", *Science and Society*, 80.4 (2016): 481-94 참조.

5   Michael Kidron, *Western Capitalism since the War* (Harmondsworth: Pen-

guin, 1970); Harman, *Explaining the Crisis*; Harman, *Zombie Capitalism*, chs 4, 5, 7, and 8; and Joseph Choonara, "The Monetary and the Military: Revisiting Kidron's Permanent Arms Economy", *International Socialism*, 2.171 (2021): 123-50.

6   John Smith, *Imperialism in the Twenty-First Century: Globalization, Super-Exploitation, and Capitalism's Final Crisis* (New York: Monthly Review Press, 2016).

7   Brenner, *Economics of Global Turbulence*, p 2.

8   Alex Callinicos, *Bonfire of Illusions: The Twin Crises of the Liberal World* (Cambridge: Polity, 2010).

9   Costas Lapavitsas, *Profiting without Producing: How Finance Exploits Us All* (London: Verso, 2013) and Cédric Durand, *Fictitious Capital: How Finance Is Appropriating Our Future* (London: Verso, 2017).

10 Riccardo Bellofiore, "Marx and the Crisis", paper presented at IIPPE, 1 September 2010. www.iippe.org/wiki/images/2/24/CONF_FINANCE_Bellofiore. pdf. 선구적 분석은 Robert Brenner, *The Boom and the Bubble* (London: Verso, 2002)[국역: 《붐 앤 버블》, 아침이슬, 2002]와 Robert Brenner, "New Boom or New Bubble?", *New Left Review*, 2.25 (2004): 57-100 참조.

11 Michael J. Howell, *Capital Wars: The Rise of Global Liquidity* (London: Palgrave Macmillan, 2020), pp 17, 25, and 88; also Fig. 3.3, p 19.

12 Adam Tooze, *Crashed: How a Decade of Financial Crisis Changed the World* (London: Allen Lane, 2018), pp 79 and 81.

13 같은 책, p 81.

14 같은 책, pp 9-10.

15 같은 책, p 219.

16 Leo Panitch and Sam Gindin, *The Making of Global Capitalism: The Political Economy of American Empire* (London: Verso, 2012).

17 Karl Marx, *A Contribution to the Critique of Political Economy* (London: Lawrence & Wishart, 1971 [1859]), pp 136-7.

18 Barry Eichengreen, *Hall of Mirrors: The Great Depression, the Great Recession, and the Uses - and Abuses - of History* (Oxford: Oxford University Press, 2015), p 281.

19 Coen Teulings and Richard Baldwin, eds, *Secular Stagnation: Facts, Causes and Cures* (London: CEPR Press, 2014).

20 James Galbraith, *The End of Normal: The Great Crisis and the Future of Growth* (New York: Simon & Schuster, 2014).

21 David C. Wheelock, "Comparing the COVID-19 Recession with the Great Depression", *Economic Synopses*, 39 (2020). https://doi.org/10.20955/es.2020.39.

22 International Monetary Fund, *World Economic Outlook, October 2021: Recovery during a Pandemic*, Washington, DC: IMF Publications: Table 1.1, p 5.

23 Valentina Romei and Chris Giles, 2021, "UK Suffers Biggest Drop in Economic Output in 300 Years", *Financial Times*, 12 February 2021.

24 Adam Tooze, *Shutdown: How Covid Shook the World's Economy* (London: Penguin, 2021), p 5.

25 James Meadway, "Optimism Bias and the Pandemic Economy", Blog, 24 October 2021. https://jamesmeadway.substack.com/p/optimism-bias-and-the-pandemic-economy.

26 Michael Roberts, "Fallen Angels", Blog, 6 March 2022. https://thenextrecession.wordpress.com/2022/03/06/fallen-angels 참조.

27 Duncan Foley, "Marx's Theory of Money in Historical Perspective", in Fred Moseley, ed, *Marx's Theory of Money: Modern Appraisals* (Basingstoke: Palgrave Macmillan, 2005), *36-49.*

28 Tooze, *Shutdown*, p 131

29 같은 책, p 141.

30 Thomas Stubbington and Chris Giles, "Investors Sceptical over Bank of England's QE Programme", *Financial Times*, 5 January 2021.

31 Jens van t' Klooster, "Technocratic Keynesianism: A Paradigm Shift without

Legislative Change", *New Political Economy*, 27.5 (2021): 771-87, here p 772. https://doi.org/10.1080/13563467.2021.2013791. 가치 있는 이론적·역사적 표현은 Daniela Gabor, *Revolution without Revolutionaries: Interrogating the Return of Monetary Finance* (Berlin: Bürgerbewegung Finanzwende/Heinrich-Böll Stiftung, 2021) 참조.

32 Harold James, *Making the European Monetary Union* (Cambridge, MA: Harvard University Press, 2012).

33 Van t' Klooster, "Technocratic Keynesianism", pp 7-8. 유럽중앙은행이 세계 금융 위기를 잘못 처리한 유감스러운 이야기가 조금 자세히 나오는 Tooze, *Crashed*, Part III 참조.

34 Tooze, *Shutdown*, p 146; A. P. Lerner, "Functional Finance and the Federal Debt", *Social Research*, 10.1 (1943): 38-51 참조.

35 Tooze, *Shutdown*, p 12. 현대화폐론(MMT)에 대한 설명은 Stephanie Kelton, *The Deficit Myth: Modern Monetary Theory and How to Build a Better Economy* (London: John Murray, 2020)[국역: 《적자의 본질》, 비즈니스맵, 2021] 참조; 이에 대한 유용한 비판은 Doug Henwood, "Modern Monetary Theory Isn't Helping", *Jacobin*, 21 February 2019와 Michael Roberts, "The Deficit Myth", Blog, 16 June 2020. https://thenextrecession.wordpress.com/2020/06/16/the-deficit-myth/ 참조.

36 Helen Thompson, *Disorder: Hard Times in the 21st Century* (New York: Oxford University Press, 2022), pp 200-9.

37 Van t' Klooster, "Technocratic Keynesianism", p 772.

38 Fathimath Musthaq, "Unconventional Central Banking and the Politics of Liquidity", *Review of International Political Economy*, 2021, here pp 2, 18, 3. doi: 10.1080/09692290.2021.1997785.

39 Walter Benjamin, *Selected Writings*, vol 4: *1938-40* (Cambridge MA: Harvard University Press, 2003), p 392.

40 Van t' Klooster, "Technocratic Keynesianism", p 775.

41 Gabor, *Revolution without Revolutionaries*, p 8.

42 같은 책, p 11. 환매 시장에 관해서는 Howell, *Capital Wars*, ch 6 참조.

43 유용한 조사는 William Davies and Nicholas Gane, "Post-Neoliberalism? An Introduction", *Theory, Culture & Society*, 38.6 (2021): 3-28 참조; 또 James Meadway, "Neoliberalism Is Dying - Now We Must Replace It", *openDemocracy*, 3 September 2021의 고무적인 논의도 참조.

44 예컨대, David Harvey, *A Short History of Neoliberalism* (Oxford: Oxford University Press, 2005), ch 1.

45 Thomas Hobbes, *Leviathan*, ed by Richard Tuck (Cambridge: Cambridge University Press, 1996 [1651]), p 107 (= ch 21). Isaiah Berlin, "Two Concepts of Liberty", in his *Liberty: Incorporating Four Essays on Liberty*, ed by Henry Hardy (Oxford: Oxford University Press, 2002), pp 166-217[국역: "자유의 두 개념",《이사야 벌린의 자유론》, 아카넷, 2014] 참조.

46 Andrew Woodcock, "Coronavirus: Boris Johnson Suggests High Coronavirus Infection Rates Are Due to UK's 'Love of Freedom'", *Independent*, 22 September 2020.

47 John Stuart Mill, *On Liberty: with The Subjection of Women and Chapters on Socialism*, ed by Stefan Collini (Cambridge: Cambridge University Press, 1989), p 95.

48 Hobbes, *Leviathan*, p 111 (= ch 21). Quentin Skinner, *Liberty before Liberalism* (Cambridge: Cambridge University Press, 1998)[국역:《퀜틴 스키너의 자유주의 이전의 자유》, 푸른역사, 2007]; Quentin Skinner, *Hobbes and Republican Liberty* (Cambridge: Cambridge University Press, 2008) 참조; 또 비(非)지배로서 자유가 마르크스의 《자본론》에 중심적이라는 주장은 William Clare Roberts, *Marx's Inferno: The Political Theory of Capital* (Princeton, NJ: Princeton University Press, 2017) 참조. 몇몇 개념상의 미묘한 차이를 분석한 것은 Miguel Vatter, "Neoliberalism and Republicanism: Economic Rule of Law and Law as Concrete Order (*nomos*)", in Damien Cahill et al, eds, *The SAGE Handbook of Neoliberalism* (London: SAGE, 2018), pp 370-83 참조.

49 Quinn Slobodian, *Globalists: The End of Empire and the Birth of Neoliberalism* (Cambridge, MA: Harvard University Press, 2018), p 2. 신자유주의의 기

원을 비판적으로 연구한 다른 두 주요 저서 Michel Foucault, *The Birth of Bio-politics: Lectures at the Collège de France, 1978-1979*, ed by Michel Senellart (Basingstoke: Palgrave Macmillan, 2008)과 Pierre Dardot and Christian Laval, *The New Way of the World: On Neoliberal Society* (London: Verso, 2014) 참조.

50 Harvey, *A Short History of Neoliberalism*, p 19.

51 Milton Friedman, "The Nature of Monetary Policy", *American Economic Review*, 58.1 (1968): 1-17.

52 Samuel Brittan, "The Economic Contradictions of Democracy", *Journal of Political Science*, 5.2 (1975): 129-59.

53 Slobodian, *Globalists*, ch 7.

54 Brenner, *Economics of Global Turbulence*, ch 11. 신자유주의의 출현이 어느 정도나 단절을 의미하는지에 관해 과장된 주장이 흔하다. 이에 대한 귀중한 수정은 Chris Harman, "Theorizing Neoliberalism", *International Socialism*, 2.117 (2008): 87-121[국역: "신자유주의의 진정한 성격", 《21세기 대공황과 마르크스주의》, 책갈피, 2009].

55 Harvey, *A Short History of Neoliberalism*, p 13.

56 Friedman, "The Nature of Monetary Policy", p 17.

57 Nigel Lawson, *The New Conservatism* (London: Centre for Policy Studies, 1980), p 4.

58 상반된 이데올로기적 관점의 명쾌한 논의는 Samuel Brittan, *How to End the 'Monetarist' Controversy* (London: Institute of Economic Affairs, 1982)와 Nicholas Kaldor, *The Scourge of Monetarism*, 2nd edn (Oxford: Oxford University Press, 1986)[국역: 《통화주의 비판》, 매일경제신문사, 1987] 참조.

59 Lawson, *The New Conservatism*, p 4.

60 Edward N. Luttwak, "Central Bankism", *London Review of Books*, 14 November 1996.

61 James Livingston, *Origins of the Federal Reserve System: Money, Class, and Corporate Capitalism, 1890-1913* (Ithaca: Cornell University Press, 1986).

62 Joseph Halevi, "The EMS and the Bundesbank in Europe", in Philip Arestis and Victoria Chick, eds, *Finance, Development and Structural Change: Post-Keynesian Perspectives* (Aldershot: Edward Elgar, 1995), 263-91.

63 Shaun Goldfinch, "Economic Reform in New Zealand: Radical Liberalization in a Small Economy", *Otemon Journal of Australian Studies,* 30 (2004): 75-98.

64 Foley, "Marx's Theory of Money in Historical Perspective", p 43.

65 흥미로운 묘사는 Ben Judah, "The Sphinx Who Reshaped Europe", *The Critic* (May 2021) 참조.

66 Tooze, *Shutdown*, p 15.

67 같은 책, ch 8.

68 Daniela Gabor, "Critical Macro-Finance: A Theoretical Lens", *Finance and Society* 6.1 (2020): 45-55, here pp 51-2.

69 Michal Kalecki, "Political Aspects of Full Employment", *Political Quarterly,* 14.4 (1943): 322-30, here p 325[국역: "완전고용의 정치적 측면", 《자본주의 경제 동학 에세이》, 지만지, 2010].

70 같은 책, p 326.

71 Michael H. Best and William E. Connolly, *The Politicized Economy* (Lexington, MA: D. C. Heath & Co, 1980).

72 메드록의 말은 여기서 찾아볼 수 있다. https://twitter.com/jdcmedlock/status/1350143296459341826.

73 Ezra Klein, "The Best Explanation of Biden's Thinking I've Heard", *New York Times,* 9 April 2021.

74 https://www.whitehouse.gov/briefing-room/statements-releases/2021/03/31/fact-sheet-the-american-jobs-plan 참조.

75 Klein, "The Best Explanation of Biden's Thinking".

76 같은 글.

77 https://www.whitehouse.gov/briefing-room/statements-releas-

es/2021/03/31/fact-sheet-the-american-jobs-plan 참조.

78 Cédric Durand, "1979 in Reverse", *Sidecar*, 1 June 2021. https://newleftreview.org/sidecar/posts/1979-in-reverse.

79 인플레이션 이론은 Guglielmo Carchedi, *Frontiers of Political Economy* (London: Verso, 1991), ch 5와 Michael Roberts and Guglielmo Carchedi, *Capitalism in the 21st Century: Through the Prism of Value* (London: Pluto, 2023), 75-91 참조. 카르케디와 로버츠는 자본주의에 인플레이션 완화 경향이 있다고 주장한다. 생산성이 향상되면 생산물 단위당 새로운 가치(=임금+이윤)의 양이 감소해서, 통화량이 충분히 증가하더라도 인플레이션이 상쇄될 수 있기 때문이다. 현재의 불가 능에 관한 유용한 논의는 Cédric Durand, "Energy Dilemma", *Sidecar*, 5 November 2021. https://newleftreview.org/sidecar/posts/energy-dilemma; in Michael Roberts, "Inflation: Supply or Demand?", Blog, 19 February 2022. https://thenextrecession.wordpress.com/2022/02/19/inflation-supply-or-demand; and in Adam Tooze, "Chartbook #122: What Drives Inflation?", Blog, 17 May 2022. https://adamtooze.substack.eom/p/chartbook-122-what-drives-inflation?s=r&utm_campaign=post&utm_medium=web 참조.

80 Chris Giles, "Bank of England's Andrew Bailey Dishes out Tough Love to British Public", *Financial Times*, 3 February 2022.

81 Szu Ping Chan, "Don't Ask for a Big Pay Rise, Warns Bank of England Boss", 4 February 2022. https://www.bbc.com/news/business-60206564.

82 Kaldor, *The Scourge of Monetarism*, p 100.

83 Martin Sandbu, "The Class Warriors of the Bank of England", *Financial Times*, 10 February 2022.

84 Chris Hayes and Carsten Jung, *Prices and Profits after the Pandemic*, IPPR and Common Wealth, June 2022. https://www.ippr.org/files/2022-06/prices-and-profits-after-the-pandemic-june-22.pdf. "이윤과 물가의 악순환"은 유행어가 됐다. 나는 그 말을 [독일 마르크스주의자] 폴크하르트 모슬러에게 처음 들었다.

85 Colby Smith, "Fed to Begin 'Rapid' Balance Sheet Reduction as soon as

May, Says Top Official", *Financial Times*, 5 April 2022.

86   Robert Armstrong and Ethan Wu, "What the Bond Rout is Telling Us", *Financial Times*, 28 March 2022.

87   Ole J. Benedictow, *The Complete History of the Black Death*, rev edn (Woodbridge: Boydell Press, 2021), p 891.

88   David Ratner and Jae Sim, "Who Killed the Phillips Curve? A Murder Mystery", Finance and Economics Discussion Series, 2022. https://doi.org/10.17016/FEDS.2022.028.

89   Joseph Choonara, "Uncertain Future: Workers in the Pandemic", *International Socialism*, 2.173 (2021): 3-16, here p 12.

90   Art Preis, *Labor's Giant Step: The First Twenty Years of the CIO: 1936-55* (New York: Pathfinder Press, 1972); Ira Katznelson, *Fear Itself: The New Deal and the Origins of Our Times* (New York: Liveright, 2013); Michael Goldfield, *The Southern Key: Class, Race, and Radicalism in the 1930s and 1940s* (New York: Oxford University Press, 2020).

4장 미국 패권의 쇠퇴와 지정학적 적대 관계

1   "Remarks by President Biden on the American Jobs Plan", 31 March 2021. https://www.whitehouse.gov/briefing-room/speeches-remarks/2021/03/31/remarks-by-president-biden-on-the-american-jobs-plan.

2   Edward Luce, "For Biden - and America - It's Basically China from Now On", *Financial Times*, 17 September 2021.

3   Antony J. Blinken, "The Administration's Approach to the People's Republic of China", US Department of State, 26 May 2022. https://www.state.gov/the-administrations-approach-to-the-peoples-republic-of-china.

4   Rana Forohaar, "It's Not Just the Economy, Stupid", *Financial Times*, 21 February 2022.

5   Thomas L. Friedman, *The World Is Flat: A Brief History of the Globalized World in the Twenty-First Century* (London: Penguin, 2005)[국역: 《세계는 평

평하다》, 21세기북스, 2013].

6 Michael Hardt and Toni Negri, *Empire* (Cambridge, MA: Harvard University Press, 2000)[국역: 《제국》, 이학사, 2001]; 이에 대한 비판은 Alex Callinicos, "Toni Negri in Perspective", *International Socialism*, 2.92 (2001): 33–61[국역: "토니 네그리, 맥락 속에서 보기", 《아나키즘》, 책갈피, 2013].

7 Valentina Pop, Sam Fleming, and James Politi, "Weaponization of Finance: how the West Unleashed 'Shock and Awe' on Russia", *Financial Times*, 6 April 2022.

8 "Russia's Invasion of Ukraine Adds to Pressure on Chip Supply Chain", *Financial Times*, 4 March 2022.

9 Katherine Hille, "TSMC: How a Taiwanese Chipmaker Became a Linchpin of the Global Economy", *Financial Times*, 24 March 2021.

10 Alex Callinicos, *Imperialism and Global Political Economy* (Cambridge: Polity, 2009), chs 4 and 5. Mazen Labban, *Space, Oil, and Capital* (Abingdon: Routledge, 2008)은 마르크스주의 가치 이론을 바탕으로 자본 간 경쟁과 석유 산업을 연구한 책인데, 제국주의의 역사에 관한 흥미로운 정보를 많이 제공한다.

11 Chris Harman, "The Storm Breaks: The Crisis in the Eastern Bloc", *International Socialism*, 2.45 (1990): 3–93[국역: 《1989년 동유럽 혁명과 국가자본주의 체제 붕괴》, 책갈피, 2009].

12 Labban, *Space, Oil, and Capital*, p 95.

13 Charles Krauthammer, "The Unipolar Moment", *Foreign Affairs*, 70.1 (1990–1): 23–33.

14 Peter Gowan, *The Global Gamble: Washington's Faustian Bid for World Dominance* (London: Verso, 1999)[국역: 《세계 없는 세계화》, 시유시, 2001]; Gilbert Achcar, "The Strategic Triad: The United States, Russia, and China", *New Left Review*, 1.228 (1998): 91–126.

15 예컨대 Michael Doyle, "Liberalism and World Politics", *American Political Science Review*, 80 (1986): 1151–69 and G. John Ikenberry, *Liberal Leviathan: The Origins, Crisis, and Transformation of the American World Order*

(Princeton, NJ: Princeton University Press, 2012).

16 특히 Leo Panitch and Sam Gindin, *The Making of Global Capitalism: The Political Economy of American Empire* (London: Verso, 2012) 참조.

17 동시대의 분석은 Alex Callinicos, *The New Mandarins of American Power: The Bush Administration's Plans for the World* (Cambridge: Polity, 2003)[국역: 《미국의 세계 제패 전략》, 책갈피, 2004] 참조. 또 미군의 역사는 Andrew J. Bacevich, *America's War for the Greater Middle East: A Military History* (New York: Random House, 2016), Kindle edn 참조.

18 Robert Kagan, "America's Crisis of Legitimacy", *Foreign Affairs*, 83.2 (2004): 65-87.

19 David E. Sanger, *Confront and Conceal: Obama's Secret Wars and Surprising Use of American Power* (New York: Crown Publishers, 2012).

20 Lucia Pradella and Sahar Taghdisi Rad, "Libya and Europe: Imperialism, Crisis and Migration", *Third World Quarterly*, 38.11 (2017): 2411-27.

21 Alex Callinicos, "The Multiple Crises of Imperialism", *International Socialism*, 2.144 (2014): 17-36.

22 David Samuels, "The Aspiring Novelist Who Became Obama's Foreign-Policy Guru", *New York Times*, 6 May 2016.

23 Bacevich, *America's War for the Greater Middle East*, Kindle loc. 6839.

24 UNCTAD, *Investment Trends Monitor*, January 2022.

25 Hudson Lockett, "How Xi Jinping is Reshaping China's Capital Markets", *Financial Times*, 12 June 2022.

26 Chris Harman, "The State and Capitalism Today", *International Socialism*, 2.51 (1991): 3-54[국역: "오늘날 국가와 자본주의", 《자본주의 국가》, 책갈피, 2015].

27 인도·태평양 지역의 갈등에 관한 더 확대된 논의는 Callinicos, "The Multiple Crises of Imperialism" 참조. 트럼프 정부 시절 국방부 관리를 지낸 사람이 이 갈등을 현실주의 관점에서 명쾌하게 분석한 책 Elliott* A. Colby, *The Strategy of*

---

* Elbridge를 잘못 쓴 듯하다.

Denial: American Defense in an Age of Great Power Conflict (New Haven, CT: Yale University Press, 2021)도 참조.

28 Michael Roberts, "IIPPE 2021: Imperialism, China and Finance", Blog, https://thenextrecession.wordpress.com/2021/09/30/iippe-2021-imperialism-china-and-finance. 또 Michael Roberts and Guglielmo Carchedi, *Capitalism in the 21st Century: Through the Prism of Value* (London: Pluto, 2023), ch 4 도 참조.

29 Herbert Feis, *Europe: The World's Banker, 1870-1914* (New Haven, CT: Yale University Press, 1930), pp 14, 47, 72.

30 Rana Forohaar, "The Squid and the Whale", *Financial Times, 25* October 2021.

31 Paul M. Kennedy, *The Rise of the Anglo-German Antagonism* (New York: Prometheus Books, 1980).

32 Sara Sorcher, "Top US Military Officer Says China's Hypersonic Weapon Test Very Close to a 'Sputnik Moment'", *Washington Post*, 27 October 2021. 1957년에 소련은 세계 최초의 인공위성을 발사해서 미국의 기술적 우위에 도전하는 듯했지만, 실제로는 미국이 여전히 무기 경쟁에서 훨씬 앞서 있었다. Theodore Voorhees Jr, *The Silent Guns of Two Octobers: Kennedy and Khrushchev Play the Double Game* (Ann Arbor: University of Michigan Press, 2020), ch 1 참조.

33 "US looks like Soviet Union from Outside, Qing Dynasty from Inside", *Global Times*, 24 November 2021.

34 명쾌하고 통찰력 있는 논의는 Marco D'Eramo, "American Decline?", *New Left Review,* 2.135 (2022): 5-21 참조.

35 Daniel W. Drezner, "Targeted Sanctions in a World of Global Finance", *International Interactions,* 41.4 (2015): 755-64; Nicholas Mulder, *The Economic Weapon: The Rise of Sanctions as a Tool of Modern War* (New Haven, CT: Yale University Press, 2022): Conclusion.

36 Martin Wolf, "China Is Wrong to Think the US Faces Inevitable Decline", *Fi-*

nancial Times, 27 April 2021.

37 John Paul Rathbone, "Russian Menace Brings Abrupt End to the West's 'Peace Dividend'", *Financial Times,* 7 June 2022.

38 Adam Tooze, "The New Age of American Power", *New Statesman,* 9 September 2021.

39 "NATO 2022 Strategic Concept", NATO, June 2022. https://www.nato.int/nato_static_fl2014/assets/pdf/2022/6/pdf/290622-strategic-concept.pdf.

40 Matthew C. Klein and Michael Pettis, *Trade Wars Are Class Wars: How Rising Inequality Distorts the Global Economy and Threatens International Peace* (New Haven, CT: Yale University Press, 2020), p 112[국역: 《무역 전쟁은 계급 전쟁이다》, 시그마북스, 2021].

41 Michael Pettis, "Why Trade Wars are Inevitable", *Foreign Policy,* 19 October 2019. 이런 분석의 전 단계는 Michael Pettis, *The Great Rebalancing: Trade, Conflict, and the Perilous Road Ahead for the World Economy* (Princeton, NJ: Princeton University Press, 2013)[국역: 《세계 경제의 거대한 재균형》, 에코리브르, 2013] 참조. 클라인과 페티스는 J A 홉슨의 원조 케인스주의적 제국주의 이론에 의지하는데, 홉슨은 강대국의 팽창과 경쟁을 소득분배의 불평등으로 인한 국내 수요 제한의 결과로 설명한다. J. A. Hobson, *Imperialism: A Study,* 3rd edn (London: Allen & Unwin, 1938)[국역: 《제국주의론》, 창비, 1993] 참조.

42 Klein and Pettis, *Trade Wars Are Class Wars,* pp 114-19.

43 Yen Nee Lee, "These Charts Show the Dramatic Increase in China's Debt", CNBC, 28 June 2021. https://www.cnbc.com/2021/06/29/china-economy-charts-show-how-much-debt-has-grown.html.

44 Sun Yu and Tom Mitchell, 2022, "China's Economy: The Fallout from the Evergrande Crisis", *Financial Times,* 6 January 2022.

45 Klein and Pettis, *Trade Wars Are Class Wars,* p 125.

46 Xi, Jinping, "Understanding the New Development Stage, Applying the New Development Philosophy, and Creating a New Development Dynamic", *Qiushi,* 8 July 2021. 이 구절의 중국어 원문을 확인하고 설명해 준 웨저우린 박사

에게 감사한다.

47 Adam Tooze, *Shutdown: How Covid Shook the World's Economy* (London: Penguin, 2021), p 128.

48 Yu and Mitchell, "China's Economy".

49 같은 글.

50 Michael Pettis, "What Does Evergrande Meltdown Mean for China?", *China Financial Markets*, 20 September 2021.

51 Michael Pettis, "It Won't be Easy for Foreign Firms to Leave China", *China Financial: GlobalSource Partners*, 13 June 2022.

52 Tony Norfield, *The City: London and the Global Power of Finance* (London: Verso, 2016), ch 1, "World Hierarchy" 참조. 노필드가 국가의 순위를 매기는 다섯 가지 기준은 명목 국내총생산, 해외 자산 소유, 금융 부문의 국제적 중요성, 외화 거래에서 사용되는 통화, 군비 지출 수준이다. 금융이 차지하는 비중은 (다른 세 기준을 감안하면) 영국에 너무 유리하다는 것은 거의 틀림없다. 또 러시아는 에너지 생산국이자 군사 대국으로서 중요하기 때문에 노필드가 말한 "프리미어 리그"에 포함될 만하다. Helen Thompson, *Disorder: Hard Times in the 21st Century* (New York: Oxford University Press, 2022)는 20세기와 21세기에 국가 간 관계를 형성하는 데서 에너지 접근권의 중요성을 분석했는데, 이런 분석에 비춰 보면 에너지 접근권을 통제할 능력도 국력의 순위를 매기는 기준에 포함될 필요가 있다.

53 아류 제국주의에 관한 자세한 논의는 Alex Callinicos, "Marxism and Imperialism Today", *International Socialism*, 2.50 (1991): 3-48[국역: 《마르크스주의와 오늘날의 제국주의》, 노동자연대, 2017] 참조.

54 Adam Tooze, "Chartbook #68 Putin's Challenge to Western Hegemony: The 2022 Edition", Blog, 12 January, https://adamtooze.substack.com/p/chartbook-68-putins-challenge-to?fbclid=&s=r. 또 Tony Wood, *Russia without Putin: Money, Power and the Myths of the New Cold War* (London: Verso, 2018)과 Ilya Budraitskis, *Dissidents among Dissidents: Ideology, Politics and the Left in Post-Soviet Russia* (London: Verso, 2022)도 참조.

55 International Energy Agency, "Energy Fact Sheet: Why Does Russian Oil and Gas Matter?", IEA, 24 March 2022. https://www.iea.org/articles/energy-fact-sheet-why-does-russian-oil-and-gas-matter. On the Russian energy industry since the end of the Cold War, see also Labban, *Space, Oil, and Capital*, ch 5.

56 Henry Foy et al, "Russia: Vladimir Putin's Pivot to Africa", *Financial Times*, 22 January 2019.

57 Andrew England and Simeon Kerr, "'More of China, less of America': How Superpower Fight Is Squeezing the Gulf", *Financial Times*, 20 September 2021.

58 Patrick Bond, "Beyond Sub-Imperial War, 'Blood Methane' and Climate-Debt Denialism: South Africa's Pro-Military Lobby Risks Worsening Multiple Injustices in Northern Mozambique", *Thinker*, 90 (2022): 69-80, here pp 70-1.

59 Vijay Prashad, "Why the Discovery Of Natural Gas in Mozambique Has Produced Tragedy", *Mail and Guardian*, 3 September 2021; International Crisis Group, "Winning Peace in Mozambique's Embattled North", *Crisis Group Africa Briefing*, 178 (10 February 2022). https://d2071andvip0wj.cloudfront.net/b178-winning-peace-in-mozambique_2 .pdf.

60 Joe Bavier, "Congo War-Driven Crisis Kills 45,000 a Month: Study", Reuters, 22 January 2008.

61 Thompson, *Disorder*, ch 2.

62 Claude Serfati, *Le Militaire: Une histoire française* (Paris: Éditions Amsterdam, 2016).

63 Simon Bromley, *American Hegemony and World Oil* (Cambridge: Polity, 1991), p 86.

64 Thompson, *Disorder*, pp 55-7.

65 David Harvey, *The New Imperialism* (Oxford: Oxford University Press, 2003), p 19.

66 International Energy Agency, "US Energy Facts Explained", EIA 2021. https://www.eia.gov/energyexplained/us-energy-facts/imports-and-exports.php.

67 Thompson, *Disorder,* p 7.

68 미국 국가안보기록관(National Security Archive)의 방대한 문서, "NATO Expansion: What Gorbachev Heard", 17 December 2017. https://nsarchive.gwu.edu/briefing-book/russia-programs/2017-12-12/nato-expansion-what-gorbachev-heard-western-leaders-early 참조.

69 M. E. Sarotte, *Not One Inch: America, Russia, and the Making of Post-Cold War Stalemate* (New Haven, CT: Yale University Press, 2021), p 87.

70 같은 책, pp 275와 464(에서 각각 인용했음). 장기적인 역사적 전망은 Alan Cafruny et al, "Ukraine, Multipolarity and the Crisis of Grand Strategies", *Journal of Balkan and Near Eastern Studies* (2022). https://doi.org/10.1080/19448953.2022.2084881 참조.

71 Alex Callinicos, *Bonfire of Illusions: The Twin Crises of the Liberal World* (Cambridge: Polity, 2010).

72 Zbigniew Brzezinski, *The Grand Chessboard: American Primacy and Its Geostrategic Imperatives* (New York: Basic Books, 2016 [1997]), pp 74, 46[국역: 《거대한 체스판》, 삼인, 2017]. 우크라이나의 독립 이후 인구가 계속 줄어서 2021년 7월 추산 4374만 5640명에 불과한 것은(https://www.cia.gov/the-world-factbook/countries/ukraine/#people-and-society) 비참한 경제사의 징후다(Michael Roberts, "Ukraine: Trapped in a War-Zone", Blog, 14 February 2022, https://thenextrecession.wordpress.com/2022/02/14/ukraine-trapped-in-a-war-zone 참조).

73 Brzezinski, *The Grand Chessboard,* p 52.

74 Rob Ferguson, "Ukraine: Imperialism, War and the Left", *International Socialism,* 2.144 (2014)[국역: "우크라이나: 제국주의, 전쟁, 좌파", 《마르크스21》 44호, 책갈피, 2022]; Yuliya Yurchenko, *Ukraine and the Empire of Capital: From Marketization to Armed Conflict* (London: Pluto, 2018); and Volodymyr Ishchenko, "Towards the Abyss", *New Left Review,* 2.133/134 (2022): 17-39.

75 이와 대조적으로, 쿠바 위기 때 소련 지도자 니키타 흐루쇼프는 미국 대통령 존 F 케네디가 중요한 양보 조치들을 은밀히 제안하자 기꺼이 체면 손상을 받아들였다(Voorhees, *The Silent Guns of Two Octobers* 참조). 사실 '정면 대결'의 순간은 신화다. Glenn Kessler, "An 'Eyeball-to-Eyeball' Moment That Never Happened", *Washington Post*, 23 June 2014 참조.

76 Gideon Rachman, "Russia's and China's Plans for a New World Order", *Financial Times*, 23 January 2022.

77 Xijin Hu, "Russia a Crucial Partner for China in Deterring US", *Global Times*, 22 March 2022.

78 Baruch Spinoza, *Political Treatise*, 1.4, in his *Complete Works*, edited by Michael L. Morgan (Indianapolis, IN: Hackett, 2002), Kindle loc. 16579.

79 Charles Tilly, *Coercion, Capital, and European States, AD 990-1992* (Oxford: Blackwell, 1993)[국역: 《유럽 국민국가의 계보》, 그린비, 2018].

80 https://www.youtube.com/watch?v=CVcKx5-mZx4 참조.

81 Wolfgang Munchau, "Networks of Resistance", EuroIntelligence, 1 May 2022. https://www.enrointelligence.com/column/networks-of-resistance?fbclid=Iw.

82 Mark Mazzetti et al, "For the US, a Tenuous Balance in Confronting Russia", *New York Times* (19 March 2022).

83 https://www.bloomberg.com/news/videos/2022-03-17/u-s-is-in-a-proxy-war-with-russia-panetta-video 참조.

84 David E. Sanger, "Behind Austin's Call for a 'Weakened' Russia, Hints of a Shift", *New York Times* (25 April 2022).

85 Mark Hertling, "I Commanded US Army Europe. Here's What I Saw in the Russian and Ukrainian Armies", *The Bulwark* (11 April 2022).

86 John Curtis and Claire Mills, "Military Assistance to Ukraine since the Russian Invasion", House of Commons Library: Research Briefing 9477, 23 March 2022; John Paul Rathbone, Henry Foy, and Paul Jones, "Military Briefing: West Raises Effort to Arm Ukraine as Donbas Battle Looms", *Finan-*

cial Times, 7 April 2022; Tony Diver, "Boris Johnson Promises Armoured Vehicles and More Missiles in Secret Meeting with Volodymyr Zelensky", *Telegraph*, 9 April 2022; Felicia Schwarz, "'A Profound Shift': US Boosts Supply of Heavy Weapons to Ukraine", *Financial Times*, 23 April 2022; Felicia Schwarz, "Joe Biden Asks Congress for $33bn More Aid for Ukraine as Conflict Escalates", *Financial Times*, 28 April 2022; and Felicia Schwarz, "US to Provide Ukraine with Longer-Range Rocket Systems", *Financial Times*, 1 June 2022.

87 Ben Hall, Henry Foy, and Felicia Schwartz, "Military Briefing: NATO Brings Back Cold War Doctrine to Counter Russian Threat", *Financial Times*, 30 June 2022.

88 "Remarks by President Biden on the United Efforts of the Free World to Support the People of Ukraine", White House, 26 March, https://www.whitehouse.gov/briefing-room/speeches-remarks/2022/03/26/remarks-by-president-biden-on-the-united-efforts-of-the-free-world-to-support-the-people-of-ukraine.

89 James Meadway, "Central Banks as Weapons: How the West Learned from the Eurozone Crisis", Blog, 28 February 2022. https://jamesmeadway.substack.c0m/p/central-banks-as-weapons-how-the?utm=&s=r.

90 https://twitter.com/LevMenand/status/1498650790071779334 참조.

91 Derek Brower, "US Energy Envoy Asks India to Restrain Russian Oil Purchases", *Financial Times*, 9 June 2022.

92 Helen Thompson, "Whatever Moscow's Military Defeats in Ukraine, Vladimir Putin Is Winning the Energy War", *New Statesman*, 22 June 2022.

93 Alan Beattie, "The Dogs Bark, but the Trade Caravan Moves On", *Financial Times*, 22 November 2021.

94 Simeon Kerr, Samer Al-Artrush, and Andrew England, "Gulf States' Neutrality on Ukraine Reflects Deeper Russian Ties", *Financial Times*, 28 February 2022.

95 David Adler, "The West vs Russia: Why the Global South Isn't Taking Sides", *Guardian*, 10 March 2022.

96 Katherine Hille, "China Reverses Roles in Arms Trade with Russia", *Financial Times*, 30 March 2022.

97 James Meadway, "Twilight of the Greenback: How Sanctions May Hasten the Dollar's Decline", *New Statesman*, 14 March 2022.

98 Serkan Arslanalap, Barry Eichengreen, and Chirna Simpson-Bell, "The Stealth Erosion of Dollar Dominance: Active Diversifiers and the Rise of Non-Traditional Reserve Currencies", IMF Working Paper, 24 March 2022.

99 Adam Tooze, "Chartbook #94: Putin's War, China and the Euro-Dollar Trap", Blog, 7 March 2022. https://adamtooze.substack.com/p/chartbook-94-putins-war-and-the-china?s=r. 지정학적 갈등이 세계화에 미치는 영향을 약간 다르게 보는 의견들은 Robert Armstrong and Ethan Wu, "Chartbook-Unhedged Exchange #2: The End Of Globalization As We Know It?", *Chartbook*, 31 March 2022. https://adamtooze.substack.com/p/chartbook-unhedged-exchange-2-the?s=r; John Micklethwait and Adrian Wooldridge, "Putin and Xi Exposed the Great Illusion of Capitalism", Bloomberg, 24 March 2022. https://www.bloomberg.com/opinion/articles/2022-03-24/ukraine-war-has-russia-s-putin-xi-jinping-exposing-capitalism-s-great-illusion?; and Zoltán Pozsar, "Money, Commodities, and Bretton Woods III", Credit Suisse, 31 March 2022. https://plus2.credit-suisse.com/shorturlpdf.html?v=51io-WTBd-V. 참조.

100 Colin Kahl and Thomas Wright, 2021, *Aftershocks: Pandemic Politics and the End of the Old International Order* (New York: St Martin's Press), pp 41-2.

101 같은 책, pp 78-9.

102 Alex Callinicos, "Iraq: Fulcrum of World Politics", *Third World Quarterly*, 26.4/5 (2005): 593-608.

103 David Deudney and G. John Ikenberry, "Misplaced Restraint: The Quincy Coalition Versus Liberal Internationalism", *Survival*, 63.4 (2021): 7-32, here p 24.

104 같은 글, p 27.

105 Robert Kagan, "The Case for a League of Democracies", *Financial Times*, 13 May 2008.

106 "Remarks by President Biden on the United Efforts of the Free World to Support the People of Ukraine".

107 이런 미사여구를 대단히 탁월하게 해체한 글은 Samuel Moyn, "How to Stop a New Cold War", *Prospect*, 7 April 2022 참조.

108 Tania Greer, "Xi Jinping in Translation: China's Guiding Ideology", American Moment, 31 May 2019. https://www.americanmoment.org/xi-jinping-in-translation-chinas-guiding-ideology. "마오쩌둥 사상"의 계보학에 관해서는 Nigel Harris, *The Mandate of Heaven: Marx and Mao in Modern China* (Chicago, IL: Haymarket, 2015 [1978]) 참조.

109 Cas Mudde, *The Far Right Today* (Cambridge: Polity, 2019), p 67[국역: 《혐오와 차별은 어떻게 정치가 되는가》, 위즈덤하우스, 2021].

110 Nick Allen and Rozina Sabur, "Donald Trump Hails Vladimir Putin as a 'Genius' over Russia's Invasion of Ukraine," *Telegraph*, 23 February 2022.

5장 반란과 반동

1 Joseph Choonara, "A New Cycle of Revolt", *International Socialism*, 2.165 (2019): 21-36[국역: "세계적 투쟁의 새 물결", 〈노동자 연대〉].

2 Cas Mudde, "The Far-Right Threat in the United States: A European Perspective", *Annals of the American Academy of Political and Social Science*, 699.1 (2022): 101-16, here p 106.

3 Ugo Palheta, *La Possibilité du fascisme: France, le trajectoire du désastre* (Paris: La Découverte, 2018), ch 2.

4 Antonio Gramsci, *Selections from the Prison Notebooks* (London: Lawrence & Wishart, 1971), pp 275-6; Antonio Gramsci, *Quaderni del carcere*, 4 vols, ed by Valentino Gerratana, vol 2 (Rome: Einaudi, 1975): Quaderno 3 (xx), § 34, p 377.

5   Chantal Mouffe, *For a Left Populism* (London: Verso, 2018), p 25[국역: 《좌파 포퓰리즘을 위하여》, 문학세계사, 2019]. 폴리비우스와 마키아벨리의 저서에서 영감을 얻어 1970년대 이후 자유민주주의의 위기를 탁월하게 분석한 Helen Thompson, *Disorder: Hard Times in the 21st Century* (New York: Oxford University Press, 2022), Part III 참조.

6   Alex Callinicos, "The Return of the Arab Revolution", *International Socialism*, 2.130 (2011): 3-32[국역: "아랍 혁명의 귀환", 《마르크스21》 9호, 책갈피, 2011]; Anne Alexander and Mostafa Bassiouny, *Bread, Peace, and Social Justice: Workers and the Egyptian Revolution* (London: Zed, 2014).

7   이 경험에 대한 최근의 성찰은 Stathis Kouvelakis, "Beyond Left-Wing Melancholia: Reflections on a Militant Trajectory", Blog, Verso, 1 April 2022. https://www.versobooks.com/blogs/5316-beyond-left-wing-melancholia-reflections-on-a-militant-trajectory 참조.

8   Kieran Allen, *32 Counties: The Failure of Partition and the Case for a United Ireland* (London: Pluto, 2021).

9   Cas Mudde, *The Far Right Today* (Cambridge: Polity, 2019) and Mark Thomas, "Fascism in Europe Today", *International Socialism*, 2.162 (2019): 27-63.

10 Berta Joubert-Ceci, "US Economic Wars and Latin America", in Robin Riley, Chandra Talpade Mohanty, and Minnie Bruce Pratt, eds, *Feminism and War: Confronting US Imperialism* (London: Zed, 2008), 238-42, here p 240.

11 십중팔구 가장 중요한 예외는 2015~2017년 영국 노동당의 코빈 지도부 초기일 것이다. 그때는 노동당 우파와 주류 언론이 코빈을 개인적으로 파멸시키려고 시작한 전례 없는 공세와 브렉시트 위기의 결과에 코빈 지도부가 압도당하기 전이었다. 급진 좌파의 더 광범한 실패는 여기서 다룰 수 없는 중요한 주제다.

12 Mudde, *The Far Right Today*, p 101.

13 Agnieszka Graff and Elzbieta Korolczuk, *Anti-Gender Politics in the Populist Movement* (London: Routledge, 2022), p 19.

14 Fredric Jameson, *The Political Unconscious: Narrative as Socially Symbolic*

Act (London: Methuen, 1981), p 52.

15 같은 책, pp 52, 55, 102.

16 Donald Trump, Inaugural Address, (20 January 2017. https://www.presidency.ucsb.edu/node/320188.

17 Marco D'Eramo, "Populism and the New Oligarchy", *New Left Review*, 2.82 (2013): 5-28.

18 유용한 논의는 Graff and Korolczuk, *Anti-Gender Politics in the Populist Movement*, ch 1 참조.

19 Ernesto Laclau, *Of Populist Reason* (London: Verso, 2005).

20 William Callison and Quin Slobodian, "Coronapolitics from the Reichstag to the Capitol", *Boston Review*, 21 January 2021.

21 Walden Bello, *Counterrevolution: The Global Rise of the Far Right* (Rugby: Practical Action Publishing, 2019), p 166.

22 Tariq Ali, *The Extreme Centre: A Warning* (London: Verso, 2015).

23 Priya Chacko and Kanishka Jayasuriya, "Asia's Conservative Moment: Understanding the Rise of the Right", *Journal of Contemporary Asia*, 48.4 (2018): 529-40; Nicos Poulantzas, *State, Power, Socialism* (London: NLB, 1978), pp 203-4.

24 Chacko and Jayasuriya, "Asia's Conservative Moment", p 534.

25 Bello, *Counterrevolution*, chs 6 and 7 and the Postscript 참조.

26 이 중요한 점을 나에게 알려 준 존 로즈에게 감사한다.

27 Ed Pertwee, "Donald Trump, the Anti-Muslim Far Right and the New Conservative Revolution", *Ethnic and Racial Studies*, 43.16 (2020): 211-30, here pp 212-13.

28 Judith Orr, "Women and the Far Right", *International Socialism*, 2.163 (2019): 41-64.

29 Pertwee, "Donald Trump, the Anti-Muslim Far Right and the New Conservative Revolution", pp 223-4.

30 Graff and Korolczuk, *Anti-Gender Politics in the Populist Movement*, p 122 에서 인용.

31 Kees Van der Pijl, *The Making of an Atlantic Ruling Class* (London: Verso, 1984).

32 Chris Harman, *Class Struggles in Eastern Europe, 1945-83* (London: Pluto, 1983)[국역:《동유럽에서의 계급투쟁》, 갈무리, 1994].

33 Mudde, *The Far Right Today*, p 20.

34 인용문 출처는 Twitter: visit https://twitter.com/CasMudde/status/1513246220260675598.

35 Utsa Patnaik and Prabhat Patnaik, *Capitalism and Imperialism: Theory, History, and the Present* (New York: Monthly Review Press, 2021), p 307.

36 Enzo Traverso, *The New Faces of Fascism: Populism and Far Right* (London: Verso, 2019), Kindle loc. 557. 또 파시즘을 위험으로만 다루는 뛰어난 국민연합 연구서 Ugo Palheta, *La Possibilité du fascisme: France, le trajectoire du désastre* (Paris: La Découverte, 2018)도 참조.

37 Peter Gowan, *The Global Gamble: Washington's Faustian Bid for World Dominance* (London: Verso, 1999).

38 Robert Brenner, "Escalating Plunder", *New Left Review*, 2.123 (2020): 5-22, here p 22.

39 Thomas Piketty, Emmanuel Saez, and Gabriel Zucman, "Economic Growth in the United States: A Tale of Two Countries", Washington Centre for Economic Growth, 6 December 2016. http://equitablegrowth.org/research-analysis/economic-growth-in-the-united-states-a-tale-of-two-countries.

40 "Illness as Indicator", *The Economist*, 19 November 2016.

41 Daniel Lazare, *The Frozen Republic: How the Constitution is Paralysing Democracy* (New York: Harcourt, Brace, 1996).

42 미국 헌법 원문은 국립문서기록관리청 웹사이트 참조 https://www.archives.gov/founding-docs/constitution-transcript.

43 W. E. B. Du Bois, *Black Reconstruction in America: An Essay toward a His-*

tory of the Part Which Black Folks Played in the Attempt to Reconstruct Democracy in America, 1860-1880 (New York: Oxford University Press, 2007); Eric Foner, Reconstruction: America's Unfinished Revolution, 1863-1877 (New York: Harper Perennial, 2014 [1988]); and Henry Louis Gates Jr, Stony the Road: Reconstruction, White Supremacy, and Rise of Jim Crow (London: Penguin, 2019). 이 3권의 책은 남부 재건과 그 실패를 다룬 뛰어난 연구서들이다. 마르크스와 남북전쟁에 관해서는 Robin Blackburn, Marx and Lincoln: An Unfinished Revolution (London: Verso, 2011)과 Lucia Pradella, "Crisis, Revolution and Hegemonic Tradition: The American Civil War and Emancipation in Marx's Capital", Science & Society, 80.4 (2016): 45-4-67 참조.

44 Michelle Alexander, The New Jim Crow: Mass Incarceration in the Age of Colorblindness (New York: New Press, 2010).

45 '백인 우월주의'라는 딱지가 너무 단순한 이유는, 한편으로는 민주당 내 흑인들의 정치적 영향력이 증대해서 그들의 조직적 추진력 덕분에 바이든은 2021년 1월 조지아주의 연방 상원의원 선거에서 2석을 확보해 상하 양원을 장악할 수 있게 됐기 때문이고, 다른 한편으로는 2020년 11월 [미국 대선에서] "트럼프가 여러 도시 안팎의 백인·공화당 우세 지역에서 지지 기반을 상실(해서 결국 대선에서 패배)했을 때조차 이주민 거주 지역들에서 새로운 표를 얻었다"는 당황스러운 사실 때문이다.(Weiyi Cai and Ford Fessenden, "Immigrant Neighbourhoods Shifted Red as the Country Chose Blue", New York Times, 20 December 2020). 텍사스 남부에서 어떻게 이런 일이 일어났는지를 연구한 Mike Davis, "Trench Warfare: Notes on the 2020 Election", New Left Review, 2.126 (2020): 5-32, at pp 10-15 참조. '백인 우월주의' 주장을 탁월하게 비판한 August Nimtz, "The Meritocratic Myopia of Ta-Nehisi Coates", Monthly Review, 17 November 2017, https://mronline.org/2017/ll/17/the-meritocratic-myopia-of-ta-nehisi-coates, and Adolph L. Reed, Jr, The South: Jim Crow and Its Afterlives (London: Verso, 2022) 참조.

46 Louis Althusser, For Marx (London: Allen Lane, 1969), ch 3.

47 트럼프에 대한, 또 그와 자본·국가의 관계에 대한 자세한 분석은 Alex Callinic-

os, "The End of the World News", *International Socialism*, 2.153 (2016): 5-22 and Alex Callinicos, "The Neoliberal Order Begins to Crack", *International Socialism*, 2.154 (2017): 3-20 참조. 프로이트-마르크스주의 관점에서 트럼프의 정치 스타일을 날카롭게 분석한 Eli Zaretsky, "The Big Lie", *London Review of Books*, Blog, 15 February 2021. https://www.lrb.co.uk/blog/2 021/february/the-big-lie 참조.

48 Andrew Edgecliffe-Johnson, "Trump's Corporate Trouble", *Financial Times*, 30 October 2020.

49 Davis, "Trench Warfare", pp 18-19.

50 Davis, "Trench Warfare", p 20; Mike Davis and Adam Shatz, "Catholics and Lumpen-Billionaires", *London Review of Books*, Podcast, 3 November 2020. https://www.lrb.co.uk/podcasts-and-videos/podcasts/lrb-conversations/catholics-and-lumpen-billionaires.

51 "Wall Street/Trump: The Quieter Riot", *Financial Times*, 7 January 2021.

52 Davis, "Trench Warfare", p 17.

53 Joshua Chaffin, "How the Far Right Fell into Line behind Donald Trump", *Financial Times*, 19 January 2021.

54 Edward Luttwak, *Coup d'état: A Practical Handbook* (Cambridge, MA: Harvard University Press, 1968), p 27.

55 Naunihal Singh, "Was the US Capitol Riot Really a Coup? Here's Why Definitions Matter", *Washington Post*, 9 January 2021.

56 Timothy Snyder, "The American Abyss", *New York Times*, 9 January 2021.

57 Alexandria Ocasio-Cortez, "What Happened at the Capitol", Instagram, 2 February 2021. https://www.instagram.com/tv/CKxlyx4g-Yb/?igshid=1bzenjfdl26xz.

58 Meryl Kornfield, "Woman Charged in Capital Riot Said She Wanted to Shoot Pelosi 'In the Friggin' Brain'", FBI Says', *Washington Post*, 30 January 2021.

59 Todd Frankel, "A Majority of the People Arrested for Capitol Riot Had a History of Financial Trouble", *Washington Post*, 10 February 2021.

60 Tom Jackman and Spencer Hsu, "Proud Boys Leader Admits Plan to Storm Capitol and Will Testify against Others", *Washington Post*, 8 April 2022.

61 Rosalind Helderman and Jacqueline Alemany, "Jan. 6 Committee Blames Trump for 'Carnage' at US Capitol", *Washington Post*, 9 June 2022.

62 Paul Mason, "We Are All Antifa Now!", Medium, 7 January 2021. https://medium.com/mosquito-ridge/we-are-all-antifa-now-726b307e4255. 2월 6일 사태의 생생한 목격담은 William Shirer, *The Collapse of the Third Republic: An Inquiry into the Fall of France* (New York: Simon & Schuster, 1971), ch 14 참조.

63 Philip Rucker and Carol D. Leonnig, "*I Alone Can Fix It* Book Excerpt: The Inside Story of Trump's Defiance and Inaction on Jan 6", *Washington Post*, 15 July 2021.

64 Alex Horton et al, "Milley Defends Calls Made to His Chinese Counterpart, Saying They Were Sanctioned and Briefed across the Administration", *Washington Post*, 28 September 2021.

65 Michael Glennon, *National Security and Double Government* (New York: Oxford University Press, 2014), pp 6-7.

66 Mike DeBonis and Jacqueline Alemany, "Trump Sought to Lead Armed Mob to Capitol on Jan. 6, Aide Says", *Washington Post*, 28 June 2022.

67 질서가 회복되는 어설픈 과정을 재구성한 Rucker and Leonnig, "*I Alone Can Fix It* Book Excerpt" 참조.

68 Devlin Barrett, Spencer S. Hsu, and Aaron C. Davis, "'Be Ready to Fight': FBI Probe of US Capitol Riot Finds Evidence Detailing Coordination of an Assault", *Washington Post*, 30 January 2021.

69 Andrew Edgecliffe-Johnson, "US Business Lobby Groups Call for Patience over Election Result", *Financial Times*, 27 October 2020.

70 Andrew Edgecliffe-Johnson, "US Business Leaders Rue Their 'Faustian Bargain' with Trump'", *Financial Times*, 8 January 2021.

71 Snyder, "The American Abyss".

72 "Nearly Half of Republicans Support the Invasion of the US Capitol", *Economist*, 7 January 2021.

73 Lauren Fedor, "Impeachment Dilemma: Republicans Rally behind Trump before Senate Trial", *Financial Times*, 8 February 2021.

74 Snyder, "The American Abyss".

75 Lauren Fedor, "Donald Trump Still Looms over American Politics", *Financial Times*, 4 February 2022.

76 Lauren Fedor, "Donald Trump's Machine Kicks off 2022 with War Chest of More Than $100mn", *Financial Times*, 1 February 2022.

77 Paul Kane, Josh Dawsey, and Jacqueline Alemany, "Rep. Liz Cheney Tells Americans Why Jan. 6 Should Terrify Them", *Washington Post*, 10 June 2022.

78 Ugo Palheta, "Fascism, Fascization, Antifascism", Blog, 7 January 2021. https://www.historicalmaterialism.org/blog/fascism-fascisation-antifascism.

79 Davis, "Trench Warfare", p 32.

80 Barbara Walter, *How Civil Wars Start: And How to Stop Them* (London: Penguin, 2022), p 11. 월터의 책에 대한 통찰력 있고 사려 깊은 서평은 James Meek, "What Are You Willing to Do?", *London Review of Books*, 26 May 2022 참조.

81 Walter, *How Civil Wars Start*, pp 142, 138.

82 *Dobbs vs Jackson's Women's Health Organization*, 597 US (2022) (J. THOMAS, concurring, p 3).

83 James Politi and Stefania Palma, "Overturning of Roe vs Wade Sets out Right-Wing Path for US Supreme Court", *Financial Times*, 26 June 2022.

84 Scherer, Michael, "Conservatives on the March: GOP Gains Ground despite Democratic Control", *Washington Post*, 26 June 2022.

85 Jacob Bogage and Christopher Christopher Rowland, "Chasm Opens between States over Abortion Pills and Out-of-State Care", *Washington Post*, 25 June 2022.

86 Walter, *How Civil Wars Start*, pp 166-7, 181-2. Compare the superb history of the Civil War in James McPherson, *Battle-Cry of Freedom: The Civil War Era* (Oxford: Oxford University Press, 1988).

87 Walter, *How Civil Wars Start*, pp 171, 183-4.

88 Stephen Marche, "Why the US Military Isn't Ready for Civil War", *Foreign Policy*, 4 January 2022.

89 John Locke, *Two Treatises on Civil Government*, edited by Peter Laslett (Cambridge: Cambridge University Press, 1988), Book 2, §49, p 301[국역:《통치론》, 까치, 2022].

6장 비상 브레이크

1 Walter Benjamin, *Selected Writings*, vol 4: *1938-1940* (Cambridge MA: Harvard University Press, 2003), p 402.

2 Antonio Gramsci, *Selections from the Prison Notebooks* (London: Lawrence & Wishart, 1971), p 78; Antonio Gramsci, *Quaderni del carcere*, 4 vols, ed by Valentino Gerratana, vol 3 (Rome: Einaudi, 1975), Quaderno 10, §17, pp 2169-70; 내가 번역을 수정했다. 특히, 괄호 안에 있는 긴 구절("이 증명이 최종적으로 … ")을 원문의 본래 자리로 옮겨 놨다[영어 원문과 번역문의 순서는 다르다].

3 Benjamin, *Selected Writings*, p 396.

4 노동계급 주체성에 관한 멋진 역사적 설명은 Mike Davis, *Old Gods, New Enigmas: Marx's Lost Theory* (London: Verso, 2018), ch 1 참조.

5 Patrick Buchanan, "1992 Republican National Convention Speech", Blog, 1992. https://buchanan.org/blog/1992-republican-national-convention-speech-148.

6 Agnieszka Graff and Elzbieta Korolczuk, *Anti-Gender Politics in the Populist Movement* (London: Routledge, 2022), p 164.

7 이 복잡하게 얽힌 이데올로기적 영역을 꿰뚫고 훌륭하게 안내하는 Sue Caldwell, "Marxism, Feminism, and Transgender Politics", *International Socialism*, 2.157 (2017): 25-52[국역: "마르크스주의, 페미니즘, 트랜스젠더 정치",《마르크스21》

24호, 책갈피, 2018]과 Laura Miles, *Transgender Resistance: Socialism and the Fight for Trans Liberation* (London: Bookmarks, 2020) 참조.

8   Judith Butler, *Gender Trouble: Feminism and the Subversion of Identity* (New York: Routledge, 2006 [1990]), pp 8-9[국역: 《젠더 트러블》, 문학동네, 2008].

9   Graff and Korolczuk, *Anti-Gender Politics in the Populist Movement*, p 62.

10   특히 Georges Canguilhem, *The Normal and the Pathological* (New York: Zone Books, 1991 [1966])[국역: 《정상적인 것과 병리적인 것》, 그린비, 2018] 참조.

11   Richard Lewontin, Steven Rose, and Leon Kamin, *Not in Our Genes: Biology, Ideology, and Human Nature* (New York: Pantheon Books, 1985), p 282[국역: 《우리 유전자 안에 없다》, 한울, 2023]. 이런 주장의 바탕에 깔린 생물학 개념에 대한 더 자세한 설명은 Richard Levins and Richard Lewontin, *The Dialectical Biologist* (Cambridge, MA: Harvard University Press, 1985) and Richard Lewontin, *The Triple Helix: Gene, Organism, and Environment* (Cambridge, MA: Harvard University Press, 2000) 참조.

12   Peter Drucker, *Warped: Gay Normality and Queer Anti-Capitalism* (Leiden: Brill, 2015).

13   Judith Butler, "Merely Cultural", *New Left Review*, 1.227 (1998: 33-44, here p 41)[국역: "단지 문화적인", 《불평등과 모욕을 넘어》, 그린비, 2016]. 특히 Lindsey German, "Theories of Patriarchy", *International Socialism*, 2.12 (1981): 33-51[국역: "가부장제 이론 비판", 《마르크스21》 17호, 책갈피, 2016]; Lise Vogel, *Marxism and the Oppression of Women: Toward a Unitary Theory* (Chicago: Haymarket, 2013 [1983]); Johanna Brenner and Maria Ramas, "Rethinking Women's Oppression", *New Left Review* 1.144 (1984): 33-71; and Lucia Pradella, "Foundation: Karl Marx (1818-83)", in Alex Callinicos, Stathis Kouvelakis, and Lucia Pradella, eds, *The Routledge Handbook of Marxism and Post-Marxism* (New York: Routledge, 2021), 25-40 참조.

14   Graff and Korolczuk, *Anti-Gender Politics in the Populist Movement*, pp 7, 94.

15   같은 책, p 52에서 인용.

16 Judith Orr, "Women and the Far Right", *International Socialism,* 2,163 (2019): 41-64, here p 56.

17 Judith Butler, "Why Is the Idea of 'Gender' Provoking Backlash the World Over?", *Guardian,* 23 October 2021; 또 Graff and Korolczuk *Anti-Gender Politics in the Populist Movement,* esp ch 5도 참조.

18 Graff and Korolczuk, *Anti-Gender Politics in the Populist Movement,* pp 140, 141, 161.

19 Chantal Mouffe, *For a Left Populism* (London: Verso, 2018).

20 Erika Guevara Rosas, "From Mobilization to Solidarity: The Power of Feminist Struggles in Latin America", openDemocracy, 2 December 2021.

21 Miles, *Transgender Resistance.*

22 Cedric Robinson, *Black Marxism: The Making of the Black Radical Tradition,* 2nd edn (Chapel Hill: University of North Carolina Press, 2020 [1983]). 로빈슨의 책에서 W E B 듀보이스, C L R 제임스, 리처드 라이트로 대표되는 "흑인 급진주의 전통"에 대한 분석이 가치가 있지만, 나는 그의 전반적 접근법, 더 구체적으로 말하면 그가 인종차별을 초역사적 현상으로 이해해서 모든 흑인이 공유하는 단일한 주체성을 사실로 받아들이는 것에 대해서는 의심이 든다. 부분적으로는 이렇게 문제 있는 본질주의적 가정 때문에, '인종차별 자본주의'라는 표현에 의존하게 되면, 규명돼야 하는 것(즉, 특정한 형태의 자본주의와 다양한 형태의 인종차별 사이의 역사적으로 가변적인 관계)을 당연하게 여기는 태도를 부추길 수 있다. 그러므로 자본주의와 인종차별은 분석적으로 구별된다고 주장하는 것이 더 좋다. 비록 그람시가 말했듯이 실제로는 항상 '유기적으로' 결합돼 있지만 말이다.(Gramsci, *Selections from the Prison Notebooks,* p 160; Gramsci, *Quaderni del carcere,* vol 2, Quaderno 13 (xxx), §18, p 591): Alex Callinicos, "Imperialism, Racial Capitalism, and Postcolonialism", paper presented to the Oxford Southernizing Criminology Discussion Group, 17 November 2021, https://www.youtube.com/watch?v=eqIVKwPCEUo 참조. 이 논문은 Harold Wolpe, *Race, Class, and the Apartheid State* (London: James Currey, 1988)에 의지했다. 최근에 로빈슨을 비판적으로 살펴본 귀중한 글 두 편 Ken Olende, "Cedric Robinson, Racial Capitalism and the Return of Black

Radicalism", *International Socialism*, 2.169 (2021): 149-77과 Joseph Ramsay, "Sifting the 'Stony Soil' of Black Marxism: Cedric Robinson, Richard Wright, and Ellipses of the Black Radical Tradition", *Socialism and Democracy*, 34.2-3 (2021): 1-31 참조.

23 Theodore Allen, *The Invention of the White Race*, 2nd edn, 2 vols (London: Verso, 2012).

24 Robin Blackburn, *The American Crucible: Slavery, Emancipation and Human Rights* (London: Verso, 2011).

25 Alex Callinicos, *Race and Class* (London: Bookmarks, 1993)[국역: 《인종 차별과 자본주의》, 책갈피, 2020]; Keeanga-Yamahtta Taylor, "Race, Class, and Marxism", SocialistWorker.org, 4 January 2011. https://socialistworker.org/2011/01/04/race-class-and-marxism.

26 W. E. B. du Bois, *Black Reconstruction in America: An Essay toward a History of the Part Which Black Folks Played in the Attempt to Reconstruct Democracy in America, 1860-1880* (New York: Oxford University Press, 2007 [1935]), pp 940-1.

27 Martin Barker, *The New Racism: Conservatives and the Ideology of the Tribe* (London: Junction Books, 1981).

28 Michelle Alexander, *The New Jim Crow: Mass Incarceration in the Age of Colorblindness* (New York: New Press, 2010); Keeanga-Yamahtta Taylor, *From #BlackLivesMatter to Black Liberation*, 2nd edn (Chicago, IL: Haymarket, 2021); Elizabeth Hinton, *America on Fire: The Untold History of Police Violence and Black Rebellion since the 1960s* (London: William Collins, 2021).

29 Michael Goldfield, *The Southern Key: Class, Race, and Radicalism in the 1930s and 1940s* (New York: Oxford University Press, 2020). Ira Katznelson, *Fear Itself: The New Deal and the Origins of Our Times* (New York: Liveright, 2013)은 인종 격리 체제를 옹호하는 남부 민주당 국회의원들의 지지가 어떻게 루스벨트의 뉴딜을 가능하게 하면서도 제약했는지를 보여 준다.

30 Noam Chomsky, George Yancy, "Chomsky: Protests Unleashed by Murder

of George Floyd Exceed All in US History", Truthout, 7 May 2021. https://truthout.org/articles/chomsky-protests-unleashed-by-murder-of-george-floyd-exceed-all-in-us-history에서 인용.

31 Larry Buchanan, Quoctrung Bui, and Juhal K. Patel, "Black Lives Matter May Be the Largest Movement in US History", *New York Times*, 3 July 2020.

32 Roudabeth Kishi et al, "A Year of Racial Justice Protests: Key Trends in Demonstrations Supporting the BLM Movement", ACLED, May 2021, p 1. https://acleddata.com/acleddatanew/wp-content/uploads/2021/05/ACLED_Report_A-Year-of-Racial-Justice-Protests_May2021.pdf.

33 Hinton, *America on Fire*, p 26.

34 '흑인 목숨도 소중하다' 항쟁에 대한 훌륭한 개관은 Hinton, *America on Fire*, Conclusion 참조.

35 Barbara Ransby, "Movement for Black Lives", Institute of Race Relations, 24 July 2020. https://irr.org.uk/article/movernent-for-black-lives-an-interview-with-barbara-ransby.

36 Kishi et al, "A Year of Racial Justice Protests", p 1.

37 Commission on Race and Ethnic Disparities, *The Report,* March 2021. https://assets.publishing.service.gov.uk/government/uploads/system/up-loads/attachment_data/file/974507/20210331_-_CRED_Report_-_FINAL_-_Web_Accessible.pdf.

38 Salar Mohandesi, "Who Killed Eric Garner?", *Jacobin,* 17 December 2014.

39 Taylor, *From #BlackLivesMatter to Black Liberation*, p 78.

40 Buchanan, Bui, and Patel, "Black Lives Matter May Be the Largest Movement in US History".

41 오늘날 세계경제에서 제국주의, 인종차별, 이주, 부자유 노동, 자력 해방의 추진력이 어떻게 뒤섞이는지에 대한 중요한 사례 연구는 Lucia Pradella and Rosanna Cillo, "Bordering the Surplus Population across the Mediterranean: Imperialism and Unfree Labour in Libya and the Italian Countryside", *Geoforum*, 126 (2021): 483-94 참조.

42 Alex Callinicos, *Bonfire of Illusions: The Twin Crises of the Liberal World* (Cambridge: Polity, 2010), pp 95-105.

43 James Galbraith, *The End of Normal: The Great Crisis and the Future of Growth* (New York: Simon & Schuster, 2014).

44 Friedrich von Hayek, ed, *Collectivist Economic Planning* (London: Routledge, 1935); Friedrich von Hayek, *Individualism and the Economic Order* (Chicago, IL: University of Chicago Press, 1948)[국역: 《개인주의와 경제질서》, 자유기업원, 2016]; and Alec Nove, *The Economics of Feasible Socialism* (London: Routledge, 1983)[국역: 《실현 가능한 사회주의의 미래》, 백의, 2001].

45 G. A. Cohen, *Why Not Socialism?* (Princeton, NJ: Princeton University Press, 2009), p 82[국역: 《이 세상이 백 명이 놀러 온 캠핑장이라면》, 이숲, 2013].

46 Martin Arboleda, *Planetary Mine: Territories of Extraction under Late Capitalism* (London: Verso, 2020).

47 https://twitter.com/triofrancos/status/1508850259274915852 참조.

48 Laurie MacFarlane, "A Spectre is Haunting the West - the Spectre of Authoritarian Capitalism", openDemocracy, 16 April 2020.

49 Nicos Poulantzas, *State, Power, Socialism* (London: NLB, 1978), Part 4.

50 Pat Devine, *Democracy and Economic Planning: The Political Economy of a Self-Governing Society* (Cambridge: Polity, 1988); Michael Albert, *Parecon: Life after Capitalism* (London: Verso, 2003)[국역: 《파레콘》, 북로드, 2003], Daniel Saros, *Information Technology and Socialist Construction: The End of Capital and the Transition to Socialism* (Abingdon: Routledge, 2014).

51 James Meadway, "Neoliberalism Is Dying: Now We Must Replace It", openDemocracy, 3 September 2021.

52 Evgeny Morozov, "Digital Socialism? The Calculation Debate in the Age of Big Data", *New Left Review*, 2.116-17 (2019): 33-67, here pp 62-3.

53 Saros, *Information Technology and Socialist Construction*, ch 7.

54 Morozov, "Digital Socialism?", p 65.

55 Adam Tooze, "Tempestuous Seasons", *London Review of Books*, 13 Sep-

tember 2018.

56 John Maynard Keynes, *Essays in Persuasion* (Basingstoke: Palgrave Macmillan, 2010 [1931]), xviii[국역: 《설득의 에세이》, 부글북스, 2017].

57 Geoff Mann, *In the Long Run We Are All Dead: Keynesianism, Political Economy, and Revolution* (London: Verso, 2017), Kindle loc. 5514.

58 Georg Wilhelm Friedrich Hegel, *Elements of the Philosophy of Right*, edited by Allen Wood (Cambridge: Cambridge University Press, 1991), §244, p 266[국역: 《법철학》, 한길사, 2008].

59 Alex Callinicos, *Social Theory: A Historical Introduction*, 2nd edn (Cambridge: Polity, 2007), p 46; Mann, *In the Long Run We Are All Dead*, Part 2.

60 투즈는 다른 곳에서, 예컨대 브렉시트 국민투표나 트럼프의 선거에 관해 쓸 때는 미묘한 차이를 훨씬 더 잘 파악해서 보여 준다. Adam Tooze, *Crashed: How a Decade of Financial Crisis Changed the World* (London: Allen Lane, 2018), chs 23 and 24.

61 Alex Callinicos, *The Revolutionary Ideas of Karl Marx* (London: Bookmarks, 1983)[국역: 《카를 마르크스의 혁명적 사상》, 책갈피, 2018].

62 Paul Mason, "The Trump Insurrection: A Marxist Analysis", Medium, 12 January 2021. https://medium.com/mosquito-ridge/the-trump-insurrection-a-marxist-analysis-dc229c34cdc1. 메이슨은 아렌트의 주장을 오해하고 있다. 아렌트는 비록 "엘리트층과 폭도의 일시적 동맹"을 이야기하지만, 주로 제1차세계대전에 이르는 친제국주의 운동들에 관해 말하고 있다. Hannah Arendt, *The Origins of Totalitarianism*, (New York: Harcourt, Brace, 1973), chs 7 and 8, here p 333. 아렌트가 보기에, 진정한 "전체주의 운동은 [분명한 사회적 위치가 없는 — 캘리니코스] 원자화되고 고립된 개인들의 대중조직이다"(같은 책, p 323). 메이슨 자신이 그럴듯하게 주장하듯이, 이 말은 틀렸을 수 있지만, 두 표현이 동일한 것은 아니다. Paul Mason, *How to Stop Fascism: History, Ideology, Resistance* (London: Penguin, 2021), pp 166-8 참조.

63 Leon Trotsky, *The Struggle against Fascism in Germany* (New York: Pathfinder, 1971), pp 158-9.

64 Brian Jenkins and Chris Millington, *France and Fascism: February 1934 and the Dynamics of Political Crisis* (Abingdon: Roudedge, 2015), pp 126-7.

65 Robert Paxton, *Vichy France: Old Guard and New Order, 1940-1944* (New York: Alfred A. Knopf, 1972), p 254.

66 Jenkins and Millington, *France and Fascism*, p 154.

67 Jacques Danos and Marcel Ghibelin, *Juin 1936* (Paris: Maspero, 1972 [1936]), vol 1, pp 18-21.

68 Leon Trotsky, *Whither France?* (London: New Park, 1974 [1936]), p 46.

69 고전적 연구서는 Danos and Ghibelin, *Juin 1936*.

70 Jenkins and Millington, *France and Fascism*, p 169.

71 William Shirer, *The Collapse of the Third Republic: An Inquiry into the Fall of France* (New York: Simon & Schuster, 1971), p 952.

72 Paul Mason, "Learning to Say 'Goodbye Lenin': A Critique of the IST State-ment on the Ukraine War", Medium, 20 February 2022. https://paulmason-news.medium.com/learning-to-say-goodbye-lenin-f5f520f0aaef. 내 응답 Alex Callinicos, "Ukraine and Imperialism: Alex Callinicos Replies to Paul Mason", *Socialist Worker*, 21 February 2022. https://socialistworker.co.uk/long-reads/ukraine-and-imperialism-alex-callinicos-replies-to-paul-ma-son[국역: "러시아만 제국주의인가", 《우크라이나 전쟁, 제국주의 강대국들의 각축전》, 책갈피, 2022]도 참조.

73 Fernando Claudin, *The Communist Movement from Comintern to Comin-form* (Harmondsworth: Penguin, 1975).

74 극우파에 대항하는 투쟁 전략에 관해 더 많은 것은 Mark Thomas, "Fascism in Europe Today", *International Socialism* 2.162 (2019): 27-63과 영국 반파시즘 운동 핵심 조직자들의 증언은 (1930년대) Phil Piratin, *Our Flag Stays Red* (London: Lawrence & Wishart, 1978 [1948]); (1970년대) Paul Holborow, "The Anti-Nazi League and Its Lessons for Today", *International Socialism*, 2.163 (2019): 65-83. 또 오늘날 그리스의 경험은 Petros Constantinou, "How We Smashed Golden Dawn", *International Socialism*, 2.169 (2021): 77-88 참조.

75 Trotsky, *The Struggle against Fascism in Germany*.

76 이 절의 제목은 몰염치하게도 마이크 데이비스 기념논문집 제목에서 훔쳐 왔다. Daniel Bertrand Monk and Michael Sorkin, eds, *Between Catastrophe and Revolution: Essays in Honour of Mike Davis* (New York: OR Books, 2021) 참조.

77 Alex Callinicos, "Betting on Infinite Loss", *International Socialism*, 2.163 (2019): 3-18.

78 Andreas Malm, *How to Blow Up a Pipeline: Learning to Fight in a World on Fire* (London: Verso, 2020), Kindle loc. 92.

79 Erica Chenoweth, "It May only Take 3.5% of the Population to Topple a Dictator - with Civil Resistance", *Guardian*, 1 February 2017. 이 주장을 입증하는 자세한 논문이 있다. Erica Chenoweth and Maria J. Stephan, *Why Civil Resistance Works: The Strategic Logic of Nonviolent Conflict* (New York: Columbia University Press, 2011)[국역: 《비폭력 시민운동은 왜 성공을 거두나?》, 두레, 2019]. 그러나 이 논문에는 내가 인용한 사례들이 하나도 포함되지 않았다. 그리고 터무니없게도 1978~1979년의 이란 혁명을 '비폭력 저항'의 사례로 다루면서, 1979년 2월에 좌파와 이슬람주의자들이 조직한 무장봉기가 마침내 팔레비 정권을 무너뜨렸다는 사실을 무시한다. 그 책은 특히 미국에서 유행하는 주류 '비교정치학'의 전형적 사례인데, 통계 자료 분석이 (다양한 정치투쟁을 만들어 내는) 구체적인 역사적 맥락을 체계적으로 지워 버리는 결과를 낳는다. 이런 방법을 해체한 매킨타이어의 훌륭한 작업은 여전히 유효하다. Alasdair MacIntyre, "Is a Science of Comparative Politics Possible?", in his *Against the Self-Images of the Age: Essays on Ideology and Philosophy* (London: Duckworth, 1971), 260-79 참조. 또 비폭력에 대한 중요한 비판은 Martin Empson, "Non-Violence, Social Change, and Revolution", *International Socialism*, 2.165 (2020): 57-79와 Malm, *How to Blow Up a Pipeline* 참조.

80 Talat Ahmed, *Mohandas Gandhi: Experiments in Civil Disobedience* (London: Pluto, 2019), ch 6.

81 Madhusree Mukerjee, *Churchill's Secret War: The British Empire and the Ravaging of India during World War II* (New York: Basic Books, 2010), ch

11; Utsa Patnaik and Prabhat Patnaik, *Capitalism and Imperialism: Theory, History, and the Present* (New York: Monthly Review Press, 2021), Parts 2 and 3.

82 Alex Callinicos, *South Africa between Reform and Revolution* (London: Bookmarks, 1988); Callinicos, "Imperialism, Racial Capitalism, and Postcolonialism"; and Wolpe, *Race, Class, and the Apartheid State*.

83 Chris Harman, "The State and Capitalism Today", *International Socialism*, 2.51 (1991): 3-54; Alex Callinicos, *Imperialism and Global Political Economy* (Cambridge: Polity, 2009), pp 73-93도 참조.

84 Andreas Malm, *Fossil Capital: The Rise of Steam Power and the Roots of Global Warming* (London: Verso, 2016), p 383.

85 Andreas Malm, *Corona, Climate, Chronic Emergency: War Communism in the Twenty-First Century* (London: Verso, 2020)[국역: 《코로나, 기후, 오래된 비상사태》, 마농지, 2021].

86 Anna Betts, Greg Jaffe, and Rachel Lerman, "Meet Chris Smalls, the Man who Organized Amazon Workers in New York", *Washington Post*, 1 April 2022; Angelika Maldonado, "Here's How We Beat Amazon", *Jacobin*, 2 April 2022.

87 Noam Scheiber, "The Revolt of the College-Educated Working Class", *New York Times*, 28 April 2022.

88 Kim Moody, *On New Terrain: How Capital Is Reshaping the Battleground of Class War* (Chicago, IL: Haymarket, 2018).

89 Rossana Cillo and Lucia Pradella, "New Immigrant Struggles in Italy's Logistics Industry", *Comparative European Politics*, 16 (2018): 67-84.

90 Beverly Silver, *Forces of Labour: Workers' Movements and Globalization since 1870* (Cambridge: Cambridge University Press, 2003), p 174[국역: 《노동의 힘》, 그린비, 2005].

91 Alex Vershinin, "The Return of Industrial Warfare", Rusi, 17 June 2022. https://www.rusi.org/explore-our-research/publications/ commentary/

return-industrial-warfare.

92 UN Global Crisis Response Group on Food, Energy and Finance, *Global Impact of the War in Ukraine: Billions of People Face the Greatest Cost-of-Living Crisis in a Generation*, 8 June 2022, pp 2, 3, 10. https://news.un.org/pages/wp-content/uploads/2022/06/GCRG_2nd-Brief_Jun8_2022_FINAL.pdf?utm_source=United+Nations&utm_medium=Brief&utm_campaign=Global+Crisis+Response.

93 Larry Elliott, "War in Ukraine Could Lead to Food Riots in Poor Countries, Warns WTO Boss", *Guardian*, 24 March 2022.

94 Andres Schipani and Emiko Terazono, "'People Are Hungry': Food Crisis Starts to Bite across Africa", *Financial Times*, 23 June 2022.

95 Ahilan Kadirgamar, "Interview: Rising Up in Sri Lanka", *International Socialism*, 2.175 (2022): 27-36.

96 C. L. R. James, *World Revolution, 1917-1936*, edited by Christian Høgsbjerg (Durham, NC: Duke University Press, 2017 [1937]), ch 12.

97 James Connolly, *Labour in Ireland*, vol 1: *Labour in Irish History*, vol 2: *The Reconquest of Ireland*, continuous pagination (Dublin: Irish Transport and General Workers Union, 1944), p 325.

엄선된 참고 문헌

Althusser, Louis. *History and Imperialism: Writings, 1963-1986*, edited by G. M. Goshgarian. Cambridge: Polity, 2020.

Althusser, Louis, et al. *Reading Capital: The Complete Edition*. London: Verso, 2015 [1965].

Angus, Ian. *Facing the Anthropocene: Fossil Capitalism and the Crisis of the Earth System*. New York: Monthly Review Press, 2016.

Arendt, Hannah. *The Origins of Totalitarianism*. New York: Harcourt, Brace, 1973.

Bello, Walden. *Counterrevolution: The Global Rise of the Far Right*. Rugby: Practical Action Publishing, 2019.

Brenner, Robert. *The Economics of Global Turbulence*. London: Verso, 2016.

Burkett, Paul. *Marx and Nature: A Red and Green Perspective*. Chicago, IL: Haymarket, 2014.

Callinicos, Alex. *Bonfire of Illusions: The Twin Crises of the Liberal World*. Cambridge: Polity, 2010.

Callinicos, Alex. *Deciphering* Capital: *Marx's* Capital *and Its Destiny*. London: Bookmarks, 2014.

Callinicos, Alex. *Imperialism and Global Political Economy*.

Cambridge: Polity, 2009.

Callinicos, Alex, Stathis Kouvelakis, and Lucia Pradella, eds. *The Routledge Handbook of Marxism and Post-Marxism*. New York: Routledge, 2021.

Carchedi, Guglielmo, and Michael Roberts, eds. *World in Crisis: Marxist Perspectives on Crash & Crisis: A Global Analysis of Marx's Law of Profitability*. Chicago, IL: Haymarket, 2018.

Davis, Angela Y. *Women, Race & Class*. New York: Vintage, 1983.

Davis, Mike. *The Monster Enters: Covid-19, Avian Flu, and the Plagues of Capitalism*. New York: OR Books, 2020.

Davis, Mike. *Old Gods, New Enigmas: Marx's Lost Theory*. London: Verso, 2018.

Du Bois, W. E. B. *Black Reconstruction in America: An Essay Toward a History of the Part Which Black Folks Played in the Attempt to Reconstruct Democracy in America, 1860-1880*. New York: Oxford University Press, 2007 [1935].

Empson, Martin, ed. *System Change, not Climate Change: A Revolutionary Response to Environmental Crisis*. London: Bookmarks, 2019.

Foster, John Bellamy. *Marx's Ecology: Materialism and Nature*. New York: Monthly Review Press, 2000.

Foster, John Bellamy. *The Return of Nature: Socialism and Ecology*. New York: Monthly Review Press, 2020.

Graff, Agnieszka, and Elzbieta Korolczuk. *Anti-Gender Politics in the Populist Movement*. London: Routledge, 2022.

Gramsci, Antonio. *Selections from the Prison Notebooks*. London: Lawrence & Wishart, 1971.

Harman, Chris. *Zombie Capitalism: Global Crisis and the Relevance of Marx*. London: Bookmarks, 2009.

Harvey, David. *A Short History of Neoliberalism.* Oxford: Oxford University Press, 2005.

Hinton, Elizabeth. *America on Fire: The Untold History of Police Violence and Black Rebellion since the 1960s.* London: William Collins, 2021.

Jameson, Fredric. *The Political Unconscious: Narrative as Socially Symbolic Act.* London: Methuen, 1981.

Jameson, Fredric. *Valences of the Dialectic.* London: Verso, 2009.

Jenkins, Brian, and Chris Millington, *France and Fascism: February 1934 and the Dynamics of Political Crisis.* Abingdon: Routledge, 2015.

Kahl, Colin, and Thomas Wright. *Aftershocks: Pandemic Politics and the End of the Old International Order.* New York: St Martin's Press, 2021.

Klein, Matthew C., and Michael Pettis. *Trade Wars Are Class Wars: How Rising Inequality Distorts the Global Economy and Threatens International Peace.* New Haven, CT: Yale University Press, 2020.

Lazare, Daniel. *The Frozen Republic: How the Constitution is Paralyzing Democracy.* New York: Harcourt, Brace, 1996.

Levins, Richard, and Richard C. Lewontin. *The Dialectical Biologist.* Cambridge MA: Harvard University Press, 1985.

McNeill, William H. *Plagues and Peoples.* Harmondsworth: Penguin, 1979.

Malm, Andreas. *Fossil Capital: The Rise of Steam Power and the Roots of Global Warming.* London: Verso, 2016.

Mann, Geoff. *In the Long Run We Are All Dead: Keynesianism, Political Economy, and Revolution.* London: Verso, 2017.

Mayer, Arno J. *The Furies: Violence and Terror in the French and*

Russian Revolutions. Princeton, NJ: Princeton University Press, 2000.

Miles, Laura. *Transgender Resistance: Socialism and the Fight for Trans Liberation*. London: Bookmarks, 2020.

Mudde, Cas. *The Far Right Today.* Cambridge: Polity, 2019.

Panitch, Leo, and Sam Gindin, *The Making of Global Capitalism: The Political Economy of American Empire*. London: Verso, 2012.

Passavant, Paul A. *Policing Protest: The Post-Democratic State and the Figure of Black Insurrection*. Durham, NC: Durham University Press, 2021.

Patnaik, Utsa, and Prabhat Patnaik. *Capitalism and Imperialism: Theory, History, and the Present*. New York: Monthly Review Press, 2021.

Paxton, Robert O. *The Anatomy of Fascism*. New York: Alfred A. Knopf, 2004.

Poulantzas, Nicos, *State, Power, Socialism*. London: NLB, 1978.

Poulantzas, Nicos. *Fascism and Dictatorship: The Third International and the Problem of Fascism*. London: Verso, 2018 [1970].

Pradella, Lucia. *L'attualità del capitale: Accumulazione e impoverimento nel capitalismo globale*. Padua: Il Poligrafo, 2010.

Pradella, Lucia. *Globalization and the Critique of Political Economy: New Insights from Marx's Writings*. London: Routledge, 2015.

Roberts, Michael, *The Long Depression*. Chicago, IL: Haymarket, 2016.

Saito, Kohei. *Karl Marx's Ecosocialism: Capital, Nature, and the Unfinished Critique of Political Economy*. New York: Monthly Review Press, 2017.

Silver, Beverly J. *Forces of Labour: Workers' Movements and Globalization since 1870*. Cambridge: Cambridge University Press, 2003.

Taylor, Keeanga-Yamahtta. *From #BlackLivesMatter to Black Liberation* (2nd edn). Chicago, IL: Haymarket, 2021.

Thompson, Helen. *Disorder: Hard Times in the 21st Century.* New York: Oxford University Press, 2022.

Tooze, Adam. *Crashed: How a Decade of Financial Crisis Changed the World.* London: Allen Lane, 2018.

Tooze, Adam. *Shutdown: How Covid Shook the World's Economy.* London: Penguin, 2021.

Trotsky, Leon. *The Struggle against Fascism in Germany* (New York: Pathfinder, 1971).

Wallace, Rob. *Big Farms Make Big Flu.* New York: Monthly Review Press, 2016.

Wallace, Rob. *Dead Epidemiologists: On the Origins of COVID-19.* New York: Monthly Review Press, 2020.

Wood, Tony. *Russia without Putin: Money, Power and the Myths of the New Cold War.* London: Verso, 2018.

찾아보기

ㄱ

가래톳페스트 84, 85

가보르, 다니엘라(Gabor, Daniela)
139, 140, 153

가스

　— 공급 196, 212

　— 배출 79, 80

　— 시장 193

　— 의존 75, 196, 198, 211

　—에 대한 투자와 자금 조달
77~79

　네온— 169

　천연— 81, 159, 191, 196, 198,
199, 208, 211

　크립톤— 169

　→ 에너지; 화석연료; 액화천연가
스 참조

갤브레이스, 제임스(Galbraith, James)
131, 308

갤브레이스, 존 케네스(Galbraith, John
Kenneth) 57

검은 백조 13, 14

경기 침체 121

경기후퇴 50, 56, 132, 139, 155, 251

경쟁 21, 24, 51, 73, 81, 91, 121, 190

　—과 녹색 에너지 198, 199

　경제적·지정학적 — 22, 24, 26,
27, 33, 34, 40, 59, 117, 168, 169,
171, 179, 191, 207

경쟁적 축적 24, 26, 73, 81, 177, 190

경제계획 308~316

　—과 디지털 피드백 313

　—과 민주주의 312, 314

　—과 책임성 311

　대안적 — 모델 312~314

경제성장 16, 71, 125, 126, 145, 161,

174, 187, 188, 251

경찰의 집회·시위 관리 107, 108

계급 112, 113, 358 후주 101

　　→ 계급과 인종; 지배계급; 노동계급 참조

계급과 인종 242, 243, 304, 305, 388 후주 22

계급투쟁 285, 319, 354, 380

　　→ 노동계급 참조

공화당(미국) 266~270

　　— 내 트럼프 지지자 241, 266, 267, 270

국가사회주의 15, 34, 36, 47

국내총생산(GDP)

　　세계 — 126, 131, 134, 178

국제금융기구들(IFIs) 146

국제 질서 21, 51, 52, 58, 62, 167, 172, 175, 185, 207, 217, 218, 222

　　→ 자유주의적 국제주의 참조

국회의사당 습격(미국, 2021년 1월 6일) 260~272

　　파리 국회의사당 공격(1934년 2월 6일) 319~322

　　두 사건의 비교 262

권위주의적 국가주의(authoritarian statism) 237, 311

규제 완화 74, 240, 246, 258

그라프, 아그니에슈카(Graff, Agnieszka) 231, 286, 290, 293~295

그람시, 안토니오(Gramsci, Antonio) 25, 41, 44, 54, 55, 56, 227, 228, 277, 282, 283, 284, 344 후주 12

극우파 236~249

　　— 이데올로기 232~235, 240~243

　　— 정당 223, 238, 239, 244, 245, 272

　　—와 극보수주의 종교적 행위자 291

　　—의 경제적 대안 (결여) 246, 247

　　—의 구성 243~245

　　—의 기층 네트워크 248, 259, 260

　　—의 부상 229, 270, 280

　　—의 응집력 부족 278

　　—의 주류화 244, 245, 272, 303

　　—의 코로나19에 대한 대응 102, 106, 234~236

　　남반구의 — 237~239

　　미국의 — 227, 257~260, 269~271

　　북반구의 — 237

　　영국의 — 233, 244, 325

　　유럽의 — 222, 223

　　캐나다의 — 235

　　→ 이슬람 혐오; 파시즘; 인종차별

참조

금리 129, 146, 159, 161, 308

금융 거품 16, 125, 126

금융 위기(2007~2009년) 16, 94, 95, 120, 125~127, 173, 228

→ 세계 금융 위기 참조

급가속 65, 66, 147

기상이변 67, 70, 140, 280

—과 미국 에너지망 70, 71

기술 변화 72, 80

→ 재생 가능 에너지로 전환 참조

기후변화 74

— 관련 협상 76

— 지표 65

—가 지정학에 미치는 영향 75, 76

—에 대한 적응 76, 79, 80, 81, 181

—에 대한 취약성 67, 68, 195

—와 전염병 84, 85

불평등과 — 75

유엔의 — 대응 기구 66, 67

→ 시민 불복종 참조

ㄴ

나토 166, 172, 174, 180, 184, 185, 193, 194, 197, 200~205, 208, 210, 223, 244, 324, 334

—의 확장 200~202

냉전 시대 58~62

— 군비 지출 123, 124

— 종식 이후 양극화 213, 217

대리전 60

네그리, 안토니오(Negri, Antonio) 168

노동계급

— 주체 285

—과 쟁점들의 수렴 305~307, 329

집단적 행위자로서 — 297, 329, 336

노동과정 26, 82

노동자

— 운동 307, 330

— 조직력의 약화 154, 271

— 투쟁 237, 331, 332

—의 힘 162, 163, 332

노필드, 토니(Norfield, Tony) 372 후주 52

녹색 전환 78, 159, 198

농업 69, 74, 83, 87, 88, 162, 240

ㄷ

대만 170, 178, 204, 215

→ 지정학적 적대; 미·중 관계 참조

데이비스, 마이크(Davis, Mike) 26, 83, 84, 257, 258, 273

독재(autocracy) 167, 213, 220~222

두테르테, 로드리고(Duterte, Rodrigo) 238

듀드니, 데이비드(Deudney, David) 218~220

디바인, 팻(Devine, Pat) 309, 312

ㄹ

라이트, 토머스(Wright, Thomas) 21, 35, 94, 217

라클라우, 에르네스토(Laclau, Ernesto) 233

러시아
— 경제 191
— 경제제재 12, 205, 210~212, 214, 215, 217, 222
— 국가의 성격 222
—과 중동 192, 193
—에 우크라이나의 중요성 202
—와 아프리카 192, 193
—와 중국의 관계 204, 205, 215
—의 국제적 영향력 192
—의 석유 생산·수출 191, 212
—의 천연가스 생산·수출 191, 199
루블화 211
→ 지정학적 적대 참조

렌즈만, 프란크(Lenzmann, Frank) 77

로 대 웨이드 판결 274~277

로버츠, 마이클(Roberts, Michael) 21, 120, 179, 366 후주 79

로빈슨, 세드릭(Robinson, Cedric) 58, 296, 388 후주 22

루카치, 죄르지(Lukács, Georg) 24, 231

리드, 주니어 레너드 애덜프(Reed, Jr, Adolph L.) 341 후주 29

리비아 → 지정학적 적대 참조

ㅁ

마르크스, 카를(Marx, Karl) 36
—와 경제 위기 이론 121
—와 노동계급 332
—와 사회적 전체의 구조 25
—와 이윤 41
—와 자연환경 82, 83, 86
《자본론》 24, 33
정치경제학 비판 23, 315

마크롱, 에마뉘엘(Macron, Emmanuel) 105, 106, 197, 223, 246, 303, 323

만, 제프(Mann, Geoff) 315

말름, 안드레아스(Malm, Andreas) 67, 72, 73, 133, 326, 330

맥닐, 윌리엄 하디(McNeill, William H.) 14, 40, 84, 86

메이슨, 폴(Mason, Paul) 55, 262, 317~320, 323, 324, 392 후주 62

메탄 65, 69, 195

멜로니, 조르자(Meloni, Giorgia) 243, 246

모로조프, 예브게니(Morozov, Evgeny) 313, 314

모잠비크

　—의 기후변화 17, 195

　—의 액화천연가스 194, 195

모형 만들기 99, 100

무스타크, 파티마트(Mushtaq, Fathimath) 138, 139

무역 전쟁 166, 175, 185, 186, 256

무프, 샹탈(Mouffe, Chantal) 228, 229, 294

물질대사(노동과 자연의) 26, 83, 86, 120, 133

미국 61, 62

　— 경제제재 183

　— 단극(일극) 체제 172

　— 달러화의 지배력 216

　— 대법원 275

　— 안보 정책 265

　—과 나토 184, 185

　—과 세계 생산량 183

　—과 유럽 206

　—의 경제 전략 156

　—의 경제성장 251

　—의 군비 지출 183

　—의 기술 기업 183

　—의 내전 가능성 272

　—의 대외 정책 171~175, 182, 206

　—의 동맹 184, 185

　—의 사회 기반 시설 개발 계획 156

　—의 실질 재산 116

　—의 에너지 수입·수출 198, 199

　—의 우크라이나 군사 지원 209, 210

　—의 인종차별(역사적) 254, 255

　—의 자산 183, 184

　—의 정치적 양극화 158, 272~277

　—의 정치화한 경제 155

　—의 쿠데타 260

　—의 패권 21, 61, 173, 201, 202, 205, 229

　→ 연방준비제도이사회; 세계화; 제국주의; 미·중 관계 참조

미국 재무부(미국 재무부 채권) 129, 140, 183

미·중 관계 166, 167, 170, 176

　—와 미국·러시아의 갈등 205, 206

　중국 엘리트층이 미국을 보는 관점 182

민주적 계획 → 경제계획 참조

민중전선 55, 56, 319~325

민중전선 노선 324, 325

밀링턴, 크리스(Millington, Chris) 319~321

ㅂ

바이든, 조(Biden, Joe) 155~158, 166, 167, 170, 175, 183, 203, 206, 209, 210, 220, 221, 254, 270, 330

반도체 169, 170, 183

반란의 순환 229

　→ 흑인 목숨도 중요하다 참조

반신자유주의 → 반란의 순환; 좌파; 극우 참조

반젠더(anti-genderism) 287, 289~291, 293, 294

반혁명 33, 42, 49, 55, 61, 62, 229, 237, 240, 242, 275, 337

　위로부터·아래로부터 — 45, 46

　유럽의 — (양차 대전 사이) 43~45

　→ 파시즘 참조

배출 → 이산화탄소 배출; 온실가스 배출; 메탄 참조

백인 우월주의 255, 382 후주 45

버틀러, 주디스(Butler, Judith) 288~290, 293

베트남 → 지정학적 적대 참조

벤델, 젬(Bendell, Jem) 20, 68, 69, 81

벤야민, 발터(Benjamin, Walter) 15, 19, 30, 139, 284

벨로, 월든(Bello, Walden) 33, 236, 238

보나파르티즘 44, 48, 49

보우소나루, 자이르(Bolsonaro, Jair) 239, 242, 248

부정적 외부 효과 74

부채 134, 161, 162

　GDP 대비 — 134, 187

　제3세계 — 146, 161

부채 주도 축적 → 중국 참조

불평등 115, 116, 156, 251

　→ 코로나19 참조

뷰캐넌, 팻(Buchanan, Pat) 286

블로흐, 에른스트(Bloch, Ernst) 46, 47, 344 후주 19

비상조치 155, 308, 310, 311

비상 통치권 103, 109

ㅅ

사로스, 다니엘(Saros, Daniel) 312~314

사회주의(자력 해방으로서) 316

산불 12, 18, 68, 109

살비니, 마테오(Salvini, Matteo) 223, 291, 292

생계비 위기 334, 336

생명 정치 97, 101, 357

생산

—관계 24, 25

—수단 59, 121

자본주의 생산양식 14, 24, 28, 31, 41, 54, 55, 73, 91, 233

생산력 25, 26

서머스, 로런스(Summers, Lawrence) 131, 308

서방과 우크라이나의 군사적 협력 209

→ 나토 참조

석유

— 기반 에너지 소비 66

— 생산 82, 214

— 수입·수출 176, 193, 198, 199, 212

— 통제 66, 173, 197, 198

→ 에너지; 화석연료 참조

석탄

— 사용 제한 76

— 산업 75

— 의존 159

— 화력 발전소 82

—과 산업화 72

→ 에너지; 화석연료 참조

세계 금융 위기 16, 20, 22, 23, 104, 131, 134, 136, 139, 151, 154, 168, 173, 174, 182, 183, 187, 213, 228, 229, 230, 239, 247, 250, 251, 308, 309, 311, 329, 331, 335, 336

→ 금융 위기(2007~2009년) 참조

세계적 양극화 213, 215

세계화 124, 168, 169, 172, 250

세제르, 에메(Césaire, Aimé) 35, 39

섹스와 젠더 288~290

셰일 산업 → 수압 파쇄법 참조

소련 53, 58~62, 192

소로스, 조지(Soros, George) 242

수낵, 리시(Sunak, Rishi) 162

수압 파쇄법(프래킹) 75, 77, 198

수요 126, 145, 148, 159, 187, 308

총— 104, 121, 126, 151

스태그플레이션 145, 162

시리아 → 지정학적 적대 참조

시민 불복종 107, 317, 326, 327, 328

시민적 자유, 그 침해 107~110

시시, 압둘팟타흐(Sisi, Abdel Fattah, el-) 219, 228, 239

시장 104, 138, 140, 157, 163, 189, 308~314

시장 규율 62, 145

식량 공급 334

식량 부족 335

신용 126~128, 148

신자유주의 16, 27

— 경제정책 레짐 22, 27, 124,

145~147, 222, 247

—와 국가 329

—의 종말 27, 141, 163, 228, 237

—의 차원들 141~146

실업률 104, 132, 144, 146, 153, 186, 252

ㅇ

아감벤, 조르조(Agamben, Giorgio) 102, 109

아노크라시(anocracy) 273

아도르노, 테오도어(Adorno, Theodor) 19, 30, 31

아렌트, 한나(Arendt, Hannah) 35, 36, 392 후주 62

아이켄베리, 존(Ikenberry, John) 218~220

아프가니스탄 → 지정학적 적대 참조

알튀세르, 루이(Althusser, Louis) 31, 32, 55, 61, 231, 256, 338 후주 5

액화천연가스(LNG) 194

— 수입 208, 211

→ 에너지; 화석연료; 가스 참고

앨버트, 마이클(Albert, Michael) 309, 312

양적 긴축 161

양적 완화 130, 134, 136, 158, 159, 161, 198

에너지

— 가격 159, 160, 212

— 경쟁 197

— 수급 75

— 수입·수출 191, 198

— 의존 208

— 자급자족 75, 199

— 카르텔 214

—와 경제제재 211

→ 재생 에너지; 녹색 전환; 화석연료; 가스; 석유; 액화천연가스 참조

연방준비제도이사회(연준) 129, 135, 146, 183

예외 상태 102, 103

오버리, 리처드(Overy, Richard) 34, 52, 57

오커스(AUKUS) 167, 181, 184, 197

온실가스 배출 67, 75, 329

올손, 카롤(Olson, Carol) 77

외국인 직접투자 176

외인성 쇼크 308

우, 고든(Woo, Gordon) 14

우크라이나

—의 자원 169, 202

→ 지정학적 적대 참조

우파 142, 163, 259, 274

— 정권 43~45, 222

— 정당 233, 234, 245, 246

→ 반젠더; 극우 참조

워싱턴의 엘리트층 233

워싱턴 컨센서스 147

월리스, 롭(Wallace, Rob) 88, 100, 117

월터, 바버라(Walter, Barbara) 273, 274, 277~279

유럽 대륙에서 지배계급 정치 43

유럽연합 196, 201, 202, 223, 244, 311, 323, 324

—과 코로나19 104

유럽중앙은행 129, 136, 137, 211, 246

유엔과 우크라이나 전쟁 214

은행과 은행업

구제금융 128, 134, 250

대서양 양안 시스템 127, 128

투기 125

→ 중앙은행 참조

이라크 → 지정학적 적대 참조

이란 → 지정학적 적대 참조

이민자와 이민 230, 234, 236, 296

이산화탄소 배출 67, 73, 76, 77, 79, 82, 198, 329, 330

—과 인간의 개입 81, 82

→ 온실가스 배출 참조

이슬람 혐오 28, 106, 240, 241, 291, 296, 298

이윤율(수익성) 179

—의 저하 41, 122, 123

—의 유지 73

—의 회복 124, 125

인구 밀집과 질병 86

인도국민당(Bharatiya Janata Party) 238

인류세 65

인종 26, 232, 285, 286, 303

—과 계급 242, 303~305, 329, 388 후주 22

인종차별(주의) 28, 35, 36, 234, 296, 297

—과 노예제 296, 297

—과 불안정성 304

생물학적 — 297

인종차별 이데올로기 298

인종차별적 포퓰리즘 정당 245

인플레이션 152, 160

물가 급등 121, 133, 159

물가 안정 목표제 150

임금 186

실질— 125, 162

임금과 물가의 악순환 159

잉여가치 122, 179, 332

잉여 인구 305

ㅈ

자본

—과 국가 40, 176, 177, 253, 311

—과 미국 대통령들 256~258, 267

—의 국제화 248

—의 유기적 구성 121, 123

—의 한계 120

자연— 74

→ 이윤; 이윤율; 제국주의 참조

자본주의의 위기 20~23, 55, 56, 121, 122, 213, 308

경제적 위기 20, 21

생물학적 위기 20

정치적 위기 21, 22, 28

지정학적 위기 21

자본축적 59, 73, 144, 179, 180, 207

—과 국가 59, 328

자야수리야, 카니시카(Jayasuriya, Kanishka) 237, 238

자연

—과 상호작용 74~76, 83, 86~88

—의 상품화 74

→ 물질대사 참조

자유 141~143

자유민주주의 105, 220, 314

— 방어 318

자유주의적 국제주의 172, 218, 220

→ 독재 참조

자유주의적 자본주의 국제 질서 58, 217

재난 13, 331

— 시대(1914~1945년) 39, 43~54

—과 국가의 대응 105~112

—과 기후변화 17, 26, 65, 67~69, 81, 117

—과 반란 331~337

—에 대한 그람시의 언급 282, 283

—에 대한 취약성 17, 18

—을 이해하는 마르크스주의적 관점들 19, 24, 25, 29, 30

1945년 이후 — 14~23, 38, 54~62, 115~117

자본주의에 내재하는 — 84

지배계급과 — 116, 117

코로나19 — 20, 21, 26, 96, 97

→ 파시즘 참조

재산(부) 18, 115, 116, 126, 130, 169, 315

재생 가능 에너지로 선회 177

—를 위한 자원 80, 310

—의 효과 80, 199

재정정책 135

전쟁 관련 사망자 64, 195, 196

전체화 24, 31, 231, 232, 341

정보통신기술(IT) 기업

—과 기후변화 79

미국 소유 — 183

→ 플랫폼 자본주의 참조

제국의 확장 51, 52

제국주의 26, 27, 33~35, 56

—와 식민 제국 171

—의 개념 39, 171, 190

냉전 종식 후 — 170~175

서열 190, 191

자유무역 — 58

중국 — 177~180

초강대국 — 58, 171

→ 이슬람 혐오 참조

제임슨, 프레드릭(Jameson, Fredric)
24, 32, 231, 341 후주 38

젠더 26, 28, 286, 329

다투는 개념으로서 — 287

섹스와 — 288~290

젱킨스, 브라이언(Jenkins, Brian)
319~321

조지아 → 미·중 관계참조

존슨, 보리스(Johnson, Boris) 244,
272

좌파 226, 229, 236, 237, 239, 240,
295, 316

—의 동맹 316–322

—의 코로나19에 대한 대응 236,
271, 316

라틴아메리카의 — 239, 240

인도의 — 240

주권 이론 102

중국 공산당 110, 176, 177, 188, 221

중국(중화인민공화국) 157, 166~168

— 국가의 성격 221, 222

— 자본주의 311

— 제국주의 177~180

—과 국제 금융시장 176, 180

—과 기후변화 75, 80, 133, 198

—과 러시아의 관계 204, 205,
215

—과 서방 자본 180

—의 공업형 농업 88

—의 군사적 능력 180, 181

—의 동맹 193

—의 부동산 부문 187~189

—의 부채 주도 성장 186~189

—의 산업 보조금 189

—의 생산 176, 177

—의 에너지 198

—의 엘리트층이 자국과 미국을
보는 관점 182

—의 임금 186

—의 재통일 178

—의 투자 177, 181

→ 미·중 관계 참조

중동 → 지정학적 적대 참조

중앙은행 121, 129, 135~140, 176,

210~212

　　—의 구실 변화 149~151

　　외환 보유고 216

중앙은행주의 148, 150

지구온난화 17, 69, 72, 73, 76, 77, 79

　　북극 온난화 69, 80

지배계급 49, 105, 227, 266, 271, 328

지정학적 적대 168, 170, 190

　　— 속의 동맹 관계 213, 219, 223

　　대만 170, 178

　　리비아 173, 174, 192, 193

　　모잠비크 194, 195

　　베트남 173

　　시리아 175, 193, 194

　　아프가니스탄 173, 230

　　우크라이나 159, 169, 191, 192,
　　196, 197, 200~223

　　이라크 172, 173, 199, 229

　　이란 173, 175, 193, 214

　　조지아(그루지야) 192, 201

　　중동 66, 173~175, 193, 198,
　　199, 251, 298

　　콩고민주공화국(DRC) 196

　　크림반도 175, 192, 201, 206

　　튀르키예 194, 197, 199

　　→ 미·중 관계 참조

집단적 주체 285, 294, 307, 308, 331

　　→ 노동계급 참조

집단적 행동 316

집약적 공장식 축산 농업 → 농업 참
　　조

ㅊ

차코, 프리야(Chacko, Priya) 237, 238

착취 26

　　—율 124

천연가스 81, 159, 196, 198, 199, 208

　　→ 액화천연가스 참조

체노웨스, 에리카(Chenoweth, Erica)
　　327, 394 후주 79

초국적 생산 네트워크 168

추나라, 조셉(Choonara, Joseph) 163,
　　226

ㅋ

카르케디, 굴리엘모(Carchedi,
　　Guglielmo) 179, 366 후주 79

칼레츠키, 미하우(Kalecki, Michal)
　　153

칼, 콜린(Kahl, Colin) 217

케인스, 존 메이너드(Keynes, John
　　Maynard) 148, 314, 315

케인스주의 137, 144, 145, 315

　　—에 대한 비판 144, 153

　　기술 관료적 — 121, 138, 141,
　　151

　　민영화된 — 126

코로나19

　— 면역　95, 96

　— 사망자(2020~2021년)　113, 115

　— 치사율　112, 113

　—에 대한 정부의 대응　102~104, 108~111, 188, 236, 308

　—와 HIV　91

　—와 계급·인종　108, 113, 114

　—와 극우　234~236

　—와 노동자의 협상력　162

　—와 백신 불평등　92, 93

　—와 자유　142, 234~236

　—의 경제적 결과　132, 134~137, 159

　→ 모형 만들기 참조

코롤추크, 엘주비에타(Korolczuk, Elzbieta)　291, 293~295

코언, 제럴드 앨런(Cohen, G A)　309

콩고민주공화국(DRC)　→ 지정학적 적대 참조

쿼드　184

크루그먼, 폴(Krugman, Paul)　131

크림반도　→ 지정학적 적대 참조

클라인, 매튜 C(Klein, Matthew C.)　185, 371 후주 41

킹, 마틴 루서 주니어(King, Martin Luther Jr)　300

ㅌ

탄소 배출권 거래제　74

탄소 중립 경제　79

탈탄소　75, 78, 198, 310, 316, 326

토머스, 클래런스(Thomas, Clarence)　275, 276

통치성　27, 98, 103, 116

통화량　146, 148

투즈, 애덤(Tooze, Adam)　20, 21, 23, 24, 29, 35, 50, 127~129, 132, 137, 152, 191, 216, 315

트라베르소, 엔초(Traverso, Enzo)　248, 249

트랜스 해방　287

트러스, 리즈(Truss, Liz)　161, 162

트럼프, 도널드(Trump, Donald)　81, 103, 104, 156, 223, 232, 233, 242, 256~260

　—와 지배계급　266

　→ 미·중 관계 참조

트로츠키, 레온(Trotsky, Leon)　44, 45, 48, 49, 318, 319

ㅍ

파리 국회의사당 공격(1934년 2월 6일)　319~322

파시즘　33~35, 44, 56, 57

　— 폭력　48, 319

　—과 극우파　241~243, 248, 249

—과 조직 노동계급 46, 325

—의 정의 46, 47, 318, 356 후주 88

독일의 — 46~50

미국의 — 270

스페인의 — 46

이탈리아의 — 46, 49

포스트— 248

→ 반혁명 참조

파업 62, 153, 154, 163, 320, 331, 333

파트나이크, 우트사(Patnaik, Utsa) 247, 248

파트나이크, 프라바트(Patnaik, Prahbat) 247, 248

판 데르 페일, 케이스(Van der Pijl, Kees) 57

팔레타, 위고(Palheta, Ugo) 105, 356 후주 88

패니치, 리오(Panitch, Leo) 129

패라지, 나이절(Farage, Nigel) 222, 233, 234

패서번트, 폴(Passavant, Paul) 107, 357 후주 91

팬데믹 84, 88

→ 코로나19 참조

퍼트위, 에드(Pertwee, Ed) 240, 241, 249

페르시아만 연안 국가들 193

페미니스트

트랜스(젠더) 비판 — 287, 289, 290

페미니즘 287, 295

페티스, 마이클(Pettis, Michael) 185~187, 371 후주 41

포드주의 55

포퓰리즘 233, 235, 243

→ 극우 참조

포퓰리즘 순간 228, 229

푸코, 미셸(Foucault, Michel) 97, 98, 101, 354 후주 69

푸틴, 블라디미르(Putin, Vladimir) 12, 68, 159, 167, 174, 191, 192, 194, 200~205, 207, 211, 214, 215, 217, 221~223

풀란차스, 니코스(Poulantzas, Nicos) 34, 44, 237, 311, 354 후주 69

프롤레타리아 318

프리드먼, 토머스(Friedman, Thomas) 168

플랫폼 자본주의 313

ㅎ

하먼, 크리스(Harman, Chris) 120, 177, 328

하트, 마이클(Hardt, Michael) 168

하퍼, 카일(Harper, Kyle) 85, 86

핵에너지 78

헝다 그룹 189

헤겔(Hegel, G W F) 315

혁명 29, 30, 32, 33, 42, 61, 228, 284, 315, 330, 331, 336, 337

    —의 국제적 성격 42, 43

    수동— 55

    → 반혁명; 파시즘; 반란의 순환 참조

호르크하이머, 막스(Horkheimer, Max) 34

홍수 17

화석연료 199

    —수급 75

    — 의존 81, 133, 198

    —에 대한 은행의 재원 조달 77

    —에 대한 투기적 거래 77

    —에 대한 투자 78

화석연료 이익집단 81

화석 자본주의 73, 87, 117

후기 모더니티 112

흑인 목숨도 소중하다 35, 107, 108, 226, 235, 300~304, 336

    —에 대한 군사작전식 대응 302

    —의 구성 306

흡수 기술(NETs) 78, 117

기타

5개국 방위 협정 184

TSMC 170